# 한국문명의 생명력

한국문명학회총서 12

# 한국문명의 생명력

김 정 의 지음

혜안

# 책머리에

문명의 맥락을 살펴보면 어느 문명이나 문명의 중심에는 그 문명을 이루는 정신적인 지주가 있음을 발견하게 된다. 그러면 한국인의 정신적인 지주는 무엇일까? 그리고 한국인의 성품은 역사적으로 보아 대체로 역동적인 생명력이 있다고 생각해 왔는데 이렇게 역동적인 성품이 형성된 근본 원인은 무엇일까?

이러한 문제를 두고 나름대로 고심해 왔다. 그러던 중 한국문명의 역동적인 생명력(生命力)의 근원을 '단군신화'에서 찾았다.

즉, 홍익인간(弘益人間)의 사명감을 지닌 천손족(天孫族)이라는 자부심, 이것이 한국문명의 정신적인 지주로서 역동적인 생명력 형성의 핵심이라고 판단하였다. 왜냐하면 한민족은 일찍부터 스스로 천손족이라고 생각하고 역사를 일궈 왔기 때문이다. 천손족의 금도(襟度)를 잊지 않고 그 자부심을 면면히 키워온 것이다. 그리고 그 역동적인 생명력의 진수(眞髓)는 지금 만개하고 있다고 확신한다.

그래서 필자는 이 책의 제명을 『한국문명의 생명력』이라고 정하였다. 책의 구성은 먼저 제1장을 통하여 서설 격으로 학문의 신경향으로 나타난 '문명학'에 관한 의견을 개진하고, 제2장부터 제13장까지 12개 장에서는 시대별, 분야별로 역동적인 생명력이 드러난 구체적 사례를 각 장으로 나누어 본론으로 삼았다. 마지막 14장으로 「한국 문명의 신 좌표」를 실어 이 책의 결론으로 마무리하였다.

마침 올해는 필자의 갑년(甲年)이다. 갑년에 맞춰 안식년을 챙겨주고 연구비까지 지원해 준 한양여자대학의 배려에 우선 감사한다. 이에 『한국문명의 생명력』을 상재함으로써 자축(自祝) 겸 보은의 의미로 삼고자 한다.

아울러 이 지면을 빌어 오늘의 필자를 있게 한 모든 분들에게 감사한다. 특별히 평소 존경하는 김동익, 김정학, 홍이섭, 이순영, 김철준, 이광린, 김유탁, 민석홍, 정춘근, 남도영, 추헌수, 변태섭, 김동길, 조항래, 김창수, 김웅조, 조남규, 임창우, 박상환, 원유한, 윤종영, 홍종필, 이현희, 이융조 선생께 감사한다. 헌신적으로 이끌어주신 장인·장모님(최정득·이희순)의 은공도 잊을 수 없다. 곁에서 집필 내용을 엄격하게 검토하고 신랄한 비평을 가해 준 해로(偕老)의 안해이자 평생 동지(최금숙)에게도 감사한다. 믿음직하게 성장한 두 아들(김새별·김한별)에게도 고마운 마음이다. 그들은 Sens 950을 선물해줘 집필 시간을 절약할 수 있도록 도왔다. 무엇보다『한국문명의 생명력』을 펴내느라 애쓴 혜안의 오일주 사장과 김태규, 김현숙 님 등 편집진에게도 늘 빚진 마음으로 고마운 마음을 드린다.

마음 속 깊이 간직한 어버이(김아희·김재인)의 귀중한 잠언(箴言)은 "바르고 옳게 살아 주변에 도움이 되도록 정성을 다하라"(欲爲正義者當爲然精誠)였다. 그렇게 살기는 버거웠지만, 그 말씀은 평생의 심지(心志)였다. 따라서 필자의 삶에서 어버이의 말씀은 따로 떼어 놓을 수 없었다. 어머니·아버지 더없이 고맙습니다. 불효자가 회갑을 맞아 어버이를 그리며 삼가 졸저(拙著)를 영전에 바칩니다.

4335년(壬午, 서기 2002년) 음력 5월 14일
21912일째 산 날

미래의 한울을 우러르며
예산군 삽다리에서
흐름[然波] 김정의 삼가 씀

# 차 례

책머리에 5

차례 7

## 제1장 현대적 실학의 대명사 문명학 11

1. 머리말 11
2. 문명론의 확산 11
3. 문명론의 수용과 문명학의 착근 13
4. 맺음말 18

## 제2장 한국문명의 시원과 원초 이념의 구현 21

1. 머리말 21
2. 한국문명의 시원 21
3. 한국문명의 원초 이념 구현 26
4. 맺음말 40

## 제3장 화랑도와 스카우트 정신 41

1. 머리말 41
2. 화랑도 정신 41
3. 스카우트 정신 45
4. 맺음말 46

## 제4장 고려전기의 군사정책 49

1. 머리말 49
2. 북방정책의 의지 49
3. 중앙군의 조직 58

4. 지방군의 편제  65
5. 맺음말  71

**제5장 홍건적의 침입과 무장세력의 성장  73**
1. 머리말  73
2. 14세기 중엽의 동북아시아 정세  75
3. 공민왕 초기의 국내정세  79
4. 홍건적의 침입과 고려의 대응  82
5. 홍건적 침입 이후의 정세 변화  87
6. 맺음말  94

**제6장 위화도회군  97**
1. 머리말  97
2. 고려말 원 및 명과의 관계  99
3. 이성계의 등장과 개혁 주도  103
4. 명의 압박 가중과 공요출정(攻遼出征)  106
5. 위화도 회군과 개혁세력의 실권 장악  111
6. 맺음말  117

**제7장 갑오동학민중혁명운동의 위상  119**
1. 머리말  119
2. 갑오동학민중혁명운동의 사적 배경  121
3. 동학과 갑오동학민중혁명운동의 연계성  125
4. 갑오동학민중혁명운동의 맥락  130
5. 맺음말  135

**제8장 소춘 김기전의 소년해방운동  137**
1. 머리말  137
2. 장유유서의 모순 진단  138
3. 소년문제의 해결책 논의  141
4. 근·현대 소년운동의 목표 설정  142
5. 천도교소년회의 조직 운영  145
6. 조선소년운동협회의 성립과 어린이날의 제정  151
7. 소년운동의 반성  154
8. 맺음말  158

제9장 사회운동의 측면에서 본 소파 방정환 159
　1. 머리말 159
　2. 소파 정신의 뿌리 160
　3. 소년에 의한 소년운동 164
　4. 언론·출판운동 170
　5. 천도교소년회운동 180
　6. 색동회운동 183
　7. 어린이날 운동 186
　8. 논의 및 제언 194

제10장 여성운동의 변천 197
　1. 머리말 197
　2. 여성의식의 변화 198
　3. 여성운동의 활성화 205
　4. 여성운동의 발전과제 211

제11장 과학기술의 발전 215
　1. 고대의 과학기술 215
　2. 중세의 과학기술 218
　3. 근세의 과학기술 문명 220
　4. 근·현대의 과학기술 223
　5. 논의 및 제언 230

제12장 통일한국의 지향 233
　1. 머리말 233
　2. 통일한국 지향 삶 233
　3. 통일한국의 당위성 234
　4. 맺음말 237

제13장 한국문화의 문명화 239
　1. 머리말 239
　2. 신앙의 보편성 240
　3. 효 사상의 씨알 243

4. 조화로운 심성  246
5. 여백미의 미학  248
6. 합의주의의 생명력  251
7. 평등의식의 저변화  253
8. 어린이 인권 존중  256
9. 과학기술의 인문성  258
10. 한글의 편리성  261
11. 무예의 뛰어남  263
12. 맺음말  266

제14장 한국 문명의 신 좌표  267
1. 머리말  267
2. 미국 문명의 팍스아메리카나  268
3. 중국 문명의 중화주의  272
4. 일본 문명의 화혼지향  275
5. 러시아 문명의 대국주의  279
6. 한국 문명의 역농성  284
7. 맺음말  290

참고문헌  293
찾아보기  307

# 제1장 현대적 실학의 대명사 문명학

## 1. 머리말

모든 분야에서 문화와 문명이란 단어는 일상적으로 흔하게 사용되고 있다. 그만큼 문화와 문명은 우리에게 친숙한 단어다. 그러나 막상 문화와 문명의 개념이 무엇이냐고 물으면 그 개념이 선명히 떠오르지 않는 것이 문화와 문명이다. 그저 문화는 정신적인 차원에서, 문명은 물질적인 차원에서의 개명 상태란 정도다. 그래서 흔히 정신문화, 물질문명이란 말이 만연되어 있다. 때로는 동의어로 사용되기도 한다. 혹은 문화란 공간개념으로 차이에서, 문명은 시간개념으로 발전의 의미가 내포되어 있다고 생각하는 정도다.[1] 때문에 문명차이, 문화발전이라고 하면 어색하게 느끼지만 문화차이, 문명발전이란 표현은 거부감 없이 친숙한 것이다.

이 글에서는 간략하나마 문명론의 연유와 확산 과정, 그리고 문명론의 수용과 문명학의 착근 과정을 살펴보고 끝으로 문명의 개념을 요약하고, 문명학의 현대적 기능을 도출코자 한다.

## 2. 문명론의 확산

아무튼 근대적인 의미의 문명이란 단어가 나타난 것은 연유가 길다. 16세

---

1) 박이문, 『문명의 위기와 문화의 전환』, 민음사, 1996, 5~6쪽.

기에 보댕(Jean Bodin, 1530~1596)은 인간은 많은 오류에도 불구하고 새 것을 찾아 전진하는 의지 때문에 인간의 상황은 역사와 더불어 개선될 수밖에 없다고 보았다.[2] 그 후 17, 18세기를 거치며 문명에 관한 논의가 활발하게 이루어졌는데 대체적인 경향은 문명은 과학과 기술, 도덕과 법률, 교역과 산업 등의 진보적 발전을 의미한다고 보았다.[3] 주목되는 것은 여러 형태의 문명·진보론은 과학적인 사고단계에 이르러서야 그 입지가 확고해졌다는 사실이다.[4]

이러한 실증은 한결같이 서구문명을 중심으로 하여 발전되었다. 의심의 여지없이 서구문명만이 보편문명으로서 세계문명의 전부라는 것이다. 따라서 문명은 곧 서구인만의 전유물이 될 수밖에 없었다. 나머지 세계는 미개요 야만의 세계로 치부되었다.

이러한 서구중심 문명관에 반발한 것이 19세기 러시아의 다닐레프스키(Nikolai Danilevski, 1822~1865)였다. 문명·진보는 서구만이 이룬 전유물이 아니고 세계도처에서 12개의 문명권이 형성됐음을 논증한 것이다.[5] 드디어 다닐레프스키의 새로운 문명론은 인류 공유의 지적 자산으로 자리잡게 되었다. 20세기에 들어서자 다닐레프스키의 설을 계승 발전시켜 문명학의 경지까지 업그레이드시킨 것이 슈펭글러(Oswald Spengler, 1880~1936)[6]와 토인비(Arnold J. Toynbee, 1889~1975)[7]의 학문적 업적이다. 이러

---

2) 김동길, 「위기에 선 현대문명」, 『역사의 발자취』, 지학사, 1985, 143쪽.

3) Karl Löwith 지음, 이한우 옮김, 「볼테르」, 『역사의 의미』, 문예출판사, 1993, 158~173쪽 참조.

4) 김정의, 「문명·진보론의 생성과 전개」, 『문명연지』 1-2, 한국문명학회, 2000, 9쪽.

5) 다닐레프스키가 말하는 12개의 문명 유형은 이집트, 지나, 고 셈(앗시리아=바빌로니아=페니키아), 인도(힌두), 이란, 헤브류, 그리스, 로마, 신 셈(아라비아), 유럽(=게르만=로만), 멕시코, 페루를 일컫는다(이양기, 『문명론이란 무엇인가』, 영남대학교 출판부, 1986, 75쪽).

6) 슈펭글러는 그가 분류한 8개의 고등문화(문명) 전부를 조사하지는 못하고 서구, 그리스·로마, 아라비아의 세 문명은 소상하게, 이집트와 인도, 중국문명은 객관적으로 검토했고, 바빌로니아와 멕시코 문명은 손도 대지 못했다(이양기,

한 학문적 풍조는 일본이나 중국에까지 밀려왔다.

## 3. 문명론의 수용과 문명학의 착근

한국은 구한말부터 문명론이나 진보론 내지 진화론이 일본이나 중국, 미국을 통하여 수입되었다.[8] 문명·진보·진화론은 약육강식의 적자생존으로 인식되어 국망의 위기나 식민지의 처지에서 애국계몽운동이나 독립전쟁에 이데올로기로 원용되었다. 유길준(1856~1914), 윤치호(1865~1946), 안창호(1878~1938), 이돈화(1884~1950), 안확(1886~1946), 문일평(1888~1939), 이광수(1892~?), 정인보(1892~?), 홍이섭(1914~1974) 등은 문명 이데올로기의 대표적인 제공자들이었다.[9]

광복 후에도 문명이란 단어는 여전히 생명력을 가졌다. 특히 토인비의 '도전과 응전'(Challenge & Response)은 새로운 한국문명 건설에 지대한 영향을 미쳤다. 우리나라도 시련을 극복하고 문명국가가 되고 싶었던 것이다.[10] 그러한 마당에 우리가 우리의 문화를 문명이라고 명명 못하고 주저하

위의 책, 92쪽).

7) 토인비가 말하는 21개의 문명권이란 이집트, 은, 인더스, 미노스, 수메르, 마야, 유카테크, 멕시코, 히타이트, 시리아, 바빌론, 이란, 아랍, 중국, 한국·일본, 인도, 힌두, 헬레네, 정교기독교, 러시아, 서구문명을 일컫는다(Arnold J. Toynbee, 강기철 옮김, 『역사의 연구 I』, 현대사상사, 1979, 650쪽 <표V> 참조). 그리고 23개의 문명권인 경우 안데스와 중국의 진·한 문명이 추가된다(이양기, 위의 책, 67쪽). 토인비가 말하는 현재 존속하고 있는 5개 문명권은 기독교문명, 동방 정교문명, 유교문명, 힌두교문명, 회교(이슬람)문명이라고 불리기도 한다(같은 책).

8) 최기영, 「사회진화론」, 『한국사시민강좌』 25, 일조각, 1999, 29쪽.

9) 유길준의 『서유견문』, 윤치호의 「실력양성론」, 안창호의 「민족개조론」, 이돈화의 「新時代와 新人物」, 안확의 『조선문명사』, 이광수의 「민족개조론」, 정인보의 「사안으로 본 조선」, 홍이섭의 『조선과학사』 등은 문명 이데올로기의 담론을 확산시키는 데 크게 기여했다.

10) 박정희 시대에는 아예 '시련과 극복'을 중등학교 교과목에 포함시켰다.

고 있을 때 토인비는 한국문명을 적시하였다.[11]

토인비가 인류역사상 존속했던 21개 문명권의 하나로 한국문명을 적시한 것은 한국인에게 많은 생각을 하게 만들었다. 그리고 드디어 깨우쳤다. 일반적으로 문명 완숙의 충족 요건으로 도시·문자·종교를 드는데[12] 한국은 이 모두를 충족하고 있는 것을 급기야 발견한 것이다. 즉, 평양성, 개성, 한성 등의 도시와 과학적으로 창안된 문자인 훈민정음[訓民正音(한글)], 그리고 전통 신앙을 바탕으로 유·불·선을 종합하여 만든 동학·천도교라는 인류구원의 고등종교를 갖고 있음을 자각한 것이다. 그러므로 한국문명은 벌써부터 문명단계에 이르렀던 것을 뒤늦게 규명한 셈이 되었다.[13] 토인비는 이를 공증해 주었다는 데에 의의가 있다.

드디어 광복 반세기를 경과하면서 문명학을 정착시킬 당위성이 나타나기 시작하였다.

첫째, 한국인들은 무의식적으로 로마문명이니, 인도문명이니, 서구문명 등을 들먹이고 더러는 일본문명, 중국문명도 거명하지만 정작 한국문명이란 말은 좀처럼 하지 않았다. 그저 이웃문명을 선망하고 자기 문명은 자각할 겨를이 없었다. 그러다 경제개발에 일정한 성공을 거두고 올림픽과 월드컵을 성사시키고 민주주의의 토대를 쌓고 지식정보화의 지반을 구축하자 국망으로 상실됐던 자신감을 일제히 되찾기 시작하였다. 지난날은 망국사관으로 한국사를 관조했고, 설상가상으로 일본의 의도대로 식민지사관으로 한국사를 해석했다면 지금은 발전된 처지에서 자긍심을 갖고 한국사를 바라보게 된 것이다. 그러자 하찮게만 생각되던 한국사의 제 현상이 생생하게 살아나기 시작하였다. 그럼에도 한국문명이란 표현을 필설로 운위하는 것은 여전히 낯설기만 하였다.

---

11) 김정의, 『한국문명사』, 도서출판 혜안, 1999, 423쪽.
12) 문명 완숙의 충족 요건으로는 일반적으로 도시·문자·종교를 든다(오금성, 1997년 5월 30일, 서울대학교 문화관에서 개최된 제40회 전국역사학대회 개회사).
13) 김정의, 『신문명 지향론』(한국문명학회총서 제4집), 도서출판 혜안, 2000, 29쪽.

둘째, 광복 후 서구문화가 밀물처럼 들어오면서 포괄적이었던 학문은 점차로 세분화되기 시작하였다. 도처에서 이른바 전문화의 시대가 도래한 것이다. 이러한 현상은 필연적으로 자기가 전공하는 분야엔 능하지만 다른 분야에는 무지한 결과를 자초하게 되었다. 이에 세분된 학문도 발전시켜야 되겠지만 다른 한편에서는 경계 넘기의 시대 상황에 짝하여 학제간에 통합적 방법으로 학문을 천착하는 학문의 필요성도 잉태된 것이다.14)

셋째, 문명론은 멀리 16세기 보댕으로부터 가까이는 토인비, 헌팅턴(Samuel P. Huntington, 1927~ )15)에 이르기까지 역사적인 연유가 길고 축적된 정보량도 방대하다. 이를 기반으로 문명학의 위상도 확고부동한 위치를 점하였다. 한국은 실학시대 이래 문명론을 수용하여 독립투쟁 때는 이데

---

14) 2002년 5월 31일, 건국대학교 새천년국제회의실에서 개최된 제45회 전국역사학대회 공동주제 「문명간의 상호 인식」 참조.

15) 헌팅턴(하버드 대학 석좌교수)은 1960년대 냉전세계(자유세계, 공산권, 비동맹권)에서 이제 세계 질서 재편의 핵심 변수는 문명이라며 1990년대 이후의 문명들의 세계를 서구, 라틴 아메리카, 아프리카, 이슬람, 중화, 힌두, 정교, 불교, 일본 등 9개의 문명권으로 나누었다(Samuel P. Huntington, *The Clash of Civilization?*, New York, 1993, 24~27쪽). 그러나 필자의 견해로는 헌팅턴이 「과거와 현재의 문명」에서 오늘의 한국을 중화(中華 : Sinic)문명권에 편입(Samuel P. Huntington, 이희재 옮김,『문명의 충돌』, 김영사, 1997, 52~53쪽)시킨 것은 설득력이 부족하다고 생각한다. 한국은 독자적인 문화전통이 뚜렷한 만큼 중국과는 엄연히 다른 별개의 문명권을 형성해 왔다. 현재의 한국은 중국과는 더욱 현격한 한국적 문명을 꽃피우고 있다. 따라서 한국문명은 중화문명과 다른, 그리고 서구문명, 일본문명과는 더더욱 다른 만큼, 한국문명권을 독자적 문명권으로 설정함이 마땅하다고 생각된다. 다만 불교·중화·일본·서구문명이 퇴적층을 이루며 전선이 형성되어 있음을 직시하고 이를 역이용, 선조들이 그랬던 것처럼 고유의 한국문화를 기층으로 다시금 불교·중화·일본·서구문명을 융화시켜 새로운 한국문명 장출에 총체적 지혜를 모아야 할 것이다(김정의, 「문명사관의 관점 추이」,『한국문명사』, 도서출판 혜안, 1999, 426쪽 재인용). 필자는 현존하는 문명권을 한국문명을 포함하여 중국문명, 일본문명, 미국문명, 러시아문명, 인도문명, 아세안문명, 아랍문명, 유럽문명, 유대문명, 아프리카문명, 라틴아메리카문명의 12개의 문명권으로 분류하였다(김정의,『현대문명의 성향』, 혜안, 2001).

올로기로 활용했지만 이제는 학문적으로 문명학을 수립할 개연성이 생긴 것이다.

이러한 시대적인 상황에서 일단의 중견 학자들이 중심을 이루어 1999년 2월 9일 한국문명학회를 창립하고 통합적인 견지에서 문명학을 학문적으로 천착하기 시작하였다.16)

이처럼 한국의 경우 문명학은 이제 막 고고성을 울리며 태어난 통합학문이다. 그래서 일반인들에겐 말할 것도 없고 학계에서조차 낯선 학문이다. 한국학술진흥재단의 학문 세부 분류에도 문명학은 나타나 있지 않다. 이제 출생을 신고해야 할 새로운 학문분야인 것이다.

사실 시대적 상황으로 보아 문명학은 벌써부터 천착되어야 할 학문이었다. 이제라도 학문적인 연구가 이루어지기 시작한 것은 매우 다행한 일일 것이다. 그렇다고 그동안 문명학 연구가 없었던 것은 아니다.17) 1970년대부터 차하순,18) 김태준,19) 김동길,20) 이양기,21) 김형국,22) 박이문,23) 백영서,24) 박성진,25) 조규태,26) 노대환,27) 옥성득,28) 오문환,29) 노태구30) 등이 간헐적

---

15) http://www.koreacivilization.com 참조.

17) 홍이섭은 이미 1958년 선구적으로 문명학 관련 논문을 발표하여 문명학 탄생의 단초를 마련하였다(홍이섭, 「근대 한국의 문명사적 위치」, 『신태양』 5월호).

18) 차하순, 「현대문명의 한국적 상황」, 『역사와 지성』, 탐구당, 1973.

19) 김태준, 「'要路院夜話記'의 서울文明論 - 村儒의 서울 여행」, 『국어국문학』 82(천봉이능우박사 환갑기념호), 국어국문학회, 1980, 53~74쪽.

20) 김동길, 「위기에 선 현대문명」, 『역사의 발자취』, 지학사, 1985.

21) 이양기, 『문명론이란 무엇인가』, 대구 : 영남대학교출판부, 1986.

22) 김형국, 「1910年代 李光洙의 文明論과 準備論 硏究」, 『韓國學大學院論文集』 10, 1995, 城南 : 韓國精神文化硏究院 韓國學大學院, 7~38쪽.

23) 박이문, 『문명의 미래와 생태학적 세계관』, 당대, 1998.

24) 백영서, 『동아시아의 귀환 - 중국의 근대성을 묻는다』, 창작과비평사, 2000.

25) 朴成鎭, 「한말~일제하 사회진화론 연구」, 韓國精神文化硏究院 韓國學大學院 博士學位論文, 1998.

26) 조규태, 「天道敎의 文化運動論의 定立과 그 패러다임」, 『한국민족운동사연구』 19, 1998, 한국민족운동사연구회, 245~276쪽.

27) 노대환, 「19세기 東道西器論 形成過程 硏究」, 서울大學校 大學院 國史學科

으로 문명학 관련 연구논문을 발표하였다, 다만 이들의 논문을 문명학이라
는 범주로 넣지 않았을 뿐이다.

그러나 한국문명학회가 창설된 이후엔 학회지인 『문명연지(文明硏志)』
나 학회 총서, 그리고 학술발표회를 통하여 본격적으로 문명학이 새로운 학
문으로 자리잡으며 하나의 카테고리를 형성하기 시작하였다. 연구논문으로
강세구는 「문명론적 시각으로 본 실학인식 시론」, 홍일식은 「21세기 한국문
명의 지향」, 필자는 「한국사의 문명사적 관점」, 「문명·진보론의 생성과 전
개」, 「현대문명의 통합징후」 등을 발표하였다. 그리고 학회총서로는 『한국
문명사』, 『동학·천도교의 교육사상과 실천』, 『신문명 지향론』, 『현대문명
의 성향』 등이 시리즈로 출간되었다. 이러한 연구활동을 살펴볼 때 요즘의
문명학 연구 경향은 문명학 연구의 당위성, 문명 개념의 모색, 한국사의 문
명사적 구명, 미래문명의 지향점 등 한국 풍토에 맞는 문명학의 이론체계를
세우려는 경향을 보여주고 있다.

국내의 연구 환경은 한국문명학회의 의욕적인 활동을 감안한다 하여도
매우 열악한 형편이다. 시간적으로 일천하고 연구인력도 부족하다. 연구비
수혜도 아직은 이렇다 할 것이 없다. 그러나 어려운 환경 속에서도 내실에
서의 큰 소득은 이제 한국인도 미국문명, 중국문명 하는 식으로 한국문명이
라고 자연스럽게 말할 수 있는 기반을 학문적으로 다져 놓았다는 사실이다.
이때 말하는 한국문명은 총체적인 견지에서의 문명이지 결코 특정 분야의
발전만 갖고 일컫는 것은 아니다. 문명 개념도 시·공에 따라 차이가 있었
지만 근자에는 대체적으로 '문명은 문화의 성숙단계'를 일컫고 있다.[31]

博士學位論文, 1999.
28) 옥성득, 「초기 한국 북감리교의 선교 신학과 정책 - 올링거의 복음주의적 기독
교 문명론을 중심으로」, 『한국기독교의 역사』 11, 1999, 7~40쪽.
29) 오문환, 「동학의 생명사상, 영생과 생명의 그물망」, 『신인간』 586, 신인간사,
1999, 25~26쪽.
30) 노태구, 『동학과 신문명론』, 아름다운세상, 2000.
31) 참고로 필자는 역사와 문화, 문명의 개념을 "문화란 두말 할 필요도 없이 인간
의 정신적 및 신체적 노동의 총체를 일컫는다. 보다 정확히 말하자면 인간의

## 4. 맺음말

9·11 테러사건 이후 이른바 '문명의 충돌'[32]이란 말이 난무하여 문명의
개념이 오도되고 있는 것은 아닌가 하는 우려를 낳고 있다. 아직도 서구인
은 동양을 오리엔탈리즘(Orientalism)으로 바라보고 있고 동양인은 이를 수
용하고 있음이 도처에서 감지되고 있다.[33] 따라서 이분법적 구도를 취하는

---

의식적 노동의 총체이다. 그래서 자연은 신이 창조하였고, 문화는 인간이 이루
었다고 한다. 따라서 인간의 지나온 발자취 중에서도 문화를 개선하는 데 기여
한 활동만이 역사인 셈이다. 즉, 인간의 끊임없는 문화 축적과 그 과정에서 이
뤄지는 새로운 도약을 위한 문화의 모순 극복활동이 역사라는 말이 된다. 인간
의 역사란 문화의 재창조 과정에 다름 아니다. 이 같은 문화의 창조적인 축적
과 재생성 활동이 극대화되면 어느 시점에 가선 독특한 개성을 갖추고 밀도가
높아져서 드디어 문화의 꽃을 피우게 마련이다. 그 문화의 꽃이 바로 문명이
다. 따라서 문명이란 정체성을 갖춘 밀도 높은 창조적 문화를 일컬음이다"라고
이해하고 있다(김정의, 「한국사의 문명사적 관점」, 『신문명 지향론』, 혜안,
2000, 25쪽). 그러나 현재의 생각은 이를 함축하여 '개별문화가 성숙되어 보편
화에 이른 문화'를 문명이라고 정의하고자 한다.; 이양기는 문화와 문명의 개
념을 "인간이 겪어 온 5대혁명(인류혁명·농업혁명·도시혁명·정신혁명·과
학혁명) 중 인류혁명 이후의 모든 단계에서 인간이 만들어 낸 것에 대하여 사
용한다. 즉, 문명이란 문화의 발전의 한 형태이며 도시혁명을 경험한 문화의
뜻이며, 오늘의 과학문명에까지 이어지고 있는 것이다. 이렇게 볼 때 문화와
문명은 대립되는 것이 아니라 연속적인 것이며, 문명이란 하나의 진보된 특수
한 문화의 양상을 뜻하는 것이 된다. 한편으로 문화는 도시혁명 이후에는 문명
과 병존하고 있는 것이라고 보아야 한다"라고 이해하고 있다(이양기, 앞의 책,
37~39쪽).

32) 헌팅턴이 출간한 『문명의 충돌』이 널리 읽히면서 인구에 회자되기 시작한 시
사용어로, 2001년 9·11 사태 후 크게 확산되었다.

33) 사이드(Edward W. Said, 1935~ )의 『오리엔탈리즘』은 '동양에 대한 서양의
사고-지배방식'이다. 곧 오리엔탈리즘으로 총칭되는, 동양에 대한 서양의 사
고, 인식, 표현의 본질을 규명함과 동시에 그것이 기본적으로 동양에 대한 서
양의 지배와 직결된 것임을 밝혀 앎과 힘 - 지성과 권력의 관계를 식민지적 상
황에서 인식시키려고 한 것이다. 사이드는 오리엔탈리즘의 근본에 놓여 있는
것은 동양과 서양 사이에 본질적인 차이가 있다는 존재론적, 인식론적 구분-
흑백논리임을 밝힌다. 서양의 동양관은 사실상 지배자의 표현이고, 동양의 서

종교의 벽을 허무는 것이 문명갈등 치유의 지름길이 될 것이다.[34] 이를 계기로 앞으로는 원효(元曉, 617~686)의 원융무애(圓融無碍)[35]가 진정한 의미의 문명의 아이콘이라고 세계인에게 제언하고자 한다. 그리고 문명을 '주변을 경외하며 서로 도우면서 통합적으로 사람답게 살 수 있는 최적의 상태'라고 새롭게 정의할 때가 온 것 같다.

요컨대 문명학은 민족·계급·세계모순의 해결방안을 학문적으로 심도 있게 모색하여 그 타개책을 종합적으로 세울 뿐만 아니라 문명의 실체를 구체적으로 밝혀 다지고, 이를 바탕으로 인간성 회복과 환경친화적인 제3 즈믄해(Millennium) 문명을 창출하는 데 공헌하는 학문으로서 기능해야 할 것이다. 이것이 분명 살아있는 학문이고 현대적 실학(實學)의 과업일 것이다. 이를 위하여 문명학 연구열이 크게 활성화되어야 할 것이다.

(『한국대학신문』 404호, 2001년 12월 3일자)

---

양관은 피지배자의 표현이다. 서양의 오리엔탈리즘 이상으로 중요한 것은 바로 그것이 오늘의 동양에 깊은 뿌리를 내려 식민지 하의 구각을 벗어났음에도 불구하고 그러한 식민지적 정신구조가 뿌리내리고 있다는 사실이다(Edward W.said, 박홍규 옮김, 『오리엔탈리즘』, 교보문고, 2000 참조).

34) 김형찬, 「세계적 종교사회학자 정재식 미보스턴대 석좌교수에 듣는다」, 『동아일보』 2002년 4월 24일자.

35) 서양에 의하여 날조된 동양관인 오리엔탈리즘이나 동양에 의하여 날조된 서양관인 옥시덴탈리즘(Occidentalism)과는 달리 원효의 원융무애는 '만물을 융화하고 걸림 없는 대 자유'를 뜻하는 동귀일체(同歸一體)적인 개념이다.

# 제2장 한국문명의 시원과 원초 이념의 구현

## 1. 머리말

한국문명이 오늘날 만개하고 결실을 맺을 수 있는 원인은 언제, 어디서부터 연유하는 것일까? 그리고 그 원초 이념이 무엇이기에 애써 가꾸며 전승시킨 것인가?

필자는 그 해답을 단군신화에서 구하고자 하였다. 그것은 단군신화가 단순한 신화가 아니고 건국신화이자 건국기록인데다 홍익인간(弘益人間)의 건국이념까지 포함하고 있다고 판단되기 때문이다. 그래서 먼저 단군신화를 살펴보고 이후 단군신화와 연관된 사실(史實)을 기초로 홍익인간의 구현상을 고찰해 보고자 한다.

## 2. 한국문명의 시원

한국인은 태초(太初)에 홍익인간의 천명(天命)을 받고 나라를 개창하였다(서기전 2333년).[1] 이때 이미 만세토록 홍익인간의 이념으로 살아가도록

---

1) 서기전 2333년이라는 단군성조 즉위 원년의 절대 연대는 사실로서의 의미는 없다. 핵심은 단군성조가 요(堯)와 동 시기에 즉위하여 건국하였다고 하는 데 있다. 즉, 우리나라가 중국과 대등한 시기에 건국한 유구한 역사를 지닌 나라라는 의식을 나타내고자 하였다는 데에 고조선 건국연대의 의의가 있는 것이다(노태돈, 「역사적 실체로서의 단군」, 『한국사시민강좌』 27, 2000, 10쪽 참조).

한국문명의 기본 틀이 원형질로 마련된 것이다. 그 내용은『삼국유사(三國遺事)』나『제왕운기(帝王韻紀)』,『응제시주(應製詩註)』,『세종실록지리지(世宗實錄地理志)』그리고『동국여지승람(東國興地勝覽)』등에 잘 나타나 있다.

이 중 단군신화를 담고 있는 서책으로서 지금 남아 있는 가장 오래된『삼국유사』와 이에 쌍벽을 이루는『제왕운기』에 기록된 단군성조[檀君聖祖 : 단군임금(壇君壬儉)·단군왕검(檀君王儉)]의 기사 요지는 각각 다음과 같다.

> …… 고기(古記)에 이렇게 말했다. 옛날에 환인(桓因)의 서자(庶子) 환웅(桓雄)이라는 이가 있어 자주 천하를 차지할 뜻을 두었다. 그리하여 사람이 사는 세상을 탐내어 구하는 것이었다. 그 아버지가 아들의 뜻을 알아차려 삼위태백산(三危太白山)을 내려다보니 인간들을 널리 이롭게 해줄 만했다[可以弘益人間]. 이에 환인은 천부인(天符印) 세 개를 환웅에게 주어 인간의 세계를 다스리도록 했다. 환웅은 무려 삼천 명을 거느리고 태백산 마루턱에 있는 신단수(神檀樹) 밑에 내려왔다. 이곳을 신시(神市)라 한다. 그리고 이 분을 환웅대왕이라고 이른다. 그는 풍백(風伯), 우사(雨師), 운사(雲師)를 거느리고 곡식, 수명(壽命), 질병(疾病), 형벌(刑罰), 선악(善惡) 등을 주관하고, 모든 인간의 360여 가지 일을 주관하여 세상을 다스리고 교화(敎化)하였다. …… 환웅이 잠시, 거짓 변하여 그[웅녀(熊女)]와 혼인했더니 이내 잉태해서 아들을 낳았다. 그 아기의 이름을 단군왕검(檀君王儉)이라 한 것이다. 단군왕검은 당고(唐高)가 즉위한 지 50년인 경인년(庚寅年)에 평양성(平壤城)에 도읍하여 비로소 조선(朝鮮)이라고 불렀다. ……2)

처음에 누가 나라를 열었던고, 석제의 손자요 이름은 단군이라네. 본기에 이르되, 상제 환인에게 서자가 있었으니 이름이 웅이었다 한다. 환인이 일러 말하기를 지상으로 삼위태백까지 내려가서 홍익인간 해 보겠는가 하였

---

2) 일연 지음, 이민수 번역,『삼국유사』, 을유문화사, 1982(7판), 44쪽.

다. 그리하여 웅이 천부인 세 개를 받아 귀신 삼천을 거느리고 태백산 꼭대기 신단수 아래에 내려오니 이 분을 단웅천왕이라 부른다. …… 아들을 낳으니 이름이 단군이다. 조선의 땅에 자리잡고 왕이 되었다. 신라, 고구려, 남·북 옥저, 동북 부여 및 예와 맥이 모두 단군의 자손이다.3)

이 같은 내용으로 보아 고조선은 하늘 경험에서 비롯된 한국 최초의 국가였고, 단군성조는 그 임금이었다. 그래서 단군성조와 고조선은, 특히 단군성조는 민족적 독자성과 유구성(悠久性) 및 동원성(同源性)의 상징으로 여겨져 왔다.4)

그리고, 고조선의 건국자인 단군성조는 한울님[桓因(하느님)]5)의 아들인 환웅(桓雄)과 웅녀(熊女) 사이에 낳은 아들이다. 환인이란 단어는 한울님·천신이란 뜻을 당시 고려시대의 불교적 용어로 표현한 것이다. 당시엔 제석(帝釋) 신앙이 성행하였음을 염두에 둔다면 한울님을 환인이라고 지칭한 것은 쉽게 납득이 가는 일이다.

그런데 단군신화에서 눈여겨볼 것은 단군신화의 중심축이 무엇인가다. 그것은 아무래도 한울님의 아들인 환웅이 신단수(神檀樹) 아래 내려와 신시(神市)를 열고 세상사를 홍익인간의 이념으로 주관하다가, 곰이 화신한 여인과 결합하여 단군성조를 낳았고 단군성조가 조선을 세웠다는 것이다. 그러므로 단군성조는 천손(天孫)으로서 신이한 능력을 지닌 존재가 된다.6) 물론 이는 13세기 고려의 승려 일연(一然, 1206~1289)이 불교 이데올로

3) 『帝王韻紀』卷下, 前朝鮮紀.
4) 노태돈, 「단군과 고조선사에 대한 이해」, 『단군과 고조선사』, 사계절, 2000, 11쪽.
5) 환인은 산스크리트어[梵語]의 'Sakrodevanam Indrah'라는 말을 한자로 음역한 '釋迦提桓因陀羅' 또는 '釋帝桓因'에서 그 어원을 찾아볼 수 있다. 이는 원래 고대 인도 신화를 모은 Rig-veda에 나오는 군신(軍神)으로서, 비를 뿌리고 곡식을 자라게 하는 신이었다. 뒤에 불교 신앙체계에 수용되어 수미산 도리천(忉利天)에 거주하며 사방을 진호하고 선악(善惡)을 주관하는 신으로 숭배되었다(노태돈, 위의 글, 13~14쪽).
6) 노태돈, 앞의 「역사적 실체로서의 단군」, 6쪽.

기에 의해 작성한 신화다. 그러나 없는 신화를 날조한 것이 아니고 전승되어 온 신화를 불교사관의 견지에서 기록한 신화다. 사실 단군신화의 날조 여부를 둘러싼 논의는 지금도 끊이지 않지만, 필자의 견해로는 날조는 아니라고 생각된다. 그것은 몇 가지 측면에서 입증된다.

첫째로 단군성조 인식은 일연이나 이승휴 등에 의해서 비로소 제시되었다고 할 수 없다. 왜냐하면 『삼국유사』와 『제왕운기』의 단군성조 기사는 『고기』, 『본기』 등의 선행 문헌을 옮겨 놓은 것이기 때문이다. 그러므로 이러한 인식은 『고기』나 『본기』가 편찬되던 시기에 이미 존재했다고 볼 수 있다. 그렇다면 『고기』와 『본기』의 편찬시기가 언제인지 궁금해진다. 이 문제에 대해서는 다음과 같은 견해들이 있다. 하나는 『고기』란 신라 안홍법사(安弘法師)가 편찬한 『삼한고기』이며, 『본기』는 고려 초에 편찬한 『구삼국사』·『단군본기』라는 견해다. 그리고 다른 하나는 『본기』나 『단군기』를 충렬왕 12년(1286) 오량주(吳良遇, ?~1319) 등이 원나라에 바치기 위해 편찬한 기전체 사서 『국사(國史)』의 일부로 보는 견해다.[7]

둘째로 중국 산동성 무씨사당(武氏祠堂)에 그려진 화상석 그림의 일부가 단군신화와 흡사하다. 이 그림의 명문은 서기 147년에 해당하므로 고조선에서 그리 멀지않은 시대에 그려진 것이다. 만약 그것이 사실이라면 단군신화는 이미 서기전부터 있어 왔을 가능성이 크다.[8] 더욱이 산동성 지역이 상고시대에는 동이족의 거주지였다는 사실과 결부되어 이 주장은 크게 관심을 끌기에 족하다.[9]

셋째로 짐승과 결합하여 한 나라의 신성한 시조가 태어났다고 하는 것은 지극히 고대적인 관념의 반영으로서 고려시대와 같은 후대에 만들어졌다고 보기는 어렵다. 곰을 조상신으로 여기는 토템신앙은 시베리아에 거주하던

<hr />

7) 서영대, 「전통시대의 단군 인식」, 노태돈 편, 『단군과 고조선사』, 사계절, 2000, 162쪽.

8) 김재원, 『단군신화의 신연구』, 정음사, 1947, 47쪽.

9) 무씨사당 화상석 그림은 단군신화와는 무관하다는 견해도 있다(김원룡, 「무량사 화상석과 단군신화에 대한 재고」, 『고고미술』 146·147합집, 1980 ; 노태돈, 앞의 「단군과 고조선사에 대한 이해」, 14쪽).

소박한 사회단계의 족속인 퉁구스족과 고아시아족들 사이에 널리 보이며, 특히 흑룡강 유역에 살던 퉁구스족의 그것과 단군신화는 유사한 면을 보인다. 단군신화는 동북아 고대국가들의 건국신화 중에서도 가장 고졸한 모습을 지닌 것이라 할 수 있다. 이는 고조선이 이 지역에서 가장 이른 시기에 등장한 국가였다는 점과 연관되는 사항이다. 그리고 환웅 등이 거주하는 신계(神界)와 곰이나 호랑이로 대표되는 자연계 및 인간계가 서로 교류하며 이상적인 조화의 세계를 추구하며, 여러 세계와의 교류에 태백산과 우주목(宇宙木)인 신단수 같은 매개체가 등장하는 등 전형적인 샤머니즘 문화와 세계관을 보여준다. 이 역시 단군신화가 고조선 당대의 산물임을 나타내는 한 근거가 된다.10)

다음으로 쟁점이 일고 있는 부분은 단군의 재위 기간일 것이다.『삼국유사』에 의하면 단군성조는 1500년간 재위하다가 기자(箕子)가 동으로 오자 물러나 아사달의 산신이 됐다고 한다. 사실 이 부분에서 1500년간이란 기간 자체는 별 의미가 없다. 단군성조가 장기간 재위하였던 것으로 내세운 당시의 관념을 어떻게 이해할 것인가가 문제다. 이에 대해 조선 초기 학자인 권근(權近, 1352~1409)은 이를 단군성조의 자손들이 왕위를 이어간 기간을 말하는 것으로 풀이하였다.

한편, 근래 이 부분은 고조선의 역대 군장을 신성한 시조신의 육화(肉化)로 여겼던 관념을 반영한 것이라고 이해하는 견해가 제시되었다. 그럴 경우 군장의 즉위의례는 시조 왕의 혼령을 받아들이는 절차였고, 군장의 교체가 되풀이되더라도 통치의 주체는 어디까지나 시조 왕이기 때문에 시조 왕의 재위기간이 인간의 수명을 넘어 장기간에 걸친 것으로 인식됐을 수 있다는 것이다.11) 아무튼 단군은 특정인의 이름이었다기보다 고조선의 군장 칭호라고 보는 것이 지배적인 견해로 받아들여지고 있다.12)

10) 노태돈, 위의「단군과 고조선사에 대한 이해」, 15~16쪽.
11) 서영대,「단군신화의 의미와 기능」,『단군과 고조선사』, 사계절, 2000, 150~151쪽 ; 노태돈, 위의「단군과 고조선사에 대한 이해」, 18쪽.
12)『동사』에는 47대에 걸친 단군의 기록이 남아 있다. 시사하는 바가 크다.

## 3. 한국문명의 원초 이념 구현

단군신화를 뇌리에 새긴 선인들은 배달겨레로서의 천손족(天孫族) 의식이 자연스럽게 몸에 배게 되었다.[13] 이러한 분위기 속에서 조선왕조가 건국된다. 조선왕조의 조선이란 국호는 태초의 첫 번째 나라였던 조선 즉, 단군조선의 조선에서 따온 이름임은 두말 할 필요도 없다.[14] 그러기에 조선왕조에서는 개국 직후, 단군성조는 동방시수명지주(東方始受命之主)이므로 사전(祀典)에 등재하여 국가 차원에서 정식으로 치제(致祭)해야 한다는 논의가 일어난다.[15] 여기서 동방시수명지주라한 것은 단군성조가 역사의 출발점으로 역사공동체 의식 내지 동일역사체 인식의 근거로 여겨졌음을 반영한다. 이와 함께 단군성조가 조선왕조의 자주의식을 뒷받침한 점도 간과할수 없다. 다시 말해서 조선왕조는 중국의 분봉지(分封地)에서 출발한 것이아니라 독자적으로 시작된 국가라는 의식을 뒷받침한다는 것이 바로 단군성조란 것이다.[16]

그러나 성리학적 가치관으로 무장된 조선왕조 지배세력들에게는 딜레마가 있었다. 즉, 단군성조의 역사적 의미는 강조할 필요가 있지만, 단군성조에 관한 전승은 너무 비합리적이어서 받아들일 수 없다는 점이었다. 그래서 단군성조의 역사성은 최대한 살리면서 단군과 관련된 비합리적 요소를 제거하는 길을 모색했다.[17] 이 과정에서『동국여지승람』에서는 다음과 같이 절충하였다.

---

13) 이런 종류의 천손강림신화는 주몽신화, 혁거세신화, 수로왕신화 및 일본 고대 신화 등 동북아 지역 고대국가들의 건국신화 유형으로 널리 분포한다(노태돈, 앞의「단군과 고조선사에 대한 이해」, 15쪽).
14) 조선이란 이름은 한국사에서 여러 번 등장하므로 이를 구분하기 위해서 태초의 조선을 통상 고조선 혹은 단군조선이라고 부른다. 그리고 조선왕조는 흔히 그냥 조선 혹은 근세조선이라고 부른다.
15)『태조실록』권1, 태조 원년 8월 경신.
16) 서영대, 앞의「전통시대의 단군 인식」, 169쪽.
17) 서영대, 위의 글, 169~170쪽.

우리 동방은 단군성조가 나라를 처음 세우고, 기자(箕子)가 봉함을 받으
니18)

이 같은 당시인들의 단군신화에 대한 합리적인 사고는 단군신화가 민족
의 위난시기에는 민족운동을 가열차게 전개할 수 있는 동력으로 작용할 수
있는 키워드로 작용하였다. 즉, 민족의식의 바탕에는 우리 민족은 모두 단
군성조의 자손이란 천손족 의식이 깔려 있으며, 이러한 인식은 민족이 어려
움에 처할 때마다 강하게 분출할 수 있는 길을 열어놓았다.19) 실례로 일제
하에서는 「2・8독립선언서」, 「대한독립여자선언서」,20) 「장서」21) 등 각종
선언에서 단군신화22)의 정신이 역력히 분출되었다. 이 중 「2・8독립선언
서」를 보면,

4천 3백년의 장구한 역사를 갖고 있는 한민족은 실로 세계에서 가장 오
래된 문명민족 중의 하나이다.23)

라고 선언하여 유구한 문명민족의 자긍심을 일깨웠다. 4천 3백년의 장구한
역사란 물론 단군성조의 고조선 건국에서부터 유래하였음을 의미한다.24)

18) 『동국여지승람』 서문.
19) 서영대, 「신화 속의 단군성조」, 『한국사 시민강좌』 27, 2000, 21쪽.
20) "대한동포는 5천년 문명역사와 2천만 신성민족이기 때문에 3천리 강토를 지킬
   만한 독립자존의 능력이 있다"(박용옥, 「대한독립여자선언서 연구」, 『한국민족
   운동사연구』, 14, 1996, 172~176쪽).
21) "한국은 4천년 역사를 지닌 문명의 나라로 정치원리와 능력이 있으므로 일본
   의 간섭은 부당하다"(황묘희, 「유학사상사」, 『한국문명사』, 혜안, 1999, 363쪽).
22) '단군신화'냐 '단군기록'이냐 하는 논쟁은 아직도 결론에 이르지 못하고 있다.
   대체로 강단학계에서는 단군신화를 선호하고, 제야학계에서는 단군기록을 옹
   호하는 경향이 있다.
23) 김정의, 『신문명 지향론』, 혜안, 2000, 31쪽.
24) 중앙대학교 한국학연구소에서는 1983년에 「독립운동선언문」 16종을 모아 발
   표한 바 있는 데(『한국학』 28) 이 중 7종이 단기를, 4종이 대한민국기원을, 2종
   이 서기를 썼고 3종은 불명이다. 그러나 불명은 선언문 중에서 '반만년 역사',

이 같은 마음자세로 민족독립운동을 전개하여 드디어 광복의 날을 맞이하
였다. 현대인 역시 단군신화를 기리는 마음자세는 여전하다. 먼저 개천절
노랫말 1절을 보자.

> 우리가 물이라면 새암이 있고
> 우리가 나무라면 뿌리가 있다
> 이 나라 한아버님은 단군이시니
> 이 나라 한아버님은 단군이시니[25]

라고 하여, 이 나라 한아버님은 『삼국유사』나 『제왕운기』 등에 적시된 단군
성조로서 단군성조가 우리 민족사의 첫 출발의 새암임을 분명히 하였다.[26]
또, 제헌절 노랫말에 보면,

> 비 구름 바람 거느리고
> 인간을 도우셨다는 우리 옛적
> 삼백 예순 남은 일이 하늘 뜻 그대로였다
> 삼천만 한결같이 지킬 언약 이루니
> 옛길에 새 걸음으로 발맞추리라
> 이날은 대한민국 억만년의 터다
> 대한민국 억만년의 터[27]

라고 노래했다. 또 애국가에도 이렇게 되어 있다.

> 동해물과 백두산이 마르고 닳도록

---

'사천삼백년의 장구한 역사', '신성민족'과 같은 표현을 구사하고 있어 단군의
자손임을 보여주고 있다(정영훈, 「근대 한국에서의 '단군민족주의'」, 『한국민족
운동사연구』 29, 한국민족운동사학회, 2001, 141쪽).

25) 정인보 작사, 「개천절 노래」, 『우리들의 노래』, 서울교육원, 1988, 10쪽.
26) 강세구, 「한국인의 역사인식」, 『한국문명사』, 혜안, 2000, 47쪽.
27) 정인보 작사, 「제헌절 노래」, 『우리들의 노래』, 서울교육원, 1988, 14쪽.

하느님이 보우하사 우리나라 만세
무궁화 삼천리 화려 강산
대한사람 대한으로 길이 보전하세[28]

이처럼 개천절 노래, 제헌절 노래, 애국가를 통하여 우리의 뿌리의식을
선양하고 있다. 즉, 개천절 노랫말에서는 단군성조가 한민족(韓民族)에 의
하여 건국된 최초의 국가인 고조선의 건국자라는 의식이 확연히 드러나 있
고, 제헌절 노랫말에서는 아예 단조신화의 요지를 노래화하여 '인간을 도우
셨다'[弘益人間]는 내용을 부각함으로써 민족의 자긍심을 드러냈다. 또한
애국가 노랫말에서도 하느님의 존재를 경외했다. 여기서 말하는 하느님은
두말 할 것도 없이 단군신화에 나오는 환인을 지칭한다.

우리 민족 개개인의 혈관 속에 단군성조의 성혈이 흐르고 있다[29]고 생각
한 김구(金九, 1876~1949)는 좀더 구체적으로 홍익인간의 이상을 다음과
같이 갈파하였다.

인류가 현재의 불행한 근본 이유는 인의(仁義)가 부족하고, 자비가 부족
하고, 사랑이 부족한 때문이다. 이 마음만 발달이 되면 현재의 물질력으로
20억이 다 편안히 살아갈 수 있을 것이다. 인류의 이 정신을 배양하는 것은
오직 문화이다. 나는 우리나라가 남의 것을 모방하는 나라가 되지 말고, 이
러한 높고 새로운 문화의 근원이 되고, 목표가 되고, 모범이 되기를 원한다.
그래서 진정한 세계의 평화가 우리나라에서, 우리나라로 말미암아서 세계
에 실현되기를 원한다.[30]

이것이 홍익인간의 이상이라는 것이다. 김구에게는 우리 국조(國祖) 단
군성조의 이상이 바로 홍익인간이라는 생각이 신념처럼 확연했다. 이러한

---

28) 서울교육원 편간, 「애국가」, 『우리들의 노래』, 1988, 9쪽.
29) 백범사상연구소 편간, 『백범어록』, 1973, 54~55쪽.
30) 1947년 김구가 지은 「나의 소원」에 나오는 글이다(김구 지음, 도진순 주해, 『백
    범일지』, 돌베개, 1997, 431쪽).

선도적인 분위기는 일반에게도 보편화되어 드디어 '교육기본법'에 홍익인간
을 다음과 같이 교육이념으로 표방하기에 이르렀다.[31]

> 교육은 홍익인간의 이념 아래 모든 국민으로 하여금 인격을 도야하고 자
> 주적 생활능력과 민주시민으로서 필요한 자질을 갖추게 하여 인간다운 삶
> 을 영위하게 하고 민주국가의 발전과 인류공영의 이상을 실현하는 데 이바
> 지하게 함을 목적으로 한다.[32]

즉, 모든 국민으로 하여금 인격을 도야하고 자주적 생활능력과 민주시민
으로서 필요한 자질을 갖추게 하여 인간다운 삶을 영위하게 하고 민주국가
의 발전과 인류공영의 이상을 실현하는 이념으로 홍익인간을 원용한 것이
다. 이로써 한국인의 가치관 설정의 제일의를 유구한 원초이념에서 따온 것
은 정규교육을 통하여 한국적 전통을 계승·발전시키겠다는 의지의 발로로
볼 수 있겠다.

나아가 1968년 제정·공포되어 국민교육에 막대한 영향을 미쳤던「국민
교육헌장」에서도 홍익인간의 이념을 한민족 교육이념의 이상으로 표기하
였다. 즉,

> 우리 조상들은 홍익인간의 정신으로 만민이 공영하는 삶의 터전을 닦았
> 으며, 착하고 깨끗하고 부지런한 성품과 밝은 세계를 갈구했던 한겨레의
> 이상은 우리 민족정신의 원천을 이루었다.[33]

그러나 홍익인간의 이상이라는 말은 "조상의 빛난 얼을 오늘에 되살려

---

31) 1945년 11월 23일 미군정하에 학무국 자문기구인 '조선교육심의회'가 구성되었
　　는데 여기서 교육이념 분과위원이었던 백낙준과 안재홍은 홍익인간의 이념을
　　제안하여 교육의 근간으로 반영하였다(백낙준,「사회변천과 새교육」,『한국의
　　이상과 현실(상)』, 연세대학교출판부, 1963, 93쪽).
32) 교육기본법 제2조(교육이념), 개정 2000년 1월 28일 法律第6214號.
33) 국민교육협의회편간,『국민교육헌장의 자료총람』, 1992, 21쪽.

······ 인류공영에 이바지한다"라는 내용으로 바꾸었다.34) 이는 홍익인간의 뜻을 현대적 감각으로 풀어썼음에 다름 아니다.

한편 홍익대학교, 홍익중·고등학교, 홍익여자중·고등학교, 홍익초등학교가 각각 개교되었고, 홍익회가 창립되고 홍익치과의원 등이 개원된 것이나 조선대학교나 단국대학교, 단국중·고등학교가 개교된 것은 각자의 처지에서 입지(立志)한 홍익인간 구현의지의 구체적 사례라고 볼 수 있겠다.

이 같은 현대인의 생각은 현재만 그러한 것이 아니고 역사적인 전통이 있는 것이다. 고등학교 국사교과서에도 이런 사실을 다음과 같이 적어 놓았다.

단군의 건국에 관한 기록은 삼국유사, 제왕운기, 응제시주, 세종실록지리지, 동국여지승람 등에 나타나 있다. 천신의 아들이 내려와 건국하였다고 하는 단군 건국의 기록은 우리나라 건국 과정에 대한 역사적 사실과 홍익인간의 이념을 밝혀 주고 있다. 이것은 또 고려, 조선, 근대를 거치면서 나라가 어려운 처지에 있을 때마다 우리 민족의 전통과 문화의 정신적 지주가 되어 왔다.35)

이처럼 개국 이래 한민족은 때때로 나라이름은 달라도 하늘로부터 전수받은 천손족으로서의 홍익인간 정신을 줄곧 지켜왔다. 마치 단군신화에 나오는 '쑥'과 같은 생명력을 발휘한 것이다.36) 한민족에겐 가슴에 깊이 새겨진 홍익인간의 정신이 무엇보다도 큰 자부심이었다. 그래서 천손족으로서의 홍익인간의 구현이 흔얼주의[天人主義]37)로 현현되기에 이르렀다. 따라서 어떻게 하면 이를 달성하여 인류구원의 이화세계(理化世界)38)를 만드나

---

34) 김한식, 「홍익인간과 정치사상」, 『단군학연구』 2, 단군학회, 2000, 201쪽.

35) 교육부, 『고등학교 국사(하)』, 대한교과서주식회사, 2001, 27쪽.

36) 우리 속말에 '쑥밭이 됐다'는 말이 있다. 이는 황폐화된 깃을 상상하는 표현이다. 황폐화된 곳에 으레 쑥이 무성하기에 나온 말이다. 일례로 일본 히로시마에 원자탄이 떨어져 황폐화되었을 때 제일 먼저 자생한 생명체가 쑥이라고 한다. 쑥의 생명력이 우리 민족의 생명력이 아닐까?

37) 한국의 '흔얼주의'[天人主義]는 중국의 '중화주의(中華主義)', 일본의 '화혼지향(和魂志向)'과 잘 대비되는 우리의 원천적인 정신이라고 생각된다.

하는 것이 자나 깨나 한결같은 민족 성원의 소망이었다.

그래서 고래로 천상(天象)의 변화를 응시하고 그 천변지이(天變地異)를 끊임없이 기록으로 남겨 놓았다.[39] 이는 물론 한울님의 뜻을 헤아려 현실정치에 반영할 뿐만 아니라 이를 후손에 전수시켜 홍익인간의 이화세계를 성취하기 위한 민족적 갈망이자 신앙이었다. 때문에 한국사에서 유난히 발달해 온 천문과학의 발달 단서가 된 것이다. 그리고 홍익인간의 이화세계를 이룰 수 있는 연관 분야를 발전시켰다. 실례를 든다면 천상(天象)을 담자니 제지술과 인쇄술이 발달하게 되었다. 또한 기록으로 남겨 후손들에게 전수하자니 자연히 국문자의 창안이 절실하였다. 그래서 이를 거듭 실현하여(吏讀 → 口訣文)[40] 드디어 훈민정음(訓民正音)이 창제되고 나아가서 한글로 다듬어지기에 이르렀다. 원천에 충실하다 보니 저절로 미래지향적 삶에 탄력이 붙은 셈이었다.

이렇듯 한민족은 홍익인간의 성(聖)적 체험과 민족성원이 갖는 성성(聖性)이 상호 결합되어 삶의 의미와 목적을 깨닫게 하고 그것을 향해 살도록 하는 동력이 되었다. 한국인에게 홍익인간의 숭고한 종교성은 영원한 가치로 작용하였다. 때문에 그것을 달성하기 위하여 장해물과 싸우면서 생명의 위협을 무릅쓰고 보편적인 진리를 지키고자 하였다. 그리고 투철한 교육을 통하여 전수되었다. 이는 한국인을 심지가 굳고 깊이가 있고 주변을 배려하는 민족으로 가꾸는 데 크게 기여하였다.[41] 옥중서술인 「동양평화론 서」, 높은 문화를 선망한 「나의 소원」, 야학용 저술인 『농민독본』, 고고한 삶의

---

38) 이상향(理想鄕), 이상국가(理想國家), 이상적인 세계, 유토피아(Utopia)를 의미한다.

39) 이태진, 「소빙기(1500~1750) 천변지이 연구와 『조선왕조실록』 - global history의 한 장」, 『역사학보』 149, 1996, 203~236쪽 ; 이태진, 「'小氷期'(1500~1750년)의 天體 現象的 원인 - 『朝鮮王朝實錄』의 관련 기록 분석」, 『국사관논총』 72, 1996, 89~126쪽 참조.

40) 오구라(小倉進平), 고바야시(小林芳規) 등은 일본 가나 문자의 한국기원설을 제기하였다(『조선일보』 2000년 11월 30일 및 12월 1일자 기사).

41) 정혜정, 『동학·천도교의 교육사상과 실천』, 혜안, 2001, 13~18쪽 참조.

지표를 제시한 「서시」의 내용으로 보아 안중근, 김구, 윤봉길, 윤동주의 심상은 홍익인간 이념에 투철한 한국적인 심상의 본보기들이라고 생각된다.

홍익인간 이념 구현의 부수물도 만만치 않다. 세계가 인정하는 한국역사상의 천문학, 기술학, 인문학의 발달 연유가 모두 홍익인간의 이화세계 건설을 기하다 보니 나타난 현상이라고 볼 수 있기 때문이다.[42] 이 같은 현상은 물론 단군신화에서 볼 수 있는 것처럼 하늘경험에 뿌리를 두고 있다. 그리고 삶의 현존이 하늘에서 비롯했다는 고백에 의하여 그 당위성을 승인받고 있는 모습, 곧, 삶의 삶다움에의 물음이 하늘을 반향하며 확인되고 있다는 사실의 실증이기도 하다. 하늘은 실재의 바탕함으로, 그 실재의 규범적 가치의 원천으로, 그리고 삶을 위한 준거의 틀로 기능한 것이다.[43]

이처럼 한민족은 인류역사에서 그 유래를 찾아볼 수 없는 홍익인간의 포덕(布德)이라는 뚜렷한 고등신앙을 지녀왔고, 또 그것을 인류구원의 사명감으로 확신하고 대대로 이 땅에서 문명을 일구며 살아 왔다. 때로는 홍익인간의 주체적인 삶 속에서 외래문명을 수용하기도 하였다. 4세기의 불교 수용, 14세기의 성리학 수용, 그리고 19세기 이래 갈등을 겪으며 수용하고 있는 기독교문명이 그렇다고 생각된다. 다만 우려되는 것은 옛적에는 전통적인 문명을 간직한 상태에서 수용했지만 지금은 전통 문명이 단절되다시피 한 어려운 상황에서 수용하게 되어 사실상 전통문명의 맥이 실종(失踪)하기에 이르렀다. 다행히 이를 깨친 인사들에 의하여 실종된 전통의 맥을 찾아 잇고 우리 입장에서 서구문명을 수용하고자 하는 분위기가 일고 있음은 크나큰 위안이다.

우리의 전통문화에서 홍익인간의 전통은 어떻게 이어져 왔는가? 고조선의 홍범(洪範) 8조의 전교,[44] 고구려의 천손의식(天孫意識),[45] 신라의 화랑

---

42) 한국문명학회세우기위원회, 「한국문명학회를 세우는 취지서」, 1999 ; 『문명연지』 1-1, 한국문명학회, 2000, 283쪽 참조.

43) 정진홍, 「한국의 종교와 한국인」, 『한국문화연구』 1, 이화여자대학교 한국문화연구원, 2001, 13쪽.

44) 북한은 최근 세계 4대문명 발상지에 '대동강문화'를 추가해 세계 5대문명 발상지로 설정하였다. 즉, 1998년 3월 11일 평양을 중심으로 한 대동강 일대의 고대

도 정신,[46] 고려의 무사정신, 조선의 선비정신, 근대 맹아기의 실학정신(實學精神), 현대의 흰밝문명 지향 등은 다같이 홍익인간의 실현을 위한 구체적인 발현이자 계승이라고 할 수 있겠다. 특히 성리학(性理學)에도 홍익인간은 그대로 녹아들었다. 원유한(元裕漢, 1935~  )은,

---

문화에 대해 '대동강문화'라는 이름을 부여하고 이를 대내외에 천명했다. 같은 해 10월 2일 평양인민문화궁전에서는 사회과학부문관계자들과 역사학자, 언어학자들이 참석한 가운데 '대동강문화에 관한 학술발표회'가 개최됐다. 참석자들은 "단군릉 발굴을 비롯한 고고학적 발굴과 조사연구에 대해서 우리나라의 첫 고대 국가 고조선이 서기전 30세기 초에 섰다는 것이 확인 됐다"면서 "이는 대동강 문화가 세계 5대 문명의 하나로 된다는 것을 확증해 준다"고 공언했다. 1999년 2월 일본 도쿄에 있는 조총련계의 학우서방이 내놓은 '최신조선지도'는 '세계문화발상지와 인류화석의 발굴지'라는 제목 아래 세계지도상에 이집트(나일강), 메소포타미아, 인더스, 황하와 함께 대동강을 표시하고 이 지역을 고대문명 발상지로 명기했다. 또한 티벳, 바빌론, 모헨조다로, 은허와 함께 평양을 고대 도시문명 발상지로 표기했다(http://jls.co.kr/index3/dprkculture1. htm). 신용하(愼鏞廈 : 1937~  )는 서기전 30세기 대동강 유역에서 형성된 고조선문명권은 중국의 황하문명권보다 형성시기가 앞선다고 주장했다(『한국경제신문』 2001년 2월 3일자, 28쪽).

45) 우주의 중심을 뜻하는 강서대묘의 '사신도', 태양신을 상징하는 '삼족오', 광개토대왕릉비문에 각석된 천손(天孫)이란 글자 등이 이를 시사하고 있다.

46) 동학은 한국 고유사상을 기저로 유·불·선과 기독교 교리까지 수용하여 창도하였다. 그런데 한국 고유사상은 도대체 무엇일까. 그것은 신채호(1880~1936)의 소론에 의하면 낭가사상(郎家思想)[화랑도(花郎道)]이다. 그런데 화랑도 등장시에도 고유사상에 기저를 두고 유·불·선을 종합하여 화랑도를 만들었음을 알 수 있다. 여기서 말하는 고유사상을 최치원(崔致遠, 857~?)은 「난랑비서(鸞郎碑序)」에서 '현묘지도(玄妙之道)'라고 지적하였다. 그렇다면 '현묘지도'는 과연 무엇일까. 그것이 동학에서 말하는 천신사상과 일맥상통하는 것은 아닐까. 마침 이선근(李瑄根, 1905~1983)은 그의 『화랑도 연구』에서 동학사상이 화랑도에서 연원되었다고 주장하였다. 이제 무엇인가 감이 잡힐 것 같다. 동학의 천신사상이 바로 한국의 고유사상이다. 따라서 그것은 필시 화랑도와 상통하고 더 소급하면 현묘지도, 즉 개천(開天)시의 '홍익인간' 내지는 '이화세계'에 가서 맥이 닿지 않을까 생각한다(김정의, 「동학의 문명관」, 『동학학보』 2, 동학학회, 2001, 149쪽).

성리학은 고구려 역사 또는 신라 역사를 각기 계승했다고 하는 등, 고려
시대의 이원적 역사계승의식을 통합하여 단군성조를 국조로 통합·일원화
시키고 한민족의 역사적 정통성을 제고시키는 데 논리적 근거가 되었다.[47]

라고 여말선초의 실학인 성리학에 대하여 삼국통일로부터 한국사가 지향한
중세적 통일민족국가 완성기에 대응한 통치이념이요 사회사조였다고 당시
성리학의 성격을 명쾌하게 구명하였다.[48]

한영우(韓永愚, 1938~ )도 성리학이 단일민족국가 형성의 논리적 근거
를 제공했다고 언급했다. 즉,

조선은 고도로 세련된 문화정책과 사회정책으로 분열된 사회를 재통합
했다. 전보다 한 단계 성숙한 민족통일을 이룩한 것이다. 민족문화의 뿌리
인 고조선 문화를 발견하고, 성리학 사상 속에 홍익인간 이념을 담아 정책
으로 구현한 것이 바로 조선왕조다. 각각 삼국의 유민(遺民)이라는 지역의
식이 이때 비로소 극복되었고, 이런 문화정책의 힘이 519년이라는 장수를
담보한 것이다.[49]

라고 조선이 성리학 사상 속에 홍익인간의 이념을 정책적으로 구현하고 있
었음을 밝혔다.

그동안 단군성조에 관한 인식은 선가(仙家) 계통의 문화를 수용한 인사
들을 중심으로 기층문화와의 연계 하에 민족이 망각했던 중세기를 통하여
보전되어 왔다. 그리고 선가는 사대모화적인 유가(儒家)의 역사인식에 대해
서도 꾸준히 문제를 제기해 왔다. 그리하여 조선후기로 오면서는 서양세력
과 일제 침략에 대한 위기의식이 고조됨과 함께 단군성조에 관한 인식이 다
시 높아졌다.[50]

---

47) 원유한, 「'한국실학'의 개념 모색」, 『실학사상연구』 14, 무악실학회, 2000, 758
   쪽.
48) 같은 글.
49) 한영우, 「역사속의 2000년 6월 12일」, 『조선일보』 24706, 2000년 6월 9일자.

이 과정을 설명하는 예의 하나는 조선후기 사서(史書)의 고대사 서술경향 속에서 찾아진다. 가령 허목(許穆)의『동사』나 홍만종(洪萬宗)의『동국역대총목』, 이종휘의『동사』, 한치윤의『해동역사』등 조선후기 사서로 오면 우리 상고사의 인식체계가 종래의 기자 중심에서 벗어나 단군조선의 역사를 전면에 부각시키게 되는데, 단군조선에 대한 인식이 그 이전의 유교사학에서보다 구체화되고 단군성조 중심의 한국사 계승체계가 확립되는 것이다.

한편 숙종이 쓴 서문과 함께 일종의 국가 공인 교과서로서 17세기 이래 한말·국권피탈시기까지 서당 교육교재로 널리 보급되었던『동몽선습(童蒙先習)』에서도 우리 역사의 첫머리를 단군성조의 건국으로부터 시작하고 있다.51)

더욱이 민족운동 차원에서 벌어진 신앙운동에서는 단군신화를 종교차원에서 원용하였다. 동학(東學)52)·천도교(天道敎)의 인내천(人乃天)이나 사인여천(事人如天)은 사실상 홍익인간에 터한 높은 경지의 사상이라고 볼 수 있겠다. 아예 1880년대에 들어와서는 평안도 지역에서 김염백(金廉白)이 단군신앙운동을 폈고, 단군교단은 백두산 지역의 백봉(白峰)을 중심으로 집단적으로 단군신앙운동을 전개하였다.53) 이들 선행의 단군신교(檀君神敎)운동을 계승하여 나철(羅喆)은 대종교(大倧敎)를 일으켰다.

대종사 일행이 단기 4241년(1908) 말에 일본으로부터 귀국하여 한배검께 보국안민(輔國安民)·제인구세(濟人救世)의 대원(大願)을 기원하고, 나아가 신교(神敎)의 중광과 종도(倧道)의 재천(再闡)으로 민족의 행운과 동양 평화를 증진시키려는 뜻에서 단기 4242년(1909) 1월 15일에 나철(羅喆) 54)·오기호(吳基鎬)·이기(李沂) 등 수십 명이 모여 서울 재동(齋洞) 취

---

50) 정영훈,「단군의 민족주의적 의미」,『단군과 고조선사』, 사계절, 2000, 188쪽.

51) 같은 글.

52) 1860년 음력 4월 5일 수운 최제우(1824~1864)에 의하여 포덕(布德)된 인류 구원의 새로운 고등종교다(김정의, 앞의「동학의 문명관」, 147쪽).

53) 정영훈, 앞의「단군의 민족주의적 의미」, 190쪽.

54) 홍암 나철(1863~1916)은 중광(重光)조로 제1대 도사교다. 본관은 나주. 본명
은 인영(寅永), 호는 홍암(弘巖). 전라남도 보성(寶城) 출신. 29세 때 문과에 장
원급제하여 승정원가주서(承政院假注書)와 승문원권지부정자(承文院權知副
正字)를 역임하였다. 일본의 침략이 심해지자 관직을 사임하고 호남 출신의 지
사들을 모아 1904년 유신회(維新會)라는 비밀단체를 조직하여 구국운동을 전
개하였다. 을사조약체결 직전인 1905년 6월 오기호(吳基鎬)·이기(李沂)·홍
필주(洪弼周) 등과 함께 일본에 건너가 "동양평화를 위하여 한·일·청 삼국
은 상호 친선동맹을 맺고 한국에 대하여는 선린의 교의로써 부조(扶助)하라"
는 의견서를 일본의 정객들에게 제시하였으나 응답이 없자 일본의 궁성 앞에
서 3일간 단식투쟁을 하였다. 그러던 중 이토(伊藤博文)가 조선과 새로운 협약
을 체결한다는 소식이 각 신문에 발표되자, 나라 안에 있는 매국노들을 모두
제거해야 국정을 바로잡을 수 있다고 생각하고 단도(短刀) 두 자루를 사서 품
에 넣고 귀국하였다. 서울에 도착하여 숙소로 걸어가는 도중에 한 백발노인으
로부터 두 권의 책을 받았는데 그 책이 바로『삼일신고(三一神誥)』와『신사기
(神事記)』다. 1906년, 일본의 반성을 다시 한 번 촉구하기 위해 도일하여 당시
이토와 대립관계에 있던 오카모토·도야마 등을 만나 협조를 구하였으나 별
효과를 얻지 못하고, 귀국길에 폭탄이 장치된 선물상자를 구입하여 을사오적
을 살해하려 하였으나 실패하였다. 1907년 1월부터 암살계획을 구체적으로 추
진하여 3월 25일을 거사일로 정하고 오적의 주살을 시도하였으나 서창보(徐彰
輔) 등이 붙잡히고 사건의 전모가 탄로되자, 동지들의 고문을 덜기 위해 오기
호·최인식(崔寅植) 등과 함께 평리원(平理院)에 자수하여 10년의 유배형을
받고 무안군 지도(智島)에 유배되었다가 고종의 특사로 그 해에 풀려났다.
1908년 다시 일본으로 건너가 외교적인 통로에 의한 구국운동을 계속하였으나
소득없이 귀국하였다. 일본에 체류할 때 두일백(杜一白)이라는 노인이 찾아와
단군교의 포교를 사명으로 하라는 가르침이 있었다. 귀국하자마자 오기호·
강우(姜友)·유근(柳瑾)·정훈모(鄭薰模)·이기·김인식·박호암(朴湖巖)·
김춘식(金春植) 등의 동지들과 함께 서울 재동에서 '단군대황조신위(檀君大皇
祖神位)'를 모시고 제천의식을 거행한 뒤 단군교를 공표하였다. 이 날이 바로
중광절(重光節)이다. 곧 교직을 설치하고, 도사교(都司敎)에 취임하여 오대종
지를 공포하였다. 또한 단군의 개국과 입도(立道))를 구분하여 서기전 2333년
에 124년을 가산하여 '천신강세기원(天神降世紀元)'이라 하고 단군교의 원년
으로 발표하였다. 1910년 8월에는 단군교의 이름을 빙자한 친일분자들의 행각
으로 인해, 원래의 명칭으로 환원한다는 의미와 함께 대종교[=천신교]라고 이
름을 바꾸었다. 1911년에는 대종교의 신관(神觀)을 삼신일체의 원리로 설명한
『신리대전(神理大全)』을 발간하는 한편, 강화도 마니산 제천단(祭天壇)과 평
양의 숭령전(崇靈殿)을 순방하고 만주 화룡현 청파호(靑波湖)에 교당과 지사

운정(翠雲亭) 아래 6간(間) 초옥(草屋) 북벽(北壁)에 '단군대황조신위(檀
君大皇祖神位)'를 모시고「단군교포명서」를 공포하여 단군교를 민족종교
로서 새로이 '중광(重光)'하였다. 이 '중광'이라는 의미는 어둠에 잠겼던 단
군교를 다시 밝혔다는 뜻으로, 단군 한배검께서 창립한 한민족의 고유종교
인 단군교를 계승한 것인데, 고려 원종(元宗) 때의 몽골 침입 이후 약 700
년간 단절된 것을 한말(韓末)에 대종사께서 민족의 앞날을 위해 다시 계승
했다는 뜻으로 중광이라고 했다고 전한다.

중광 당시에는 교명이 단군교였으나, 1910년 8월 5일에 대종교로 바뀌었
다. 이는 '대종(大倧)'의 '大'자는 유일이요 크다는 뜻이며, '倧'자는 '인(人)
의 종(宗)', 즉 상고신인(上古神人)으로 우리의 한배검이신 단군성조를 뜻
한다. 곧, '대종'은 '단군'이라는 명시가 있기 이전으로 소급하여, 개천일도
의 조화(造化)·교화(敎化)·치화(治化)의 삼신을 병칭하는 까닭이었다.

단기 4242년(1909) 단군교로 중광할 당시 인적 구성을 보면 구관료(舊官
僚), 양반(兩班), 그리고 의병(義兵), 열사(烈士), 의사(義士), 을사오적(乙
巳五賊) 암살기도시의 결사대원 등이 대다수며 그 후 대종교총본사가 만
주로 이전하여 국외에서 독립운동을 수행할 때에 대종교계의 항일독립운
동단체의 구성원과 독립군의 지도층이나 병사의 대다수는 유교계통의 사
람들이었으며, 타종교인이 많이 포함되어 있지 않았으므로, 흔히들 대종교
는 주로 양반종교라고 지칭되었다.55)

---

(支司)를 설치하였다. 교세의 급속한 확장에 당황한 일제는 1915년 종교통제안
(宗敎統制案)을 공포하고 대종교를 불법화하였다. 이로 말미암아 교단이 존폐
위기에 봉착하자 1916년 8월, 상교(尙敎) 김두봉(金枓奉)을 비롯한 시봉자(侍
奉者) 6명을 대동하고 구월산 삼성사(三聖祠)에 들어가 수행을 시작하였다. 8
월 14일, 사당 앞 언덕에 올라 북으로는 백두산과 남으로는 선조의 묘소를 향
해 참배한 뒤 "오늘 3시부터 3일 동안 단식 수도하니 누구라도 문을 열지 말
라"고 문 앞에 써붙인 뒤 수도에 들어갔다. 16일 새벽에 이상스럽게 인기척이
없어 제자들이 문을 뜯고 들어가니, 그는 자신의 죽음의 이유를 밝힌 유서를
남기고 조식법(調息法)으로 이미 숨을 거둔[순명조천] 뒤였다. 유언에 따라 청
파호에 유해를 안장하였으며 그 이후에 홍암대종사가 운명한 날을 가경절(嘉
慶節)이라 하여 4대경절(四大慶節)의 하나로 기념하고 있다(http://www.
daejonggyo.or.kr/main.htm).

55) http://www.daejonggyo.or.kr/main.htm

그리고 국권피탈기에 겪었던 민족독립운동 역시 홍익인간의 구현이라고 할 수 있는 것이다. 그것은 「대한민국건국강령」 제2항에 잘 명기되어 있다.

우리나라 건국정신은 삼균제도(三均制度)에 역사적 근거를 두었으니, 선민의 명명한 바 수미균평위(首尾均平位)하면 홍방보태평(興邦保泰平)이라 하였다. 이는 사회 각층의 지력과 권력과 부력의 가짐을 고르게 하여 국가를 진흥하며 태평을 보전 유지하려 함이니 홍익인간과 이화세계하자는 우리민족의 지킬 바 최고공리임.[56]

작금 벌어지고 있는 민중운동이나 통일운동 및 시민의식 고취를 위한 역동적인 시민운동도 홍익인간의 발전적인 구현을 위한 운동이라고 하겠다. 또한 평양에선 단군성조릉을 발견하고 새롭게 단장하여 일반인에게 공개시키고 있다고 한다.[57] 이러한 현상도 같은 맥락에서 홍익인간의 구현책이

---

56) 김정의, 『한국문명사』, 혜안, 1999, 223~224쪽.
57) 북한은 최근 평양 강동군 소재의 단군릉을 발굴, 개축작업을 벌인 결과 무덤에서 단군성조의 유골을 출토했으며 그 연대는 지금으로부터 약 5011년 전의 것으로 확증됐다고 2일 밝혔다. 단군릉 발굴작업을 주관했던 북한 사회과학원은 이날 단군릉 발굴보고를 통해 무덤에서는 단군과 그 부인의 것으로 보이는 남녀 한 쌍의 유골을 발굴했으며 이 중 단군성조의 유골로 추정되는 남자의 뼈를 전자상자성 공명법을 적용해 2개의 연구기관에서 현대적 측정기구로 각각 24회, 30회씩 측정한 결과 이같이 확증했다고 중앙방송이 보도했다. 이 보고는 이어 단군성조의 유골이 5천여 년이라는 긴 세월 동안 삭아 없어지지 않고 보존될 수 있었던 것은 "석회암지대에 묻혀 있었고 매장되어 있던 지점의 토양이 뼈를 삭히지 않는 특성을 가지고 있었기 때문"이라고 설명했다. 단군성조의 유골이 발굴됐던 무덤에서는 두 사람분에 해당하는 86개의 뼈가 출토됐는데 골반 뼈를 기초로 감정을 벌인 결과 하나는 남자인 단군성조의 것으로, 하나는 황후의 것으로 확인했다. 그리고 남자이 뼈는 길고 상낭히 굵으며 키는 170cm 정도였던 것으로 보이는데 단군성조가 생존했던 시대의 일반적인 남자의 키가 163cm를 넘지 못했을 것이라는 사실을 감안하면 단군성조는 당시로서는 키가 상당히 크고 체격이 웅장한 사람이었다고 이 보고는 지적했다. 단군릉에서는 사람 뼈 외에 금동왕관 앞면에 세움장식과 돌림띠 조각이 각각 1개씩 출토됐다. 또한 여러 개의 도기조각과 관에 박았던 관 못도 6개가 출토됐다. 단군성조

라고 볼 수 있겠다.

이렇듯 한국문명은 역사적으로 홍익인간의 구현에 진력해 왔고, 이제 그 전통의 맥을 이어 다시금 발전적인 홍익인간의 구현을 위해 헌신하려는 사람들이 증가하고 있는 것은 매우 고무적이라고 볼 수 있겠다. 요컨대 한국인은 한울의 뜻에 부합하여 각자가 스스로 더 나은 사회를 만들기 위해 자신들이 존재한다는 의식이 어느 민족보다도 강했다. 이 모든 연유의 원뿌리가 천손족으로서의 홍익인간 이념에 맥(脈)이 닿기에 가능했었다. 이것이 바로 한국문명이 역동적이 될 수밖에 없었던 정체성(正體性)의 원천(源泉)이라고 가늠된다.

## 4. 맺음말

위에서 한국문명의 시원과 원초 이념의 구현을 고찰하였다.

먼저 한국문명의 시원은 단군성조의 고조선 건국에 있음을 구명하였다. 그리고 그 건국이념인 홍익인간이 한국문명의 원천 이념임을 확인하였다.

다음으로 한국문명의 홍익인간 구현상을 살펴보았다. 여기서 한국은 인류가 선망하는 홍익인간의 문명대국을 구현하기 위하여 끊임없이 노력하였음을 확인하였다.

이를 거울로 홍익인간의 이념은 앞으로도 발전적으로 계승하여 한국문명을 역동적으로 키우는 키워드로 활용해야 될 것이다.

(『문명연지』 3-1, 한국문명학회, 2002)

---

의 유골이 발굴된 단군릉은 돌로 쌓은 고구려 양식의 돌 칸 흙무덤이다(『조선일보』 1993년 10월 3일자). 단군릉이 기록에 처음 보인 것은 16세기 초반에 편찬된 『신증 동국여지승람』에서 처음 보인다. 그러나 이선복은 이를 단군릉이라고 보는 것은 무리한 억측이라고 했고, 노태돈도 북한 발표대로 수긍하기는 어렵다고 전제하고 고구려 때의 무덤이라고 보는 것이 순리라고 피력하여 학계의 공감대가 아직은 정립되지 못하고 있다(노태돈, 앞의 「역사적 실체로서의 단군」, 11쪽).

# 제3장 화랑도와 스카우트 정신

## 1. 머리말

인류의 역사 이래 청소년운동의 대종은 하나가 화랑도운동(花郎道運動)이고 또 하나가 보이스카우트(Boy Scout) 운동이 아닌가 한다. 전자는 576년 동양의 신라에서 체계적으로 등장했고, 후자는 1907년 영국에서 처음 출발하였다. 그 후 신라의 화랑도운동은 3국 통일의 중추가 되었고, 영국의 보이스카우트운동은 작금 세계적으로 확산되어 그야말로 청소년운동의 세계화를 가져왔다.

그런데 필자가 주목하는 것은 화랑도운동과 보이스카우트운동은 시대의 고금(古今)이 다르고, 양의 동서(東西)가 다른데도 불구하고 운동의 정신만은 일치한다는 점이다. 즉, 보이스카우트운동은 놀랍게도 화랑의 정신과 그 방법을 그대로 본떴다고 할 수 있을 정도로 같다는 사실이다.

이 같은 점에 착안하여 화랑도와 스카우트 정신을 살펴보는 것은 새로운 즈믄해(새 천년, New Millennium)를 맞이하여 보이스카우트운동의 미래를 전망하는 데 의미있는 기여가 되리라고 생각된다.

## 2. 화랑도 정신

최치원(崔致遠, 857~?)은 그의 「난랑비서(鸞郎碑序)」에서, 우리나라에는 고유의 '현묘지도(玄妙之道)'가 있다고 언급했다. 그러나 여기에서 우리나라의 고유사상에 대한 구체적인 이야기는 하지 않고 다만 주체적인 입장에서 유·불·도의 3교를 다 포함하여 세계사조에 조화를 이룬 민중교화, 충효, 실천이 화랑의 본질임을 밝혀주고 있다.[1]

이러한 현묘지도의 본질은 다음과 같은 5계사상(五戒思想)에 이르러 화랑도의 정신으로 일반화되었다. 『삼국사기』에는 5계라는 말은 없으나, 원광법사(圓光法師, ?~630)가 화랑인 귀산(貴山) 등에게 가르친 계율인데다, 또 화랑들의 행적에는 5계사상이 잘 구현되어 있으므로 화랑도의 정신으로 여겨오고 있다.

> 귀산 등이 그 문하로 공손히 나아가 말하기를 "저희들 속사가 어리석고 몽매하여 아는 바가 없사오니 종신토록 계명을 삼을 일언을 주시기 바라나이다"고 하였다. 법사가 "불교에는 보살계가 있는데 그 종목이 열 가지이다. 너희들이 신자로서는 아마 감당하지 못할 것이다. 지금 세속5계가 있으니, 일은 임금 섬기기를 충으로써 하고[事君以忠], 이는 어버이 섬기기를 효로써 하고[事親以孝], 삼은 친구 사귀기를 신으로써 하고[交友以信], 사는 전쟁에 임하여 물러서지 않고[臨戰無退], 오는 생명체를 죽일 경우는 가려서 한다[殺生有擇]는 것이다. 너희들은 실행에 옮기기를 소홀히 하지 말라"고 하였다.[2]

이 같은 오계의 내용을 살펴보면 그 기본사상은 민족 고유의 전통적 신앙을 바탕으로 유·불·선교가 조화되어 이루어져 있는데, 여기에는 종교적 신앙운동의 요소, 도덕운동의 요소, 그리고 진충보국하는 열사적인 요소들로 그 사상이 함축되어 있다.

이선근(李瑄根, 1905~1983)에 의하면 우리나라의 근대사상 중에서 특히

---

1) "흔히 말하기를 한국의 고유사상을 화랑도라고 한다. 최치원이란 분이 우리의 고유사상 가운데는 유·불·도가 다 포함되었다고 말함으로써 우리 고유사상의 입장을 밝히고 독특하고 편협한 것이 아니고 유·불·도라는 세계사상에 조화를 이룬 것이라고 갈파한 그분의 선지(先知)에 감탄하지 않을 수 없다"(이항령, 「한국사상의 원류」, 『신인간』 347, 1977, 32쪽).

2) 『삼국사기』 권45, 열전5 귀산.

하나의 주의를 표방한 바 있는 동학당(東學黨)의 사상이 신라의 화랑도 정신에서 연유하였으며 유·불·선교 등의 진리를 포함하고 있어서 화랑도의 종교성과 대동소이하다고 하였다.

그러나 화랑도가 종교성에만 치중되었다고 하면 이는 필시 새로운 종파를 형성하였을 것이다. 화랑도는 이보다는 청소년들의 도의의 수양집단인 동시에, 국가와 민족을 결합시키고 배달겨레로서의 민족성을 정립하는 일까지 완수시킴에 충분한 청소년 수양집단이었다. 여기엔 나름대로 타의 추종을 불허하는 근본정신이 있었다. 그것이 위에서 인용한 5계로서, 화랑도의 본질이 잘 살려진 정신이라고 보아진다.

한편 화랑의 지도 방법과 방침을 보면, "혹은 서로 도의를 닦고 혹은 서로 가락으로 즐겁게 하고, 명산과 대천에 돌아다니어 멀리 가보지 아니한 곳이 없으매, 이로 인하여 그들 중에 나쁘고 나쁘지 아니한 것을 알게 되어 그 중에서 훌륭한 자를 가리어 조정에 추천하게 되었다"[3]는 기록이 남아 있다. 이러한 과정을 통하여 김대문(金大問)[4]이 『화랑세기(花郞世紀)』에서 지적한 바와 같이 한 국가의 동량이 모두 화랑도 중에서 배출된 것이다. 예를 든다면 사다함, 김유신, 죽지, 관창, 원술 등이 그 좋은 예다. 물론 그들의 위업과 정신은 만대의 귀감으로 자리잡았다.

---

3) 『삼국사기』 권4, 신라본기4 진흥왕.

4) 생몰년 미상. 진골(眞骨) 출신의 귀족으로, 신라 중대(中代)의 학자·문인이다. 성덕왕 3년(704) 한산주 총관(漢山州摠管)을 지냈다. 그 밖의 관직 경력에 대하여는 전하지 않는다. 『계림잡전(鷄林雜傳)』·『화랑세기(花郞世記)』·『고승전(高僧傳)』·『한산기(漢山記)』·『낙본(樂本)』 등의 많은 저술을 남겼다. 저술들은 객관적이며 사실의 서술로 그치지 않고 때로는 그것에 대한 자신의 해석을 싣고 있다는 점에서 사학사적 의의를 갖는다. 또한 그가 생존한 시기는 대체로 신문왕·효소왕·성덕왕대인데, 이 시기 신라는 전제왕권이 확립되어 그 절정에 이르게 된다. 그는 이러한 시대적 상황에서 여러 저술을 통하여 귀족적 전통을 계승하여 발전시키려고 노력한 인물이라는 평가도 받고 있다(李基白, 「金大問과 그의 史學」, 『歷史學報』 77, 1978 ; 李基東, 「古代國家의 歷史認識」, 『韓國史論』 6, 국사편찬위원회, 1981 ; http://www.metro.seoul.kr/~seoul600/seoul-history/inmul/index01.html).

이러한 화랑도 정신이 지배했던 전성시기는 진흥왕(眞興王, 540~576) 때부터 문무왕(文武王, 661~681) 때에 이르기까지의 약 1세기 동안이라고 볼 수 있는데 당시의 화랑 수는 200명에 달했다. 여기에서 주목되는 것은 수십 명 단위에 한 사람씩의 지도교사 격의 상수(上首)가 배치되어 있었는데 이 상수의 지도과목에는 '집짓기 법'을 배우는 대목까지 있었다. 이로 미루어 화랑도 정신의 실천을 위한 훈련과 수양과목은 매우 광범위함을 엿볼 수 있다.

이처럼 여러 모로 귀감이 되고 있는 화랑도 정신은 신라에 의한 삼국통일(676)을 가능케 하는 원동력으로 작용하였다. 그 후에도 고려의 건국(918), 윤관의 9성 개척(1109) 등으로 반영되었으나 고려 중엽 서경천도의 실패(1135) 이후 화랑도 정신은 점차로 쇠퇴해지고 말았다. 이에 1168년 의종(毅宗, 1124~1170)은 '혁구정신(革舊鼎新)'의 교서를 내렸다. 왕이 앞장서서 화랑도의 진흥을 꾀한 결과 고려 후기까지도 그 잔영이 남아 선랑(仙郞)의 지칭이 있는가 하면 국선(國仙)이라고 불리는 경우도 있었다.

그러나 역성혁명(1392)이 나고 주자학의 시대가 도래하자 화랑도는 쇠잔을 면치 못하였다. 하지만 조선 후기에 이르러서 다시금 변혁의 주체인 동학을 통하여 기사회생, 갑오동학민중혁명운동(1894)으로 분출되었다. 연이어 3·1민주혁명(1919)으로 전승되어 마침내 화랑도 정신이 3·1민족정신으로 승화되기에 이르렀다.

따라서 3·1민주혁명의 영향으로 나타난 일제하의 한국보이스카우트운동이 민족주의적 경향으로 일관된 것은 민족적 시대적 요청의 부응일 것이다. 환언한다면 일제하에서 전개된 한국보이스카우트운동의 정신적 기반은 화랑도 정신에서 마련되었다고 말해도 좋을 것이다. 그 단적인 예는 일제하에서 보이스카우트운동을 일으킨 관산 조철호(冠山 趙喆鎬, 1890~1941)의 다음과 같은 언급으로 알 수 있다. 그는 항상 단원들에게,

너희는 민족의 화랑이다. 민족을 구하는 선봉이 되어라.5)

라고 훈유(訓諭)하였다. 한국보이스카우트운동의 정신적 기반이 화랑도 정신에 있다는 사실을 입증하는 데 이보다 더 확실한 증거는 없을 것이다.

## 3. 스카우트 정신

초창기의 보이스카우트는 스카우트운동의 목적을 달성하기 위하여 품성의 향상, 신체 발달과 체력 증진, 유용한 기능 체득, 사회에 대한 봉사 등 네 가지 훈육 목표를 설정하였다. 그리고 국제적 운동으로서의 성격을 명백히 하기 위하여 1924년 8월 코펜하겐에서 개최된 제3회 보이스카우트 국제회의에서는 다음과 같은 「선서문」을 선택하였다.

    나는 나의 명예를 걸고 다음의 조목을 굳게 지키겠습니다.
    첫째, 하나님과 나라를 위하여 나의 의무를 다하겠습니다.
    둘째, 항상 다른 사람을 도와 주겠습니다.
    셋째, 보이스카우트의 규율을 잘 지키겠습니다.[6]

그리고 이 선서문 셋째 항의 보이스카우트 규율로 "① 스카우트는 믿음직하다. ② 스카우트는 충성스럽다. ③ 스카우트는 도움이 된다. ④ 스카우트는 우애스럽다. ⑤ 스카우트는 예의 바르다. ⑥ 스카우트는 친절하다. ⑦ 스카우트는 순종한다. ⑧ 스카우트는 쾌활하다. ⑨ 스카우트는 근검하다. ⑩ 스카우트는 용감하다. ⑪ 스카우트는 순결하다. ⑫ 스카우트는 경건하다"[7]의 12개 항목을 설정하고 야외에 자연의 경지를 교육의 도장으로 하여 하이킹이나 캠핑을 하였다.

이 같은 야외활동으로 대원들은 대자연의 혜택에 눈을 뜨게 되고 고난을 뚫고 나아가는 정신과 맑은 공기 속에서 단련한 신체를 갖는 씩씩한 청소년

---

5) 중앙교우회, 「소년군의 창설」, 『중앙60년사』, 중앙교우회, 1969, 121쪽.
6) 윤석봉, 「화랑도와 보이스카우트」, 『한국의 소년운동』, 혜안, 1999, 325쪽.
7) 김정의, 「정성채의 소년운동」, 『한국의 소년운동』, 혜안, 1999, 88쪽.

으로 성장해 간 것이다.

특히 보이스카우트 지도방법 중에서 괄목할 것은 반제교육과 진보제도다. 소년들은 떼(群/gang)를 지으려는 본능을 가지고 있다. 이 같은 집단의식은 여가만 있으면 떼를 형성하려는 데서 나타난다. 보이스카우트에서는 이러한 소년들의 집단의식을 살려서 6~8명 정도의 그룹을 반으로 편성하고 그들이 뽑은 지도자를 반장으로 임명하였다. 그리고 그들에게 유용한 진보과정과 흥미진진한 프로그램을 주어 각자에게 임무를 분담시켜서 책임감을 발휘하게 하는 데 주력하였다. 이러한 스카우팅 방식은 건전한 시민 내지는 훌륭한 지도자를 양성하는 데에 매우 이상적인 방법이라고 정평이 나 있다.

특기한 것은 정성채(鄭聖采, 1899~?)와 조철호에 의해서 발단된 한국의 보이스카우트운동은 보이스카우트의 창설자인 베이든 포엘(Robert Baden-Powell)이 제정한 '준율'을 각각 일제하의 실정에 맞춰 재작성해서 스카우트운동을 전개한 바 있다. 이는 국제성을 살리면서도 우리의 주체성도 살리는 본보기라고 볼 수 있겠다.


## 4. 맺음말

위에 기술한 화랑도와 보이스카우트 정신 중에서 공통점을 살펴보면,

첫째, 화랑도운동과 보이스카우트운동의 궁극의 목적은 심신을 단련하고 사회에 유용한 인재를 양성하고 사회봉사에 힘쓴다는 사실이고,

둘째, 선서는 보이스카우트의 선서 내용이 하느님과 나라를 위하여 의무를 다하고, 항상 봉사할 것과, 규율 엄수로 되어 있음에 비하여 원광법사의 5계사상은 화랑도의 선서에 해당시켜 볼 수가 있겠다.

셋째, 스카우트에서 자연의 경지를 교육의 도장으로 하이킹, 캠핑을 함으로써 신체를 단련하고 대자연의 혜택에 눈을 뜨게 하는 환경친화적 수양방법과 화랑도에서 명산대천을 순례하여 심신을 단련하고 자연의 신비력을

체험시키는 환경친화적 수양방법은 문장상의 표현 어휘가 다르고 시대적으로 옛과 이제가 다를 뿐이지 근본은 같다고 볼 수 있겠다.

이처럼 화랑도운동과 보이스카우트운동은 양자가 목적·선서·운영의 묘에서 같은 점을 갖고 있다. 우리는 한국의 원류사상인 화랑도 정신을 배달겨레의 얼로 여기고 자긍심을 갖고 이어받아 가는 민족인 만큼 여하한 청소년운동이나 국가 장래에 이 정신과 이념은 전승시킬 의무가 있는 것이다. 마침 화랑도 정신과 스카우트 정신이 서로 일치된다는 것은 주체성을 지니고도 국제적인 감각을 살릴 수 있는 청소년운동의 전개가 가능함을 알 수 있는 것이다. 이는 앞으로 보이스카우트운동이 새로운 시대의 조화로운 청소년운동으로 뻗어나가는 데 있어 호기를 얻었다고 볼 수 있겠다.

부연하면 보이스카우트운동의 원산지는 영국이다. 그러나 한국은 대승적인 차원에서 수용했다. 그리고 국제적인 보이스카우트운동에 보조를 맞추면서도 화랑도 정신을 접목·재현하여 한국적인 보이스카우트운동으로 성장시키는 데 성공한 것이다. 지난날 고등종교인 유교, 불교, 도교를 수용하였지만 마침내 한국적인 현묘지도를 중심으로 조화를 이루어 마침내 화랑도로 융합시킨 것처럼 말이다. 이러한 것이 진정한 의미의 주체성이고 세계화라고 생각된다.

일찍이 보이스카우트운동의 선구자인 관산 조철호는 미래의 주인공인 청소년들을 화랑으로 만들고자 노심초사하였다. 그가 보이스카우트 정신으로 승화시키고자 했던 화랑도 정신은 오늘날에도 여전히 한국보이스카우트 정신의 원천이라고 생각된다. 따라서 2000년대 새 즈믄해에는 심기일전 마음을 가다듬어 화랑도 정신으로 보이스카우트운동을 전개하는 것이 세계화의 지름길이 될 것이다. 그리하면 지난날 화랑도에서 국가의 동량이 많이 배출된 것처럼 앞으로는 보이스카우트에서 미래문명을 선도할 인재가 속출할 것이다.

(『스카우팅』 99, 한국보이스카우트연맹, 1999)

# 제4장 고려전기의 군사정책

## 1. 머리말

왕건(王建)이 고려(高麗)를 건국한 이래 고려 전기는 국세(國勢)가 자못
왕성하였다. 일리천(一利川)의 전역(戰役)으로 후삼국을 통합한 태조(太
祖)는 그에 만족하지 않고 고구려 계승의지의 북방정책을 강구하였으니 이
는 서경경영(西京經營) 등 북진정책에서 여실히 드러났다. 이후 북진정책
은 고려의 기본 국책으로 자리잡아 고려의 입지를 강화시켰다. 대표적인 예
로 고려의 북진정책은 5대 10국을 통합한 송(宋)과 연결되어, 발해를 멸하
고 기세등등하게 나타난 거란과 세차게 부딪히며 동북아 3국을 정족지세
(鼎足之勢)로 자리 굳히게 하는 데 크게 기여하였다.

이러한 과정 속에서 고려 전기에 정비된 통치조직은 자연히 군사정책 구
현에 비중을 둘 수밖에 없었다. 따라서 고려 전기에 형성된 통치조직은 북
진책을 효율적으로 추진할 수 있는 군사조직에 일차적인 역점이 두어졌다.
본고에서는 이 점을 중시하여 고려 전기의 군사정책을 고찰해 보고자 한다.

## 2. 북방정책의 의지

### 1) 도병마사의 형성

도병마사(都兵馬使)에 대한 기록은 현종(顯宗) 6년(1015)에 처음 나타난

다. 도병마사가 거란과의 싸움에서 공이 있는 장군과 군사에게 상으로 진급시켜 줄 것을 청하니 왕이 이에 따르고 있다.[1] 그러나 이에 앞서 현종 2년에 송균언(宋均彦)을 도병마녹사(都兵馬錄事)에 임명한 사실이 있으니,[2] 이미 도병마사가 설치되어 있었음을 알 수 있다. 병마사는 적어도 현종 초에는 설치되었다고 볼 수 있다.

그렇지만 그 단초는 성종(成宗) 8년(989)에 설치된 동서북면병마사(東西北面兵馬使)의 판사제(判事制)에서 찾아볼 수 있다. 즉, 동서북면에 병마사를 설치할 때 문하시중(門下侍中), 중서령(中書令), 상서령(尚書令)을 병마판사(兵馬判事)로 삼아 서울에 머물러 이를 관장케 하였다.[3] 이로 미루어 보아 도병마사가 양계(兩界)의 병마사를 중앙에서 통령하기 위하여 설치하여 그 명칭도 도병마사라 하였고, 판병마사는 도병마사의 판사와 유사하였으므로 성종 8년의 판병마사제는 뒤의 도병마사의 모체가 된 것으로 보인다.

성종 8년의 판병마사제에서 현종 초의 도병마사제로의 발전 과정은 불분명하다. 판병마사제 자체에도 의문점은 있다. 판사가 문하시중, 중서령, 상서령인 3성의 장관으로 구성되었다지만 실제로 있었던 것은 문하시중뿐이었기 때문이다. 이것은 뒤의 도병마사의 판사와 같이 재신(宰臣)으로서 병마판사가 구성된 것을 표시한 것이라고 추측된다. 이 재신으로 구성된 병마판사에 성종 10년에 중추원(中樞院)이 설치되자 추신(樞臣)이 사(使)가 되고, 다시 그 밑에 부사(副使), 판관(判官) 등이 형성됨으로써 현종 초에는 하나의 도병마사라는 의결기구가 완성된 것 같다.[4]

그러나 도병마사의 구성원 중 실제로 회의에 참여한 것은 판사와 사(使)뿐이었다. 판사는 시중, 평장사(平章事), 참지정사(參知政事), 정당문학(政堂文學), 지문하성사(知門下省事)로 구성되었다. 이들이 바로 중서문하성

---

1)『고려사』권4, 세가 顯宗 6년 7월조.
2)『고려사절요』권3, 顯宗 2년 정월조.
3)『고려사』권77, 百官志 外職 兵馬使.
4) 邊太燮,『高麗政治制度史硏究』, 一潮閣, 1971, 86쪽.

의 성재(省宰)다. 고려에서는 성(省) 5, 추(樞) 7이 재상이 되었다. 그렇기에 도병마사의 판사는 중서문하성의 5재(宰)로 구성되었음을 알 수 있다.

사(使)는 7추신(樞臣) 및 직사(職事) 3품 이상으로 구성되었다. 대개 중추원의 7추가 정3품직인 6상서(尙書)나 어사대부(御史大夫), 좌우상시(左右常侍)를 겸직하였으므로 이를 표시한 것이 아닌가 추측된다. 그렇다면 사(使)는 7추로 구성된 것이라 할 수 있다.[5]

이것은 도병마사의 판사는 5재, 사(使)는 7추로 구성됨을 의미한다. 즉, 도병마사의 정회의원은 재추양부(宰樞兩府)의 재상이었다고 할 수 있다. 도병마사의 판사와 사에는 정원이 표시되어 있지 않다. 이것은 5재나 7추가 모두 이에 임명되었던 까닭이다.

그러나 실제로 도병마사의 판사와 사에 임명된 사람을 찾아보면 위의 제도와는 다른 점이 나타난다. 가령 서눌(徐訥)은 덕종(德宗) 때 문하시중이 되었는데 그 후 정종(靖宗) 때에 판도병마사(判都兵馬使)에 임명되었고,[6] 최충도 문종(文宗) 즉위 후에 문하시중을 배수(拜受)하였는데 그 후 도병마사가 되었다.[7] 이로 미루어 이들이 시중이 됨으로써 자동적으로 판사가 된 것이 아니고 얼마 후에야 새삼스레 임명된 것을 볼 수 있다.

이들은 재신으로서 판사가 된 예다. 이를 보면, 재신이 되었다 하여 무조건 판사(判事)가 되는 것이 아닌 듯하다. 문하시중이라도 판사에 임명되는 경우와 안 되는 경우가 있다. 재추가 되었다고 자동적으로 도병마사의 구성원이 된 것이 아님은 문종 때 사(使)에 임명되었던 왕총지(王寵之)의 예가 이를 잘 나타낸다. 중추사(中樞使)인 왕총지는 중추사, 직사이부상서(職事吏部尙書)로 도병마사가 되었는데, 그 후 내사시랑(內史侍郞)을 거쳐 문하시랑평장사(門下侍郞平章事)까지 올라가는 동안 그대로 병마사를 겸하고 있다가, 뒤에 이 사(使)만을 사임하였으나 왕이 윤허하지 않았디는 깃이다.[8] 이것은 7추로 직사 3품 이상이 도병마사가 된 예인 동시에 재추직과

---

5) 邊太燮, 위의 책, 87쪽.
6) 『고려사』 권94, 徐訥傳.
7) 『고려사』 권95, 崔冲傳.

도병마사직이 분리되어 있음을 입증하는 것이다. 따라서 재신 중에서 사(使)가 임명된 것은 사실이지만, 재추가 무조건 겸임한 것이 아니고 특정한 사람만 임명되었던 것임을 알 수 있다.

이러한 사실은 도병마사가 사(使) 이상만 회의한다는 기록에 회의(懷疑)를 갖게 한다. 도병마사의 판사와 사(使)가 재추 전원의 자동적인 겸임이 아니라, 그중에서 몇 명의 특정인이 임명되는 제도인 이상, 사(使)이상으로 회의한다는 것은 수긍키 어렵다.

도병마사의 회의원은 사(使) 이상이 아니라 그 밑의 부사, 판관도 포함된 것으로 보는 것이 옳을 것 같다. 부사 6인, 판관 6인은 참상(參上) 이상의 타직(他職)으로 겸임된 자이며 실제로 박성걸(朴成傑)은 도병마부사인데 도병마사의 의사를 상주(上奏)한 것을 보면 부사의 지위가 자못 높았음을 알 수 있다.[9] 또한 국방(國防)에 관한 조정의 확대회의에는 재추, 시신(侍臣)과 더불어 도병마사의 판관 이상이 참석하였다. 즉, 9성 환부(還付) 문제를 회의하는데 도병마판관 이상이 참석하였으며, 이 밖에도 변경의 군사문제에 대한 확대회의에는 판관 이상이 참여하는 것이 원칙인 것을 보면[10] 역시 도병마사의 회의원은 판사, 사(使)뿐 아니라 부사, 판관도 포함되었다고 보인다.

그러므로 도병마사의 구성은 재신 중에서 대개 수상이 판사에 임명되고 추신 중에서 사(使)가 임명되어 도병마사를 이끌어 나갔으나, 회의는 판관 이상이 참여하였던 것임을 알 수 있다.

그러면 도병마사의 기능은 어떠했을까. 도병마사의 설치 동기가 현지(現地)에 부진(赴鎭)한 양계병마사를 중앙에서 통령하기 위한 것이었으니만큼 도병마사의 기능이 변경의 군사적인 문제를 의논하고 결정하는 데 있었음은 당연한 일이다. 실제로 도병마사가 행한 기능을 보면 그것이 국방 군사 관계에 한하였음을 알 수 있다.

---

8) 『고려사』 권95, 王寵之傳.
9) 『고려사절요』 권4, 靖宗 5년 9월조.
10) 『고려사』 권13, 세가 睿宗 4년 7월조.

즉, 도병마사는 양계 장졸(將卒)에 대한 상벌, 변경 주진민(州鎭民)에 대한 진휼(賑恤), 축성(築城), 둔전(屯田), 군사훈련, 근령(軍令), 국경, 대외관계 등을 논의하여 도병마사가 어디까지나 변경, 군사, 대외문제의 회의기관이었음이 사료에서 발견된다.[11]

도병망사의 기능 가운데 주목하여야 할 것은 민생 문제에 관심이 많은 점이다. 도병마사는 양계민의 생활안정에 대하여 의논하고 상주(上奏)하고 있다. 이러한 민생문제에 대한 도병마사의 기능은 점차 지역적으로 확대되어 처음에는 양계 백성에만 한하던 것이 점차 준변경지역(準邊境地域)의 진휼에도 미치고 마침내 의종(毅宗) 5년에는 내외인민(內外人民) 전반의 구휼방법을 숙의하게 된 것이다. 이와 같이 도병마사는 민생문제에 있어서 양계에서 전국적으로 그 기능이 확대되었으니, 이것은 뒤에 도병마사가 군사적인 직능에서 민사적인 문제까지 다루게 되는 계기가 되었던 것이다.

고려전기의 도병마사는 청주(請奏)하는 것밖에 안 보인다. 이것은 도병마사가 어떤 실무(實務)의 실행기관이 아니라 순전히 회의기관에 불과하기 때문이었다. 그러나 도병마사의 상주의 기록이 비교적 자주 나오고, 이것은 거의 그대로 채택 실행된 것을 보면 도병마사의 권한은 막강하였음이 틀림없다.

## 2) 중추원 및 병부(兵部)의 위상

중추원과 병부는 각각 송나라, 당나라 제도에서 모범을 구한 관부(官府)다. 이 중 중추원(中樞院)[추밀원(樞密院) 또는 밀직사(密直司)]은 성종 10년에 처음 실시되었는데, 출납(出納)과 숙위(宿衛) 및 군기(軍機)의 정사(政事)를 관장하여,[12] 중서문하성과 어깨를 견줄 수 있을 정도로 중요한 위치에 있던 기구의 하나였다.

이 중추원도 상·하 이중으로 조직되어 있었다는 점에서는 다른 관부와

---

11) 『고려사』 권4·7·17, 세가 ; 『고려사절요』 권3~7, 세가.
12) 『고려사』 권76, 百官志 密直司條.

차이가 없었다. 즉, 종2품의 판원사(判院事) 1인, 원사 2인, 지원사(知院事) 1인, 동지원사(同知院事) 1인, 그리고 정3품의 부사(副使) 2인, 첨서원사(簽書院事) 1인, 직학사 1인이 이른바 추 7로써 상층부를 구성하고 있었던 데 비하여 역시 정3품인 지주사(知奏事) 1인, 좌우승선(左右承宣) 각 1인, 좌우부승선 각 1인이 통틀어 승선으로 호칭되면서 하층부를 이루고 있었던 것이다. 그러므로 이들은 각각 그 집사기구로 추부와 승선방(承宣房)을 따로 갖고 있었다.

이처럼 추신과 승선은 같은 중추원의 관원이었지만 지위상으로뿐만 아니라 직능상으로도 완전히 구분되어 있었다. 그리하여 추신은 승선과의 관계보다는 오히려 중서문하성의 재신과 더 밀접한 관계를 맺고 있었다. 사서(史書)에서 흔히 재추 혹은 양부재상이라 하여 보통 재신과 추신을 합해서 부르거나 또는 아예 구분하지도 않고 같은 재상으로 통칭하고 있는 사실에서 그 같은 모습을 잘 살필 수가 있다.

이들의 관장사항은 군기에 관한 정사[군기지정(軍機之政)]였다. 이 군기란 말은 군사기밀 또는 군사기무(軍事機務)라는 의미로 해석되거니와, 이렇게 볼 때 결국 중추원은 군정을 장악하는 최고 기관으로서 군령통수(軍令統帥)의 수뇌부를 이루는 관부였다는 이야기가 된다.[13] 사실 추신은 재상이었던 만큼 전기에 있어서도 군사, 대외문제의 회의기관인 도병마사 기구나, 변경지역에 문제가 발생했을 때 직접 나가 군사를 전제(專制)하는 행영병마사(行營兵馬使)로서도 물론 군정에 깊이 관여할 수 있었다. 그렇지만 이러한 직능은 재상으로서의 그것이었지 중추원 관원이었기 때문에 할 수 있었던 것은 아니다.

고려에서 국가의 중대사는 재추가 협의하여 처리하게 되어 있었다.[14] 따라서 추신은 비단 군사뿐 아니라 국정 전반을 통할하는 위치에 있었다고 보아도 무방하다. 더구나 그들의 지위는 재신에 비하여 하위였지만 재추회의는 의합(議合)이라 하여 만장일치제를 채택하고 있었으므로 자기들의 의사

13) 金南奎,「군사제도」,『한국사론』2, 국사편찬위원회, 1978, 46쪽.
14) 이은희,「정치제도사」,『한국문명사의 이해』, 도서출판 혜안, 1995, 113쪽.

를 널리 반영시킬 수 있었다. 그러면 이와 같은 추밀의 존재란 어떠한 의미를 가지는 것일까. 그것은 아무래도 재추 상호간의 견제적 작용에 본뜻이 있었던 것 같다.15) 말하자면 국가의 중대사가 중서문하성 재신의 독단으로 처리되는 것을 막는 하나의 제어기적 조처로서 같은 재상의 위치에 있는 추밀을 따로 설치한 게 아닌가 생각되는 것이다. 재추 간의 견제작용은 재상권의 분화를 뜻하며 그것은 곧 왕권의 강화와도 관계가 깊다.

다음 병부는 상서성의 분담조직으로 성종 원년에 처음으로 편제된 6부 중의 하나로 설치된 관부다. 그런데 고려의 6부 서열을 보면 다른 나라에 비해 병부가 격상되어 있는 것이 눈길을 끈다. 원래 고려의 모범이 되었던 당나라의 6부는 주례(周禮)의 육전례(六典體)에 따라 이(吏), 호(戶), 예(禮), 병(兵), 형(刑), 공(工)으로 구성되고, 이것이 또한 6부의 순서가 되었다. 고려의 6부도 당제(唐制)와 같은 6전체계임은 다름이 없으나, 그 순서에는 차이가 있었다. 즉, 상서 6부를 이부, 병부, 호부, 형부, 예부, 공부의 순으로 순차(順次)를 정하였던 것이다.16) 이러한 고려 나름의 독자적인 특수성은 고려 일대(一代)를 통하여 실행되었다.17)

이 고려의 상서 6부의 순은 단순한 순서에 그치는 것이 아니고 6부의 서열(序列)이 되고 있었음에 주의할 필요가 있다. 고려에서는 재신이 6부의 판사를 겸하였는데, 재신은 그 반차(班次)에 따라 6부 순으로 판사에 임명되었던 것이다. 즉, 수상은 이부, 아상(亞相)은 병부, 삼재(三宰)는 호부 등 재상의 반차와 6부의 순서가 서로 결부되었는데, 이것은 고려 6부의 순서가 정부기구상의 서열도 되고 있음을 나타내는 것이다.

그러면 고려의 상서 6부의 서열이 당제와 다른 독특한 순서로 된 이유가 무엇일까. 그것도 따지고 보면 결국은 당제에서 연유된 것이라 생각된다. 당에서는 상서성의 도당(都堂)을 중심으로 좌우사(左右司)로 구분되어, 좌사는 동편에 있는 이·호·예의 3부를 통할하고, 우사는 서편에 있는 병·

15) 朴龍雲, 『高麗時代史(上)』, 一志社, 1985, 92~94쪽.
16) 『고려사』 권76, 百官1.
17) 邊太燮, 앞의 『高麗政治制度史研究』, 11쪽.

형·공의 3부를 통합하였다. 이 때 좌우사는 그의 제일 서열인 이부와 병부를 각각 전행(前行)으로 하고, 제이 서열인 호부·형부를 중행(中行), 제삼 서열인 예부·공부를 후행(後行)으로 하여 그의 관속(官屬)도 후행으로부터 올라감을 원칙으로 하였다.[18]

고려의 상서 6부의 순서가 이부·병부(전행의 좌우), 호부·형부(중행의 좌우), 예부·공부(후행의 좌우)로 된 것은 바로 이 같은 좌사·우사의 전·중·후행의 서차(序次)와 동일하다. 그러니까 고려는 형식적인 주례의 6전 순이 아니라 보다 실질적인 상서성의 조직을 그의 서열로 삼고 있었다고 하겠다. 실제로 6부 중에서도 문무반(文武班)의 인사권(人事權)을 가져 정조(政曹)로서 우위에 있었던 이부·병부를 수상과 아상이 판사를 맡게 되어 제일, 제이의 서열로 만든 것은 오히려 현실적인 제도라고 생각된다. 또한 고려의 북진정책이 그 당시 절대 절명의 현실이었다면 병부를 상위 관부로 격상시킨 것은 북진책의 보다 구체적인 의지라고 판단된다.

## 3) 서경의 경영

평양(平壤)은 고려 초기에 정치군사적으로 중요시된 곳이다. 태조 왕건은 918년 건국과 동시에 평양대도호부(平壤大都護府)를 설치하고 그의 당제(堂弟)인 왕식렴(王式廉)을 파견하여 진수(鎭戍)케 하였다. 그리고 곧이어 서경(西京)으로 승격시켜 본격적인 경영을 추진하였다. 이를 위하여 먼저 두 차례에 걸쳐 사민(徙民)을 단행하였다. 918년에 황주(黃州)·봉주(鳳州)·해주(海州)·백주(白州) 등의 인호(人戶)를, 922년에는 대광 박질영(大匡朴質榮)·김행파(金行波)의 부형자제 및 제 군현 양가자제를 서경에 사민시켜 서경관제를 정비하였다. 930년에는 학교를 세웠다. 이와 함께 내외성(內外城)을 각각 919년, 923년 축조하였다. 이리하여 신라통일기 이래 방치되어 온 서경은 드디어 문물제도 전반에 걸쳐 양경체제(兩京體制)로서의 면모를 갖추어 나갔다.[19]

---

18) 『文獻通考』 권52, 職官 吏部尙書.

이렇게 태조가 즉위와 동시에 서경 경영을 적극 추진한 것은 번인(蕃人)
들에 의한 침략을 막고 번병(藩屛)을 굳게 하자는 국방상의 이유에 있었
다.[20] 즉, 당시 북쪽 국경을 침략했던 여진족 정복과 구축을 위한 군사적 이
유에서 서경 경영에 박차를 가했던 것이다. 그러다가 서경으로 승격되어 군
사보다 정치적으로 더욱 중시되어 가고 있었다. 그러나 종래 서경이 갖고
있던 군사적 기능이 변화된 것은 아니었다. 서경은 여전히 국방상의 차원에
서 육성된 북방 경영의 전초기지였다.[21]

이 사실을 뒷받침해 주는 것은 서경 경영에 종사한 진장(鎭將) 왕식렴에
대한 기록이다. 왕식렴은 태조 때 전 기간에 걸쳐 서경을 통치 진수하고 북
방 축성을 주관한 북방개척의 당사자였다. 우선 서경을 북방진출의 군사적
거점으로 삼아 안수(安水)·홍덕(興德) 양진을 설치하고,[22] 이어 왕식렴을
'척토강위기임(拓土彊爲己任)'으로 맡겼다.[23] 당시 북방지역에 집중적으로
설치된 제 진(諸鎭)은 서경을 중심으로 서로 연결되어 있었고, 그래서 북방
경영의 거점으로서 서경 경영에 치중했다.

그런데 태조 때의 서경 경영은 비단 국방상의 의도에 그치지 않고 당시
통합전쟁과 관련되어 추진된 일면도 보인다.[24] 그러나 이 문제는 여기에서
는 생략하기로 한다. 하여간 서경은 통합전쟁기에는 후방기지로서, 이후에
는 북방개척의 전진기지로서의 성격을 지녔다고 하겠다.

서경 경영은 태조 이후에도 중시되어 성종대(成宗代, 982~997)에는 유
수관제(留守官制)가 확립되어 수도인 개경과 더불어 양경체제(兩京體制)
로 발전되기에 이르렀다. 이러한 점으로 미루어 서경 경영이 북진정책의 추
진과정에서 차지하는 위치도 간과할 수 없는 문제라고 생각된다.[25] 태조 때

---

19) 李根花, 「高麗太祖代 北方政策의 樹立과 그 成果」, 『朴性鳳教授回甲紀念論
叢』, 경회사학간행위원회, 1987, 160쪽.
20) 『高麗史節要』 권1, 太祖 원년 9월조.
21) 李根花, 앞의 논문, 161쪽.
22) 『고려사』 권92, 王式廉 列傳.
23) 『新增東國輿地勝覽』 권51, 平壤府條.
24) 李泰鎭, 「金致陽亂의 性格」, 『韓國史研究』 17, 1977, 76~77쪽.

에 서경 경영의 단서가 마련된 것은 주로 국방적인 의도에 근인(近因)이 있었다. 이러한 서경의 국방상 위치는 각 왕대별 서경 경영의 추이에 별다른 영향 없이 컸다고 보기 때문이다.

## 3. 중앙군의 조직

### 1) 2군(軍) 6위(衛)의 형성

건국 초기의 고려는 후삼국을 통합하고 북진정책을 구현하기 위하여 일정한 무력장비가 필요하였다.[26]

태조는 본래 송악(松岳)의 호족으로서 자신의 독립된 군대를 거느리고 있었다. 여기에 그와 깊은 관련을 맺고 있던 패강진(浿江鎭 : 平山)이나 혈구진(穴口鎭 : 江華) 등 신라 북변 국경지대의 군대도 상당수가 귀부(歸附)하여 왔다. 그의 휘하에서 유금필과 박수경 같은 평산 출신 장수가 크게 활약하고 있는 것으로 보아 이를 짐작할 수 있다. 거기에다 궁예(弓裔)가 축출되면서 태봉(泰封)의 군대가 또한 그의 지휘 하에 편입되었으며, 각지의 성주·장군들 중에서도 태조와 뜻을 같이하는 많은 사람들이 군대를 거느리고 그의 휘하로 들어왔다.[27] 태조는 이 군사를 가지고 후삼국의 통합전쟁을 성공적으로 치를 수 있었거니와,[28] 중앙군(中央軍 : 京軍)인 2군 6위도 바로 이들을 바탕으로 하여 개편한 것이다.

이제 그 편성의 내용을 2군 6위와 관련시켜 표를 만들어 보면 다음과 같다.[29]

---

25) 李根花, 「高麗成宗代의 西京經營과 統治組織」, 『韓國史硏究』 58, 1987, 1쪽.
26) 朴賢緒, 「北方民族과의 抗爭」, 『한국사(4)』, 국사편찬위원회, 1974, 254쪽.
27) 金庠基, 『新編高麗時代史』, 서울대학교출판부, 1985, 21~34쪽 ; 李根花, 앞의 「고려 태조대 북방정책의 수립과 그 성과」, 155~160쪽.
28) 河炫綱, 「高麗王朝의 成立과 豪族聯合政權」, 『한국사(4)』, 국사편찬위원회, 1974, 43쪽.
29) 『고려사』 권2, 太祖世家 19년 9월조 참조.

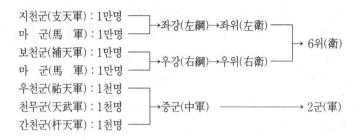

  그러면, 태조가 거느리던 군대를 2군 6위로 개편한 것은 언제쯤일까. 아마도 그것은 성종 14년(995) 경으로 생각된다.[30]

  호족연합정권적 형태를 띠고 있던 국초에는 군사권 역시 장군 각자에게 거의 반독립적으로 맡겨져 있다시피하였다. 순군부(徇軍部)는 그러한 장군들의 권한을 대변해 주는 기구였다. 그러므로 당시의 중앙군은 이들 장군의 왕에 대한 개인적인 충성심에 의지하는 면이 많았고, 당연히 그 반대의 경우에는 왕권은 시련을 겪을 수밖에 없었다. 태조 때 일어난 마군장군(馬軍將軍) 환선길(桓宣吉)의 반란이나 혜종(惠宗) 때 왕을 두 번이나 해하려 한 왕규(王規)의 행동 등이 그 대표적인 예라 할 수 있다.

  중앙으로의 군사권의 집중은 왕권 확립에 크게 공헌한 광종 때에 커다란 진전을 보였다. 왕 11년에 순군부를 군부로, 내군(內軍)을 장위부(掌衛部)로 고치는 등의 군제개혁이 단행된 것은 이와 깊은 관련을 가지는 것이었다. 이어서 성종 3년에는 군복의 복색(服色)이 정해졌다. 이는 군대를 규격화·통제화하여 부대 내부에서의 개별적인 통솔권을 부인하는 조치였다. 성종 7년에는 군적(軍籍)에 올라 군역(軍役)에 복무하던 일부 군인들을 향리(鄕里)로 돌려보내 새로운 부대 편성을 위한 인적 토대를 정비하였다. 이같은 준비 과정을 거쳐서 동 9년에는 마침내 좌우군영(左右軍營)의 설치를 보게 된다.[31] 6위(衛) 중의 히니인 좌우위는 바로 이 좌우군영의 설치에서 비롯하여, 나머지 5개의 위도 이것이 모체가 되어 형성되었으리라 짐작되는

---

30) 최성이, 「軍事制度史의 理解」, 『韓國史의 理解』, 螢雪出版社, 1985, 43쪽.
31) 『고려사』 권81, 兵志1 兵制.

데, 그것들이 완성을 보는 시기는 그 몇 년 뒤인 성종 14년경이었다.

2군의 성립은 6위의 그것보다 좀더 뒤지는 현종 때로 생각된다. 현종은 거란의 침입으로 인해 나주(羅州)로 피신하는 동안 여러 차례 신변의 위협을 당하였고, 또 상장군인 김훈(金訓)·최질(崔質) 등의 반란도 있었던 만큼 친위군을 강화시킬 필요성을 느꼈다. 그리하여 종래의 시위군(侍衛軍)을 재조직해 만든 것이 2군으로 이해된다. 그러니까 2군과 6위는 성격을 달리 파악해야 할 것이다. 즉, 고려 초 호족과 왕권의 정치적 역학관계 하에서 2군은 태조의 친위군에서 유래한 특별한 신분의 군인이고, 6위의 보승·정용은 농민으로 구성된 군인인 것이다.[32] 이제 그와 같이 하여 형성된 2군 6위의 편제를 소개하면 다음과 같다.[33]

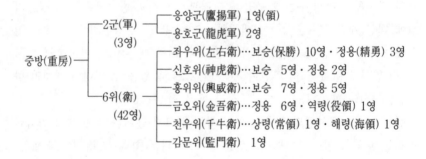

이러한 2군 6위의 임무 내용을 살펴보면 우선 2군은 국왕의 친위대가 분명하다. 2군을 합하여 근장(近仗)이라 하고, 그 장군을 친종장군(親從將軍)이라 부른 점, 그리고 용호군을 달리 친어군(親禦軍)이라고 칭한 것 등에서 사실이 확인된다.

고려 때의 1영은 1,000명으로 구성되어 있었으므로 2군의 총 병력 수는 3,000명이었다. 그런데 용호군보다는 응양군이, 6위보다는 2군이 우월한 위치에 있었다. 응양군의 최고 지휘관인 상장군을 특별히 반주(班主)라고 부

32) 홍원기, 『고려전기군제연구』, 혜안, 2001, 30쪽.
33) 『고려사』 권81, 兵志1 兵制.

른 것은 그 때문이다. 반주란 무반(武班)의 장이란 뜻으로 응양군 상장군이면서 병부상서를 겸한 사람을 일컫는 말이었다.[34]

2군이 친위군단인 데 비해 6위는 주로 전투부대였다. 그 중에서도 좌우·신호·흥위의 3위가 경군의 핵심이 되는 주력부대로서, 이는 군사 수가 32영 32,000명으로 전체 중앙군 45영 45,000명의 70% 이상을 차지하고 있는 것을 보아서도 알 수 있다. 이들은 서울[開京] 수비와 함께 출정(出征)과 방수(防戍)를 그 임무로 하고 있었다.[35] 즉, 3위의 군사를 평상시에는 서울을 지키고 1년 교대의 변방지역 방수에 복무하다가 전쟁이 일어나면 중·전·후·좌·우의 5군 편제를 이루어 전투에 임하였다.[36] 여기 각위에 속해 있는 보승(保勝)과 정용(精勇)은 지방의 광군(光軍) 가운데 특별히 중앙군으로 선발된 군사에 대하여 부여된 미칭(美稱)으로서,[37] 보군(步軍)과 마군(馬軍)의 병종별 구분으로 추측된다.

6위 중의 하나인 금오위(金吾衛)는 수도의 치안을 책임지고 있는 경찰부대였다. 이러한 일은 주로 이곳 소속의 정용군이 담당했는데, 그와는 별도로 편성되어 있던 역령(役領)은 복역하는 죄수의 감독군이지 않았을까 추측된다. 천우위(千牛衛)는 왕을 시종하는 의장대였다. 그러므로 여기 소속의 해령(海領)은 해군으로서 해상 또는 수상(水上)에서의 시종을 담당했을 것으로 보이며, 상령(常領)은 육상에서 그와 같은 임무를 수행한 육군 의장대였다. 마지막의 감문위(監門衛)는 궁성 내외의 문들을 수위하는 부대였다. 감문위의 주종을 이루는 자들은 아무런 결격사유 없이 감문위의 임무를 충실히 해 나갈 수 있는 특별히 신임 받는 자들로 조직되었다.[38]

2군 6위는 각기 정·부지휘관으로 상장군[정3품]과 대장군[종3품]이 있었다. 이들 8개 부대의 상장군과 대장군 16명은 그들의 합좌기관(合坐機關)

---

으로 중방(重房)을 두고 있었는데, 그것은 무신들의 최고기구로서 문신들의
합좌기관인 도병마사와 대조적 위치에 있는 것이었으나 문치주의로 기울었
던 고려에서는 약체화를 면치 못하였다. 중방회의의 의장은 응양군의 상장
군인 반주였다.39)

군·위 바로 밑의 단위부대는 영(領)이었다. 영은 1,000명으로 구성된 부
대로서 지휘관은 장군(정4품)이었으며, 이들은 그들의 합좌기관인 장군방
을 가지고 있었다. 장군 밑의 중랑장(中郎將, 정5품) 각 2인은 장군의 보좌
관이었다.

중랑장 밑에는 낭장(정6품)이 거의 모든 영마다 각 5인씩 있었는데 이들
은 200명으로 조직된 부대의 지휘관이었다. 그리고 낭장방은 물론 이들의
합의기관이다. 낭장 밑에 각 5인씩 두어졌던 별장(別將, 정7품)은 부지휘관,
산원(散員, 정8품)은 낭장과 별장의 보좌관이었던 듯하다.

오(伍)는 50명으로 조직되었으며 그의 장은 교위(校尉, 정9품)였다. 이들
은 각 영에 20인씩 있었는데 교위방은 그들의 합의기관이었다. 편성의 하위
단위는 25명으로 구성된 대(隊)였고 그의 책임자는 대정(隊正)이었다. 대정
은 매 영에 40인씩 두었다.

이상 중앙군의 부대조직을 간략하게 살폈거니와 기기에는 같은 등급의
단위 부대별로 방(房)이라고 하는 회의기관이 광범위하게 존재한 것이 주
목된다. 무신들은 그와 같은 기구를 통해 특정인의 독단을 막고 합의를 도
출하여 군무를 실행에 옮기고자 하였고, 나아가서 자기네들의 공통의 지위
를 보장받으려 하지 않았나 짐작된다. 이는 고대로부터의 우리 민족사회의
독특한 슬기이기도 한 것이다.

### 2) 부병제(府兵制)와 군반제(軍班制) 논의

2군 6위의 중앙군은 무반관료의 장교와 일반 군인들로 편성되어 있었다.
이 가운데 군인은 45영 즉, 45,000명 정도였는데, 이들은 흔히 군반씨족(軍

---

39) 朴龍雲, 앞의 『高麗時代史(上)』, 286쪽.

班氏族)이라는 이름의 출신자들로 구성되었다고 이해되어 오고 있다. 그러면 군인층을 형성한 이 군반씨족이란 어떤 부류의 사람들이었을까. 종래에는 이들이 지고 있는 군역(軍役)의 담당 방식과 그들의 신분 등을 어떻게 보느냐에 따라 부병제로 파악하는 입장과 군반제로 이해하는 입장이 서로 엇갈려 왔다.[40]

고려가 모본으로 했다는 당의 부병제는 잘 알려져 있듯이 균전제(均田制)에 입각하여 전체 농민에게 토지를 골고루 나누어 주고 그 균전농민을 대상으로 조·용·조(租庸調)의 세 가지 세를 징수하거나 그 대신에 군역을 부과하여 군인을 확보하는 제도를 말한다.[41]

그러나 고려는 당과 역사적 여건을 달리하고 있었다. 고려에서는 균전제가 시행되지 않았다는 사실이 그 단적인 예라 할 수 있다. 그러므로 당나라의 균전농민 모두가 군역을 져야 했던 바와는 달리 고려에서는 중앙군에 관한 한 농민 전체가 아니라 그 중 특수한 계층인 군반씨족만이 군역이라는 직역(職役)을 담당하였고, 따라서 이들에게만 그 대가로 군인전(軍人田)이 지급되었다. 하지만 이 같은 양자 간의 차이에도 불구하고 군반씨족 역시 농민으로서 병농일치(兵農一致) 제도가 시행되고 있었으며, 군역의 대가로 토지가 지급되고 있다는 점과 농민이 곧 군인이었으므로 이들은 상번(上番)과 비번(非番)으로 나뉘어 교대로 수도에 번상(番上)하여야 했다는 점을 고려할 때, 고려의 병제는 본질적으로 당의 부병제와 동일한 성격의 것이었다는 이론(理論)이 성립하게 된다.

이와 비슷한 논리를 펼 수 있는 자료들은 조준(趙浚) 등 여말 개혁론자들의 주장을 위시하여 몇몇 곳에서 더 찾을 수 있다. 그렇기 때문에 초기의 연구자들은 부병제설을 아무런 의심 없이 받아들여 왔으며, 이를 지지하는

---

40) 전자는 한우근, 강진철 후자는 이기백, 권간우, 김종국 등이 그 대표적인 논자들이다(洪元基, 「高麗 軍班氏族制說의 學術的 意義와 限界」, 『軍史』 24, 1992, 153쪽). 이에 대하여 홍원기는 고려 경군이 군반씨족과 농민부병으로서의 이원적 성격을 갖고 있다고 주장하였다(홍원기, 앞의 『고려전기군제연구』, 19쪽).

41) 최용, 「재정사」, 『한국문명사의 이해』, 도서출판 혜안, 1995, 127쪽.

입장이 표명되었다.[42]

그러나 군반제를 지지하는 사람들은 군반씨족의 적(籍)에 올라 경군을 형성한 군인들은 농민이면서 동시에 군인인 것이 아니라 세습적으로 군인 신분을 이어가는 전문적 군인이었다는 데 두고 있다.

경군을 형성한 군반 혹은 군반씨족의 직접적인 기원은 후삼국시대의 호족들, 특히 왕건과 그에 협력한 호족들의 예하인 군인들에 많이 있었다. 그러므로 이들도 근본을 캐고 보면 대부분 농민이었을 것이지만, 오랜 동안 통합전쟁에 종사하게 됨에 따라 일단 군반에 소속된 씨족으로 지정되어 농민과 다른 장적(帳籍) 즉, 군적(軍籍)에 등록이 되고, 그리하여 군역을 세습하다 보니 자연히 군인으로서 일종의 특수 신분층을 이루게 되었다는 것이다.[43] 이와 같이하여 형성된 특수 신분층으로서의 군인층, 즉, 군반씨족만이 대대로 경군을 이어 갔으므로 이들은 전문적인 군인이 되게 마련이었다.

경군은 군역이라는 직역을 부담하는 대가로 군인전(軍人田)을 지급받았다. 그렇지만 이들은 군인직을 전문으로 하는 특수 신분층이었으므로 그들 자신이 군인전을 경작한 것은 아니었다. 그것은 양호(養戶)에게 맡겨져 경영되었다. 군인은 지급받은 토지를 수조지(收租地)로서 소유하여 그것의 경작자인 양호에 대해 수조권을 행사하고 있었다.[44] 이들에 대한 토지 급여가 어떠한 형태로든 중앙의 지배체제 속에 포함되는 자에 한해서 지급을 규정하고 있는 전시과(田柴科) 내에 들어 있는 것도 그 때문이었다고 간주된다. 따라서 고려의 경군은 향리나 이속(吏屬)과 견줄 수 있는 사회적 신분층이 아니었을까 하는 짐작이 가능해진다.[45] 이들은 중앙의 지배체제에 연결되어 있는 존재로 그들 자신 고려국가의 핵심적 지배층인 관인체계(官人體系) 속에 끼지는 못하였지만 그의 말단 관료체계 내에 포함되는 중간계층으

---

42) 특히 姜晉哲은 광범위하게 사료를 수집·분석하여 적극적으로 府兵制說을 펴고 있다(姜晉哲, 「高麗 初期의 軍人田」, 『淑明女子大學校 論文集』 3, 1963).
43) 李基白, 『高麗兵制史硏究』, 一潮閣, 1968, 149~152쪽.
44) 李基白, 위의 책, 152쪽.
45) 朴龍雲, 앞의 『高麗時代史(上)』, 292쪽.

로 이해되는 것이다. 그러나 군역의 부담이 실제로 무거운 것이었고, 또 국가의 군인에 대한 처우가 규정과 같지 않아 이들의 지위는 점차 저하되어 갔다.46)

고려의 병제를 이처럼 군반제로 파악하는 입장에서는 자연히 부병제설에 대해 심한 비판을 가하고 있다.47)

요컨대 부병제와 군반제에 관한 논의는 아직까지 어떤 결정적인 해결점에 도달하여 있다고 생각되지는 않지만, 아마 연구자들은 후자의 견해에 좀더 귀를 기울이는 듯싶다. 그렇지만 그런 속에서도 우리는 왜 고려의 군인을 부병이라 불렀고, 또 그 제도를 부병제였던 것처럼 여러 곳에다 서술하해 둔 이유는 무엇 때문일까. 경군 중에서 일부만이 전문적인 군인이었을 가능성은 없는 것일까. 몇 가지 점에서 좀더 깊이 검토해 볼 과제가 남아 있다는 사실을 염두에 두어야 하리라 생각된다.48)


## 4. 지방군의 편제

### 1) 5도·경기의 주현군

서울에 경군이 있었던 데 대해 지방에는 주현군(州縣軍)이 설치되었다. 주현군은 같은 지방군이면서도 설치한 지방에 따라 그 성격이 달랐다. 즉, 5도 및 경기의 주현군과 변경지대인 북방 양계(兩界)의 그들과는 성격이 좀 틀렸다. 그러므로 우리는 양계의 주현군을 그 행정조직에 맞추어 흔히들 주진군(州鎭軍)이라고 따로 떼내어서 부르고 있거니와 여기서도 양자를 가름하여 살피는 것이 편리할 듯 하다.49)

---

46) 최성이, 앞의 「軍事制度史의 理解」, 43쪽.
47) 고려의 병제를 군반제로 파악한 이기백은 부병제에 대해 극력 반대의 입장을 취하고 있다.
48) 朴龍雲, 앞의 『高麗時代史(上)』, 294쪽.
49) 최성이, 앞의 「軍事制度史의 理解」, 43쪽.

그러면 먼저 5도·경기의 주현군 성립문제를 살펴보자. 주현군은 어떤 과정을 거쳐 언제 형성되었을까. 이때 우선 생각되는 것이 정종(定宗) 2년 (947)에 조직된 광군(光軍)이다. 잘 알려진 대로 광군은 거란이 침입할 것이라는 정보에 따라 북진책의 일환으로 편성된 최초의 전국적인 군사조직으로 그 수는 30만이었다고 전한다. 짐작건대 이 만한 규모의 군사력은 왕권이 매우 미약했던 당시에 중앙정부의 직접적인 징발에 의해 편성되었다고는 보기 어렵다. 그것은 아마 실제적으로 반독립적인 입장에서 지방 통치를 담당하고 있던 호족들의 징병에 의해 형성된 조직이었으리라 생각된다. 광군은 호족연합군의 성격을 지닌 지방군이었던 셈이다.[50]

광군을 직접 지휘한 것은 지방의 호족이었다. 그렇지만 이들을 전체적으로 통제하는 통수부는 개경에 설치된 광군사(光軍司)였다.[51] 따라서 광군은 중앙정부와 지방 호족에 의한 농민 역역(力役)의 공동지배 위에 이루어진 군사조직이라고 보아도 좋은데, 이 조직은 고려의 집권화 정책이 진전되어 지방제도가 정비되면서 점차 그 독자성을 잃어 갔다. 그 한 큰 계기로서 성종 14년에 6위가 형성되고 12군 절도사(節度使) 제도가 만들어진 것을 들 수 있다. 그러나 광군은 위에서 말했듯이 현종 1~2년까지는 그대로 존속했던 것이 분명하므로, 그들이 완전히 재편되어 주현군으로 변모하는 것은 지방관제가 일단락되는 현종 3년부터 9년 사이의 어느 시기로 짐작된다. 그리고 이들은 공역부대(工役部隊)의 성격을 지니고 있었던 관계로 주현군으로 개편될 때에도 같은 기능을 가진 일품군(一品軍)과 연결되었다고 생각된다.

이러한 광군과 함께 중앙에서 지방으로 배치됐던 진수군(鎭守軍)이 또한 주현군을 형성하는 하나의 요소가 되었다. 태조는 일찍부터 지방의 요지에 도호부(都護府)와 도독부(都督府)를 설치하고 중앙군을 주둔시켰다. 그 후 이들은 지방 행정조직 개편에 따라 몇 차례의 변화 과정을 밟지만, 그 중 특히 주목되는 것은 성종 14년에 종래의 12주목(州牧)이 12군 절도사제로 바뀌고 있다는 사실이다. 이때의 개편은 명칭 자체가 잘 나타내고 있듯이

---

50) 朴龍雲, 앞의 『高麗時代史(上)』, 295쪽.
51) 朴賢緖, 앞의 「北方民族과의 抗爭」, 278쪽.

군사력에 의한 중앙집권의 강화라는 성격을 지니고 있었거니와, 여기에는 필연적으로 그것을 뒷받침해 줄 직속부대의 증강이 뒤따랐으리라 짐작된다.

이상에서 살펴본 것처럼 주현군은 호족의 지휘 하에 있던 광군과 중앙에서 지방에 파견했던 진수군이 모체가 되어 형성된 것이며, 그 조직이 완성단계에 이르는 것은 역시 현종 9년으로 추측된다.

이와 같이 하여 이루어진 주현군은 우선, 지역을 5도와 경기로 구분하고 그 각각을 다시 몇 개씩의 군사도(軍事道)로 나누어 거기에 소속된 보승·정용·일품의 군인수를 정해 놓고 있다. 예컨대 교주도(交州道)의 경우 그 군사도를 춘주도(春州道)·동주도(東州道)·교주도로 나누고 그곳의 병종에 따른 군인 수를 명시하고 있는 것이다. 이하 양광도(楊廣道)·경상도·전라도·서해도(西海道)·경기 등도 같은 방식을 취하고 있다. 여기에 나와 있는 전체 군인 수는 보승군이 8,601명, 정용군 19,754명, 일품군 19,882명, 합계 48,237명으로 집계된다.[52]

그런데, 이들 주현군의 배치를 위해 구획된 군사도가 주로 중앙에서 지방관이 파견되는 경(京)·주·부(府)·군·현 등을 중심으로 하고 있다는 사실이 주목을 끈다. 물론 보승·정용·일품 등의 주현군은 속현에도 배치되어 있었다.

주현군 가운데에서 중심이 되는 군인은 보승·정용이었다. 특히 이 보승·정용은 중앙군인 6위에도 포함되어 있어서 주목을 받아 왔지만, 논자들은 그에 따라 경군의 보승·정용과 주현군의 그들과는 상번과 비번의 차이가 있을 뿐 동일한 군대로 파악하려는 견해가 많았다.[53] 그러나 주현군의 보승·정용은 중앙에서 특별히 보낸 사람에 의해 동원되는 경우를 제외하면 평상시에는 그들이 설치된 단위행정구획 장관의 지휘를 받는, 경군의 그들과는 별도의 체계에 속한 군인들이었다는 주장도 있다.[54]

---

52) 『고려사』 권83, 兵志3 州縣軍條.
53) 末松保和, 「高麗の四十二都府について」, 『靑丘史草』 1, 1965, 239~240쪽 ; 李佑成, 「高麗의 永業田」, 『歷史學報』 28, 1965, 9쪽.

주현군의 보승·정용이 상비군은 아니었다. 하지만 각 군사도마다에 책정된 정원만은 확보되어 있었다. 그리하여 이들은 방수(防戍)나 군사적 훈련에 임하기도 하고 또 농경에도 종사했다. 보승·정용을 구성한 주현군은 주로 자영지(自營地)를 소유하고 스스로 그것을 경작한 농민이기 때문이다. 그들은 자영농민으로 구성된 병농일치의 군인이었다.

보승군·정용군이 주로 전투부대였던 데 비해 일품군은 노동부대였다. 이들은 전투나 방수가 아니라 공역(工役)을 위해 편성된 군인이었다. 일품군은 1년을 기간으로 하여 가을에 교체되어 순환하며 역사(役事)에 동원되었으므로 추역군(秋役軍)·추역부(秋役夫)라고도 불렀는데, 이들도 중앙정부의 명에 따라 동원된다는 점에서는 보승·정용과 성격이 같았으나 그 임무는 전혀 다른 것이었다.55)

한데 일품군의 장교에는 향리가 임명되고 있었다는 사실이 주목된다.56) 이것은 일품군이 향리의 긴밀한 통제 아래 놓여 있는 토착적 성격이 농후한 군대였음을 의미한다. 아울러 그들 일반 군인도 지방의 토착농민이었으리라는 짐작을 할 수 있다.

주현군 가운데는 촌류(村留)하는 이품군과 삼품군도 포함되어 있었다. 이들은 일품군과 같은 품군의 범주에 속하는 군대였으므로 아마 동일한 노동부대였으리라 추측되는데, 다만 그들은 중앙정부의 직접적인 통제 밖에 있었던 점을 감안할 때 지방의 노동에만 동원되지 않았을까 생각된다. 이·삼품군의 성격이 이와 같았으므로 그 구성원은 역시 촌락에 거주하는 농민들이었을 것이다. 그리고 그들의 책임자는 촌장(村長)·촌정(村正)이었다고 짐작된다.57)

주현군은 다같이 농민군이었다는 데서 공통점이 있다. 물론 이들은 동일한 농민군이면서도 각자의 현실에 따라 어떤 부류는 보승·정용이, 그리고

54) 李基白, 앞의『高麗兵制史硏究』, 210~213쪽.
55) 오일순, 「高麗前期 部曲民에 관한 一試論」, 『學林』 7, 1985, 29~31쪽.
56) 『고려사』권81, 兵志1 兵制.
57) 李佑成, 「麗代 百姓考」, 『歷史學報』 14, 1961, 41쪽.

어떤 부류는 품군이 되었지만, 농민들은 그와 같은 군사조직에 의해 국가에 역(役)을 바쳤던 것이다. 『고려도경(高麗圖經)』에 의하면 고려의 전체 병력은 60만이었다. 그 가운데 경군과 주진군을 제외한 막대한 병력이 모두 주현군으로서 당시의 농민장정은 거의 모두가 이 군사조직 속에 망라되었으리라 생각된다.

## 2) 양계(兩界)의 국방체제

고려는 북방 국경지대인 양계에 주진군을 배치하였다. 『고려사』 병지(兵志)에서는 이 주진군도 남도(南道) 지방처럼 주현군 속에 포함시키고 있다. 그러나 남도의 주현과는 달리 양계의 행정구획은 항상 주진이라 불렀으며, 특수한 군사적 성격을 지닌 지역으로 되어 있었다. 그러므로 여기에 배치된 군대도 응당 5도·경기의 그것과는 달리 주진군이라고 불러야 된다고 판단된다.[58]

원래 진(鎭)이란 것은 변경에 군사적인 거점으로서 설치된 것이었다. 그러므로 고려가 후삼국을 통일하기 이전에는 신라와 후백제와의 접경지대에도 설치되었던 것이다. 그러나 후삼국 통합 이후에는 남쪽에 진은 모두 없어지고, 오직 북쪽의 거란 및 여진과의 접경지대 즉, 양계에만 남게 된 것이다. 단지 남아 있을 뿐 아니라, 국경을 북쪽으로 넓혀 감에 따라서 새로이 고려 영토로 편입한 지역에는 점차 진을 증설하여 그 수가 증가해 갔다. 현종 9년(1018)에 지방제도를 정비했을 때 그 진은 28개였던 것으로 기록되어 있다.[59] 이 진들은 성곽(城郭)으로 둘러싸인 무장도시(武裝都市)로서 독립된 전투적인 단위부대를 형성하고 있었다. 그러므로 이들은 5도 및 경기의 주현과 같이 속현을 거느리지 않는 것이 그 특징의 하나가 되어 있었다. 이러한 여러 진을 안북(安北)과 안변(安邊)의 두 도호부가 통솔하였던 것이다.

---

58) 李基白, 「軍事組織」, 『한국사(5)』, 국사편찬위원회, 1975, 120쪽.
59) 이은희, 앞의 「정치제도사」, 114쪽.

그런데 이 주진군의 핵심은 초군(抄軍)·좌군·우군과 보창군(保昌軍) 및 영새군(寧塞軍)이었다. 이 중에서도 초군과 좌·우군이 특히 중요하였는데,[60] 거기에만 마대(馬隊)와 노대(弩隊)가 포함되어 있고, 또 이들이 전투시에 중·좌·우의 3군을 형성하였으리라고 미루어지는 점에서 그러하다. 이에 대해서 보창군과 영새군은 보병으로서 일종의 후원부대가 되지 않았나 한다. 이 밖의 백정대(白丁隊) 등은 상비군이 아니라 예비군이었을 것이며, 따라서 적군이 침략하여 오는 위급한 때에 한하여 출동하였을 것이다. 또, 백정대는 백정 즉, 일반 농민으로 구성된 것이었고, 신기(神騎) 같은 것은 반대로 양반층이 많이 차지하는 등 그 구성요소에 차이가 많았다. 이러한 주진군의 총병력은 약 14만 명에 달하는 것으로 추측된다.

그리고 이들 각 진의 상비군의 군사적 지휘권은 도령(都領)이 쥐고 있었으며, 이 도령은 중랑장이 임명되는 것이 보통이었다. 그러나 주진의 예비군이나 둔전(屯田) 등의 민정(民政)까지를 포함한 모든 책임은 주(州)의 방어체(防禦體)와 진의 진장(鎭將)이 지고 있었다. 그리고 이들은 병마사에 의하여 통제를 받고 있었다.

주진군의 임무는 무엇보다도 국방이었다. 고려는 북쪽으로 거란·여진·몽골 등의 이민족과 늘 대립해 있었고, 또 침략을 받아 자주 전투를 벌이지 않으면 안 되었다.[61] 이러한 국방을 위한 전투에는 경군이나 주현군도 동원되었다. 그러나 그들이 침략하여 왔을 때에 이에 대항하여 가장 먼저 전투를 하는 것은 주진군이었다. 그리고 이들이 적의 침략을 물리치고 나아가 영토를 확장하기 위하여 얼마나 용감하게 싸웠는가 하는 것은 여러 기록에 잘 나타나 있다.

그런데 이들의 전술은 적의 대부대와 맞서서 결전을 벌이는 그런 방법이 아니었다. 그것은 중앙에서 동원된 군대의 임무였다. 물론 중앙에서 군대가 오면 이를 도와주는 일도 있었다. 그러나 이들 주진군의 주된 임무는 성문(城門)을 굳게 닫고 지키는 일이었다.[62] 이것은 언뜻 생각하면 비효과적인

---

60) 邊太燮, 『韓國史通論』, 三英社, 1986, 177쪽.
61) 朴賢緒, 앞의 「北方民族과의 抗爭」, 253~328쪽 참조.

소극적인 방법인 것 같지만, 실제로는 침략해 오는 적군에게 큰 위협이 되
었다. 이들 여러 성을 그대로 내버려 두고는 깊이 침입해 들어올 수가 없었
기 때문이다. 비록 침입해 들어온다 하더라도 이들 여러 주진으로 인하여
본국과의 연락로가 끊기고 말기 때문에 오랫동안 머물러 있을 수가 없게 되
는 것이다. 가령 현종 원년(1010)에 거란의 대군이 개경까지 침입해 들어오
기는 하였으나, 이렇다 할 성과도 없이 곧 후퇴하지 않으면 안 되었던 이유
는 이 때문이었다.[63] 또 거란이 끈질기게 강동(江東) 6주(州)를 요구해 온
것도 이들 여러 성을 고려가 지키고 있는 이상 고려를 항복시키기 어렵다고
생각한 때문이었을 것이다. 거란은 자주 고려를 무력으로 빼앗고자 쳐들어
왔으나 번번이 실패하고 말았던 것이다.[64]

　이러한 국방의 제일선을 군게 지키기 위하여 이들 주진 특히, 장성(長城)
이 통과하는 국경지대의 주진은 수(戍)를 설치하고 있었다. 이 수(戍)는 하
나의 진성(鎭城)에도 여러 개가 딸려 있어서 일부 병력이 주둔해 있었다.
이들은 마치 본성(本城)의 전방 초소(哨所)와도 같은 것이어서, 적군의 동
태를 탐지하여 이를 본성에 통보하며, 때로는 적군의 소규모 침입에 대해
직접 전투를 벌여 격퇴하기도 하였다. 이러한 수(戍)는 육지에서는 장성에
연한 진성에 주로 설치되었으나, 해적이 자주 침입해 오는 동해안 지대 같
은 데에 설치되기도 하였다.[65]

## 5. 맺음말

　이상으로 고려 전기의 군사정책을 북방정책의 관점에서 고찰해 보았다.
고려는 태조의 등극 이래 후삼국을 통합하는 과정에서부터 고구려 계승

---

62) 『고려사』 권5, 德宗世家 원년 2월.
63) 朴賢緖, 앞의 「北方民族과의 抗爭」, 276쪽.
64) 한우근, 『韓國通史』, 乙酉文化社, 1970, 145~152쪽.
65) 李基白, 앞의 「軍事組織」, 123~124쪽.

의식의 북방정책을 중시하였다. 북방정책은 통치조직에 구체적으로 수용되어 도병마사를 정점으로 군사정책을 가장 중요한 사안으로 다루었다. 중추원에서도 군기지정(軍機之政)을 제일의로 삼았고, 상서 6부에서는 이부 다음으로 병부를 중시하였다. 뿐만 아니라 서경을 경영하여 북진책의 의지를 제도화하였다.

이러한 기본국책을 살려 고려의 군제는 크게 중앙군과 지방군으로 편성되었다. 중앙군은 2군 6위로 편제하여 국왕의 지도력 발휘에 크게 기여하였다. 이 중앙군은 그동안 부병제로 인식되어 온 바 있었으나 최근에는 군반제로 기우는 경향이 나타나고 있다. 하지만, 이 또한 토지를 매개로 한 총력안보체제임에는 틀림이 없다.

지방군은 성격상 주현군과 주진군으로 나눌 수 있다. 주현군은 5도 및 경기에서 조직한 군대로 보승군·정용군의 전투부대와 일품군의 노동부대로 2원화시켜 운영하였다. 이미 언급한 바와 같이 국토방위에 최일선을 담당한 부대는 양계에 주둔한 주진군이었다. 그들은 진을 거점으로 고려의 국세를 가시화(可視化)시켰다. 그것은 주진군이 북진책을 몸으로 실천하여 북방경계선을 대동강으로부터 청천강으로, 다시 압록강까지 확장시킨 점에서 확인된다. 그리하여 고려 전기에는 동북아 정족지세(鼎足之勢)의 위업을 이루고 고려를 자주적으로 발전할 수 있도록 터전을 굳혔던 것이다.

이것은 위로는 정책의결기구인 도병마사로부터, 아래로는 주진의 병사에 이르기까지 상하가 모두 합심하여 이룩한 열매로서, 북진정책의 자주정신을 제도적으로 구현한 군사정책의 귀중한 본보기라고 보겠다.

(『죽당이현희교수화갑기념한국사학논총』, 동방도서, 1997)

# 제5장 홍건적의 침입과 무장세력의 성장

## 1. 머리말

어느 나라 역사나 모두 주변 민족과의 생존을 위한 항쟁과 교섭의 역사이겠거니와 우리의 한국사도 이 점에서 예외일 수 없다.

한국사는 전 시대에 걸쳐 외침이 빈발하였다. 특히 고려시대에는 그 정도가 더했었다. 고려의 두드러진 성격을 몇 가지 꼽으라면 분명 대외적인 성격을 빼놓을 수 없을 것이다.

본디 한국사는 동북아시아의 정치형세와 깊이 관련되어 있었다. 때로는 우리가 주체로서 동북아 대륙을 넘보았고, 또 때로는 우리가 객체로 동북아 남북세력의 중간존재로서 삼각관계를 형성하기도 하였다. 이러한 때에는 한국이 상대국의 배후세력이 되는 것이 두려워 후환제거의 일환으로 우리나라를 침략하기도 하였다. 이들의 침략을 격퇴하면 거란족의 침입에서 보는 바와 같이 동북아 3국의 공존이 실현되어 주체적으로 살 수 있었지만, 침략에 굴복하면 몽골족의 침입에서 보는 것처럼 오욕의 역사가 기다리고 있었다.

고려는 건국 초기에 북진정책을 실시하였다. 이때에 북방에서는 거란, 여진, 몽골이 차례로 발흥하여 내침하였다. 내침의 주목적은 물론 남방에 있는 송(宋)의 배후세력 제거에 있었다. 고려는 거란과 여진의 침입에는 역공(逆攻)을 가해 국토 확장을 꾀하며 동북아 3국의 평화에 기여했지만, 몽골의 계속된 집요한 침입에는 굴복하고 말았다. 고려의 굴복은 곧 송의 멸망으로 이어졌다. 동북아는 원(元)의 천하가 된 것이다. 여기에서도 동북아 정세에서 갖는 우리나라의 위상이 확연히 드러난다.

고려는 평화의 방파제와도 같았다. 고려가 굴복하면 주변이 굴종한다. 고려가 국난을 극복하면 주변국에도 안정을 안겨준다. 원의 지배 말기인 공민왕(恭愍王) 때 고려는 주체적인 개혁정치를 펼쳤다. 중국의 한족(漢族)도 원으로부터 부흥운동을 벌였다. 많은 한족이 여러 갈래로 부흥운동을 폈지만 그 중 명(明)이 그 주역을 담당했다. 바로 이 원·명 교체기가 우리나라에선 여·선(麗鮮) 교체기에 해당한다.

그런데 단순히 원·명이 교체된다고 여·선이 교체되는 것인가? 여기에 필자는 강한 의문을 품는다. 분명한 것은 원·명 교체기에 여·선도 교체되었다는 사실이다. 그렇다면 어떠한 내재적인 원인이 있었음이 분명할 것이다.

바로 여기에 착안하여 홍건적의 침입을 고찰하고자 하는 것이다. 원·명 교체기에 나타난 두 차례에 걸친 홍건적의 침입은 고려인에게는 엄청난 시련이었지만, 이 시련을 딛고 홍건적을 격퇴하는 과정에서 대두하기 시작한 무장세력이 난후에 자기들끼리 상잔(相殘)을 거듭하며 정치세력을 형성해 갔고, 끝내는 여·선 교체의 주역이 되었던 것이다.

원·명이 교체된다고 여·선이 교체된 것이 아니고 원·명 교체기에 홍건적의 침입을 능동적으로 격퇴함으로써 신흥 무장세력이 대두된 것이고, 이들이 한국사의 단절위기를 극복하며 서서히 여·선 교체의 주역으로 등장한 것이다. 따라서 우리 역사에서 홍건적의 침입이 갖는 의미는 민족사의 훼절(毀折)이냐? 새로운 전개냐? 하는 시금석이었다. 바로 새로운 전개의 주인공이 홍건적의 침입을 격퇴하는 과정을 통해서 성장하였던 것이다.

따라서 홍건적의 침입과 고려의 대응을 고찰하는 것은 여·선 교체의 내재적인 고리를 찾아내는 작업이라고 믿어진다.

## 2. 14세기 중엽의 동북아시아 정세

13세기 초에 테무진(鐵木眞)이 세운 몽골제국(元)은 14세기에 접어들어서 황제위(皇帝位)의 계승과 귀족간의 내부 모순이 두드러지게 나타남에 따라 동요와 쇠미(衰微)의 징조가 역력히 드러나게 되었다. 더욱이 마지막 황제인 순제(順帝, 1320~1370)가 주색잡기에 빠져 재정이 크게 궁핍해지고 민중이 도탄에 빠지게 되자, 이 틈에 한족(漢族)의 민족의식이 크게 성장하여 한족 반란군이 각처에서 벌떼처럼 일어났다.[1]

원 말기의 소요는 순제 초년부터 발단하여 몇 해 사이에 거의 전국에 미치고, 소요 건수는 무려 100여 회에 달하게 되었다. 그 가운데 규모가 큰 것은 다음과 같다.

주광경(朱光卿)은 광동(廣東)에서 일어나 국호를 대금(大金)이라 했고, 방국진(方國珍)은 절강(浙江)에서 군대를 일으켜 지반을 닦았으며, 한산동(韓山童)·유복통(劉福通) 등의 홍건적은 하북(河北)에서 일어나 세력이 커졌다. 안휘(安徽)·호북(湖北)에서는 서수휘(徐壽輝)가 대동란을 일으켜 국호를 천완(天完)이라 하고 황제라 칭하였으며, 명국진(明國珍)은 사천(泗川)을 점령하고 하국왕(夏國王)이라 칭하였다. 또한 장사성(張士誠)은 강소(江蘇)에서 국호를 대주(大周)라 하고 성왕(誠王)이라 칭하며 위세를 떨쳤고, 곽자흥(郭子興)은 안휘의 북부에서 일어났는데 그의 부하에는 뒷날 명 태조가 되는 주원장(朱元璋)이 있었다. 이 밖에 요동에서는 여진족이 일어나 서로 대금(大金)의 자손이라 하며 반기를 들었다.[2]

원세력의 천하는 이렇게 군웅할거의 난세로 돌변하였다.

이들 반란군에 대하여 원은 처음부터 토벌군을 파견하여 그 진압에 힘썼는데, 1353년 9월에 승상(丞相) 탈탈(脫脫)이 강소지방에 있는 고우성(高郵城)의 장사성을 토벌하기 위하여 조직한 남정군(南征軍)은 가장 규모가 큰

---

1) 김성준, 「고려와 원·명 관계」, 『한국사』, 국사편찬위원회, 1984, 177쪽.
2) 김상기, 『신편고려시대사』, 서울대학교출판부, 1985, 586~587쪽.

것이었다. 남정을 위하여 원은 고려에 원군을 청하였다. 고려는 이 청을 받아들여 조정군(助征軍)을 파견하였다. 즉, 공민왕 원년(1352) 2월에 원은 재원(在元) 고려인 최유(崔濡)를 고려에 보내어 처음으로 조정군 파견을 요청하였다. 이때는 재원 고려인들의 반대에 부딪혀 파견이 중단되었다. 그 후 공민왕 3년(1354) 6월에 탈탈은 원에 사신으로 왔다가 귀국하는 채하중(蔡河中)을 통해 고려에 재차 조정군의 파견을 강력히 요청했다.3) 이어 원의 사신(哈剌那海)이 뒤따라와서 유탁(柳濯), 염제신(廉悌臣), 권겸(權謙) 등을 조정 장수로 지명하고 용맹한 군사를 모집하여 이해 8월 10일까지 연경(燕京 : 大都)에 집합할 것을 요구하였다.

즉위한 지 일천하여 아직 왕권을 굳히지 못한 상태였던 공민왕은 승상 탈탈의 위력을 두려워하여 그의 요청을 거절하지 못하고 조정군 2,000명을 모집하여 유탁, 염제신 등 40여 명의 장상(將相)으로 하여금 인솔케 하여 연경으로 보냈다. 장상 40여 인 가운데는 유탁, 염제신, 권겸 등을 비롯하여 인당(印璫), 김용(金鏞), 정세운(鄭世雲), 최영(崔瑩), 이방실(李芳實), 안우(安祐) 등이 포함되어 있었는데, 모두 왕의 신임이 두터운 명망있는 장상이었다. 뿐만 아니라 군사 또한 정병(精兵)이었다. 따라서 왕은 숙위(宿衛)에 불안을 느껴 서해도[황해도]에서 궁수(弓手)를 모집하여 뜻밖의 위난에 대비케 하였다.

한편 고려 조정군은 대도에 이르러 재원 고려인 중에서 2만 1천 명을 더 모집하여 총수 2만 3천 명으로써 탈탈 남정군의 전봉(前鋒)이 되어 장사성의 고우성(高郵城) 공략에 나섰다. 남정군은 처음에 연전연승을 거듭하여 적세(敵勢)를 크게 꺾었고 매번 싸움에 고려군의 활약은 매우 눈부셨다. 이권(李權), 최원(崔源) 등 6인의 장상은 전사까지 하며 용전했다. 그러나 탈탈은 색목인(色目人) 하마(哈麻)의 참소로 파직되어 운남(雲南)으로 귀양

---

3) 채하중은 고려의 대표적인 간신의 한 사람이다. 그가 조정군 편성을 발의한 것은 본국의 정적인 유탁과 염제신 등을 조정군의 장수로 내보내고 다시금 정승이 되기 위해 탈탈을 설득하여 꾸민 음모다(『고려사』, 열전 권38, 간신1 채하중전).

갔다가 피살되었다. 태부화(泰不花)가 탈탈을 갈음하니 남정군의 기세가 크게 꺾이고, 적세는 날로 성하여 고우성을 공략하려던 계획은 실패로 돌아갔고, 고려 조정군도 헛되이 환국하였다.

고려 조정군은 비록 규모는 크다 할 수 없었으나 조정 장상은 모두 공민왕이 신임하고 있던 유력한 신하였기 때문에 그들이 실제로 체험한 바는 귀국 후 곧 왕에게 보고되었을 것이고, 그 후의 공민왕의 대원정책에 큰 영향을 미치게 되었다. 고우성 공략의 실패는 고려 장상들의 눈에 원조(元朝) 붕괴의 징후로 비쳤고, 원나라 각지에 번지고 있던 내란의 실정을 견문한 그들은 왕에게 원나라 쇠미의 징조를 상세하게 보고하였다. 그것은 공민왕의 반원정책이 조정 장상의 환국 후 불과 1년 만에 단행된 것을 보아서도 입증된다. 물론 왕의 결단에는 자신이 왕자일 때 원에 머물러 있으면서 원이 이미 쇠운(衰運)으로 기울고 있음을 간파하고 있었던 것이 크게 작용하였을 것이다. 여기에 조정 장상들의 귀국 보고를 하늘이 준 절호의 기회로 확신하고 드디어 반원(反元)정책을 표방하기에 이르렀다.

이와 같이 공민왕대 초기에는 원의 세력이 쇠퇴하여 주광경, 방국진, 한산동, 유복통, 서수휘, 장사성, 곽자흥 등을 필두로 다수의 유적(流賊)들이 중국 각지에서 반란을 일으켜 수습키 어려운 국면이 벌어졌다. 이에 고려의 군신(君臣)은 원의 오랜 압제를 물리치고 실지회복(失地回復)을 비롯한 국권회복에 합심하여 나섰다.

국권회복운동은 먼저 국왕으로부터 변발(辮髮)·호복(胡服)을 그만두고 구제(舊制)를 쫓음으로써 시작되었다. 공민왕 원년 정월에 감찰대부(監察大夫) 이연종(李衍宗)이 궁궐에 나아가 간(諫)하기를, "변발·호복은 선왕의 제도가 아니니 원컨대 전하는 그것을 본받지 마소서" 하니 왕은 기뻐하며 변발을 풀고 이연종에게 의복과 침구를 주어 그의 충언을 치하하였다. 그 뒤 유탁, 최영 등의 조정군이 돌아옴으로써 원의 허약함이 구체적으로 알려짐에 따라 원 세력 배제운동이 적극적으로 나타나게 된 것이다.[4]

---

4) 김상기, 앞의 책, 589쪽.

공민왕의 반원정책과 관련하여 간과할 수 없는 것은 강남(江南)지방에 할거하고 있던 군웅(群雄)과의 해상교통이다. 이들 군웅과의 교빙은 평화적 통상무역이었으나, 한편 이들이 모두 한인(漢人)이라는 점에서 정치적으로 중요한 의미를 내포하고 있다. 고려는 그들의 내빙(來聘)을 기꺼이 맞아들였고, 그들을 통하여 원의 사정을 내탐할 수 있었다. 남방군웅 중 가장 먼저 고려와 교빙한 사람은 장사성이다. 그는 공민왕 6년 7월의 내헌(來獻)을 최초로 하여 동왕 14년 4월까지 전후 8년간 13회에 걸쳐 사절을 보내왔다. 강절행성승상(江浙行省丞相)의 직함으로 장사성이 두 번째 내빙할 때 보낸 서장(書狀)에 "중하(中夏)에 번거로운 일이 많이 일어나 생민이 도탄에 빠진 것을 참을 수 없어 회동(淮東)에서 분기해 다행히 오(吳)의 땅을 보전하게 되었다"[5]고 한 것은 내란으로 혼란에 빠진 원의 실정을 잘 보여주고 있다. 그리고 그동안 고려에서 보낸 사절은 확실한 것만 공민왕 9년 3월과 13년 5월의 전후 두 차례에 걸쳐 있었다.

장사성 다음으로 사절을 보낸 사람은 명주사도(明州司徒) 방국진이었다. 그는 공민왕 7년 5월부터 14년 10월까지 전후 7년간 5회에 걸쳐 사절을 보냈고, 이 밖에 공민왕 9년 7월에서 13년 4월에 걸쳐 강절성(江浙省) 이우승(李右丞), 회남성우승(淮南省右丞) 왕성(王晟), 주평장(朱平章) 등이 고려와 교빙한 기록이 보인다.[6]

이처럼 공민왕은 반원정책의 일환으로 강남에서 일어난 군웅과 자주 교빙하였으나, 중국대륙에 아직 원을 누를 만한 강대세력이 나타나지 못했기 때문에 반원정책을 일관하여 강력하게 추진하지 못하였다. 원은 공민왕의 반원정책을 보고 여러 번 사신을 보내어 책망하고 한편으로는 회유하기도 했다. 고려가 원의 연호 지정(至正)을 다시 사용하고, 북서부 공략을 담당하고 있던 서북면병마사 인당을 죽이고 허물을 사과한 것은, 일시적이나마 원의 중압을 피하기 위한 것이었지만 참기 어려운 시련이었다. 공민왕의 반원정책은 원의 압력 아래 후퇴하여 은인자중 중국대륙의 정세를 관망하며 때

5) 『고려사』권39, 세가.
6) 김성준, 앞의 글, 78~80쪽.

를 기다렸다.

이런 중에서도 공민왕이 남방의 군웅들과 꾸준히 교빙을 계속한 것은 그
들의 동태를 주시하여 중국대륙의 정세변동을 재빨리 파악할 수 있는 길을
포착하기 위해서였다.

## 3. 공민왕 초기의 국내정세

공민왕은 일찍이 왕자로서 원(元)에 머물러 있을 적에 원의 노국공주(魯
國公主)를 취하여 그 부마(駙馬)가 되었고, 원의 후원을 얻어 충정왕(忠定
王)의 뒤를 이어 왕위에 올랐다(1352). 이는 고려가 원에게 굴복한 지 실로
근 1세기가 지난 다음의 일이었다. 이때까지 고려는 많은 혼란을 겪었고, 국
가체제는 와해되고 있었다. 이러한 현상은 원의 정치적 압력 아래 더욱 촉
진되었고 고려의 붕괴는 이제 시간문제처럼 보였다.

그러나 고려에게 압박을 가하는 원나라 역시 그즈음에 이르러 대제국의
통치력에 균열이 나타났다. 이 같은 상황 하에서 즉위한 재기발랄한 22세의
공민왕은 원의 쇠운을 천우신조의 호기로 알고 고려의 국가체제를 정돈하
려고 했다. 그가 즉위교서에서 여러 포부를 밝히며 '일국경시(一國更始)'를
주장하고 구체적으로는 변발·호복을 풀고, 변정도감(辨整都監)의 활동을
시작하게 하고, 정방(政房)을 파하는 등의 조치를 취하였다. 그러나 이러한
일련의 시도는 여전히 강력한 세력으로 남아 있던 부원(附元) 귀족세력 때
문에 성공할 수 없었다. 원의 영향력이 거의 절대적인 것이며 원의 세력과
결탁한 귀족세력이 왕 자신의 개혁적 시책을 좌절시킨다는 사실을 체험한
공민왕은 우선 개혁에의 집념을 유보한 채 원과의 밀착을 위하여 보다 많은
노력을 경주하였다.

그리하여 고려에 대한 원의 정치적 영향력이 가중되고, 친원적(親元的)
정치세력의 활동범위는 넓어져 갔다. 원의 제실(帝室)이나 고위관인과 혼인
관계를 맺어 그 영향력으로 고려에서 강력한 지위를 구축한 친원적 정치세

력은 고려의 독자적인 권력질서를 부정하는 전형적 존재들이기도 하였다.[7]

이 같은 정치적 배경 아래서 공민왕 5년(1356) 5월에 단행된 일련의 반원조치는 획기적인 사건이었다. 대륙의 정세변동에 따른 원의 약화를 감안하여 기철(奇轍),[8] 권겸(權謙 : 如元 納女于皇太子 元拜大府監大監) 등 친원적 정치세력을 전격적으로 거세시킨 것이다. 이로써 시작된 반원자주조치는 고려에 대한 원의 영향력 배제, 정치권력의 집중, 방대한 개혁 실시라는 몇 가지 목표를 지향하였다. 즉, 예정된 계획에 따라 친원분자를 주살한 공민왕은 당일로 군사행동을 일으켜 동북면, 서북면의 구령회복(舊領回復)을 꾀하였다.[9] 이것은 명백히 반원정책의 단행을 뜻하는 것으로서, 원의 정치적 영향을 배제하기 위한 적극적 조치였다.

뒤이은 제 군(諸軍)의 만호(萬戶)·천호(千戶)·백호패(百戶牌)의 몰수, 지정(至正) 연호의 사용정지 및 관제개혁은 원의 권위에 기호하였던 병권(兵權)을 다시금 고려국가체제와 직결시켰다. 이것은 원과의 예속관계를 부인하고, 또 원에 의해 강등 변모된 정치제도를 초기의 것으로 환원시킨다는 점에서 주권의 회복운동이라고 할 것이다. 이러한 대외적인 주권회복을 바탕으로 하여 나타나는 대내적인 권력집중에의 지향은 충용위(忠勇衛)의 설치와 정방 혁파로 구현되었다. 즉, 강력한 군사적 기초를 위하여 친위대 4천 명을 새로운 체제로 증강시키며, 왕권의 약화로 설치되었던 정방을 폐지하도록 강력히 명령하는 것인데, 이 조치들은 그대로 실현되었다.[10]

이 같은 조치와 더불어 방대한 개혁이 시도되었다. 공민왕은 5년 6월에 교서를 내려 기철 일파의 죄상을 언급하고 고려왕조 중흥의 결의를 보였다. 이때의 개혁은 매우 광범위한 것이었지만, '복아조종지법(復我祖宗之法)'에 최대의 목표를 둔 것으로서 고려 중엽 이후 공민왕 즉위 초에 이르기까지

---

7) 민현구, 「신돈의 집권과 그 정치적 성격(상)」, 『역사학보』 38, 1968, 47~49쪽.
8) 기철은 원의 기황후(奇皇后 : 所生이 황태자가 됨)와 남매지간으로 태위(太尉)의 관직을 받았는데, 이는 공민왕의 승상위(丞相位)보다 더 높은 것이었다 (『고려사』 권131, 기철전).
9) 『고려사』 권39, 세가 공민왕 5년 5월 정유.
10) 『고려사』 권35, 병법1 병제 ; 권29, 선거지3 전주선법.

나타났던 모든 변화를 부정하고 고려 초기의 정돈된 체제로의 복고를 목표로 하였다.

그런데 공민왕 5년의 개혁정책이 왕과 혈연관계, 또는 그 밖의 특수한 친분관계를 갖는 사람들에 의하여 주도되었다는 점은 매우 주목된다. 이 사실은 공민왕 8년(1359) 6월에 이르러 나타나는 '정주기철공신(定誅奇轍功臣)' 기록에 보인다. 이때 두드러진 유공자로 나타나는 홍언박(洪彦博)과 그 밖의 여러 공신이 왕과는 특수한 사적 관계로 얽혀 있었다.

즉, 공신 20명 가운데 3명이 공민왕의 외척이며, 6명은 공민왕이 원에 들어가 숙위할 때 시종한 사람들이었다. 특히 사직(社稷)을 다시 자리잡게 해준 가장 큰 은공자로 지적되는 홍언박이 왕의 외사촌 형이란 점은 퍽 중요하게 여겨진다. 결국 외척 홍언박을 정점으로 하여 뭉친 세력이 공민왕을 도와 이 변혁을 이끌었던 것이다. 더 나아가 당시 공민왕으로서는 이러한 혈연관계를 매개로 하여 개혁 추진세력을 결집시킬 수밖에 없었을 것이다. 이들 공신들 가운데 홍언박을 비롯하여 역시 중요한 위치에 있는 유숙(柳淑), 김득배(金得培)가 과거(科擧)로 벼슬(仕宦)한 사람이어서 문치적(文治的) 경향을 나타내 주지만, 그들의 성격 자체를 좌우하는 것은 아니라고 여겨진다.

이 같은 추진세력의 성격은 또한 이 변혁이 지니고 있는 스스로의 제한성을 시사해 주는 것이기도 하다. 즉, 고려사회에서 최고 귀족가문의 하나인 외척은 동시에 대토지 소유자다. 따라서 철저한 집권체제의 확립이라는 시책과는 근본적으로 상치될 수밖에 없는 입장에 서 있다. 공민왕의 지위를 약화시켜 가는 부원세력을 제거한다는 점에서만 완전히 입장을 같이할 수 있었을 따름이다.11)

공민왕 5년의 개혁은 주기공신(誅奇功臣)이 정하여지는 동왕 8년 6월의 시점에서 살필 때, 외세에서 벗어난다는 점에서는 일단 성공이었다. 또 그 추진세력이 친왕세력으로서 권력구조의 중심을 이루고 있었으며, 정방이

---

11) 민현구, 앞의 책, 49~53쪽.

혁파되는 등 권력집중의 기도도 한 걸음 나아간 것이긴 했지만, 이들 공신 세력을 공민왕이 스스로 통어(統御)할 수 있어야 한다는 점에서 미흡한 형 세였다. 그럼에도 불구하고 원의 영향권 안에서 벗어난다는 첫째 목표를 달 성함으로써 그 개혁의 성과는 긍정적 단계에 머물러 있던 것이 공민왕 8년 6월경의 상태였던 것이다.

## 4. 홍건적의 침입과 고려의 대응

공민왕의 반원자주정책이 원의 압력을 배제하며 시행되고 있을 적에 홍 건적에 의한 대륙동란의 여파는 마침내 고려까지 밀려들었다. 홍건적은 공 민왕 초에 하북성 영평(永平)에서 한산동, 유복통 등이 일으킨 유적(流賊) 이다. 한산동은 그의 조부(祖父) 이래로 백련교(白蓮教)를 신봉하며 우민을 선동하여 왔는데 한산동은 천하가 크게 어지러우므로 미륵불(彌勒佛)이 하 생하였다고 자칭하며 하남·강화(江華) 지방의 민중을 선동하였다. 그의 부 하 유복통은 한산동이 송나라 휘종(徽宗)의 8세손으로 중국에 군림할 것이 라고 선전하였다.

그 뒤에 한산동은 관군에게 잡혔으나 유복통은 군사를 일으켜 홍건(紅 巾)으로써 표장(標章)하고 각지를 공략하니 그의 군대는 거의 10만에 달하 였다. 이 무리를 홍건적, 홍두적(紅頭賊), 혹은 홍적(紅賊)이라 하거니와 유 복통은 호주(毫州 : 安徽)에 웅거하며 한산동의 아들, 한림아(韓林兒)를 영 입하여 황제를 잠칭하고 국호를 송(宋)이라 하였다. 송이라 한 것은 송을 멸 한 몽골족에 대한 한족의 적개심을 이용하려는 데에서 나온 것이다. 홍건적 은 공민왕 6년(1357)에는 하남성(河南省), 산서성(山西省), 섬서성(陝西省) 의 여러 곳을 노략하였다.

그 중 관선생(關先生), 파두반(破頭潘) 등이 이끄는 한 부대는 북진하여 7년 12월에 찰하이성(察哈爾省)의 상도(上都)를 무찌르고, 다음 해 정월에 다시 동진(東進)하여 요양행성(遼陽行省)을 함락시켰으나, 원군(元軍)의 반격을 만나 양분되었다. 그 중 한 무리가 요동으로 쫓겨와 고려를 침범하게 된 것이다.

고려는 이미 공민왕 6년 8월에 김득배를 홍건적 방어 도지휘사로 임명하여 홍건적의 침입에 대비하고 있었다. 홍건적은 공민왕 8년(1359) 2월에 고려에 글월을 보내어, "생민(生民)이 오랫동안 되놈[蒙古]에 함몰(陷沒)되었으므로 의(義)를 부르짖고 군사를 들어 중국 각지를 해방시켰다. 병사로 하여금 백성을 괴롭히지 않게 할 것이니 백성으로서 귀화하는 자는 이것을 무마하고, 항거하는 자는 죄를 주리라" 하여 은근히 장차 침입할 뜻을 암시하더니 그해 11월 말에 압록강의 결빙(結氷)을 이용하여 드디어 3,000여 명의 홍건적이 건너와 표략(標掠)을 시작하였다. 그 다음 달 8일에는 홍건적의 괴수 모거경(毛居敬 : 平章의 僞職에 있던 자)이 4만에 가까운 대군을 거느리고 압록강을 빙도(氷渡)하여 의주를 빼앗고 부사(副使) 주영세(朱永世) 및 주민 1,000여 명을 살해하였다.

그 다음 날 정주(靜州)를 공함(攻陷)하여 도지휘사(都指揮使) 김원봉(金元鳳)을 죽이고 인주(麟州)도 차지하였다. 당시 왜구(倭寇)의 침해가 해를 연하여 격심해 가던 때에 홍건적의 침입을 받게 된 것은 고려국세에 중대한 영향을 끼치게 된 것이다. 이에 대하여 조정에서는 다시 수문하시중(守門下侍中) 이암(李嵒)을 서북면 도원수(都元帥)로, 경천흥(慶千興)을 부원수로, 김득배를 도지휘사로, 이춘부(李春富)를 서경윤(西京尹)으로, 이인임(李仁任)을 서경존무사(西京存撫使)로 임명하였다.

한편 안우(安祐), 이방실(李芳實) 등은 철주(鐵州)에 들어온 홍건적을 격퇴시켰더니 홍건적이 다시 철주를 침입하여 그 옆마을까지 습격하거늘 안우는 이방실, 이음(李蔭), 이인우(李仁祐) 등과 더불어 소수의 기병(騎兵)으로 강을 사이에 두고 진을 치고 크게 분격(奮擊)을 기하여 이들을 무찔렀다. 그러나 1,000여 명의 홍건적이 선주현(宣州縣)의 양곡을 약탈하자, 안우는 다시 이들을 치다가 실패하여 이인우 등이 전사하고 병사들의 희생도 많았다. 이에 안우는 정주에 퇴둔(退屯)하였으며 당시 서북면 도원수 이암도 서경[평양]에 이르렀다가 제 군(諸軍)이 아직 모이지 않고 또 시경은 지키기 어렵다 하여 창고를 불사르고 황주로 퇴둔하니 중외(中外)가 크게 흉흉하여 서울[開京]의 백성들은 모두 달아날 것을 꾀하기에 이르렀다.

이리하여 같은 달 말(12월 28일) 홍건적은 서경을 함락하였다. 조정에서는 호부상서(戶部尙書) 주사충(朱思忠)을 적진에 보내어 적장에게 세포(細布), 주육(酒肉)을 주고 그의 허실을 엿보게 하였다. 적의 회답은 서사(書辭)가 심히 오만하였다. 이때에 왕은 피난책을 강구하였으며 한양천도의 논의가 활발히 일어나게 되었다(공민왕 9년 정월).

아군은 서경을 탈환하려고 2만여 명의 제 군이 생양역(生陽驛 : 中和)으로 나아가니 적이 아군의 진격을 알자 의주, 정주 및 서경인을 죽였다. 그 수가 1만 명을 헤아리게 되었으며 시체는 구릉처럼 쌓였다. 아군은 마침내 서경으로 진격하여 적군을 내몰아 용강(龍岡), 함종(咸從)으로 퇴각시켰는데 이 싸움에서 쌍방의 손해가 많았다(정월 19일). 그 다음 달 초에 안우 등은 함종으로 진격하였으나 아직 진을 이루기 전에 적의 기습을 만나 패퇴하여 1,000여 명이 전사하였다.

아군이 다시 진용을 정비하여 적과 함종에서 싸울 때 제 군이 크게 분전하여 2만 명을 무찌르고 위원수(僞元帥) 심자(沈刺)·황지선(黃志善)을 사로잡으니 나머지는 증산(甑山)으로 도망갔다. 이방실이 1,000여 기(騎)를 거느리고 적을 추격하여 연주강(延州江 : 雲山)에 이르렀을 때에 안우, 김득배 등도 내회(來會)하니 적세가 크게 위축되어 얼음을 타고 강을 건너갈 때 빠져 죽는 자가 수천에 달하였다.

그리하여 이날(2월 26일) 밤에 적은 도망쳐 달아났는데 안주~철주 사이에서 기곤(飢困)으로 쓰러져 죽는 자가 서로 잇대었다. 이방실 등이 다시 추격하여 수백 명을 무찌르고 살아남은 300여 명이 하루 낮밤을 달려 의주에서 압록강을 건너 달아나 버렸다. 그리고 이와 병행하여 의주를 비롯한 각지에 잔류하던 적군도 대개 우리 군의 기습을 받아 섬멸되었다.

이와 같이 제1차로 침입한 홍건적은 거의 전멸되어 물러나고 말았거니와 같은 해 3, 4월에 걸쳐 홍건적은 해상으로 진출하여 수십 척 혹은 백여 척의 배로 풍주(豊州)의 벽달포(碧達浦), 덕도(德島), 석도(席島), 황주의 비파포

(琵琶浦)에 출몰하며 때로는 봉산(鳳山)에 들어와 성문을 불사르고 때로는 안악(安岳)의 원당포(元堂浦)에 들어와 전곡(錢穀)을 약탈하고 가옥을 불살랐다.12)

홍건적은 다시 그 다음해인 공민왕 10년(1361) 10월에 반성(潘誠), 사유(沙劉), 관선생, 주원수, 파두반 등이 10만여의 군사를 이끌고 대대적으로 압록강을 건너 삭주와 창성으로 몰려왔다. 이 홍건적은 지난해의 그것과 같이 당시 중국대륙의 산서지방으로부터 북동으로 진출한 한 집단으로서, 몽골의 상도(上都 : 開平)를 빼앗고 요동을 거쳐 동쪽으로 나온 것이다.

이에 조정에서는 추밀원부사 이방실로 서북면 도지휘사를 삼고 동지추밀원사(同知樞密院事) 이여경(李餘慶)을 보내어 자비령(慈悲嶺)에 책(柵)을 세워 방비케 하였다. 다시 안우를 상원수에, 김득배를 도병마사에, 정휘(鄭暉)를 동북면 지휘사에 임명하였다. 또 사자를 각도에 보내어 군사를 점열(點閱)하는 한편 여러 가지 특전을 걸어 신병을 모집하였다.

다음 달(11월) 초에 안우, 이방실은 지휘사 김경제(金景磾)와 같이 각각 휘하의 군사를 이끌고 적을 개천, 영변, 박천 등지에서 요격하여 계속 승리를 거두었다. 조정에서는 안우를 도원수로 삼아 군사는 모두 그의 지휘를 받게 하였다. 그 뒤에 안주 싸움에서 아군이 크게 패하여 상장군 이음, 조천주(趙天柱)는 전사하고 지휘사 김경제는 사로잡혔는데 그때에 적은 김경제를 그의 원수로 삼고 우리에게 글월을 보내어 "장차 군사 110만을 이끌고 동으로 나갈 터이니 속히 맞아 항복하라" 하였다.

조정에서는 다시 지휘관을 보강하여 정세운으로 서북면 군용체찰사(西北面軍容體察使)를, 김용으로 총병관(摠兵官)을, 유연(柳淵)으로 병마사를 삼아 앞으로 내보내었다. 이때에 이성계(李成桂)만은 적을 쳐 왕원수(王元帥) 이하 100여 명을 베는 승리를 거두었다.

그러나 적의 내군은 같은 달 16일 밤에 철기(鐵騎) 5천 기로써 자비령의 방책을 짓밟으니 아군은 크게 무너져 안우, 김득배 등은 단기로 달려 돌아

---

12) 김상기, 앞의 책, 593~594쪽.

오며 궤병을 수습하여 김용 등과 금교역(金郊驛)에서 진을 치고 최영(崔瑩)을 보내어 경병(京兵)의 도움을 청하기에 이르렀다. 이에 왕은 사세가 급박함을 알고 드디어 난을 피하기로 하고, 먼저 개경의 부녀와 노약자를 성밖으로 내보내니 인심은 흉흉하였으며 이 날(18일)에 적의 선봉은 벌써 의흥역(義興驛 : 牛峰)에 이르렀다.

왕은 다음날, 태후·공주와 더불어 남으로 향하였으며 왕의 일행이 이천현(利川縣)에 이르렀을 때에 (24일) 홍건적은 서울[개경]을 떨어뜨렸다. 왕은 다음 달(12월) 중순에 다시 복주(福州 : 安東)로 내려가 그곳에서 교서를 정세운에게 보내어 총병관으로서 제군을 통솔케 하였다.[13]

홍건적은 개경을 함락한 뒤로 약 2개월 동안 그곳에 주둔하면서 마소를 잡아 그 가죽을 펼쳐 성을 만들고 물을 부어 얼려서 미끄러워 올라갈 수 없게 하였다. 또 사람을 잡아서 굽고, 혹은 임부(姙婦)의 유방을 구워먹는 등 잔학한 짓을 자행하였다.[14] 개경에 본거를 둔 적의 일부는 때로 각지를 공략하여 원주도 한때 적에게 함락되었다. 이때 각지의 관민은 적을 꾀어 엄살(掩殺)하기도 하였다. 연안(延安) 사람들은 적의 유기(遊騎) 144인을 죽였으며 안변부(安邊府)와 강화부(江華府)의 사람들도 적에게 항복하는 체하고 주식(酒食)으로 꾀어 경내에 들어온 자들은 모조리 죽여 버렸다.

그동안에 고려의 제 장 안우, 이방실, 황상(黃裳), 한방신(韓方信), 이여경, 김득배, 안우경(安遇慶), 이귀수(李龜壽), 최영 등은 총공격을 앞두고 각각 군용을 정비하여 그 다음해 즉, 공민왕 11년(1362) 정월 17일에 20만 병력으로 동교(東郊)의 천수사(千壽寺 : 長湍郡 津西面) 앞에 진을 쳤다. 총병관 정세운이 모든 장수를 독려하고 진군시켜 개경을 포위케 하고, 정세운은 물러나와 도솔원에 진을 쳤다.

이때 막 진눈깨비가 내리는데 적의 방비는 허술하였다. 이여경이 숭인문(崇仁門)을 담당하고 있었는데, 그의 휘하 호군(護軍) 권희(權僖)가 적을 정탐하여 말하기를 "적의 정예(精銳) 군사는 모두 여기에 모여 있으니 만일

---

13) 박용운,『고려시대사(하)』, 일지사, 1987.

14)『고려사절요』권27, "又屠炙男女 或燔孕婦乳爲食 以恣殘虐".

우리가 불의(不意)에 공격해 나간다면 가히 이길 것입니다" 하였다.

이튿날 새벽에 권희가 군사 수십 기를 거느리고 돌입해 들어가면서 떠들썩하게 북을 치며 날쌔게 공격하니 적의 무리가 깜짝 놀랐다. 이때 이성계가 휘하 군사 2천명을 거느리고 먼저 성에 올라 들이쳐서 아군은 드디어 적을 크게 파하였다. 점심 때쯤에 적의 괴수 사유, 관선생 등의 목을 베니 적의 무리들이 저들끼리 서로 밟아 쓰러진 시체가 성안에 가득하였다.

이때 적의 머리를 벤 것이 약 10만 명이요, 원나라 황제의 옥새 2개, 금보(金寶) 1개, 금은동 인(印)과 병기 등의 물건을 노획하였다. 여러 장수들이 말하기를 "궁한 도둑을 모두 잡을 수 없다" 하고 숭인문, 탄현문(炭峴門)을 열어 놓으니, 남은 무리 파두반 등은 도망하여 압록강을 건너 달아났다.[15] 이리하여 두 차례에 걸친 홍건적의 침입을 격퇴하였거니와 앞서 중국대륙의 북서로부터 북동쪽으로 진출한 홍건적의 커다란 집단은 이렇게 고려군에게 섬멸되고 만 것이다.

## 5. 홍건적 침입 이후의 정세 변화

고려는 홍건적의 침입이 시작하면서 정세가 크게 변화하기 시작하였다. 홍건적 침입 전의 고려는 공민왕 5년에 개혁으로 나아가고 있었다. 공민왕은 그가 지향한 개혁목표에 도달하기 위해서 첫째로 대외관계에서 고려의 자주적 위치를 확보하여 외세의 영향력을 배제하고, 둘째 왕과의 개인 관계를 매개물로 하여 뭉쳐진 친왕세력을 공민왕이 잘 통어할 수 있도록 세력균형관계를 유지하고, 셋째 개혁이 계속되어 고려 초기의 사회체제로의 복고가 표방되는 가운데 안정을 이룩하는 것이 필요하였다.

그러나 공민왕 8년 말 홍건적의 침입을 위시한 일련의 사태는 위의 세 가지와는 상반되는 결과를 가져왔다. 공민왕 5년 이후 약 3년간의 잠정적인 권력집중현상은 가셔버리게 되었으며, 병란(兵亂)으로 인한 무장세력의 대

---

15) 『고려사절요』 권27.

두를 보게 되었던 것이다.16)

중국대륙의 내란세력인 홍건적이 이처럼 공민왕 8년 11월 4만의 병력으로 압록강을 넘어 침입해 왔을 때, 오랫동안 대규모 전쟁이 없었던 고려영내에서는 그들의 침입에 매우 큰 충격을 받았다. 이때 고려는 서경이 함락되는 등 고전하였지만 70일 만에 홍건적을 격퇴시킬 수 있었다.

그러나 홍건적의 주력은 공민왕 10년 10월에 이르러 10여 만의 대병력으로써 재침입하였다. 이것은 제1차 침입 때보다 훨씬 많은 병력을 지닌 주력부대였으며, 고려로서는 감당하기 힘든 것이었다. 고려는 다시금 온 힘을 다해 싸웠지만, 34일 만에 개경이 함락되어 왕은 복주로 피난을 가는 등 전황은 매우 불리하였다. 그러나 고위 관인을 각도에 파견하여 모병에 부심한 고려는 마침내 20만의 병력으로써 개경수복전(開京收復戰)에 임하여 홍건적을 격퇴하고 54일 만에 승리를 거두어서 3개월 만에 평정되었다.

그러나 고려는 수차에 걸친 홍건적의 침입을 막기 위해 전쟁 수행에 모든 힘을 기울이는 동안, 군사를 거느리고 전장의 나섰던 일부 관인들의 정치적 위치가 높아졌고, 이는 세력관계에도 변화를 초래하였다. 제1차 홍건적의 침입을 격퇴시켰을 때 전쟁터에 나섰던 관인들에게는 공신호(功臣號)와 높은 관작(官爵)이 주어졌던 것이다. 이승경(李承慶), 경천흥, 안우, 김득배, 이방실이 그 해당자였다.17) 이때 공민왕은 이방실에게 옥대(玉帶)를 주면서 자기의 살을 베어 주어도 그 공로에 보답할 수 없다고 말하였다.

그 후 제2차 홍건적의 침입이 있게 되자 다시금 전투편성을 하여, 안우와 김득배·정휘는 상원수, 도병마사의 직임을 맡게 된다. 이때엔 많은 장수가 참전하였지만, 안우, 김득배, 이방실, 정세운이 주장(主將)이 되어 전투를 수행하였다.

이와 같은 군사행동을 통하여 나타나는 변화로 무장들의 지위 향상이 뚜렷하였다. 이때 공민왕이 난중에 내린 교서 가운데에 있는 바와 같이 '무재(武才)를 가진 자가 병란을 당하여 주목의 대상이 되고, 전쟁에 나서서 공적

---

16) 민현구, 앞의 책, 54~55쪽.
17) 『고려사』 권39, 세가 공민왕 9년 3월 임자.

을 세워서 정치적 지위를 높여 나가는 것'은 매우 보편적 현상인 것이다.18)

그러나 당시 고려에서의 이러한 변화는 큰 의미를 갖는 것이었다. 안우, 김득배 등은 '정주기철공신'으로서 양차의 대전에 나아가 큰 공을 세워 삼한 수복(三韓收復)의 공으로 칭상(稱賞)되어 막중한 병권 장악과 더불어 두드러진 존재로 부각될 때, 그것은 공민왕을 정점으로 하는 세력균형관계에 변화를 가져오는 것이기 때문이다. 친왕세력의 주축 내에 참전파와 비참전파의 대립, 참전파 상호간의 갈등은 공민왕의 효율적 통제를 벗어나게 되어 버렸던 것이다.

이것은 앞에서 서술한 권력집중의 목표에 도달하기 위해 필요했던 제2의 요건이 부인되는 바로서, 공민왕19) 11년 홍건적 격퇴 직후에 있었던 정세운 및 3원수 살해사건20)은 물론이며, 다음 해의 공민왕 시해를 기도했던 홍왕사난(興王寺亂)이 바로 그 구체적 사례다.

다음으로 홍건적의 침입을 계기로 하여 노출된 사회적 혼란과 변화가 매우 주목된다. 신분관계와 토지제도를 주요 내용으로 하는 고려의 사회체제는 이미 공민왕 즉위 당시에 몹시 일그러져 있었고, 공민왕 5년에 복고적 개혁이 시도되었지만 별로 성과를 얻지 못하였던 것인데, 여러 모순이 홍건적의 침입을 통하여 격화되어 나타난 것이었다. 고려 왕조의 기반을 이루는 경기지방이 유린되어 호적이 망실되고, 국가의 지배력 약화로 양민의 억압,

---

18) 『고려사절요』 공민왕 10년 12월.
19) 고려 17대왕(재위 1351~1374)으로 부왕인 충숙왕의 둘째 아들이며 비는 원나라 위(魏)의 딸 노국공주(魯國公主). 원나라가 쇠퇴해지자 몽골의 연호와 관제를 폐지하고 내정을 간섭하던 정동행중서성이문소(征東行中書省理門所)를 폐쇄하여 문종 때의 제도로 복귀하는 등 개혁정치를 주도하였다. 특히 원나라 황실과 인척관계를 맺고 권세를 부리던 조정 대신들을 숙청하고 100년간 존속해온 원의 쌍성총관부(雙城摠管府)를 쳐서 빼앗겼던 영토를 회복하는 등 적극적인 북방정책을 추진하였다.
20) 평장사 김용은 총병관으로 활약한 정세운의 권력확대를 우려하여 홍건적 격퇴 직후 교지로써 안우, 김득배, 이방실로 하여금 그를 죽이게 한 다음, 다시 정세운 천살(擅殺)의 죄를 물어 안우 등을 살해하였다(『고려사』 권40, 세가 공민왕 11년 정월).

토지의 점탈이 행해지는 가운데 양천(良賤)의 문란, 농장(農莊)의 발달이
더욱 촉진된 것이었다.

따라서 공민왕 5년의 개혁 시도는 아주 깨져버리지 않을 수 없었고, 사회
적 개혁·정치적 집권화의 지표는 흐려졌던 것이니, 여기에서 권력집중에
의 제3의 요건이 부인되는 것을 확인할 수 있다.

그리하여 공민왕 5년의 개혁으로 어느 정도 이뤄졌던 권력집중 상태는
동 9년 이후 붕괴되었고, 마침내 공민왕 12년(1363)의 홍왕사난을 당하여
결정적 단계에 이른다. 즉, 공민왕 11년 초에 홍건적의 침입[21]은 일단락되
었지만 3원수 살해사건이라는 진통을 겪게 되자 개경환도는 지연되었다.

그 후 공민왕 12년 2월에 이르러서야 남천(南遷) 1년 3개월 만에 즉, 홍건
적 격퇴 1년 1개월 만에 환도하여 우선 홍왕사를 시어궁(時御宮)으로 삼았
던 것인데, 이때 홍왕사난이 일어나 왕의 시해가 기도되고, 홍언박은 살해되
었던 것이다. 원의 세력과 연결된 김용(金鏞)이 주동한 이 사건은 3원수 살
해사건 이후 불안하였던 고려의 정치세력 때문에 야기된 것이지만, 그 결과
정치관계는 근본적인 변화를 겪게 된다. 홍언박의 피살로 공민왕 5년의 개
혁을 주도했던 친왕세력은 거의 완전히 없어져 버렸다. 공민왕 5년 이후의
신체제는 아주 무너져버린 것이다. 그리하여 홍왕사난은 반원조치 이후 있
어온 새로운 움직임에 종지부를 찍고, 정치세력관계는 신국면으로 접어들
게 되었다.

왕이 시해될 뻔했던 홍왕사난을 평정하는 데에는 당시 장수로서 군사를

---

21) 중국 중원(中原)에서 이민족 왕조인 원의 지배를 타도하고 한(漢)민족 왕조인
   명나라 창건의 계기를 만든 종교적 농민집단. 중심세력은 백련미륵(白蓮彌勒)
   교도로서 붉은 천으로 머리띠를 두르고 동지의 표시로 삼았다 하여 홍건적이
   라 한다. 원나라 압제 하에 하북성에 본부를 둔 이 비밀결사조직의 두령 한산
   동은 1351년 황하의 대범람을 복구하기 위해 원(元)이 수많은 노동자를 강제
   징발하는 혼란을 틈타 반란을 일으키다가 전사하고, 교도 유복통, 안후, 곽자
   흥, 주원장 등이 송국(宋國)을 세워 원제국을 타도하려다 원군에게 쫓기어 만
   주로 진출하였다. 그 세력이 2차에 걸쳐 압록강을 넘어 한반도로까지 침입하였
   으나 고려군에게 격파당하여 괴멸되었다.

장악하고 있던 최영 등 몇 사람의 힘이 컸다. 혼란은 군사력을 가진 이들의 충성으로 극복된 것이었다. 사건이 있은 지 14일이 지나 대규모의 봉공(封功)이 있을 때 그들은 '흥왕토적공신(興王討賊功臣)'으로 봉해지고, 특히 두드러진 유공자인 최영, 우제(禹磾), 한휘(韓暉), 오인택(吳仁澤), 양백연(楊伯淵), 김한진(金漢眞)은 다시금 8일 뒤에 별도의 공신호와 고위관직을 받게 된다.

이 가운데 최영의 경우가 판밀직사사(判密直司事)의 관직을 가졌을 뿐, 시중이나 찬성사(贊成事)와 같은 최고위의 관직이 이들에게 주어지지는 않았다. 그럼에도 불구하고 이들의 정치적 실권은 대단히 컸다. 흥왕사난을 계기로 등장한 최영과 오인택은 시중 유탁(柳濯)과 함께 정방제조(政房提調)[22]가 되었는데, 이는 최영과 오인택이 시중 유탁보다 정치상으로 실력자가 되었음을 시사하는 것으로, 공민왕 5년의 공신을 중심한 권력구조가 무너져 버림으로써 생긴 정치적 진공상태를 이들이 메우게 된 것을 뜻한다.

그런데 이때 대두하는 세력은 무장세력으로 지칭하는 것이 타당할 것 같다. 이들의 공통적 속성으로는, 무재를 가졌고, 과거와는 관계없이 문음(門蔭)이나 성중애마선보(成衆愛馬選補)를 거쳐 입사(入仕)하였으며, 실제 무인으로 활약해 온 사람들이란 점을 들 수 있기 때문이다.

대체적으로 보수적인 세가(勢家) 출신인 이들은 왕과 특수한 관계에 있었던 것도 아니며, 다만 장수로서 병력을 장악하고 있었던 사실이 계기가 되어 권력의 중심에 위치하게 된 것이다.

그 후 공민왕 12년(1363) 5월부터 다음 해 정월에 걸쳐 야기되는 원의 공민왕 폐위 및 덕흥군(德興君) 내침은 무장세력을 더욱 강화시키는 결과를 초래하였다. 이 사건은 단순히 외세의 침입이 아니었으므로, 공민왕은 고려의 독자성뿐 아니라 스스로를 지키기 위해 전력을 다해 싸워야 했다. 이때 참전한 최영, 경천흥 등의 시위는 더욱 고양되었으니, 그들은 개선할 때 왕을 맞이하는 의식에 따라 맞아들여질 정도였다.[23]

---

22) 정방은 공민왕 6년에 없어졌다가 이때 다시 생긴 것이다.
23) 『고려사』 권40, 세가 공민왕 13년 2월.

정치적 혼란 속에 왕의 시해가 기도되고, 원에 의한 폐왕조치가 취하여져서 군사적 중요성이 이루어지는 국면에서, 공민왕은 가능한 한 타협을 통해 대내적 안정을 유지시키려 했고, 그러한 가운데 무장세력은 더욱 강화된 것이다.

당시의 정치관계의 한 측면은 공민왕 12년(1363) 3월 및 같은 해 11월의 대규모 포상(褒賞) 가운데에도 나타난다. 즉, 홍왕사난이 있은 지 14일 만인 공민왕 12년 윤3월에, 홍건적의 침입 이후 홍왕사난까지의 난국 타개에 공로가 있는 사람들을 공신으로 봉하고, 그에 따르는 정치적 · 경제적 급부가 이루어진 것이다. 그 포상 내용을 살피면 연인원 347명이 동시에 포상되었고, 특히 그들에게 총 26,350결의 토지와 2,635명의 노비가 실제로 주어졌다.24) 물론 매우 큰 혼란을 겪은 다음이므로 유공자가 많았을 터이지만, 대다수의 관인이 망라되고 또 3중 4중으로 봉공되는 예도 많은 만큼 이때의 조치에는 회유적인 면이 강하게 작용했던 것 같다.

다음으로 홍왕토적(興王討賊 : 홍왕사난의 평정), 수복경성(收復京城 : 제2차 홍건적의 침입에 참전), 기해격주홍적(己亥擊走紅賊 : 제1차 홍건적의 침입에 참전) 계열의 봉공이 각각 29명, 106명, 66명으로 이들 3공신이 도합 201명에 이른다. 이 수는 전체 347명 중 57.9%로 비중이 상당히 컸음이 주목된다. 위의 3공신은 개별적인 인원수도 많거니와 또 서로 겹치고 있다.

그러므로 양차 전란에서 직접 군사를 거느리고 싸웠고, 그 병력으로 홍왕사난을 평정한 무장들이 가장 유력한 공신임을 알 수 있다. 홍왕토적 공신으로 봉해졌다가 다시 별도의 공신호를 받게 되는 6명 가운데 5명(김한진, 오인택, 우제, 최영, 한휘)은 이때의 봉공에서 200결 이상의 수전자(受田者)이며 이들은 예외 없이 수복경성 1등공신을 겸하고 있는 것이다.

이때 많은 토지를 받은 공신들은 그들이 본래 갖고 있는 사회경제적 기반을 더욱 굳히고, 이것을 바탕으로 하여 그 정치권력을 재확대하였으리라는

---

24) 민현구, 앞의 책, 64쪽.

점을 상정(想定)할 수 있다. 이러한 가운데 촉진되는 농장(農莊)의 발달과 봉건적 사회관계의 경화(硬化)는 공민왕 초의 개혁방향과는 상반되는 현상이었다.

지금까지 서술한 공민왕 12년을 전후한 일련의 변화는 관료체제, 정치기구의 변화를 수반하였다. 먼저 군공(軍功)중심, 무인위주의 관직편성을 들 수 있다.

관리 승진의 지름길은 전공(戰功)을 세우는 게 가장 빨랐고, 또한 고도의 유교 지식을 필요로 하는 대성(臺省)의 요원마저 무인 중에서 충원하였다. 전공을 세우는 것이 재상에 이르는 데 첫 손 꼽히는 요건이었다는 사실도 실제로는 이즈음의 상황을 말해주는 것이다. 이러한 가운데 과거시험에 의한 입사자(入仕者)는 무력했다.

다음으로는 관료체제의 양적 확장이란 현상이 나타난다. 구체적으로 첨설직(添設職)[25]의 증설을 들 수 있다. 첨설직은 이미 공민왕 3년에 처음 설치된 바 있지만, 공민왕 12년의 경우 첨설직의 수적 제한이 나타나지 않아 실제로는 매우 많은 인원이 그 혜택을 받았으리라 여겨진다. 물론 이때의 첨설직 수직자(守職者)도 당연히 군공자였다.

한편 이때의 관료체제의 확장은 첨설직에 의한 정3품 이하에만 한정된 것이 아니었다. 즉, 고위의 재상 수도 실제로 늘어나고 있는데 이것은 공민왕 14년 3월의 인사이동에서 나타난다.[26] 고려의 원래 제도를 반영하는 문종(文宗) 때에는 재추(宰樞)가 17명이었으나 여기에서 보면 재추가 30명에 이르렀다. 이것은 홍건적의 침입 직전의 재추가 18명이었던 것에 비해서도 엄청난 차이를 보여준다. 이 같은 현상은 첨설직과 마찬가지로 많은 유공자, 세력자들에게 보다 높은 관직을 주어야 할 정치적 상황 속에서 이루어진 것이었다.

끝으로 합좌기구(合坐機構)의 확대와 정방복설(政房復設)을 유의하여야

---

25) 대간, 이부, 병부를 제외하고 증치된 동반 3품 이하 서반 5품 이하의 직(『고려사』 권29, 선거지3).

26) 『고려사』 권41, 세기 공민왕 14년 3월.

할 것이다. 종래에는 상의(商議)직은 서사권(署事權)이 없었다. 그런데 이러한 상의직에게도 서사권이 부여되었다. 재추에 있어서의 첨설직이라 할 상의직 점유자의 서사권 장악으로 도평의사사(都評議使司)의 실질적 구성요원은 확대되는 것이며, 더 나아가 합좌제도 자체가 확대되는 것으로 해석된다. 이 점은 왕권을 제약하고 약화시키고 있는 이때의 합좌기능 가운데 그대로 나타난다. 또한 정방을 공민왕 6년(1357)에 없앴다가 공민왕 12년에 다시 복설시킨 것은 정방의 존재가 강력한 전제왕권과 상반된다는 사실을 상기할 때, 합좌기구의 확대와 더불어 이때의 정치권력관계의 한 단면을 말해주는 것이다.27)

그리하여 공민왕 12년으로부터 14년 초에 이르기까지의 고려의 정치상황으로는 무장세력의 대두와 그에 따른 정치체제의 변화, 그리고 이 가운데 나타나는 왕권의 약화현상을 지적할 수 있겠다.


## 6. 맺음말

고려가 원에게 굴복한 지 거의 1세기경에 이르자 대륙에서는 원·명 교체기의 일대 혼란에 휘말렸다. 고려가 이를 천우신조의 기회로 알고 반원자주운동을 적극적으로 전개할 때 중국대륙으로부터 두 차례에 걸친 홍건적의 침입을 받았다. 홍건적의 침입은 개경 함락 등 매우 불리한 전황을 만들어 냈으나 고려인의 합심으로 끝내 격퇴하였다. 이것은 부원으로부터 벗어난 고려인의 자주국방성취의 쾌거였다. 그리고 무장세력이 새로운 정치질서의 표면에 나타나는 계기가 되었다.

이러한 변화는 공민왕의 개혁정치와는 거리가 먼 결과였다. 즉, 공민왕으로선 개혁정치를 통하여 ① 고려의 자주적인 위치를 확보하고, ② 공민왕의 친왕세력을 구축하며, ③ 고려 초기의 사회체제로 복고한다는 것이었으나 병란은 제1요건만 그대로 충족시키고 제2, 3요건은 크게 변질시켰다. 특히

---

27) 민현구, 앞의 책, 65~71쪽.

제2요건의 변질은 고려의 지배질서를 근본적으로 바꾸어 놓았다. 즉, 홍건적의 침입은 친왕세력에 대체된 무장세력의 대두로 권력의 집중과는 상반되는 정치체제를 가져오게 하였다. 이것은 곧 왕권의 약화를 의미하는 것이었다. 또한 전제왕권이 사라지고 무장세력에 의한 합좌기능이 강화되었음을 뜻한다.

무장세력들은 군사적으로 무공을 거듭 쌓으며, 경제적으로 농장을 확장하면서 정치적으로 합좌기구를 장악하여 실권을 다져나갔다. 그들은 물론 상호간에 상잔을 거듭했지만 점차 정치적 권력을 재확대함으로써 훗날 여·선 교체의 중추세력으로 자라났다. 이러한 원천이 바로 홍건적의 침입에서부터 파생된 것이다. 이때부터 국가보위에 공헌이 큰 사람이 국민의 신망을 얻었고, 정치적으로 가장 득세하는 분위기가 조성되었다.

(『군사』 17, 국방부전사편찬위원회, 1988)

# 제6장 위화도회군

## 1. 머리말

요동(遼東)은 누구의 땅인가. 그것은 당연히 요동 주민의 땅이어야 할 것이다. 그렇다면 요동 주민은 어느 민족인가.

예로부터 요동은 동북아(東北亞)의 요충지였다. 그곳은 북방민족과 남방민족이 넘나들던 길목이었다. 따라서 어느 세력이 강자로 등장하느냐에 따라서 요동의 주인은 수시로 바뀌었다. 그것은 마치 서남아(西南亞 : Orient)에서의 메소포타미아의 위치와 같은 입장이었다. 메소포타미아를 장악하는 세력이 서남아의 패자(覇者)로 등장한 것같이 동북아에서는 요동을 차지하는 국가가 동북아의 패자로 등장하곤 하였다. 요동의 장악은 동북아 역사상 그만큼 중요한 역할을 담당하였다.

일찍이 요동에서는 동북아 최초로 서기전 20세기경 청동기문명이 건설되었다. 이 청동기문명의 바탕 위에서 나라가 섰으니, 그것이 바로 단군조선(檀君朝鮮)이다. 단군조선의 등장은 중국의 요(堯)임금의 재위와 같은 시기(서기 전 2333)로 중국문명을 일깨우며 자주국가로 부상하였다. 이 전통은 기자조선(箕子朝鮮)으로 이어지면서도 마찬가지였다. 기자조선은 홍범(洪範) 8조를 전교하며 도덕국가로 성장하였다. 이처럼 문명 초기의 우리 민족은 요동벌을 중심으로 간도·한반도 일원에 걸쳐서 자주적이며 도덕적인 국가를 건설하여 이웃 민족을 교화하며 동북아 문명의 최초의 패자로 군림하였다.

그러나 그 후 한(漢)나라가 요동을 차지할 때는 한이 동북아의 패자로 군림했고 그 뒤에도 이 같은 현상은 마찬가지였다. 예컨대 우리의 고구려가 요동을 회복했을 때는 물론 고구려가 동북아의 패자였다. 그 후 중국의 당(唐)·송(宋), 그리고 북방민족의 요(遼)·금(金)·원(元)이 요동을 각각 복속하면서 그들도 동북아의 패자로 군림하게 되었다. 그리고 고려 공민왕 때에 이르러 중국에서는 명(明)나라가 솟아오르고 있었다.

이때 요동은 원나라와 명나라 사이에 위치하여 명·원의 힘의 균형 위에 진공상태를 이루었다. 요동의 확실한 패권이 누구에게 귀속되느냐에 따라 동북아의 새로운 패자가 등장하는 판이었다. 고려로서는 원의 지배에서 탈피하고 다시금 자주국가로 등장하여 요동을 수복함으로써 동북아의 패자가 될 수 있는 절호의 계기였다. 때맞춰 공민왕(恭愍王)은 명과 은밀히 통하며 자주운동을 전개하여 커다란 수확을 거두기 시작하였다.

그러나 노국공주의 사후, 정사(政事)를 소홀히 하면서 정국은 혼미에 빠졌다. 더욱이 우왕(禑王)이 등극하면서 이인임(李仁任) 등 부원세력(附元勢力)이 고개를 들자 자주운동은 물거품이 되었다. 우왕이 불길처럼 일어나는 명의 세력을 외면하고 침체해 가는 원에게로 돌아서자 명의 압박이 가중되어 옴은 당연지사였다. 실로 국기(國基) 보존마저 난감해지는 위기였다.

역사(歷史)에는 가정법이 없다. 그러나 하늘이 도운 이 호기를 잡는 듯하다가 놓친 것은 너무나 아쉬운 일이었다. 다만 그러한 상황에서도 새로운 왕조를 개창하고 다시금 국기를 다진 것은, 창업하는 과정에서 석연치 못한 구석이 있긴 하지만 다행한 일이었다.

신라(新羅)를 보자. 신라는 백제(百濟)나 마찬가지로 고구려의 압박 아래 놓여 있었다. 그러한 신라가 백제와 연합하여 연합한 힘으로 한강 유역을 차지하고, 그 한강을 발판으로 한반도의 패자로 등장하였다. 고려가 이와 같은 전법을 썼으면 우리 역사는 달라졌을 것이다. 즉, 고려나 명이 모두 원의 간섭을 받고 있었으므로 고려가 명과 손을 잡고 요동을 선점했더라면, 동북아의 판세는 확연히 달라졌을 것이다. 그러나 고려는 저물어 가는 북원(北元)과 내통함으로써 요동의 선점권을 명에게 내주었으며, 요동을 발판으로 거대화된 명의 위력에 시달리다가 뒤늦게 공요론(攻遼論)이 대두되었으니, 실기(失機)한 처사가 아닌가 한다. 이러한 와중에 부원세력에 의해 요동 공략이 단행됐으며, 이어서 개혁세력에 의해 위화도 회군이 자행되었다.

이 사실을 중시하여 공요와 회군 과정을 고찰하여 위화도 회군의 의미를 밝힘으로써 군사(軍史) 연구에 조금이라도 도움이 되었으면 하는 바람이다.

## 2. 고려말 원 및 명과의 관계

고려는 원종(元宗) 원년(1260) 원에 무릎을 꿇은 후 공민왕 17년(1368)에 이르러 명군(明軍)이 연경(燕京)을 함락하고 원의 순제(順帝)가 패하여 북방의 상도(上都)로 쫓겨난[이후 몽골의 원조(元朝)를 북원(北元)이라 함] 다음해, 명태조(明太祖)는 설사(偰斯)를 고려에 보내어 명조(明朝)의 건국을 알려 왔다.[1]

이후부터 고려는 명에 친하는 형세를 보여, 명의 사신이 돌아간 후 종래 사용하던 원의 연호인 지정(至正)을 폐하였다. 또 명은 김여연(金麗淵)을 시켜 연경에 붙잡혀 있던 고려인 165인을 친서와 함께 되돌려보내 왔다.[2] 이처럼 명이 관후(寬厚)한 태도를 보이게 되자 명의 조정에 대한 고려 조정의 호의는 더욱 커졌다. 이 같은 명의 건국기에 여·명 간의 우호관계는 전적으로 명의 호의적 태도에 대한 고려의 신뢰에서 비롯된 것이다.

이 뒤로 고려 내부는 친명·친원 양파의 항쟁에 휩싸였다. 원·명 두 나라에 대하여 외면적 의례(儀禮)는 다같이 결례하는 일이 없었으나, 실제의 정세로서는 향명(向明)의 기운이 점점 강해진 것을 부인할 수 없었다. 이러한 기운 속에 공민왕은 기철(奇轍) 등 친원파 귀족을 제거하고 원의 간섭기구였던 행성(行省)의 폐지, 원에 의하여 변개된 정치기구의 원상복귀, 원에 강점되었던 영토 탈환 등 일련의 개혁으로 고려는 자주성 회복과 집권체제

---

1) 『고려사』 권113, 최영전.
2) 『고려사』 권133, 신우전.

정비에 어느 정도 성공을 거두었다.[3]

그런데 공민왕 23년(1374), 명에서 양마(良馬)를 징발하기 위하여 고려에 왔던 임밀(林密)과 채빈(蔡斌)이 귀국하던 중 귀로(歸路) 보호를 위하여 전송하던 고려의 밀직(密直) 김의(金義)에 의하여 채빈 부자가 살해된 사건이 발생하고, 또 거의 때를 같이하여 명제의 신임이 두터웠던 공민왕이 최만생(崔萬生)과 홍륜(洪倫)에게 시해당하는 돌변이 일어났다.[4]

고려는 이 뒤로도 명에 대하여 성의로써 친선에 진력하였으나, 명의 오해는 풀리지 않았고 그 태도가 전과는 판연히 달라져 자못 고압적으로 매사에 난제(難題)로서 대해 왔다. 이에 고려에서도 자연히 배명(排明) 기운이 농후하게 일게 되었다.[5]

저간의 경위를 살펴보면 명의 고려에 대한 문책은 첫째, 명의 사신 살해 둘째, 공민왕 시해에 대한 의혹 셋째, 이들 사건에 대한 보고의 지연 등에 있는 듯하다. 명의 사신 살해에 대해서는 고려가 명제에게,

이미 김의를 주살시켰다[6]

라고 알렸으나, 이것이 허위진술이었던 것은 명의 의심하는 바와 같았다. 이것은 우왕 5년 이무방(李茂方) 등이 명에 보낸 대비(공민왕모)의 표문(表文) 중에 있는,

김의는 북방으로 도주했으므로 지금으로선 보낼 수가 없다.[7]

---

3) 한영우, 「조선왕조의 정치·경제 기반」, 『한국사(9)』, 국사편찬위원회, 21쪽, 1984.
4) 공민왕은 익비(益妃)의 통정 비밀을 알고 있던 최만생과 홍륜을 처단하려다 오히려 이들에게 시해되었다(김상기, 『신편 고려시대사』, 서울대학교출판부, 1985, 614~615쪽).
5) 이상백, 『이조 건국의 연구』, 을유문화사, 1949, 20쪽.
6) 『명사』 권32, 조선열전, "已誅義".
7) 『고려사』 권134, 신우전, "金義逃入胡地至今不敢還國".

는 것을 보아서도 알 수 있다. 실제로 김의는 원의 장수 나하추(納哈出)에게로 갔다.

공민왕 시해에 대한 명의 문책은 명태조의 공민왕에 대한 신뢰가 두터웠던 만큼 그 실망과 의혹도 자못 깊었다. 공민왕은 명나라 건국 후 최초로 입공(入貢)한 왕으로, 명 태조는 지기(知己)를 얻은 듯 매우 기뻐하여 그를 신임하였던 것이다.[8] 이것은 원의 사슬을 벗어나고자 하였던 공민왕의 입장에서는 당연한 태도였으나, 명으로서는 공민왕의 이러한 태도에 깊은 호감을 가질 수밖에 없었다.

무엇보다 두 나라가 모두 원의 압박을 받고 있었던 동병상련에서도 찾을 수 있겠다. 이러한 공민왕이 시해된 것이다. 명으로서는 반명파에 의해 시해되었다고 의심할 수밖에 없었을 것이다. 『명사』에 보이는 "공민왕은 이인임에게 시해되었다"[9]란 것은 물론 사실과는 틀리는 것으로 공민왕이 이인임에게 시해되지 않은 것은 명백하지만, 이인임이 공민왕 시해 뒤에도 여전히 권세를 유지하고 있었기 때문에 명의 이러한 의혹과 압박적 태도에도 특수한 이유가 있었던 것으로 짐작할 수 있다.

끝으로 명나라 사신 살해와 공민왕 시해의 보고 지연에 대하여는 당시 고려 조정의 당국자가 명의 문책을 두려워한 데서 연유하였다. 즉시 공민왕의 부고(訃告)를 갖고 장자온(張子溫)이 명경(明京)에 가는 도중 명나라 사신의 살해사건 소식을 듣고 공포를 느끼어 사명을 다하지 못하고 귀국하였던 것이다. 그 뒤로도 사신 파견을 이인임 등 당시 고위직에 있는 이들이 주저하여 명정(明廷)에 대한 고지는 더욱 지연되었다. 이런 이유로 명나라 조정의 고려 정권에 대한 의심은 점점 깊어져 갔다.

게다가 당시 집권자인 이인임은 친원파의 한 사람이었으니 명정의 의혹은 우심하였다고도 보겠다. 그러나 과연 명나라 조정이 이인임을 친원파라고 확실히 인지(認知)한 결과인지는 의문이다. 그보다도 명의 의혹은 총괄적으로 공민왕 시해사건을 고려 조정 내의 음모의 결과로 추단한 데서 유래

---

8) 같은 책.
9) 『명사』 홍무 7년조, "是歲顓爲權相李仁任所弑".

한다.

명은 새 정권의 성립과 명나라 사신 살해사건과를 관련시켰으며, 이것을 반명정책의 표현이라고 단정하였던 것으로 생각된다. 두 사건의 시간적 관계가 비교적 접근한 것도 그러한 추측을 확신케 한 원인으로서, 명나라 사신 살해사건 후에 취한 고려의 급격한 친원정책으로의 전향을 도외시할 수 없다.

이것은 고려 자신의 입장으로 보면 미리부터 반명친원정책을 정해 두고 계획적으로 명나라 사신을 살해한 것이 아니라 명나라 사신 살해의 불상사가 돌발하자 낭패한 고려 조정이 예상되는 명의 문책과 응징에 앞서 만일의 경우를 위하여 재빨리 친원 태도로 나온 것이다. 더욱이 명이 새 정권에 커다란 의심을 풀지 아니하자 더욱 친원정책으로 기울어진 것이라고 보인다.

공민왕 시해가 고려의 외교정책과는 하등의 관계가 없었는데도 무슨 까닭으로 명나라로 하여금 이렇도록 오해를 사게 했는지에 대하여는 다시 한 번 고려해 둘 필요가 있다. 그것은 당시 고려 조정의 처지에서 보면 그 고충을 대략 읽을 수 있다. 대국적으로 관찰한다면 고려 집정자들에겐 국면 전체를 인식하는 통찰력이 부족했고 또 사건의 진상에 직면할 용기가 결핍되어 있었던 것이 화인(禍因)의 소재였다.

쓸데없는 낭패와 억측과 자겁(自怯)으로 부질없는 소책(小策)을 강구하여 은폐하지 못할 바를 덮고자 하고, 믿음을 줄 수 없는 바에 의존하여 명나라와의 친선을 갈구하면서도 그 불성공을 예측하여 북원(北元)과 수호밀약하고, 북원과 결탁하는 체하면서도 명제가 사신을 석방하면 즉시 홍무 연호를 사용하는 등 한 점의 신념도 없는 태도가 사단(事端)을 더욱 지연하게 한 것이다.[10]

아무튼 떠오르는 명과의 관계를 호전시키지 못하고 저무는 북원과 손을 잡은 것은 고려왕조 스스로가 멸망을 자초한 결정적인 실책일 수밖에 없었다.

---

10) 이상백, 앞의 책, 26쪽.

## 3. 이성계의 등장과 개혁 주도

급진적 개혁파의 영수로서 위화도 회군을 단행한 무장 이성계는 어떠한 사람인가. 그는 공민왕대 이후 계속되는 전란 속에서 수많은 무공을 세워 국민적 영웅으로 추앙받던 신흥무장 가운데 한 사람이었다. 그는 비슷한 경력과 비슷한 공로를 바탕으로 역시 광범위한 국민적 신망을 모으고 있던 다른 무장, 예컨대 최영(崔瑩) 등과는 다른 점이 있었다. 그는 한미한 가문의 출신이었다. 그의 선조 가운데서 고려의 중앙 관인으로 출세하기 시작한 것은 바로 그의 부친 이자춘(李子春)대로부터 비롯될 만큼 그의 가계(家系)는 보잘것없었다.11)

그러나 그는 비록 한미한 가문에서 태어났지만 먼 조상은 전주(全州)지방의 호족(豪族)이었던 것 같고,12) 뒤에 영흥(永興)으로 이거(移居)한 뒤로는 영흥지방을 근거로 동북지방에 그의 토착적인 군사적 기반을 마련하여 그 세력이 매우 강한 편이었다. 그것은 그의 4대조로부터 닦여진 것으로서 이성계는 이러한 토착적 기반을 십분 활용하여 남보다 뛰어난 무공을 세울 수 있었던 것이며, 그가 어느 다른 무장보다도 막강한 세력을 옹위하게 된 까닭도 이러한 토착적 기반에 의존하는 바가 많았기 때문이다.

그의 출신 성분상의 이러한 특징은 그의 체질을 반귀족적·농민지주적 입장에 가깝게 하였으며, 이러한 체질의 급진적 개혁과 유신(儒臣 : 新進士大夫)들과 연결될 수 있는 조건을 부여하였던 것으로 보인다.

그는 또한 애국애족에 투철한 군인이었을 뿐만 아니라, 뛰어난 전략가이

---

11) 공민왕이 원에 반항하여 북강회수운동(北彊回收運動)을 일으킨 때에 북강회수 실현의 한 과정으로 공민왕 5년 7월 동북병마사 유인우(柳仁雨)로 하여금 쌍성(雙城)을 공략하게 한 일이 있다. 당시 지방의 천호(千戶)였던 이자춘이 고려군에 내응하여 유인우의 군병(軍兵)과 합하여 쌍성총관부(雙城摠管府)를 공파(攻破)하였다. 그 공에 의하여 이자춘은 대중대부사복경(大中大夫司僕卿)이 되었으니, 이성계는 이같이 원에 반항한 공으로 입신한 인물의 아들이었다(『고려사』 권39, 공민왕세가).

12) 『세종실록』 151, 지리지 전주부.

며 자제력과 포용력이 큰 정치가이기도 하였다. 그가 공민왕 10년(1361)에 동북면의 일개 무변(武弁 : 上萬戶)으로 기신(起身)한 이래 강계 만호 박의 (朴義)의 반란 진압(1361), 개경을 침범한 홍건적의 소탕(1362), 동북지방에 침입한 북원의 나하추(1362)와 여진의 삼선(三善)·삼개군(三介軍) 격퇴 (1364), 최유(崔濡)에 이끌린 원병(元兵)의 격퇴(1364), 강릉·덕원·강화· 지리산·운봉 등지에서의 왜구의 섬멸(1372~1380) 등 남북의 침략자들과 의 수많은 전투에서 혁혁한 무공을 세울 수 있었던 것은 그의 애국심과 뛰 어난 전략, 그리고 그를 추종하는 수많은 애국적 농민군사(農民軍士), 그 중 에서도 특히 동북면을 기반으로 길러온 막강한 세력기반의 협조 때문이었 다.13)

그는 당시 고려사회가 안고 있던 대외적 시련과 대내적 모순에 대해서도 이를 정확히 통찰하고 있었으며, 이를 극복하여 부국강병을 이루기 위한 적 극적인 개혁을 절감하고 있었다.14)

당시 수시중(守侍中 : 부수상) 이인임을 중심으로 하는 보수세력은 기왕 에 획득한 자신들의 정치적·경제적 토대를 보전하고 그것을 증대시키기 위하여 개혁파 관리들을 관직에서 몰아내고 권력을 독점하였다. 그들은 1374년 공민왕이 시해된 후 10세의 소년 우(禑)를 왕위에 앉힘으로써 이미 집권의 기틀을 마련해 놓았다. 그들은 국민의 토지와 노비를 약탈하였으며, 뇌물을 받고 관작을 팔거나, 소송사건을 뇌물에 따라 처결하는가 하면, 권세 가의 무능한 자제를 무더기로 과거(科擧)에 합격시키는 등 탐학무도한 부 패정치를 자행하였다.

그 중에서도 이인임의 심복이던 염흥방(廉興邦)·임견미(林堅味) 등의 탐학은 가장 심하여 그들이 불법적으로 빼앗은 토지는 산천(山川)을 경계 로 할 지경이었으며, 밭 하나[一田]의 주인이 7~8인이 되는 경우가 있을 정 도로 토지겸병이 심화되었다.

---

13) 허흥식, 「고려말 이성계(1335~1408)의 세력기반」, 『고병익선생회갑기념논총 한국사편』, 도서출판 한울, 1985, 103~129쪽.
14) 한영우, 앞의 책, 28~29쪽.

이에 국가재정은 더욱 파탄되고 권세가와 신진사대부의 대립은 극에 달하였으며, 농민생활은 극도로 피폐해져 당시 개혁파의 표현을 빌리면 끓는 물 속에 빠져 있는 상태였다. 설상가상으로 우왕 이후로 왜구의 침입이 격증되어 민중생활은 더욱 피폐해졌다. 백성들은 군인으로 징발되어 왜구 소탕전에 적극 참여하기도 하였지만, 일반 농민들은 지주의 회유를 피하여 사방으로 유랑하거나 부패타락한 지방관과 지주를 습격하기도 하고, 다른 권세가의 농장에 투탁하여 그 예민(隷民)이 되기도 하였다. 한편 노비들도 사회의 혼란을 틈타 자신의 신분해방을 위하여 도망하는 자가 많았다.15)

이인임 일파의 보수 귀족세력은 우왕 14년에 이르러 그 패거리[黨與]의 한 사람인 염흥방이 개혁파 유신의 한 사람이던 조반(趙胖 : 뒤에 개국공신이 됨)의 토지를 강탈한 사건을 계기로 하여 최영·이성계 등 무장(武將)세력에 의하여 제거되었다. 최영은 이성계와 비슷한 경력의 신흥군벌의 하나로 신돈(辛旽)의 개혁정치 하에서는 왕권강화에 저해되는 세력으로서 일시 정계에서 소외될 정도로 보수적 체질이 농후한 인물이었으나, 공민왕과 신돈이 몰락하고 또 시대가 무장의 출현을 요구하게 되면서 다시금 정계에 복귀하여 군권을 장악하고 있었다.

이처럼 최영은 이성계와는 체질적으로 구별되는 인물이지만, 이인임 일파의 극단적인 부패에는 반대하는 청렴결백하고 애국적인 무인이었다. 그가 이인임 일파를 제거하는 데 이성계와 협력한 것은 이러한 까닭이 있어서였다. 최영과 이성계는 이인임 일파를 몰아낸 후 각기 시중(侍中 : 수상)과 수시중이 되어 정권을 장악하고 권세가들이 불법적으로 점탈한 토지와 노비를 몰수하여 원 주인에게 되돌려주었다. 그리하여 비록 불철저한 것이긴 하지만 공민왕대의 개혁이 실패한 이후 최초의 개혁이 부장에 의하여 시도되었다.16)

---

15) 한영우, 위의 책, 38~39쪽.
16) 한영우, 위의 책, 39~40쪽.

## 4. 명의 압박 가중과 공요출정(攻遼出征)

우왕이 즉위하고 이인임이 집권하자 북원과 다시 통교(通交)를 행하였으며, 또 명나라 사신 채빈(蔡斌)의 피살사건이 일어났다. 이로 말미암아 명 태조는 고압적 태도로 고려에 임하여 무리한 세공(歲貢 : 금 100근, 은 1만 냥, 말 100필, 세포 1만필 등)을 요구하는 까다로운 문제가 일어났지만, 고려는 자중적(自重的) 대명책(對明策)으로 일관했다.

따라서 우왕 11년에 명제는 다시 고려와의 국교를 허락하고 공민왕에게 시호(諡號)를 지어주고 우왕을 책봉하는 형식을 취하였다. 그러나 고려에 대한 명의 태도는 그다지 명랑치 못하였다. 이는 북원파의 관계에 있어 고려를 오해한 것이 그 원인이라 할 것이다. 그리하여 우왕 13년(1387) 11월에 견명사(遣明使) 장방평(張方平)·이구(李玖)·이종덕(李種德) 등은 요동 지방까지 갔다가 입국을 거절당하여 되돌아오게 되는데 이는 명제의 지시에 따른 것이었다. 당시 명제는 요동도사사(遼東都司使)에게 다음과 같은 칙지(勅旨)를 내렸다.

> 고려 정권의 신료는 경박하고 잔꾀로 간교하게 거짓말하는 무리로서 신 빙키 어려우니 절교를 하여 서로 왕래해선 안 된다.[17]

그리하여 고려국 사신이 오면 100리 밖에 머무르게 하여 입경을 허락치 말 것이며, 경사(京師 : 수도)에 송부(送付)하는 것도 허락치 말라는 것이었다.

명의 이러한 태도에 대하여 고려에서도 점차로 배명(排明) 감정이 조신(朝臣) 사이에 일어났다. 특히 최영은 국난을 타개하는 데 있어 당시 집정자인 이인임, 임견미, 염흥방 등의 부패를 한탄하고 있었다. 그때(우왕 13년 말)에 요동으로부터 도망해 온 자가 도당(都堂)에 고하기를 "명제는 장차

---

17)『고려사』권134, 신우전, "其國執政之臣 輕薄譎詐之徒 難以信憑 可以絶交 不可與之往來".

처녀·수재 및 환자 각 1,000명과 우마 각 1,000필을 요구하리라"[18] 하매 여러 재·추(宰樞)들은 모두 걱정을 하니, 이에 대하여 최영은 "이렇다면 군사를 일으켜 치는 것이 가하다"[19]고 하였다.

그 다음해, 즉 우왕 14년 정월 최영·이성계가 중심이 되어 임견미, 염흥방을 베고 이인임을 유배시킨 것도 대외관계로 볼 때에는 외침을 막기 위하여 먼저 내부의 부패를 숙청한 것이라 볼 수 있다. 같은 해 2월에 앞서 명경(明京)에 갔던 설장수가 돌아와 명제의 구선(口宣)을 전하였는데 그 내용은 다음과 같았다.

① 고려에서 보낸 말[馬]은 모두 약소(弱小)·조제(粗蹄)하며 소용에 맞지 않는다.
② 고려에서는 가만히 사람을 대창(大倉 : 江蘇 太倉)에 보내어 흥사(興師)·조함(造艦) 여부를 규찰하여 또 명나라 사람으로서 고려에 건너가 소식을 누전(漏傳)하는 자에게 중상(重賞)을 준다 하니 지금부터는 삼가 이러한 일을 하지 말 것이며 또 사신을 보내지도 말라.
③ 철령 이북은 본래 원조(元朝)에 속하였던 땅이니 이것을 모두 요동에 귀속시킨다.[20]

이 가운데 ①과 ②는 명제가 고려에 대하여 상투적으로 써오던 트집이므로 별 의미가 없었으나 ③의 철령 이북을 요동에 귀속시킨다는 것은 고려에게는 실로 중대한 문제로서 공민왕 때에 모처럼 회수한 철령 이북의 영토를 명에게 넘겨줄 수는 없는 일이었다. 이에 고려 조정에서는 5도에 명하여 성(城)을 수축케 하고 제 원수(諸元帥)를 서북 변경에 보내어 불우(不虞)에 대비케 하였다.

동시에 밀직제학(密直提學) 박의중(朴宜中)을 명에 보내어 철령 이북의 문천(文川)·고원(高原)·영흥(永興)·정평(定平)·함흥(咸興) 등의 주

18)『고려사』권113, 최영전, "帝將求處女秀才及宦者各一千牛馬各一千".
19) 같은 책, "如此則與兵擊之可也".
20)『고려사절요』권33.

(州)를 거쳐 공험진(公險鎭)에 이르기까지 본래가 본국의 영토임을 역사적으로 상술하여 명의 처리가 불합리하다는 점을 밝히고[21] 철령위 설치의 중지를 교섭하도록 하였다. 이와 병행하여 차제에 요동위를 공격할 것인가, 화의협상을 할 것인가 하는 문제에 대하여 조정 내부의 제상백관(諸相百官)과 함께 최종적으로 토의를 하였다.

그 결과 대다수의 상신(相臣)이 화의를 청하고자 하였으므로 이 사명을 띠고 조림(趙琳)이 명나라 조정에 파견되었다. 그러나 이 조림 또한 요동까지 가서 입명(入明)하지 못한 채 도로환국(徒勞還國)하였으므로, 최영은 최후의 결단을 내리고자 철령 이북의 땅을 명에 할여할 것인가의 가부를 논의하였던바, 백관이 이구동성으로 그 불가를 말하였다.

그래서 우왕은 홀로 최영과 요동공격을 협의하고, 최영의 권고에 의하여 드디어 공요의 결의를 다지고, 이에 극력 반대하는 공산부원군(公山府院君) 이자송(李子松)을 죽여 반대론을 누르고자 하였다. 그런데 때마침 서북면 도안무사(都按撫使) 최원지(崔元址)로부터 명의 요동도사(遼東都司)가 지휘관 2인과 병사 1,000여 명을 보내 강계(江界)에 와서 철령위를 세우고자 한다는 보고가 도착하였다.[22]

명은 이미 거기에 본위진무(本衛鎭撫) 등의 관을 두기로 결정하고, 그 관원(官員) 등으로 벌써 요동에 도착하도록 하였으며, 철령으로부터 요동에 이르는 사이에는 70참(站)을 두고, 매참(每站)에는 각각 100호(戶)를 두기로까지 되어 있었다. 이것은 우왕 14년 3월의 일이었다.

우왕은 이 소식을 동강(東江)으로부터 돌아오는 마상(馬上)에서 듣고 울면서,

군신이 나의 공요의 계획을 듣지 아니하여 이 지경에 이르렀다.[23]

---

21) 철령의 위치에 관해서 명에서는 『명사』 권320, 조선전 기록처럼 압록강 이북의 근처로 생각하고 있었는데 고려에서는 과민하여 강원·함경도 접경지에 있는 철령으로 오해하고 있었으므로 극히 낭패한 일이었다.
22) 『용비어천가』 9장, 주.

고 통탄하였다. 고려는 드디어 결전 준비에 착수하여 8도의 정병(精兵)을 징발하고, 최영이 이것을 동교(東郊)에서 검열하였다. 이 준비계획 도중에 명의 후군도독부(後軍都督府)가 요동백호(遼東百戶) 왕득명(王得明)이란 자를 보내어 철령위를 건설하였다는 지(旨)를 고려에 고하였다.

우왕은 칭병불회(稱病不會)하고 최영은 대노(大怒)하여 우왕에게 권하여 방문(牓文)을 강계(江界)에 가져온 요동군 21인 중 5인을 억류하고 나머지를 모두 죽여 결전의 뜻을 표하였다. 4월 1일(1388) 우왕은 서해도(西海道 : 黃海道)에 가는 도중 봉주(鳳州 : 鳳山)에서 최영 및 이성계를 불러 "과인이 요양을 치려 하니, 경 등은 마땅히 힘을 다하라"24)고 출사(出師)의 명령을 내렸다. 그런데 이성계는 우왕의 이 명령에 대하여 단호히 불가의 주장을 개진하였다. 그 이유는,

작은 나라로 큰 나라를 역하는 것이 첫째로 불가한 것이요, 여름에 군사를 일으키는 것이 둘째로 불가한 것이요, 나라를 들어 원정을 하면 왜가 그 허함을 틈탈 것이니 이것이 셋째로 불가한 것이요, 때는 바야흐로 장마의 철이므로 활 끈이 풀릴 것이며, 대군에 질병의 환이 있을 것이니 이것이 넷째로 불가한 것입니다.25)

란 것이었다. 여기에 대하여 우왕은 처음에는 그렇다 하였으나, 최영의 말을 듣고는 이튿날 다시 이성계를 불러 "이미 군사를 일으켰으니 중지할 수가 없다"26)고 하였다. 이성계는 다시 말하기를,

꼭 대계를 이룩하려 할진대 대가를 서경에 머물러 가을을 기다려 출사토록 하소서. 오곡이 들에 덮여 대군의 식량이 족하게 되면 그때 북치며 진군

---

23) 『고려사』 권113, 최영전, "群臣不聽吾攻遼之計使至於此".
24) 위의 책, "寡人攻遼陽卿等宜盡力".
25) 위의 책, "今者出師 有四不可 以小逆大一不可 夏月發兵二不可 擧國遠征倭乘其虛三不可 時方暑雨弓弩膠解大軍疾疫四不可".
26) 위의 책, "業已興師不可中止".

하사이다. 지금은 출사할 때가 아니니 요동의 한 성을 빼앗는다 해도 비가 바야흐로 내려 군대는 전진할 수가 없을 것이며, 싸움이 오래 끌리고 식량 이 결핍할 것이니 이는 다만 화를 재촉할 뿐이외다.[27]

라고 간하였으나 왕은 듣지 아니하였다.

왕은 다시 평양으로 전진하여 그 곳에서 제 도(諸道)의 군사를 징집하고 부교(浮橋)를 압록강에 만들며 또 중외의 승도(僧徒)를 징발하여 군사로 삼 고 경기의 군사를 차출하여 동서경(東西京)에 주둔시켜 왜구에 대비케 하 였다.

4월 12일 최영을 8도도통사(八道都統使)에, 조민수(曹敏修)로 좌군도통 사로 삼아, 서경도원수 심덕부(沈德符), 부원수 이무(李茂), 양광도도원수 왕안덕(王安德), 부원수 이승원(李承源), 경상도상원수 박위(朴葳), 전라도 부원수 최운해(崔雲海), 계림원수 경의(慶儀), 안동원수 최단(崔鄲), 조전원 수(助戰元帥) 최공철(崔公哲), 8도도통사조전원수 조희고(趙希古)·안경 (安慶)·왕보(王寶) 등을 이에 속하게 하고, 이성계로 우군도통사를 삼아 안주도도원수 정지(鄭地), 상원수 지용기(池湧奇), 부원수 황보림(皇甫琳), 동북면부원수 이빈(李彬), 강원도부원수 구성로(具成老), 조전원수 윤호(尹 虎)·배극렴(裵克廉)·박영충(朴永忠)·이화(李和)·이두란(李豆蘭:芝蘭) ·김상(金賞)·윤사덕(尹師德)·경보(慶補), 8도도통사조전원수 이원계(李 元桂)·이을진(李乙珍)·김천장(金天莊) 등을 이에 속하게 하였다. 좌우군 (左右軍)이 모두 38,830명이요, 이 밖에 군속이 11,634명에 말이 21,682필이 었다.

4월 18일 좌우군이 평양을 출발하였는데 공요출정군을 10만군이라 일컬 었다. 이에 최영도 대군을 통솔코자 따라가려 하였으나 왕은 "경이 가면 누 구와 정사를 하겠느냐"[28] 하고 굳이 가지 못하게 하였다. 그리고 명에 대한

---

27) 위의 책, "殿下必欲成大計 宜駐賀西京 待秋出師 禾穀被野 大軍食足 可鼓行 而進矣 今出師非是 雖拔遼東一城 雨水方降 軍不得前 却師老糧匱 祗速禍 耳".

적개심을 돋우기 위하여 명의 연호 홍무(洪武)를 정지하고 다시 고려인으로 하여금 원복(元服)을 입도록 하였다. 5월 7일에 좌우군을 위화도(義州의 鴨綠江上에 있음)에 도둔(渡屯)하였다.

그러나 이성계는 요동 벌을 눈앞에 두고 더 이상의 진군을 자제하였다. 그것은 그가 예측한 우려가 현실화하고 있었기 때문이다. 따라서 요동정벌은 사실상 벽에 부딪히고 위화도는 민족사에 응어리를 남긴 채 '회한의 섬'으로 자리잡고 말았다.


## 5. 위화도 회군과 개혁세력의 실권 장악

공요출정은 이성계로선 마지막 대외원정이었다. 그런데 그의 이제까지의 싸움이 백절불굴의 사기충천한 싸움이었던 데 반하여 이번 공요에선 처음부터 그러하질 못했다. 그의 휘하에 있는 공요정벌군은 사기가 극도로 저하되어 진군 도중에 이미 많은 도망병이 속출하였다. 이성계는 위화도에 이르자 조민수와 더불어 상언(上言)하기를,

① 앞으로 요동성까지에는 하천이 많고 강물이 넘쳐 건너기 어려울 것
② 작은 나라로서 큰 나라를 섬기는 것이 보국(保國)의 길인 것
③ 견명교섭사(遣明交涉使) 박의중(朴宜中)이 아직 돌아오기도 전에 대방(大邦 : 明)을 침범하는 것은 종사(宗社)·생민(生民)의 복(福)이 아닌 것
④ 지금 서우(暑雨)로 활이 풀리고 갑옷이 무거워 사마(士馬)가 모두 곤비(困憊)한데 이러한 군사를 몰아가지고 견고한 성을 치는 것은 필승을 기하기 어려울 것
⑤ 이때에 군량미까지 부족하여 진퇴유곡 상태에 빠져 있다는 것

등 여러 조건을 들어 반사(班師 : 回軍) 하기를 청하였다.

---

28) 『고려사절요』 권33, "卿行則雖與爲政".

그러나 왕은 최영과 더불어 이것을 들어주지 아니하고 도리어 환관 김완을 과섭찰리사(過涉察理使)로 보내어 금백(金帛)·마필(馬匹)을 가지고 가, 좌·우도통사와 제 원수에게 분사(分賜)하고 진군을 독촉하였다. 이성계 등은 김완을 진중에 머무르게 하고 돌려보내지 않는가 하면 다시 사람을 최영에게 보내어 군에는 아사자가 많고 또 물이 깊어 행군키 어렵다 하여 속히 반사할 것을 청하였다. 그러나 최영은 또 들어주지 아니하였다.

그때 군중에는 이성계가 휘하 친병을 거느리고 동북면을 향하여 가고자 이미 말에 올랐다는 유언비어가 돌아 군정(軍情)이 흉흉하였다. 조민수는 어찌할 바를 몰라 단기(單騎)로 이성계에게 가 울며 말하기를 "공이 가면 우리들은 어디로 갈 것인가" 하니 이성계는 "내가 어찌 가겠는가, 공은 그러지 말라" 하고 드디어 제 장(諸將)에게 일깨워 가로되 "만일 상국(上國: 明)의 경역(境域)을 범하면 죄를 천자에게 얻게 되어 종사·생민의 화(禍)가 곧 닥쳐올 것이라" 하니 제 장은 모두 "우리 동방의 안위(安危)가 공의 일신에 매었으니 감히 명령을 좇지 않겠는가"고 하였다. 이에 이성계는,

　　돌아가 임금 곁에 있는 악한 사람을 제거하여 생령을 편안하게 하리라.29)

하고 군사를 돌이켜 압록강을 되건너 돌아오게 되었는데 이 날이 5월 22일의 일이다.

출정의 명을 받고 전진하던 장병이 자의로 되돌아선 것은 국왕의 명령을 받지 않겠다는 것을 의미하는 것으로서 이는 군의 쿠데타 또는 군사적 혁명을 의미한다. 그러므로 당시에 '목자득국(木子得國)' 즉, 이씨가 나라를 차지한다는 동요가 있어 이때에 군민·노소가 모두 구가하였다는 설도 전하는바, 이러한 설도 또한 회군의 의의 내지 그 결과를 예측한 데서 나온 것이라 하겠다.

또 고려에서는 일찍부터 '십팔자왕위설(十八子王位說)'의 참어(讖語)가

_____

29)『태종실록』권30, 태종 15년 11월 병신조, "擧義回軍則生靈必至於塗炭矣".

있어 이자겸(李資謙)을 비롯하여 이의민(李義旼) 무리도 이 참어로 비망(非望)을 품게 되었던 것으로 보면, 당시 국가의 전 병력을 한 손에 쥐게 된, 특히 전부터 많은 친병을 거느리고 있던 이성계가 자의로 회군을 단행하는 데 있어 있음직한 동요라 할 것이다.[30]

그리고 공요를 주장하여 신흥세력인 명과 충돌을 강행하려던 최영에 대하여 생각이 얕고 조치가 경망하였다는 평도 있으나, 최영은 요동정벌에서 북원과 협공코저 배후(裵厚)를 북원에 보내어 약속한 일이 있던 것으로 보면 북원과 연결하여 명의 동진기지인 요양을 공취(攻取)함으로써 명의 동진 루트를 차단하고 철령위 설치를 봉쇄하여 영토를 확보하자는 데에 목적이 있었던 것으로 보인다.[31]

이는 당시 최영이 쇠잔한 북원세력을 과신하는 오류를 범했을지 모르나, 국토방위의 정신으로 볼 때에는 철령 이북의 강토를 앉아서 빼앗기는 것보다는 차라리 북원과 맺어 요동에서 명과 결전을 해 보자는 심산에서 나온 것이라 할지니, 이는 전통적인 고려무인정신의 발로라고 할 것이다. 이성계의 회군으로 공요의 웅도(雄圖)는 실패로 돌아갔으나 이로 말미암아 명에서도 크나큰 자극을 받게 된 결과, 우리의 철령 이북지방을 다시는 넘겨다보지 못하게 되었던 것이다.[32]

이성계가 회군을 단행한 것도 처음부터 야망을 품고 계획한 것이 아님은 그가 출정에 앞서 두 차례나 공요의 불가함을 주장한 것으로도 추찰할 수 있다. 또 그가 열거한 출정불가의 여러 조건은 확실히 일리가 있는 것이다. 이성계는 공요 그 자체를 반대한 것이 아니라, 시기가 부적당함과 특히 군량미의 결핍을 우려한 것이었다.[33] 그리하여 막상 위화도까지 건너가자 이성계의 심기도 일전되어 불측한 모험을 하는 것보다 전 군력을 장악한 자신의 힘을 일단 국내에서 시험하고 차후에 호기를 얻어 요동정벌에 나설 계획

30) 한영우, 『한국의 문화전통』, 을유문화사, 1988, 49~51쪽.
31) 김상기, 앞의 책, 649쪽.
32) 같은 책.
33) 이상백, 앞의 책, 68쪽.

을 택한 듯하다.

어쨌든 위화도 회군의 보고가 5월 24일 성주(成州 : 成泉)에 있던 우왕에게 들어왔다. 이어서 회군이 이미 안주에 도달하였다는 보고가 들리자, 우왕은 25일 밤에 자주(慈州 : 順川郡)에 이르러 군민에게 명을 내려 회군을 막으라 하고 그 다음날 평양에 이르러 화보(貨寶)를 걷어 가지고 샛길[間道]을 취하여 개경으로 돌아와 화원(花園)에 들어갔는데(29일), 따르는 자가 겨우 50기(騎)에 지나지 못했다.

최영은 회군을 막아 싸우고자 백관에게 명하여 무장을 갖추고 시위(侍衛)케 하였다. 이성계의 회군은 뒤를 좇아 6월 1일에 개경 근교에 집둔(集屯)하고 이성계 등은 김완에게 글을 주어 왕께 아뢰고 최영의 허물을 들어 그를 제거할 것을 주장하였다.

우왕은 전 밀직부사(前密直副使) 진평중(陳平仲)을 회군제장(回軍諸將)에게 보내어 글로써 군신의 대의(大義)를 호소하였다. 조종(祖宗)으로부터 받아온 강역(疆域)을 어찌 항쟁도 하지 않고 쉽사리 다른 사람에게 주겠느냐는 것과 회개하여 부귀를 안보할 것을 타이르고 또 설장수(偰長壽)를 보내어 제 장에게 술을 주고 그들의 뜻을 알아보려 하였으나, 제 장은 그대로 도문(都門) 밖에 둔취(屯聚)하였다.

그때에 동북면의 인민과 여진인(女眞人)으로서 종군치 아니한 자들이 이성계의 회군한 것을 듣고 서로 다투어 주야로 모여들어 그 수는 1,000여 명에 달하였다. 우왕도 부고(府庫)의 금백을 발하여 군사를 모집하였으나 수명에 지나지 못하였고, 그나마 모두 창고의 노예와 시정(市井)의 무리였다. 우왕은 한편으로 각도의 군사를 불러 입원(入援)케 하고 수레[車]를 모아, 항구(巷口)를 막고 군사를 나누어 4대문을 지켰다.

6월 3일에 회군의 제 장은 드디어 숭인문(崇仁門)과 선인문(宣人門)으로 들어갔는데, 먼저 유만수 군(柳曼殊軍)과 조민수 군은 모두 최영에게 격퇴되었으나, 황룡대기(黃龍大旗)를 든 이성계 군이 선죽교(善竹橋)로부터 남산(男山 : 개경의 동쪽)으로 향하니 먼지가 하늘에 자욱하고 북소리가 땅을 울렸다. 먼저 남산에 웅거하였던 안소(安沼 : 최영의 휘하)의 정병도 이것을 보고 분궤(奔潰)하니 최영은 세가 궁한 것을 알고 화원으로 달려가 우왕, 영비(寧妃 : 최영의 딸)와 함께 팔각정에 숨어 있었다.

제 군은 일시에 팔각정의 감을 헐고 뜰로 달려들어 최영을 찾으니, 왕은 최영의 손을 잡고 울며 작별하고, 최영도 재배를 하고 그를 수색하려 전중(殿中)에까지 돌입한 곽충보(郭忠輔) 등을 따라나왔다. 이성계는 먼저 최영을 고봉현(高峰縣 : 高陽)에 귀양 보내었다(3일). 뒤이어 최영은 합포(合浦)·충주(忠州)로 이배(移配)되었다가 같은 해(昌王 즉위년, 1388) 12월에 이성계 세력의 주장으로 말미암아 순군옥(巡軍獄)에 갇혔다가 참살되었다.34)

이에 국면은 일전되어 조민수는 좌시중(左侍中), 이성계는 우시중(右侍中)이 되고 조준(趙浚)은 첨서밀직사사(簽書密直司事) 겸 대사헌(大司憲)이 되었으며, 최영의 휘하인 안소·정승가(鄭承可)를 비롯하여 인원보(印原寶)·안주(安柱)·김약변(金若采)·정희계(鄭熙啓) 등은 붙들려 먼 곳으로 귀양가게 되었다. 그리고 다시 명의 연호[洪武]를 쓰며 명제(明制)의 의관을 착용하고 원복을 금하게 되었다.

이때 전교부령(典校副領) 윤소종(尹紹宗)이 군전(軍前)에 나와 『곽광전(霍光傳)』을 이성계에게 드리니, 이성계는 조인옥(趙仁沃)으로 하여금 그것을 읽게 하였는데, 윤소종은 신씨(辛氏)를 폐하고 왕씨(王氏)를 다시 세우고자 하는 뜻에서 나온 것이라 한다.

형세가 이와 같이 험악해지자 우왕은 밤(6일)에 환관 80여 명과 같이 갑옷을 갖추고 이성계·조민수·변안열(邊安烈)을 해하고자 그들의 집을 찾아갔으나, 그들은 모두 군을 이끌고 성 밖에 둔(屯)치고 집에 있지 아니하였으므로 목적을 달성하지 못하였다.

---

34) 최영이 형(刑)에 이르러 말하기를 "내 평생에 탐욕의 마음을 가졌다면 무덤 위에 풀이 날 것이오. 그렇지 않다면 나지 아니하리라" 하더니 뒤에까지 그 무덤에 과연 풀이 나지 않으므로 사람들은 그의 무덤을 적분(赤墳)이라 하였다 하는바, 『신증동국여지승람』 고양군 능묘조 최영묘 주(註)에 "在大慈山至今塚上不生草"라 하였다.

그 이튿날 제 장은 숭인문에서 회의하고 이화·조인벽(趙仁璧)·심덕부·왕안덕을 궁중에 보내어 궁중에 갈마 둔 병기(兵器)·안마(鞍馬)를 모두 내놓게 하는가 하면, 8일에는 제 장이 모여 영비를 내놓기를 강청하였다. 우왕은 이에 응치 아니하며 "만일 비를 나가게 한다면, 나도 같이 나가리라"[35] 하니 이에 제 원수는 군사를 거느리고 대궐을 지키며 왕에게 강화로 출거(出居)할 것을 청하였다.

왕은 할 수 없이 채찍을 들고 말을 타며 "오늘은 이미 저물었다"[36] 하니 좌우가 엎드려 눈물을 흘렸으나, 이에 대구하는 자는 없었다. 그리하여 우왕은 드디어 연비와 연쌍비(燕雙飛)를 데리고 강화로 향하였으며, 백관은 전국(傳國)의 보(寶)를 받들어 정비전(定妃殿 : 恭愍王妃殿)에 두었다.

이에 신왕 옹립(新王擁立) 단계에 들어갔는데, 이성계는 폐왕(廢王 : 우왕)의 친자(親子)를 세우기를 꺼려 종실 가운데에서 사람을 택하여 세우자 하였으나, 조민수는 그를 천거한 이인임의 은혜를 생각하여 이인임의 외종(外從)인 이림의 딸 근비(謹妃)의 소생인 창(昌)을 세우려 하여 당시의 명유(名儒)인 이색(李穡)에게 물었더니, 이색도 "마땅히 전왕의 아들을 세워야 한다"[37]고 하였다. 그리하여 조민수의 주장이 유력해져 전왕의 아들 창을 세웠는데, 그때 그의 나이 9세였다.

창왕은 즉위하자, 조민수로 양광·전라·경상·서해·교주도 도통사를, 이성계로 동북면삭방강릉도 도통사를 삼고 또 이들에게 충근량절선위동덕안사공신(忠勤亮節宣威同德安社功臣)의 호를 주었다. 이성계는 병을 칭탁하고 그 직(職)을 사양하였으나 왕은 그것을 허락치 아니하였다. 이것은 왕위계승에 대한 이성계의 불만에서 나온 듯하거니와 창왕의 옹립을 주장한 조민수에 대한 이성계 일파의 감정도 쉽사리 가라앉지 아니하였다.

창왕이 즉위한 다음달 이성계의 심복인 대사헌 조준이 사전개혁(私田改革)에 관한 장문의 상소를 올려 정계에 큰 파문을 일으켰을 때에 구족세가

---

35) 『고려사』 권137, 우열전, "若出此妃我當偕出".
36) 위의 책, "今日已暮矣".
37) 위의 책, "當立前王之子".

(舊族勢家)의 비난이 크게 일어났는데, 그때 수상 직에 있던 조민수도 사전 개혁논의에 반대하여 그것을 막으려 하였다. 이에 이성계 중심의 개혁세력은 이것을 들어 조민수를 제거하려 하였으니, 조준은 조민수가 농민을 착취하고 또 사전개혁의 논의를 막는다 하여 글을 올려 탄핵하여 그를 창녕(昌寧)으로 귀양 보내게 만들었다(7월).

이에 이색이 문하시중이 되고 이성계가 수시중이 되었다. 그러나 이성계는 도총중외제군사(都摠中外諸軍事)로서 실제에 있어서는 군사상·정치상 최고 권력을 장악하였다. 이로부터 이성계 중심의 신흥군벌(新興軍閥)과 신진사대부(新進士大夫)가 결탁한 개혁세력은 완전히 구세력을 배제하고, 고려 정국(政局)을 장악하여 훗날 조선왕조 개창의 기반을 공고히 하기에 이르렀다.

## 6. 맺음말

요동정벌의 목표지였던 요동은 누구의 땅인가. 그것은 물론 요동 주민의 땅이다. 그리고 바로 그 요동의 원주민은 고조선을 건국한 우리의 직계 조상이다. 요동의 패자는 시대에 따라 그 민족이 달랐다. 그러나 여말 『삼국유사』나 『제왕운기(帝王韻紀)』를 통해 고조선의 내력이 알려지면서, 우리 민족은 요동에 대한 향수를 잊지 못해 왔다. 그것은 요동의 원주민이 우리 민족인 까닭이며, 우리의 뿌리가 요동에 있기 때문이다. 따라서 우리 민족의 역사가 있는 한 요동을 찾고자 하는 다물정신(多勿精神)은 이어질 것이다. 그런 점에서 고려 말의 공요운동은 후손의 심중에 그 방향을 설정한 것이라 하겠다.

비록 여말 우왕 때이 요동공략은 이성계 중심의 개혁세력들에 의해 '반사(班師)의 청'을 명분으로 회군했지만, 실제로는 군량미의 부족으로 작전상 후퇴할 수밖에 없었다. 이는 개혁세력에 의해 개창된 조선왕조 초까지도 공요운동이 계속되었음에서 알 수 있거니와, 더욱이 국호를 자주적이고 도덕

적인 고조선의 후계자란 의미의 조선(朝鮮)이라고 한 맥락에서도 잘 읽을
수 있겠다.

위화도 회군은 전략상의 회군이다. 2보 전진을 위한 1보 후퇴였던 것이
다. 앞으로 언젠가는 전략상 회군의 응보인 요동 수복의 기회가 반드시 올
것이다. 그때를 위해서 우리는 다각적으로 힘을 비축해야 할 것이다.

(『군사』 16, 국방부전사편찬위원회, 1988)

# 제7장 갑오동학민중혁명운동의 위상

## 1. 머리말

갑오동학민중혁명운동(甲午東學民衆革命運動)에 대한 평가는 당대와 식민지시기에는 '동학란(東學亂)' 정도로 폄하되었다.[1] 그러나 광복 후에는 갑오동학민중혁명운동에 대한 논의가 끊이지 않고 이어졌다. 특히 갑오동학민중혁명운동 100주년 기념을 전후한 1990년대 중반에는 그 열기가 절정에 달한 바 있었다. 여기서 갑오동학민중혁명운동에 대한 평가는 주관 단체에 따라 판이하게 다른 양상을 보였다.

지금까지 논의된 1894년의 갑오동학민중혁명운동에 대한 평가에 대해서는 대체로 반봉건(反封建)·반침략투쟁(反侵略鬪爭)이었다는 점에 연구자들의 견해가 일치하고 있다. 그런데 1970년대까지는 반봉건·반침략적 성격이 갑오동학민중혁명운동의 전개과정에 따라 단계적으로 나타나는 것으로 이해되어 왔다. 즉, 고부봉기(古阜蜂起)부터 제1차 갑오동학민중혁명운동(3월 기포)까지는 주로 반봉건적 성격을 가졌다면, 전주화약과 집강소시기를 거쳐 제2차 갑오동학민중혁명운동(9월 기포)부터는 농민전쟁의 반침략적 성격이 본격적으로 드러났다고 보는 것이다. 그러나 1980년대부터는 이를 비판하고 초기단계인 금구취회(金溝就會)부터 반봉건·반침략적 성격이 함께 드러나고 있다는 견해가 나타났다. 전자가 주로 김용섭의 주장이

---

1) 일본의 역사교과서는 아직도 '東學の亂(甲午農民戰爭)'이라고 표기하고 있다 (西尾幹二ほか 13名, 『新しい 歴史教科書』, 扶桑社, 2001, 218쪽).

고 후자는 조경달, 정창렬 등에 의하여 제기되었다.

1990년대에 이르자 이전의 어떤 역사적 주제에 대해서보다도 관심이 고조되었고 연구성과도 집중적으로 쌓였다. 비단 100주년을 맞았다는 점에서 갑오동학민중혁명운동에 대한 관심이 고조된 것은 아니다. 1980년대 이후 한국사회의 민주화가 민중의 힘에 의하여 진전되었던 결과, 역사 속에서도 민중의 힘을 확인하고자 하는 역사의식이 작용한 때문이었다.

먼저 갑오동학민중혁명운동의 명칭을 둘러싸고 100주년을 전후한 시기에 나타난 성과물의 두드러진 표기는 한국역사연구회의 '농민전쟁', 전주·광주·전남 일대의 기념사업회와 전북대학교『전라문화논총』7집의 '동학농민혁명', 역사학연구소의 '농민전쟁', 한국정신문화연구원의 '동학농민혁명운동', 한국정치외교사학회의 '갑오동학농민혁명', 천도교와 동학학회의 '동학혁명', 고려대학교『사총』43집과 북한의 '갑오농민전쟁', 공주대학교『백제문화』23집과 전남대학교『호남문화연구』23집의 '동학농민전쟁' 등으로 나타났다. 크게 보아 동학혁명, 동학농민혁명, 농민전쟁으로 대별되어 나타난 것이다. 21세기 벽두가 되자 일본의 우익화 경향에 따른 일본역사교과서 왜곡파동이 일면서 성격 및 용어 재정립운동이 다시금 불붙기 시작하였다.

이는 동학사상 내지는 민중의식에 대한 관점에 따라 나타난 필연의 현상이라고 보겠다. 즉, 동학사상의 주도성을 주장하는 박맹수·조광의 견해, 동학사상의 외피적 역할을 주장하는 구양근의 견해, 농민의식을 강조하는 우윤·안병욱의 견해를 각자의 입장에서 수렴한 결과였다. 이 모두가 귀중한 성과임에 틀림없겠다. 그러나 동학과 민중혁명운동의 관계에 대한 해묵은 과제는 여전히 미해결의 장으로 남아 있다.

따라서 한국통사에서 갑오동학민중혁명운동이 차지하는 위상 규명에 대한 논의는 앞으로도 계속될 과제로 여겨진다. 이러한 일련의 흐름을 보면서 필자는 메타인지적으로 갑오동학민중혁명운동으로의 용어 통합을 시도하게 되었다.

이에 이 글에서 시도하고자 하는 갑오동학민중혁명운동의 위상 추출을 위해서 먼저 갑오동학민중혁명운동의 사적(史的) 배경을 알아보고 이어서 동학과 민중혁명운동의 연계성, 갑오동학민중혁명운동의 맥락을 고찰함으로써 그 위상을 파악하고자 한다.

## 2. 갑오동학민중혁명운동의 사적 배경

민중운동[2]은 대개 기존의 사회질서가 해이해지는 과정에서 대거 발생하는데, 이것이 특히 두드러지게 나타나는 시기는 신라 하대,[3] 12세기 후반 고려무인집권기,[4] 19세기 근대변혁기의 사회변동기다.[5]

신라 하대의 사회변동은 정치적으로는 진골귀족(眞骨貴族) 위주의 골품제(骨品制)가 6두품 호족세력에 의해 파기되는 과정이었지만, 그 배후에는 고대적 수취관계에 항거하는 농민들의 자발적 분위기가 놓여 있었다. 즉, 이들을 위시한 호족세력의 존립 여부는 민심의 수렴과 밀접히 연관되어 있었으며 구질서에 대한 이들의 승리는 민심의 일정한 수렴에 힘입은 것이라 할 수 있다.[6]

---

2) 민중은 권력과 부와 명예로부터 소외된 다수의 인간을 가리키는 말인 동시에 소외에서 회복하려는 인간집단을 가리키는 역사적 개념이다. 민중운동은 이같은 능동적 민중에 의한 저항운동을 말하는 것으로, 오랜 인류사의 전개과정에서 역사가 진보의 방향으로 나아가는 데 중요한 역할을 수행해 왔다(김정의, 「한국근대변혁기 민중운동의 위상」, 『한국문명사』, 혜안, 1999, 101쪽).

3) 金哲埈, 『韓國古代社會硏究』, 知識産業社, 1975, 288쪽.

4) 李源明, 「여말·선초 사상계의 변화」, 『한국문명사』, 혜안, 1999, 77쪽.

5) 愼鏞廈, 『韓國近代史와 社會變動』, 文學과知性社, 1980, 11~41쪽 ; 망원한국사연구실, 『한국근대민중운동사』, 돌베개, 1989, 15~21쪽 및 132~133쪽.

6) 金哲埈, 「韓國 古代社會의 性格과 羅末·麗初의 轉換期에 내하여」, 『韓國時代史區分論』, 韓國經濟史學會, 1970, 45쪽 ; 하현강, 「고려왕조의 성립과 호족연합정권」, 『한국사(4)』, 1977, 45쪽 ; 趙仁成, 「弓裔의 出生과 成長」, 『七里李光麟敎授退職記念 韓國史論文集』, 西江大學校 東亞硏究所, 1989, 81쪽 ; 申虎澈, 「甄萱의 出身과 社會的 進出」, 『七里李光麟敎授退職記念 韓國史論文集』, 西江大學校 東亞硏究所, 1989, 102쪽 ; 文秀鎭, 「高麗의 建國과 後三國

12세기 후반 고려 무인집권기에 농민과 천민에 의한 민중봉기가 여기저기서 잇달아 일어나는데 이때의 민중봉기는 김사미 및 효심의 봉기[7] 이래 소속을 달리하는 민중들이 서로 연합하여 공동전선을 펴기도 하고 또 봉기가 지속적인 것으로 발전하게 된다. 이 민중봉기는 결국 모두 진압되고 말지만, 이러한 기층민중의 움직임은 부곡(部曲)·소(所) 등 천민집단의 점차적 해방[8]을 비롯한 신분질서의 재편,[9] 군현제의 재편성을 통한 수취체제의 개선 등의 형태로나마 집권층의 시책에 반영되지 않을 수 없었다.[10]

19세기 초에 발생한 홍경래(洪景來, 1780~1812)의 항거는 향촌사회의 중간층이 주도하고, 무전농민으로서의 광산노동자가 일선 군병이 되며, 송상(松商)·만상(灣商) 등의 사상(私商) 등이 적극 지원한 민중항거로서 정권쟁취의 기치를 내걸고 봉건반동적인 노론 일파의 독재체제와 봉건왕조에 도전했으나 지역적으로 서북(西北) 일대로 국한되었다.[11]

그러나 조선 후기 봉건 위기의 시기는 농업생산력의 발전과 상품화폐경제의 진전에 의해 종래의 봉건적 농민층 분화와는 질적인 차이를 가지는 근대적 농민층 분화의 단서를 마련해 가고 있었으며,[12] 이 농민층 분화의 결과로서 나타나 이후 자주적 근대화의 담당자로 전환될 서민지주, 경영형부농을 홍경래의 항거가 그 주도층 내에 일부 포함하고 있었다는 데에 종래의 농민봉기와는 다른 측면을 갖게 된다. 이처럼 홍경래의 항거는 향촌사회의 세력가층인 향임(鄕任), 부농(富農), 부상층(富商層)의 주동에 의해 소농,

統一過程 研究」, 成均館大學校 박사학위논문, 1992, 45~49쪽 및 64쪽.

7) 『고려사』 권20, 明宗 23년 7월.

8) 오일순, 「高麗前期 部曲民에 관한 一試論」, 『學林 7』, 연세대학교 사학연구회, 1985, 38쪽.

9) 오일순, 『고려시대 역제와 신분제 변동』, 혜안, 2000, 130쪽 참조.

10) 邊太燮, 「武臣政權時代의 社會」, 『한국사(7)』, 국사편찬위원회, 1984, 251~254쪽.

11) 한국역사연구회, 『한국역사』, 역사비평사, 1993, 177쪽.

12) 趙尙濟, 「壬戌 農民抗爭의 背景에 관하여」, 『朴性鳳敎授回甲紀念叢』, 경희대학교출판부, 1987, 554~557쪽.

빈농이 참여한 것이 특징이었다.[13]

홍경래의 항거를 경험하고 난 농민들은 그들의 축적된 힘을 바탕으로 더이상 부패한 지배계층의 불법적 처사를 앉아서 감수할 수만은 없다는 자각이 고조되고 있었다. 그들은 이미 지난날의 수동적인 농민이 아니었다. 점증하는 지배계층에 대한 저항의식을 쌓아가고 있었던 것이다.[14] 이러한 농민들에게 자행된 부세의 토지집중과 결가(結價)의 증가는 그전까지 다양한 방법으로 부세부담에서 빠져나갔던 사족지주층에게도 일정한 피해를 주었으며, 요호부민(饒戶富民)과 소빈농층에게는 결정적인 타격이 되어 1862년에 접어들면서 진주민중봉기(晉州民衆蜂起)를 촉발시켰다.[15]

이를 기폭제로 하여 삼남지방을 중심으로 전국적으로 확산된 봉기는 미증유의 임술민중항쟁(壬戌民衆抗爭)으로 발전하였다. 비록 홍경래의 항거와는 달리 자연발생적이고 분산적이었지만[16] 농민의 일상적·비일상적 체험이나 원망의 집적이 농민의 공유체험으로 자각되고, 이 자각은 능동적인 민중의식으로 정립되어 홍경래의 항거 때 보여준 지역성에서 벗어나 사상초유의 전국적인 확산을 가능케 했고,[17] 또한 농민들의 원래 목적이었던 지

---

13) 망원한국사연구실,『한국근대민중운동사』, 돌베개, 1989, 60쪽.

14) 裵亢燮,「壬戌民亂 前後 明火賊의 活動과 그 性格」,『韓國史硏究』60, 1988, 203쪽.

15) 權乃鉉,「18·19세기 晉州地方의 鄕村勢力變動과 壬戌農民抗爭」,『韓國史硏究』89, 1995, 143~144쪽.

16) 과거에는 진주민중항쟁에 대하여 이명윤 와주설(李命允 窩主說)이 정설화되어 있었지만 최근 남·북한 연구자들의 공통된 견해는 와주도 대장도 아니고 가담자도 아니었다는 추세다. 그러면서도 관련이 있었을 것이라는 데에는 이론의 여지가 없다고 추론하고 있다(河炫綱,「晉州民亂과 李命允의 行蹟」,『東方學志』77·78·79 합집(故李鍾英敎授追慕韓國史學論叢), 1993, 연세대학교 국학연구원, 587~592쪽).

17) 철종 13년(1862)에 발생한 민중봉기는 기록에 나타난 것만도 72개 처에 달했다. 益山, 咸平, 高山, 扶安, 金溝, 長興, 順天, 茂州, 鎭安, 和順, 羅州, 靈光, 井邑, 泰仁, 南原, 康津, 濟州 등 전라도가 37개 지역으로 가장 많고, 다음으로 丹城, 晉州, 咸陽, 星州, 善山, 開寧, 仁同, 尙州, 玄風, 居昌, 密陽, 昌原, 南海, 蔚山, 軍威, 比安 등 경상도가 20개 지역, 그리고 충청도에서 懷德, 公州, 恩津,

배계층의 경제적 수탈을 제거하려는 농민들 스스로의 자위책이 일정한 성공을 거둔 운동이었다. 예를 들어 임술민중항쟁이 발생한 시기는 2월부터 12월까지에 걸친 것이었으나 대부분 3월부터 5월까지의 춘궁기에 집중하고 있었다는 사실은, 그 동기가 생존권과 직결되는 사활문제로서 스스로의 자위책에 있었음을 알 수 있다.18) 따라서 진주민중봉기를 필두로 감행된 임술민중항쟁은 자연발생적인 약점을 완전히 극복하지는 못했지만 농민주체의 민중운동의 선구가 되기에 족했다.19)

더욱이 임술민중항쟁 단계에서는 홍경래의 항거단계와는 다르게 빈농층이 향임과 부농층의 통제 하에서 벗어나 조선후기에 전개된 경제적 발전에 따라 농민의 자립적 안정을 쟁취하기 위하여 자신의 독자적 조직을 기초로 반봉건 항쟁을 전개하였다.20) 이러한 하층 농민층의 반봉건 민중전쟁적 성격을 띤 변혁주체세력으로서의 민중의 성장은 한국민중운동사에서 한 단계 나아간 발전을 의미하는 것으로 평가할 수 있겠다.21)

이제 인간이하의 대우를 받아오던 농민층이 평등사상에 눈뜨면서 지배계층의 무제한한 권력에 제동을 걸고, 피지배층이 스스로의 힘으로 그들의 권익옹호를 확보하기 시작한 것은 단순한 사실이 아니라 실로 역사적인 장거였다. 그것은 능동적으로 봉기한 농민층에 의해 봉건체제를 해체시키면서

---

鎭岑, 連山, 淸州, 懷仁, 文義, 淸安 등 12개 지역, 그 밖에 경기도의 廣州, 황해도의 黃州, 함경도의 咸興 등 3개 지역이었다. 이 중 95.7%에 해당하는 69개 지역이 삼남지방에서 집중적으로 발생했다(망원한국사연구실, 앞의 책, 1989, 50쪽 참조).

18) 김정의, 「壬戌民衆抗爭에 관한 一考察」, 『實學思想硏究』 1, 毋岳實學會, 1990, 93쪽.

19) 임술민중항쟁의 봉기 주동자는 대부분이 농민이었다. 다만 단성(丹城), 인동(仁同), 장흥(長興)은 전 관료가, 개령은 반민(班民)이었다. 이것은 진주민중봉기 때의 이명윤처럼 농민에게 인격적으로 존경을 받아 직·간접으로 협력했다고 보인다. 한편 대부분 지역에서 주동자를 알 수 없는 것으로 보아 비조직적이고 자연발생적인 민중항쟁운동이었음을 알 수 있다(같은 글).

20) 趙尙濟, 앞의 글, 1987, 567쪽.

21) 망원한국사연구실, 앞의 책, 1989, 60쪽.

사회 재편성의 변동을 촉진하였고, 이로써 민족근대화의 실질적인 개막을 단행한 의의 깊은 첫 걸음이 되었기 때문이다.[22]

임술민중항쟁은 한국사의 발전과정에서 봉건적 관료체제의 붕괴와 근대적 사회에의 태동 여부를 결정하는 것으로 역사적 위치를 설정할 수 있겠다.[23] 그렇다면 임술민중항쟁은 1894년에 폭발한 반봉건·반침략의 민족근대화의 갑오동학민중혁명운동이 발생할 수 있는 기반을 마련한 전사(前史)로서 이때 이미 자주적으로 그 기반을 구축한 것이다.[24]

## 3. 동학과 갑오동학민중혁명운동의 연계성

한국 역사상 민중운동이 반봉건·반침략적 민중항쟁이라는 틀을 가지게 된 것은 1894년 1월 고부군에서 발원하여 1년여 동안 조선 전역을 뒤흔든 갑오동학민중혁명운동에서였다. 당시 항쟁의 주도세력은 사회신분에서는 양인층과 노비를 중심으로 한 천민층이었고, 사회계급에서는 소작농을 중심으로 한 빈농층이었다.[25] 갑오동학민중혁명운동은 사회개혁과 외세의 침략 배격이라는 조선의 시대적 과제를 실현하기 위한 이들 농민들의 일대 항쟁이었다.[26]

조선후기 이래 봉건 위기가 더욱 심화되는 가운데 1876년의 개항은 조선이 세계자본주의 시장체제 내에 포섭되는 획기적인 의의를 가진다. 그러나 1894년 단계에서 외래자본주의의 침투는 아직 미약했고 봉건적 수탈이 여전히 주요한 증오의 대상이었다. 이것은 갑오동학민중혁명운동에 그대로

---

22) 김정의, 앞의 글, 1990, 104쪽.
23) 金容燮, 「哲宗朝 民亂發生에 대한 試考」, 『歷史敎育』 1, 1956.
24) 같은 글.
25) 愼鏞廈, 「甲午農民戰爭의 主體勢力과 社會身分」, 『韓國史硏究』 50·51합집, 1985, 272쪽.
26) 신순철, 「동학농민운동과 전북농민의 항쟁」, 『全北學硏究(Ⅰ)』, 全羅北道, 1997, 222쪽.

반영되어 1차봉기는 반봉건항쟁으로 출발하게 되는데 2차봉기는 일본군과 청국군(淸國軍)의 조선 진주에 자극되어 반침략전쟁으로 급속히 전환된다.[27]

이것이 1970년대까지의 갑오동학민중혁명운동을 단계적으로 인식하게 된 정설의 핵심이었다. 그러나 1980년대가 되자 항쟁 초기부터 갑오동학민중혁명운동은 반봉건·반침략적이었음이 입증되어 종래의 단계적인 이해는 정면으로 부인되었다. 즉, 척왜양창의(斥倭洋倡義)를 내건 보은취회(報恩聚會, 1893. 3)는 전봉준(全琫準, 1853~1895)[28]이 중심이 된 금구취회(1893. 3) 세력의 조직적 활동의 결과로 파악하였으며, 이 같은 척왜양의 반침략적 지향은 1893년 11월 '사발통문(沙鉢通文)' 거사계획으로 이어지며, 이듬해 1월의 고부봉기 역시 금구취당세력의 조직적이고 계획적인 봉기라고 주장하였다.[29] 따라서 갑오동학민중혁명운동에서의 반침략적 성격은 제2차 민중혁명운동에서 본격적으로 드러난 것이 아니라 교조신원운동 단계인 1893년 3월의 보은취회와는 별개의 집회인 금구취회 단계에서부터 드러난 것이라고 할 수 있겠다.[30]

이렇듯 반봉건, 반침략적 성격을 함께 안고 발생한 갑오동학민중혁명운동은 삼남지방 특히 전라도에서 불이 붙어 전국적으로 확산되었다. 그 중에서 진원지인 전라도에서 가장 치열하게 전개되었다. 이곳은 조선의 곡창지대로서 농민의 계층분화가 다른 곳에 비해 보다 진전되어 있었고, 쌀의 유출을 노린 외국의 상품경제도 일찍이 침투해 있었다. 이 외국상품경제의 침투가 상승작용을 하는 가운데 관리들의 극심한 가렴주구가 자행되는 등 봉건적 모순이 특히 첨예하게 나타나고 있었다.[31]

27) 韓㳡劤, 「東學農民軍의 蜂起」, 『韓國通史』, 을유문화사, 1978, 468~469쪽.
28) 金容燮, 「全琫準 供草의 分析」, 『史學硏究』 2, 1958 ; 宋建鎬, 「革命兒 全琫準의 삶」, 『韓國民族主義의 探究』, 한길사, 1979, 192~196쪽.
29) 鄭昌烈, 「古阜民亂의 硏究(上)」, 『韓國史硏究』 48, 1985, 143~144쪽.
30) 朴孟洙, 「東學과 東學農民戰爭 硏究動向과 課題」, 『白山朴成壽敎授華甲紀念論叢 - 韓國獨立運動史의 認識』, 白山朴成壽敎授華甲紀念論叢 刊行委員會, 1991, 281쪽.

한편 갑오동학민중혁명운동은 동학과 민중군이 일정한 관계 속에서 진행되었다. 동학의 종교사상은 그 자체로서도 변혁적이었다.[32] 이 점에 대하여 김용덕의 다음과 같은 언급은 시사하는 바가 크다.

동학사상에 의한 교단조직과 신세계에의 고무 없이 그리고 조화(造化) 신앙 없이 어떻게 수백만의 대중을 움직일 수 있겠는가. 참으로 동학사상 없이 동학혁명이 없었음은 명백하다 할 것이다.[33]

그 교리상 인간존엄의 사상, 기존질서와 서양 침략세력을 부정하는 국가관과 민족관, 경천사상(敬天思想)[34]에 뿌리박은 본원적 인간윤리에 회귀하려는 도덕적 자각의식 등은 변혁적 민중의식 형성이 현실적으로 구체화된 것이라고 할 수 있다. 그러므로 동학의 평등주의, 혁명주의, 민족주의가 바로 혁명운동의 지도이념이었다.[35]

보국안민(輔國安民)[36]과 척왜양창의의 기치를 높이 든 것은 동학이 그

---

31) 愼鏞廈, 『韓國近代史와 社會變動』, 文學과知性社, 1980, 28~33쪽.

32) 동학의 경전에는 변혁사상이 도처에 눈에 띈다. 예를 들어, "다시 開闢 아닐런가" 혹은 "개같은 왜적놈을 한울님께 造化받아 一夜間 멸하고서" 등이 그러하다(『龍潭遺詞』, 安心歌 제5절). 林賢九, 「東學思想의 革命性」, 『동학혁명100 주년기념 국제학술대회 논문집』, 동학혁명100주년기념사업회, 1993, 79~86쪽.

33) 김용덕, 「동학사상연구」, 『중앙대논문집』 9, 1964, 224쪽.

34) 동학의 경천사상은 "侍天主造化定永世不忘萬事知"(한울님을 모시면 조화가 이루어지고 한울님을 길이 잊지 않으면 만사가 깨달아진다)로 표출되었다(최동희, 「동학의 한울님 신앙」, 『東學革命100年史(上)』, 동학혁명100주년기념사업회, 1994, 87쪽).

35) 朴孟洙, 앞의 글, 1991, 276쪽.

36) 포덕문(布德文)에서는 "我國惡疾滿世 民無四時之安 是亦 傷害之數也. …… 輔國安民計將安出"이라 했고 권학가에서는 "一世上 저 人物이 塗炭中 아닐런가. 陷地死地出生들아 輔國安民 어찌할고"라 했다. 동학의 일차적인 과제는 현세에서 보국안민을 이루는 일이다. 최수운이 말하는 보국안민이란 정의로운 나라, 복된 사회를 만들자는 말이다. 『동경대전(東經大全)』 이외의 글에서 '保國安民'이라 표기한 사례가 있는데, '輔國安民'의 뜻과는 다르다(表暎三, 「東學의 開闢思想」, 『동학혁명100주년기념 국제학술대회 논문집』, 동학혁명100

시대의 흐름 속에 차지하는 역사성을 단적으로 보여준다. 본래 동학은 사회
비판 흐름 위에서 창도되었다.[37] 짧은 시기에 발전한 것은 오로지 그 까닭
이다. 또 임진년의 원한이 남은 상태에서 다시 침략의 기회를 노리던 일본
을 경계하고 서양열강의 동아시아 침략을 우려하는 분위기가 밑바탕에 깔
려 있었다. 이러한 창도 배경은 보은집회의 결행과 서로 통하는 것이다.[38]

사회운동 또는 민족운동의 성격은 복합상소부터 강화된다.[39] 원래 동학
사상에는 사람 사이의 불평등을 철저히 부정[40]하는 진보적 혁신성을 지니
고 있었음에도 불구하고 관념적 보수성이라는 내재적 제약을 안고 있었다.
그러나 이러한 제약은 교조신원운동(敎祖伸寃運動)이라는 일련의 동학운
동을 경험하면서 점차 극복되어 갑오동학민중혁명운동으로 연결되는 의식
의 통일적 결합을 촉진시키게 되었다. 따라서 갑오동학민중혁명운동에 이
르기까지 일관되게 흐르고 있는 것은 민중·민족의식의 성장이었다.[41] 특
히 수탈이 집중되고 동시에 일본으로 미곡이 대량 유출되던 전라도 지역에
서는 급진운동세력이 적극 활동에 나섰다.[42]

더욱이 동학의 하부조직인 포(包)와 접(接)은 민중군이 조직하려는 기반
을 제공하였던 것이다.[43] 동학은 단순히 지도자와 조직만 군사편제에 제공
한 것이 아니다. 갑오동학민중혁명운동의 발단 당시부터 동학조직의 접주

주년기념사업회, 1993, 78쪽).

37) 愼鏞廈, 「水雲 崔濟愚의 東學의 創道」, 『동학연구』 창간호, 한국동학학회,
1997, 30~31쪽.

38) 申榮祐, 「敎祖伸寃運動과 東學革命의 發端」, 『韓國思想』 22, 한국사상연구
회, 1995, 307쪽.

39) 같은 글.

40) 신영우, 「1894년 동학농민군의 신분제 부정논리와 실천운동」, 『구천 원유한교
수 정년기념논총(하)』, 혜안, 2000, 571쪽.

41) 金昌洙, 「東學運動과 民族意識의 成長」, 『人文科學叢書(I) - 韓國近代民族
意識의 成長』, 성신여자대학교출판부, 1983, 99쪽.

42) 韓㳓劤, 「東學亂起因에 關한 研究」, 『亞細亞研究』 7-3, 1964, 37~38쪽.

43) 表暎三, 「東學의 開闢思想」, 『韓國思想』 22, 한국사상연구회, 1995, 152~155
쪽.

와 도인들이 기포를 결성하였고, 민중군에 가담하는 사람들은 동학에 들어
가는 형태를 취하였다.[44] 그리고 동학에 입도하는 것은 곧 동학의 '수심경
천(守心敬天)의 도(道)'에 관심을 가지고 따르는 것을 뜻하였다.[45] 1894년
동학이 가장 성했던 시기에 어느 마을에서나 '시천주조화정영세불망만사지
(侍天主造化定永世不忘萬事知)'[46]라는 주문이 들렸다는 기록을 음미해야
한다.[47] 이런 측면에서 동학과 민중혁명운동의 연계성을 인정할 수 있겠
다.[48] 그것은 본질적으로 민중혁명운동이며 동시에 종교운동이라고 볼 수
있다.[49] 또한 전형적인 사회기층으로서의 농민계층을 하부중심역량으로 한
혁명적 조직 양태를 부대한 아래로부터의 혁명운동이었다.[50] 이러한 관점
을 발전시켜 신용하는 갑오동학민중혁명운동을 조선조 양인들과 천민들의
평등사상에 기초한 '농민민주주의 혁명'으로 해석하였다.[51] 일찍이 박은식
(朴殷植, 1859~1926)도 갑오동학민중혁명운동을 가리켜,

---

44) 성주현, 「신복룡교수의 논리를 반박한다」, 『신인간』 611, 2001, 99~101쪽 참조.
45) 申榮祐, 앞의 「教祖伸寃運動과 東學革命의 發端」, 1995, 310쪽.
46) 앞의 최동희의 해석(최동희, 앞의 「동학의 한울님 신앙」, 87쪽)과는 달리 표영
　　삼은 조화정(造化定)은 '한울님의 덕에 합하고 마음으로 정한다'(合其德定其
　　心)고, 만사지(萬事知)는 '그 도를 알고 그 앎을 받아들인다'(知其道而受其知)
　　라고 해석하였다(표영삼, 「동학의 현대적 이해」, 『동학연구』 8, 한국동학학회,
　　2001, 166쪽).
47) 신영우, 앞의 글, 1995, 310쪽.
48) 朴孟洙, 「東學革命에 있어서 東學의 役割」, 『동학혁명100주년기념 국제학술
　　대회 논문집』, 동학혁명100주년기념사업회, 1993. 92~100쪽.
49) 그러나 갑오동학민중혁명운동의 성격 규명에서 오길보, 정창렬, 김용섭, 안병
　　욱, 신복룡 등의 '동학외피설'이 '동학주도설'과 대칭되어 하나의 축을 이루고
　　있음을 주기해 둔다.
50) 아래로부터의 혁명(Revolution von Unten)이란, 정치적으로 성숙된 계급이 민
　　중의 광범한 토대 위에서 자주적으로 단행하는 혁명을 의미한다(李克燦, 『政
　　治學』, 法文社, 1970, 120쪽).
51) 愼鏞廈, 『東學과 甲午農民戰爭研究』, 一潮閣, 1993, 369~373쪽 ; 趙大鉉, 「東
　　學研究의 現況과 方法」, 『동학학회 창립총회 및 제1회 학술세미나』, 동학학회,
　　1998. 10. 28, 12쪽.

즉 그것은 우리나라 평민의 혁명이다.[52]

라고 정의한 바가 있다.

갑오동학민중혁명운동은 순수한 종교운동의 차원을 넘어 민중군과 결합되어 반봉건, 반침략의 애국애족적인 정치성을 띤 주체적 자립자주 의식과 인식 하에서 일어난 민중구국운동의 신기원을 이루었다고 볼 수 있다. 그러나 일본제국주의와 친일개화지배층의 제동에 의해 실패한 유산혁명(流産革命)으로 귀착되었다.[53]

## 4. 갑오동학민중혁명운동의 맥락

갑오동학민중혁명운동은 김홍집(金弘集, 1842~1896) 개화파정권과 일본침략세력의 제휴에다 봉건지주층의 합세에 의해 좌절한 것처럼 보이나 반봉건성을 강력히 시사한 근대성을 표방한 것으로 근대화운동의 실질을 이룬다. 이는 갑오동학민중혁명운동에서 집강소(執綱所)[54]를 통하여 표출된 다음과 같은 12개조의 폐정개혁 요강에서 잘 드러난다.

① 道人과 정부 사이에는 宿嫌을 蕩滌하고 庶政을 협력할 사.
② 탐관오리는 그 죄목을 査得하여 일일이 嚴懲할 사.
③ 횡포한 富豪輩는 엄징할 사.
④ 불량한 儒林과 兩班輩는 懲習할 사.
⑤ 奴婢文書를 소거할 사.

---

52) 朴殷植, 「韓國獨立運動之血史」, 『朴殷植全書(上)』, 檀國大學校附設 東洋學研究所, 1975, 455쪽.
53) 梁炳基, 「東學農民運動의 革命性 硏究」, 『變革時代의 韓國史』, 東平社, 1979, 78쪽.
54) 김양식, 「전주화약기 집강소에 대한 연구사적 검토」, 『사학지』 26, 단국대학교, 1993.

⑥ 七班賤人의 대우는 개선하고 白丁頭上의 평양립은 탈거할 사.

⑦ 靑春寡婦는 改嫁를 허할 사.

⑧ 無名雜稅는 一幷 勿施할 사.

⑨ 관리채용은 地閥을 타파하고 인재를 등용할 사.

⑩ 倭와 奸通한 자는 엄징할 사.

⑪ 公私債를 물론하고 이왕의 것은 일병 물시할 사.

⑫ 토지는 평균으로 分作케 할 사.[55]

이 중 탐관오리의 숙청, 불량한 유림과 양반의 징계, 노비문서의 소각, 7반 천인의 대우개선, 무명잡세의 철폐, 지벌의 타파와 인재등용, 공사채의 무효화, 토지의 평균분작 등은 그 개화성과 함께 실학파들의 주장과 일견상 통하는 바 있어 주목된다. 그런데 이들의 근대화를 향한 문제의 주장은 그로부터 이미 10년 전인 갑신정변(1884) 때 개화당이 제시·주장한 다음과 같은 혁신정강 14개조와도 같은 맥락을 이루고 있다.

① 大院君을 즉각 還國하도록 할 것.

② 門閥을 폐지하여 인민평등의 權을 제정하고, 사람으로서 官을 택하게 하고 관으로서 사람을 택하게 하지 말 것.

③ 전국의 地租法을 개혁하여 吏奸을 막고 백성의 곤란을 구제하며 겸하여 國用을 유족하게 할 것.

④ 內侍府를 혁파하고 그 중에서 재능이 있는 자는 등용할 것.

⑤ 前後 奸貪하여 나라를 병들게 함이 현저한 자는 定罪할 것.

⑥ 各道의 還上는 영구히 폐지할 것.

⑦ 奎章閣을 혁파할 것.

⑧ 급히 巡査를 두어 도둑을 막을 것.

⑨ 惠商公局을 혁파할 것.

⑩ 전후 流配·禁錮된 사람은 酌量하여 放出할 것.

⑪ 四營을 합하여 一營으로 하고 營中에서 장정을 뽑아 급히 近衛隊를 설치할 것.

---

55) 吳知泳, 『東學史』, 영창서관, 1940, 126~127쪽.

⑫ 무릇 국내 재정은 모두 戶曹에서 관할케 하고, 그 밖에 모든 財務衙門
은 혁파할 것.

⑬ 大臣과 參贊은 매일 閤門 안의 의정부에서 회의하여 결정하여 政令을
공포해서 시행할 것.

⑭ 정부 六曹 이외의 무릇 불필요한 관청에 속하는 것은 모두 혁파하고 대
신과 참찬으로 하여금 협의하여 처리케 할 것.56)

갑오동학민중혁명군의 주장이 실학파 내지는 개화파의 주장과 맥락을 같
이하는 것은 두 계층의 공통성이 현실개혁과 민본주의 의식57)의 발로였다
는 면에서 근대성과 민족주의적 이념을 함께 볼 수 있겠다.58) 한편 갑오동
학민중혁명군의 노출된 주장은 집권층의 정책에 대부분 반영되었다.

이를테면 갑오개혁의 208개조의 개혁안59) 중 반상제도(班常制度) 혁파,
공사노비법(公私奴婢法) 혁파, 천인(賤人)의 면천(免賤), 과부재혼 허용 등
이 그것이다. 이러한 개혁 내용은 갑오동학민중혁명군이 주장 제시했던 위
의 폐정개혁안 12개조의 내용과 상당히 상통하고 있었다는 점을 미루어 보
더라도 군국기무처 회의에서 의결 공포한 사회제도 개혁은 당시 조선사회
가 절실히 요구하고 있던 것이었음을 짐작할 수 있다.60) 이러한 사실들로
인하여 갑오동학민중혁명운동을 조선후기 사회변동의 총 귀결점이라고 할
수 있는 것이다.61)

---

56) 金玉均, 「甲申日錄」.

57) 조선 초의 민본주의 표방은 객체로서의 민본주의고, 이때의 민본주의 의식은
주체로서의 민본주의다(李碩圭, 「朝鮮初期 民本思想硏究」, 한양대학교 박사
학위논문, 1995, 102쪽 참조).

58) 李炫熙, 『韓國近代史와 民衆意識』, 探究堂, 1981, 15쪽.

59) 군국기무처 주도 아래 1894년 7월 27일부터 그 해 12월 17일까지 5개월 동안
210건의 개혁안이 의결되었다(柳永益, 『甲午更張硏究』, 一朝閣, 1990, 135쪽).
이 밖의 지금까지의 거의 모든 견해는 5개월 동안 208건의 개혁안을 의결하였
다는 주장이다(趙恒來, 「甲午改革의 現代史的 意味」, 『제75주년 대한민국임
시정부수립기념 국제학술회의 논문집』, 한국민족운동사연구회, 1994, 6쪽).

60) 趙恒來, 1994, 위의 글, 13쪽.

61) 方基中, 「朝鮮後期 收取制度·民亂硏究의 現況과 『국사』 敎科書의 敍述」,

따라서 갑오동학민중혁명운동이 유산혁명으로 귀착됐다 할지라도 신분투쟁을 통하여 수천 년 묵어 온 사회신분제 폐지의 역사적 대업을 달성하는 데 성공한 측면은 결코 간과되어서는 안 될 것이다.[62]

이 위로부터의 개혁과 민중운동의 아래로부터의 개혁은 결과적으로 한국의 구체제[앙시앙 레짐]를 붕괴시키고 이때 닦아 놓은 길 위에서 근대적 신체제의 수립은 개화파의 갑오개혁이라는 시민적 근대개혁에 의하여 추진됨으로써 갑오동학민중혁명운동과 개화파의 시민적 결합에 의해 19세기 말 한국의 근대사회체제가 수립되었다. 그리고 이때의 갑오동학민중혁명군의 혁명운동과 개화파의 시민적 개혁의 결합은 친화력에 의거한 결합이 아니라 구조적 결합의 내용을 가진 것이라고 볼 수 있을 것이다.[63]

이들은 서로 겉보기에는 제휴하지 못하고 제각기의 길을 걸으면서 위로부터의 개혁은 외세에 타협하는 길로 가게 되었으며, 이것은 곧 예속적 근대화를 그 내용으로 하는 식민지의 길을 뜻하는 것이었다.[64]

그러나 갑오동학민중혁명운동을 통해 펼쳐진 민중운동의 힘은 그대로 사라진 것이 아니다. 갑오동학민중혁명운동에서 표출된 민족의식은 조선을 침략한 일본제국주의에 대한 항일 민중구국의식을 고취시켜 자주독립의 민중적 기반을 마련하였다. 이후 대부분의 갑오동학민중혁명군은 의병이나 독립군 세력으로 점차 성장하여 항일투쟁의 중추 세력이 되었다.[65] 영학당(英學黨)[66]·활빈당운동(活貧黨運動),[67] 항일의병운동,[68] 3·1민주혁명이

『歷史敎育』39, 1986, 121쪽.
62) 愼鏞廈, 앞의 글, 1985, 273쪽.
63) 신용하, 「동학혁명의 역사적 사회적 성격」, 『동학혁명100년사(상)』, 동학혁명 100주년기념사업회, 1994, 764~765쪽.
64) 김정의, 1997, 앞의 글, 106쪽.
65) 이현희, 「동학혁명의 인식 방법」, 『동학혁명의 재조명』(동학학회 2001년 춘계 학술 세미나), 2001, 15쪽.
66) 李相寯, 「동학농민혁명의 계승」, 『竹堂李炫熙敎授華甲紀念 韓國史學論叢』, 東方圖書, 1997, 513쪽.
67) 활빈당은 1900년 전후부터 경기, 충청, 경상, 전라 등지에서 반침략, 반봉건 투쟁을 전개했던 조직이다. 구성원은 대체로 갑오동학민중혁명운동 또는 전기

그 좋은 사례다. 특히 동학 계통을 이은 천도교의 세력은 새로운 민족운동의 중요한 구성분자였다.69) 그들은 3·1민주혁명에 주동적 임무를 담당하여70) 직·간접적인 영향과 맥락을 형성함으로써 민주혁명을 가능하게 하였고, 정신사적으로 성공한 민족역사 실체의 근간을 이루었다.71)

갑오동학민중혁명운동은 3·1민주혁명 후에도 의열단운동,72) 3·1재현운동,73) 4·19혁명,74) 5·18광주민중항쟁,75) 6월 대항쟁76)으로 계승되었다.

---

의병전쟁에 참여했던 빈농, 영세상인, 유민 등으로 개화파의 경제정책과 외국 특히 일본의 경제적 침략으로 몰락한 층이었다(信夫淳平.『韓半島』, 1905, 76~79쪽).

68) 항일의병전쟁은 국권회복의 대의를 위해 양반유생과 일반 민중이 합세하여 전개한 것이었지만 1905년 이후의 항일의병전쟁은 점차 평민층이 주도하는 형태로 발전해 나갔다(정연태 외,『자료모음 근현대 한국탐사』, 역사와비평사, 1994, 117~119쪽 ; 홍이섭, 「고종시대의 조선사회」,『홍이섭의 삶과 역사학』 혜안, 1995, 299쪽).

69) 申一澈, 「天道敎의 民族運動」,『韓國思想』21, 1989, 36~63쪽 ; 李基白, 「日帝下의 民族的 試鍊과 反抗」,『民族과 歷史(新版)』, 一朝閣, 1994, 288쪽 ; 황선희, 「천도교로의 전환과 개화운동」,『한국근대사상과 민족운동Ⅰ』, 혜안, 1996, 123~180쪽 참조.

70) 李炫熙,『東學革命과 民衆』, 大光書林, 1985, 49쪽.

71) 1919년 발생한 3·1민주혁명은 천도교, 불교, 기독교 등 종교계를 위시한 전국민적인 민족운동이었다. 그 결과로 수립된 대한민국임시정부에 대한 한국민의 인식은 안도감, 자긍심, 독립의 희망 같은 신념과 용기를 북돋는 실물통일정부(實物統一政府)를 옹위하고 있었기 때문에 오히려 오늘날의 분단, 장벽, 이질감의 시대에 머물러 있는 것보다는 그때 그 시절에 동족의 일체감이 보다 돈독해 있었다(李炫熙.『大韓民國臨時政府史』, 集文堂, 1982, 362쪽 ; 李炫熙, 「韓國近·現代史에서 東學革命의 位相」,『韓國思想』22, 한국사상연구회, 1995, 390쪽).

72) 丹齋 申采浩가 1923년 義烈團의 요청에 따라 쓴 「朝鮮革命宣言」에서 "固有的 조선의, 자유적 조선민중의, 민중적 경제의, 민중적 사회의, 민중적 문화의 조선을 건설하기 위하여 異族 통치의, 약탈제도의, 사회적 불평균의 노예적 문화사상의 현상을 타파함이니라."라고 이 땅과 역사의 주인이 민중이며, 이들이 주인되는 세상이 우리 역사의 참 방향임을 천명하였다(망원한국사연구실, 앞의 책, 3쪽 ; 정연태 외, 앞의 책, 192쪽).

73) 李應辰, 「緖說 3·1再顯運動의 淵源과 그 經緯」,『三一再顯運動誌』, 천도교

오늘날에도 통일운동 등 민중운동의 원동력으로서 분단을 극복하는 하나의 사상적이고 전위적인 배경이 되고 있다. 한편 갑오동학민중혁명운동 이래의 민중운동은 한결같이 반봉건, 반침략이라는 두 가지 기본 지표를 변용적·발전적으로 동시에 수행해 나가야 한다는 막중한 임무를 유산으로 전수 받았다.

## 5. 맺음말

이상 갑오동학민중혁명운동의 위상에 관하여 소략하게나마 살펴본 바를 요약해 보면 다음과 같다.

첫째, 갑오동학민중혁명운동이 그 발생할 수 있는 기반 마련은 임술민중 항쟁 때 이미 자주적으로 구축되었다.

둘째, 갑오동학민중혁명운동은 동학과 민중군이 일정한 연계 속에서 진행되었다. 그것은 본질적으로 민중혁명운동이며 동시에 종교운동이라고 볼 수 있다.

셋째, 갑오동학민중혁명운동은 전형적인 사회기층으로서의 농민계층을 하부중심역량으로 한 아래로부터의 혁명운동이었다.

---

중앙총부 출판부, 1981, 25~32쪽.

74) 3·1운동은 민족운동의 시초요, 4·19혁명은 민주운동의 처음이다(金成植, 「학생과 자유민권운동」, 『4·19革命論 Ⅰ』, 일월서각, 1983, 244쪽) ; 함석헌 (1901 ~1988)은 4·19혁명을 5·16군사쿠데타에 대비해서 "혁명은 민중의 것이다. 민중만이 혁명을 할 수 있다. 민중의 의사를 듣지 않고 꾸미는 혁명은 아무리 성의로 했다 하더라도 참이 아니다"라고 5·16의 부도덕성을 지적하고 4·19의 참 뜻을 꿰뚫었다(咸錫憲, 「뒷 사람들 위해 즐겨 길이 되어 눕자」, 『靑史에 쓰리라 民主의 이름으로』, 文藝出版社, 1986, 61쪽) ; 姜萬吉, 「4월혁명의 民族史的 맥락」, 『韓國民族運動史論』, 한길사, 1989, 85쪽.

75) 이상식, 「동학농민혁명 정신의 계승 발전 : 광주·전남을 중심으로」, 『동학혁명의 재조명』(동학학회 2001년 춘계학술 세미나), 2001, 동학학회, 22쪽.

76) 같은 글.

넷째, 갑오동학민중혁명운동에서의 반침략적 성격은 제2차 민중혁명운동에서 본격적으로 드러나는 것이 아니라 초기 단계에서부터 드러나고 있었다.

다섯째, 갑오동학민중혁명운동에서 일관되게 흐르고 있는 것은 민중 · 민족의식의 성장이었다.

여섯째, 갑오동학민중혁명운동은 신분투쟁을 통하여 수천 년 묵어온 사회신분제 폐지의 역사적 대업을 달성하는 데 크게 기여하였다.

일곱째, 갑오동학민중혁명운동은 반봉건, 반침략이라는 두 가지 기본 지표를 변용적 · 발전적으로 동시에 수행해 나가야 한다는 막중한 임무를 유산으로 남겼다.

요컨대, 갑오동학민중혁명운동은 조선후기 사회변동의 총 귀결점으로서 유산혁명으로 귀착되었다. 그러나 통일과 단합, 민족의 자주와 주체성을 대표하는 실상으로 인식의 성장을 가져와 한국 근 · 현대사 발전의 사상사적 근간이 되었다. 구체적으로 갑오동학민중혁명운동은 오랜 왕조사의 종말을 고하고 근대적 시민 · 근대적 국민으로 새로 대두될 민중의 근대적 자기자각의 시점이 되었다. 그리고 전통사회로서의 양반사회의 몰락과 동시에 새로 대두된 근대적 민족국가의 형성의 길을 마련한 과도기의 민족주의 운동이었다. 뿐만 아니라 상반(常班)과 귀천의 봉건적 신분제를 타파한 사회혁명운동이었으며 왕조사에 대신할 근대 민족사의 새 출발이기도 했다. 이처럼 우리 민족 정통사의 내면적이고 맥락적인 정신사적 영향을 강하게 표출했던 것이다. 따라서 갑오동학민중혁명운동의 위상을 근대 변혁운동의 원동력으로 자리매김하는 것이 합당하다고 보겠다.

(『동학연구』 9 · 10합집, 한국동학학회, 2001)

# 제8장 소춘 김기전의 소년해방운동

## 1. 머리말

한국의 소년운동은 크게 보아 자생된 소년운동과 외래적인 소년운동으로 대별할 수 있는데 자생된 소년운동에는 소년회운동이 있고 외래적인 소년운동으로선 소년단운동과 무산소년운동을 들 수 있다. 이 중 소년회운동에서는 천도교소년회운동이 돋보이는데 이를 조직하고 이끌고 또한 이를 기반으로 조선소년연합협회와 어린이날 제정에 크게 기여한 인물이 다름 아닌 소춘 김기전이다.

그동안 선행논문도 꽤 나왔다.1) 그러나 김기전의 공헌에 비하여 많은 부

1) 이제까지 김기전의 소년운동과 관계 있는 선행논문은 다음과 같다.
조찬석, 「일제하의 한국소년운동」, 『인천교대논총』 4, 1973 ; 윤석중, 「천도교소년운동과 그 영향」, 『한국사상』 12, 1974 ; 신재홍, 「일제치하에서의 한국소년운동고찰」, 『사학연구』 33, 1981 ; 성봉덕, 「천도교소년회운동과 소춘선생」, 『신인간』 428, 1985 ; 손인수, 「인내천사상과 어린이운동의 정신」, 『신인간』 428, 1985 ; 이재철, 「천도교와 어린이운동」, 『신인간』 439, 1986 ; 김정의, 「한국근대소년운동연구」, 『한양여대논문집』 11, 1988 ; 김정의, 「한국소년운동고찰」, 『한국사상』 21, 1989 ; 김정의, 「『개벽』지에 나타난 소년관에 관한 고찰」, 『한양여대논문집』 15, 1992 ; 오세창, 「일제하 한국소년운동사연구」, 『영남대민족문화논총』 13, 1992, ; 서은경, 「한국의 잊혀진 페스탈로찌 소춘 김기전」, 『우리교육』 39, 1993 ; 김정의, 「소춘 김기전의 소년운동」(상·하·종), 『신인간』 522·523·524, 1993~1994 ; 김정의, 「소년운동」, 『동학혁명 100년사』, 1994 ; 김정의, 「소년운동을 통해 본 동학혁명」, 『동학혁명100주년기념국제학술대회논문집』, 1994 ; 송준석, 「소춘 김기전의 아동 인격·해방운동의 교육사

분 타인의 업적으로 치부되는 경우가 허다하였다. 따라서 그의 업적을 온전히 그에게 되돌려줄 필요를 느꼈다. 그래서 소춘 김기전의 소년운동에 관해서 특히 소년해방운동의 관점에서 정리하기로 한다.

## 2. 장유유서의 모순 진단

동학의 창도는 한국인들의 사회적 생활에 의의를 부여하고 가치를 부여하는 계기가 된 분수령이다.[2] 그러나 천도교소년회운동은 3·1민주혁명[3]

---

상」,『한국교육사학』17, 1995 ; 윤해동, 「한말 일제하 천도교 김기전의 '근대' 수용과 '민족주의'」,『역사문제연구』, 1996 ; 김정의, 「어린이운동의 기점과 그 정신」,『소파 방정환선생 서거66주년 기념심포지엄』, 1997 ; 김정의, 「현대초 한국소년운동의 교육이념」,『연호노승윤박사 화갑기념교육학논총』, 1997 ; 김정의, 「최제우의 소년관」,『동학연구』3, 한국동학학회, 1998 ; 이재철, 「한국어린이운동약사」,『아동문학평론』88, 1998 ; 김정의, 「한국소년운동사의 시기구분론」,『윤종영교장정년퇴임기념 한국사교육논총』, 1999 ; 仲村修, 「方定煥研究序論 - 東京時代を中心に」,『靑丘學術論集』14, 1999 ; 신재홍, 「청소년운동」,『항일독립운동연구』, 1999 ; 김정의, 「방정환의 소년인권운동 재고」,『석보정명호교수정년퇴임기념논총』, 2000 ; 심국보, 「지금 우리가 신인간이 되려 하면」,『신인간』600, 2000 ; 성주현, 「『신인간』지와 필자, 그리고 필명」,『신인간』600, 2000 ; 성주현, 「일제하 천도교청년당의 민족교육」,『문명연지』2-1, 2001 ; 정숙례, 「천도교의 어린이 교육사상」,『신인간』609, 2001 ; 정혜정, 「소년교육운동」,『동학·천도교의 교육사상과 실천』, 2001 ; 김정의, 「현대 어린이 운동과 과제」,『신인간』621, 2002.

2) 妙香山人, 「天道敎少年會의 設立과 그 波紋」,『天道敎會月報』131, 1921, 16쪽 ; 묘향산인은 김기전의 필명이다(성주현, 「『신인간』지의 필자, 그리고 필명」,『신인간』600, 2000, 74쪽).

3) 한국사상 현대의 기점은 한국민족운동사의 축적된 연구 업적에 의하여 대체로 3·1민주혁명(1919)에 두고 있는 것이 오늘의 실정이다. 그렇다면 같은 선상에 있는 소년운동사의 현대적인 상한선을 3·1민주혁명 이전에 두는 것은 큰 테두리에서 벗어남을 알 수 있다. 그래서 오늘의 현대적인 소년운동의 기점을 3·1민주혁명 이후에 두려고 하는 것이다(김정의, 「현대 초 한국소년운동의 교육이념」,『연호노승윤박사화갑기념교육학논총』, 신서원, 1997, 305쪽).

을 체험하고 난 연후에야 진주소년회운동에 자극받아 근・현대적인 소년운동으로써 발생되었다.4) 이 시기에 천도교 소년운동의 대표적인 지도자의 한 분이었던 김기전(金起瀍 : 1894~1948)5)은 『개벽』지를 통하여 8차례에 걸쳐 소년문제를 제기하며 소년운동계를 리드하기 시작하였다.6) 그는 우선 전통사회의 윤리였던 장유유서의 모순을 진단하고 그 타개책에 골몰하였다.7)

일반적으로 조선시대에는 소년의 개념이 성년의 대칭으로 파악되고 있었다. 즉, 미성년자를 가리키는 말로 성인의 대칭을 뜻하였다.8) 원래 성인은 중국의 고례(古例)를 모방하여 연령이 20세에 달하면 관(冠)을 쓰고 성인식을 행함으로써 성인 자격을 부여하고 장자로서의 권위를 인정하였다.9) 따라서 20세 미만의 미성년은 소년으로 취급되었다. 그런데 20세의 가관(加冠)이 변형되어 차츰 가관은 혼인의 상징으로 화하고, 부모의 위열제로 화하여 조혼 풍조가 퍼졌다. 그리하여 15세 내지는 11, 12세에 가관이 되어 성인이 되는 기준 역시 이 가관 여부에 따르게 되었다.

이제 입에서 젖 냄새 나는 아동이라도 혼인을 하였으면 일반적으로 성인으로 예우해 주었고, 노인일지라도 미혼이면 미성년이라 하여 소년으로 지목될 뿐 예우를 하지 않았다. 그러므로 부모는 위열을 구하는 외에 일면으

4) 「可賀할 少年界의 自覺」, 『開闢』 16, 1921, 57~59쪽.
5) 호는 小春이고, 1894년 6월 16일 평북 구성에서 출생하여 보성전문학교를 졸업하였다. 1920년 『개벽』 편집국장에 취임하고 1921년 천도교소년회를 조직한 후 오심당 활동 등을 전개한 민족운동가다. 1948년 북한에 피납되었다(김석범, 「나의 아버지 소춘 김기전」, 『신인간』 547, 신인간사, 1996, 41~47쪽 참조).
6) 「금쌀악・옥가루」(1920. 6), 「의식의 구속보다는 애정 그대로」(1920. 6), 「장유유서의 말폐」(1920. 7), 「우리의 사회적 성격의 일부를 고찰하여서 동포형제의 자유처단을 촉함」(1921. 10), 「가하할 소년계의 자각」(1921. 10), 「개벽운동과 합치되는 조선의 소년운동」(1923. 5), 「5월 1일은 어떠한 날인가」(1923. 5), 「상하・존비・귀천」(1924. 3).
7) 김정의, 『韓國少年運動史』, 민족문화사, 1992, 47~51쪽.
8) 김소춘, 「장유유서의 말폐」, 『개벽』 2, 1920, 53쪽.
9) 같은 글.

로 자기 아손(兒孫)으로 하여금 성인의 예우를 받게 하고자 조혼을 선호하였다.[10] 이는 성인이라야 예우가 되고 소년의 인격은 말살된 데서 나온 자구책의 한 방도였다. 즉, 장유유서의 말폐(末弊)가 소년의 인격을 말살하게 되었고, 소년의 인격멸시가 장유유서의 도덕적 폐해를 가져오는 부작용의 상승작용 결과였다.[11]

유교윤리에서는 군신(君臣), 남녀(男女), 장유(長幼), 친자(親子), 노소(老少), 현우(賢愚), 귀천(貴賤) 등을 설정하여 군(君), 남(男), 장(長), 친(親), 노(老), 현(賢), 귀(貴)가 신(臣), 여(女), 유(幼), 자(子), 소(少), 우(愚), 천(賤)에 대하여 스스로 권리를 행사하게 되었다. 여기에는 아무 이유가 없었다. 다만 선천적으로 친(親)이 되고 남(男)이 된 까닭에 그 권리를 행사하는 것이고 또한 선천적으로 자(子)가 되고 여(女)가 된 까닭이 그 권리의 행사를 받는 것뿐이었다.[12]

이에 대하여 김기전은 첫째, 온전한 하나의 사람을 자(子)라, 소(少)라, 우(愚)라, 천(賤)이라 하는 등 여러 가지의 부스러기를 만들어 놓고 마는 것, 둘째, 이 부스러기 사람에 대하여는 스스로 능압을 가하게 되는 것의 두 가지를 유교윤리의 결점으로 지적하였다. 나아가 삼강오륜으로 그 명칭을 부여하고 다시금 절대위력을 부여하고, 그러한즉 그를 악용한 독소가 세상을 병들게 하였다고 정곡을 찔렀다.[13] 예컨대 탐관오리가 인민의 고혈을 착취하는 구실마저도,

이놈, 형제불목(兄弟不睦)하였지 …… 부자상리(父子相離)한 놈 …… 이 소능장(以少凌長)[14]

---

10) 같은 글.
11) 김정의, 앞의 책, 48쪽.
12) 김기전, 「우리의 사회적 성격의 일부를 고찰하여서 동포형제의 자유처단을 촉함」, 『개벽』 16, 1921, 8쪽.
13) 김소춘, 앞의 「장유유서의 말폐」, 55쪽.
14) 같은 글.

이었다. 이렇게 삼강오륜의 미명 아래 비도(非道)를 감행하고 사욕을 자행한 악한들의 소행이 민중으로 하여금 삼강오륜을 나쁜 것으로 믿게 만들었다. 따라서 소춘은 성인이 소년에 대한 비도덕, 비인정도 장유유서 때문이 아니라 그것이 오륜의 하나가 되었으므로 나타난 현상이니 환언하면 말폐의 소치라고 명료하게 진단하였다.

## 3. 소년문제의 해결책 논의

소년문제의 해결책으로 소춘은 먼저 소년에 대한 어태(語態)를 고칠 것을 제안하고 있다. 실없는 말이라도 '이놈 저놈' 혹은 '이 자식 저 자식' 하는 말 대신 일제히 경어를 사용하기를 바라나 이것은 실현이 어려울 것이니까 우선 초등학교 같은 곳에서 실시해 볼 것을 권하고 있다.[15]

다음은 양생송사(養生送死)의 개선책이다. "아동 중에는 조선아동(朝鮮兒童)의 꼴이 세계 중 제일 너저질 하리이다"[16]라고 심각성을 토로하고 소년이라고 천대할 이유가 없으니 반드시 양생에 관한 의식을 고쳐 조선소년들로 하여금 자립(自立), 청신(淸新), 희열(喜悅)의 토양을 갖추어 줄 것을 촉구하였다.[17] 송사의 경우도 마찬가지다. 소년에 대한 짐승 취급과 같은 악풍을 청산하여 적어도 제1회 기념제는 지내주며 그의 묘소도 어른들처럼 봉분을 만들어주는 것이 야만성을 벗어나는 길이라고 제언하고 있다.[18]

셋째는 남녀소년의 차별해소 방안이다. 같은 소년이라도 남자는 비록 사람 대우는 못 받으나 유년의 대우와 아손(兒孫)의 대우는 받는 반면 여자들에게는 대개 그마저 없다.

---

15) 金小春, 「長幼有序의 末弊」, 『開闢』 2, 1920, 56쪽.
16) 같은 글.
17) 위의 글, 57쪽.
18) 같은 글.

저 따위 년은 더러 죽어도 좋으련마는19)

하는 것이 부모된 사람의 상투어다. 소년이라는 점에서 그 격(格)을 잃고,
여자라는 점에서 다시 쓴맛을 보는 경우다.

이에 대하여는 남녀소년들 한사람 한사람이 2천만 형제 중의 한 사람이
며 장래 큰 운명을 개척할 일꾼의 한 사람이라는 사실을 깨닫고 그들의 인
격을 인정하는 정신을 소유하게 될 때에 수백만 어린 남녀는 인습의 굴레에
서 해방되고 소년문제는 해결될 것이라고 내다보았다.20) 이는 성인의 의식
전환이 선행되어야 소년문제가 근본적으로 해결될 수 있다고 소년문제 해
결의 근원을 밝힌 점에서 주목된다.21) 그리고 김기전의 소년관이 최제우 소
년관의 본지인 '사인여천'에서 연유했음이 드러나 있는 것도 중시된다.22)

## 4. 근·현대 소년운동의 목표 설정

『개벽』지에는 소년문제에 관한 논의가 호를 거듭하여 다양하게 게재되어
있다. 그 중에서 이돈화의 소년보호문제 거론과 이광수의 소년수양문제 거
론이 소년운동계에 커다란 논란이 되고 있었다. 이에 대하여 김기전은 강력
히 반대의사를 표하고 다음과 같이 소년해방을 목표로 삼아야 한다고 주장
하였다.23)

가령 여긔에 엇던 반석(磐石) 밋헤 눌니운 풀싹이 잇다 하면 그 반(盤)을

---

19) 위의 글, 58쪽.
20) 같은 글.
21) 김정의, 「『開闢』誌에 나타난 少年觀에 관한 考察」, 『論文集』 15, 한양여자대
   학, 1992, 15쪽.
22) 김정의, 「최제우의 소년관」, 『동학연구』 3, 한국동학학회, 1998, 80쪽 ; 김정의,
   『한국의 소년운동』, 혜안, 1999, 49쪽.
23) 김정의, 앞의 『한국소년운동사』, 63~67쪽.

그대로 두고 그 풀을 구한다는 말은 도저히 수긍(首肯)할 수 업는 말이다. 오늘 조선의 소년은 과연 눌니운 풀이다. 눌으는 그것을 제거치 아니하고 다른 문제를 운위(云爲)한다 하면 그것은 모다 일시일시(一時一時)의 고식책(姑息策)이 아니면 눌리워 잇는 그 현상을 교묘(巧妙)하게 옹호(擁護)하고져 하는 술책(術策)에 지내지 아니할 바이다.[24]

라고 소년해방의 당위성을 설파한 후 소년을 햇순에 비유하여 소년은 새순처럼 대우주(大宇宙)의 나날의 성장을 구가하는 희망이므로 이제부터는 어린이를 사회규범의 중심으로서 논의하자는 것이다.[25]

나무를 보라. 그 줄기와 뿌리의 전체는 오로지 그 적고 적은 햇순 하나를 떠밧치고 잇지 아니한가[26]

라고 말함으로써 재래의 윤리적, 경제적 압박으로 사회의 맨 밑에 깔려 잇는 소년을 해방시켜 자연처럼 사회의 맨 윗자리로 끌어올리자는 것이다.[27] 그 구체적 방안으로 먼저 윤리적으로 소년의 인격을 인정하여야 한다고 다음과 같이 제안하였다.

첫째로 언어(言語)에 잇서 그를 경대(敬待)하자. …… 우리는 어린이의 인격(人格)을 인(認)하는 첫 표시로써는 몬져 언어(言語)에서 경대(敬待)하여야 한다.
둘째로 의복, 음식, 거처 일상 생활의 범주에 잇서 어린이를 꼭 어룬과 동격으로 취급하는 습관을 지녀야 한다.
세째로 가정, 학교, 기타 일반의 사회적 시설에 잇서 반다시 어린이의 존재를 염원(念願)에 두어서 시설을 행(行)하여야 한다.[28]

24) 起田, 「開闢運動과 合致되는 朝鮮의 少年運動」, 『開闢』 35, 1923, 26쪽.
25) 김정의, 「동학문명을 통해 본 소년운동」, 『신문명 지향론』, 혜안, 2000, 90쪽.
26) 앞의 「개벽운동과 합치되는 조선의 소년운동」, 25쪽.
27) 김정의, 앞의 『한국의 소년운동』, 53쪽.
28) 앞의 「개벽운동과 합치되는 조선의 소년운동」, 25쪽.

다시 경제적으로 그의 생활의 평안을 보장하여,

> 그들에게 상당한 의식을 주어 자체가 영양불량의 폐에 빠짐이 없게 하
> 며, 유소년의 노동을 금하고 일체로 취학의 기회를 얻게할 일이라.[29]

라고 '소년운동의 방안'을 제시하였다. 이는 당시 소년운동의 목표를 가장
함축성 있게 드러내는 표현이다. 그것은 1923년 5월 1일 제1회 어린이날에
선포된 다음과 같은 '소년운동의 선언'과 그 문맥이 일치된다는 점에서 중시
된다.[30]

1. 어린이를 재래의 윤리적 압박으로부터 해방하야 그들에게 대한 완전한
   인격적 예우를 허(許)하게 하라.
2. 어린이를 재래의 경제적 압박으로부터 해방하야 만 14세 이하의 그들에
   게 대한 무상 또는 유상의 노동을 폐(廢)하게 하라.
3. 어린이 그들이 고히 배우고 즐거히 놀기에 족한 각양(各樣)의 가정 또는
   사회적 시설을 행(行)하게 하라.[31]

당시 일기 시작한 한국 근·현대 소년운동은 많은 소년운동계몽가들에
의하여 영향받고 있었다. 안창호의 무실역행(務實力行)의 인간개조사상이
도도히 흐르고 있었고 이돈화의 소년보호사상도 묵과할 수 없었다.[32] 그러
나 김기전의 소년해방사상 영향이 무엇보다도 지대했다.[33] 그것은 '소년운
동의 선언'이 소년운동의 정신을 대표하는 근·현대 소년운동의 목표로 설
정되었기 때문이다.[34]

---

29) 같은 글.
30) 김정의, 앞의 『한국소년운동사』, 80쪽.
31) 『동아일보』1923년 5월 1일자.
32) 김정의, 앞의 「『개벽』지에 나타난 소년관에 관한 고찰」, 37쪽.
33) 송준석, 「소춘 김기전의 아동 인격·해방의 교육사상」, 『한국교육사학』17, 한
   국교육학회 교육사연구회, 1995, 16쪽.
34) 김정의, 앞의 「김기전의 소년운동(상)」, 20쪽.

## 5. 천도교소년회의 조직 운영

소춘은 그의 소년해방사상을 직접 구현하기 위하여 1921년 5월 1일 천도
교소년회를 창립하였다.[35] 그러나 첫 시작은 이보다 앞선 1921년 4월 천도
교청년회 유소년부에서 비롯된다.[36] 이것이 모체가 되어 다음달 5월 1일 천
도교소년회로 발족되었다.[37] 이 시점이 현금 쟁점이 되고 있는 한국 현대소
년운동의 기점임을 필자는 다음과 같이 논증한 바 있다.[38]

　첫째, 천도교소년회는 1921년 5월 1일 출범한 소년운동단체로 이후 천도
　교를 배경으로 전국적인 조직을 갖고 김기전, 방정환 등에 의하여 사실상
　범민족적 소년운동을 지속적으로 주도하였다.
　둘째, 소년척후대나 조선소년군도 전국적인 조직을 갖고 정성채, 조철호
　등이 범민족적 소년운동을 지속적으로 전개했지만 소년척후대나 조선소년

---

35) 김정의, 「현대 초 한국소년운동의 교육이념」, 『연호노승윤박사 화갑기념교육
　학논총』, 도서출판 양서원, 1997, 309쪽.
36) 妙香山人, 「천도교소년회의 설립과 그 파문」, 『텬도교회월보』 131, 1921년 7월
　14일자, 15쪽.
37) 같은 해(1921) 6월 5일에 이르러 다음과 같이 임원진이 구성되었다(『천도교청
　년회 회보』, 1921년 12월 20일자).
　회장 구자홍
　간무 김도현, 신상호, 정인엽, 장지환
　총재 김기전
　고문 정도준, 박사직
　지도위원 이병헌, 박용회, 차용복, 강인택, 김상율, 조기간, 박래옥, 김인숙
38) 1997년 4월 28일 한국프레스센터 20층에서는 사단법인 한국방정환기금 주최
　로 '한국 어린이운동의 기점과 그 정신'이라는 공동주제를 놓고 심포지엄이 있
　었다. 이날 현대 한국소년운동의 기점으로 이재철은 1922년 5월 1일 천도교소
　년회가 수최한 제1회 어린이 날을 일찍부터 주장해 오던 대로 거듭 주장하였
　고, 조찬석은 소년운동협회가 설정한 1923년 5월 1일을 타당하다고 의견을 개
　진했다. 이에 대하여 필자는 인용문처럼 1921년 5월 1일 천도교소년회의 발단
　을 그 기점이라고 발표하였다. 그리고 발표자와 토론자 상호간 및 방청자 사이
　에 열띤 토론이 있었다.

군의 창설일은 천도교소년회의 창설일보다 뒤의 일이다.

셋째, 소년운동협회는 천도교소년회가 중심이 되어 형성된 일종의 소년
운동단체의 연합체로서 이 협회의 중심세력도 천도교소년회였다.

넷째, 1922년 5월 1일 천도교소년회 창설 1주년 기념으로 천도교소년회
는 소년운동협회가 주관한 1923년 제1회 어린이날 행사보다 1년 먼저 독자
적으로 제1회 어린이날 행사를 성대하게 전개하였다. 비록 단독 행사였지
만 전혀 소홀히 여길 수 없는 점은 이 행사를 통하여 10년 후의 조선의 비
전 등을 제시한 행사였다는 사실이다.[39]

다섯째, 소년운동협회가 주관한 1923년 5월 1일의 이른바 제1회 어린이
날 행사날이 바로 천도교소년회 창설 2주년 기념일임을 상기할 때 소년운
동협회도 천도교소년회의 법통을 계승했음을 알 수 있다.

여섯째, 천도교소년회는 『개벽』지와 『어린이』지를 통하여 어린이운동의
이념을 창출하고, 소년운동 내지는 소년문예운동을 체계적으로 선도·확
산시켰다.

일곱째, 천도교소년회의 설립 취지, 표어, 강령이 대부분 현대적인 소년
운동의 실천적 본보기 이념으로 작용되었다.

여덟째, 1922년 5월 1일 어린이날 행사에서는 어린이날 전단이 살포되고,
1923년 5월 1일 어린이날 행사에서는 '소년운동의 선언'이 선언되었는데,
그 이념이 현대가 추구하는 인간해방, 인권존중, 복지지향을 모두 충족시
켰다는 점이다.[40]

따라서 한국 현대소년운동의 기점은 1921년 5월 1일 천도교소년회 창설
일에 두는 것이 합당하다고 생각된다.

그리고 천도교소년회의 목적은 상하이(上海)의 인성학교소년회와 마찬
가지로 지·덕·체를 겸비한 쾌활한 소년을 만드는 것이었다.[41] 이러한 목

---

39) 따라서 어린이날의 기점은 현재 실행되고 있는 1923년 5월 1일이 아니라 이보
다 1년 소급된 1922년 5월 1일이 되어야 옳다고 생각된다. 이재철도 같은 견해
다(이재철, 「어린이 날의 기점과 그 제정 정신」, 『신인간』 398, 신인간사, 1982.
5, 8~14쪽).

40) 김정의, 「한국 어린이운동의 기점과 그 정신」, 『소파방정환선생 서거 66주년
기념 심포지엄』, 사단법인 한국방정환기금, 1997, 31쪽 참고.

적을 달성하기 위한 방법으로 천도교소년회는 유락부(遊樂部), 담론부(談論部), 학습부(學習部), 위열부(慰悅部)의 4부로 나누어 활동했다.[42] 그리고 강령은,

1. 소년대중의 사회적 새 인격의 향상을 기함.
2. 소년대중의 수운주의적(水雲主義的) 교양과 사회생활의 훈련을 기함.
3. 소년대중의 공고한 단결로써 전적운동(全的運動)[43]을 지지함.[44]

이라고 하여 동학의 이념 실현방책을 구체적으로 명시하여 소년운동의 노선을 분명히 하였다.

다만 천도교소년회의 창립 당시 지도자에 대해선 잘못 알려져 있거나 베일에 가려져 있으므로 여기저기에 산견되는 기록들을 봄으로써 누가 지도자였나를 고증할 수밖에 없다. 이에 대해 1974년 부동귀(不同歸)는 「천도교소년운동사 연보」에서 1921년 5월 1일 천도교소년회 창립시 이 회의 지도위원은 방정환, 김기전, 이정호[45]라고 간략히 정리해 두고 있다. 유홍렬은,

　　본격적인 소년운동은 1921년 여름방학 때에 동경으로부터 돌아온 방정환이 천도교소년회를 창시한 데서 비롯된다.[46]

41) 김정의, 「上海에서의 韓人少年運動」(한국민족운동사연구회 제33회 연구발표회 발표문), 1994. 9. 17, 2쪽.
42) 앞의 「可賀할 少年界의 自覺」, 59쪽.
43) 전적운동은 '다시 개벽(開闢)운동'을 뜻한다. 다시 개벽운동을 일제의 제약된 여건으로 전적운동이라고 완곡하게 표현한 것이다(표영삼, 「천도교와 6·10만세운동」, 『1920년대 민족주의운동 재조명』, 한국민족운동사연구회, 1996, 145쪽 참조).
44) 申一澈, 「天道敎의 民族運動」, 『韓國思想』 21, 한국사상연구회, 1989, 58쪽.
45) 부동귀, 「천도교소년운동사 연보(상)」, 『신인간』 317, 신인간사, 1974, 95쪽 ; 부동귀는 방정환의 아들인 방운용의 필명이다(성주현, 앞의 「『신인간』지의 필자, 그리고 필명」, 75쪽).
46) 유홍렬, 「3·1운동 이후의 국내의 민족운동」, 『3·1운동 50주년기념논집』, 동아일보사, 1969, 687~688쪽.

고 하여 방정환을 지도자로 거명하였고, 윤석중은,

> 1923년 이전에도 소년단체는 있었다. 1921년 7월에 창립된 천도교소년회
> 는 소파 방정환과 소춘 김기전을 지도자로 하였다.[47]

라고 언급하여 방정환뿐 아니라 김기전까지도 방정환과 나란히 천도교소년
회의 지도자였음을 증언하고 있다.

사실 방정환은 자타가 공인하는 소년운동의 독보적인 인물이었다. 그의
외부로 드러난 활동은 그를 소년운동의 대명사로 만들기에 족했다. 따라서
천도교소년회도 의당 방정환이 여름방학 때 귀국해서 비로소 조직되었다고
의심 없이 믿어왔다. 그러나 이것은 착오다.[48] 기록에 따르면, 그는 1921년
7월 10일(일요일) 천도교소년회 담론부 주최로 열린 소년강연회에 연사로
초청되어 천도교소년회와 첫 인연을 맺었다.[49] 그렇다면 틀림없이 그를 초
청한 주체가 있을 것이다. 그가 바로 천도교소년회를 이끌고 있는 사람이
될 것이다. 그런데 이정호는 『어린이』지 창간호 겉장에서,

> 맨 먼저 우리를 지도하실 힘있는 후원자 김기전씨와 방정환씨를 어덧습
> 니다.[50]

라고 술회한 바 있다. 다시 100호 기념호에서 창간 당시를 아래와 같이 회상
하고 있다.

---

47) 윤석중, 앞의 「동심으로 향했던 독립혼」, 262쪽.
48) 1921년 7월에 '천도교소년회'가 창립되었다는 기술은 이미 고찰된 바와 같이
5월 1일로 바로잡아야 할 것이다(발기는 4월 5일임. 앞의 『천도교소년회회보』,
4쪽). 마찬가지로 방정환이 '천도교소년회'를 창립했다는 내용도 정정이 요구
된다.
49) 『동아일보』 1921년 7월 10일자.
50) 이정호, 앞의 「『어린이』를 발행하는 오늘까지」, 1쪽.

　모든 난관을 돌파하고 이를 단행하기로 하여 집단에 잇서서는 김기전씨의 힘을 빌고 『어린이』 잡지에 잇서서는 개벽사의 후원과 방정환씨의 힘을 빌어 긔여코 지금으로부터 9년 전인 1923년 3월 1일에 지금 이 100호의 시초인 창간호를 내엿습니다.51)

　여기서 초창기 천도교소년회의 유력한 지도자는 김기전이라는 확증이 잡힌다. 따라서 단서는 윤석중 등이, 확인은 이정호가 제공해준 셈이다. 여기에다 성봉덕의 다음과 같은 술회에서 많은 시사점이 발견된다. 그는,

　　어린이 운동에 주력한 지도자로는 김기전, 방정환, 박래홍 선생을 꼽지 않을 수 없다. …… 초기 단계에서는 소춘 김기전 선생이 결정적인 역할을 담당 …… 김기전 선생은 세 분 선생 중 유일하게 국내에 계시면서 교회활동을 하신 분이다. …… 1921년 4월에 천도교청년회 포덕부에 유소년부를 설치 …… 뒤이어 5월에 천도교소년회를 조직한 것도 소춘 선생이 할 수밖에 없었다. …… 이 해 6월 5일에 발표된 천도교소년회 총재에 소춘 김기전 선생이 추대된 것은 우연한 일이 아니다. 바로 천도교소년회를 창시하는 데 이념적인 정립과 조직적인 역할에 앞장선 분이 소춘 김기전 선생이었기 때문이다. …… 이것을 계기로 나라의 장래, 교회의 장래를 소년계층과 관련시켜 생각하게 되었다. …… 소년운동만이 아니라 천도교의 장래를 기약할 수 있다는 신념 같은 것이 솟아났다. 소춘 선생은 지체없이 실천에 옮겼다.52)

라고하여 천도교소년회의 창립 과정과 동기까지 일목요연하게 증언하였다.
　한편 윤석중의 다음과 같은 소파와 소춘에 대한 비교언급은 그들에 대한

---

51) 이정호, 「백호를 내이면서 창간당시의 추억」, 『어린이』 100, 1932, 19쪽 ; 집단은 '천노교소년회'를 뜻한다(이재철, 「아동잡지 『어린이』 연구」, 『신인간』 438, 신인간사, 1986, 75쪽).

52) 성봉덕, 「천도교소년회운동과 소춘선생」, 『신인간』 428, 신인간사, 1985, 27~28쪽 ; 성봉덕은 표영삼의 필명이다(성주현, 앞의 「『신인간』지의 필자, 그리고 필명」, 75쪽).

이해에 도움이 되고 있다.

> 소파가 소년운동의 실천가였다면 소춘은 이론가였다. 소파가 이상주의
> 자였다면 소춘은 현실주의자였다. 소파가 나선 운동가였다면 소춘은 숨은
> 운동가였다.[53]

이 두 사람은 다 같은 천도교인으로『개벽』과『어린이』발행에 주력하면
서 이론과 실천이, 그리고 이상과 현실이 소년운동에 조화 승화되었음을 말
하고 있다. 그러기에 윤석중은 다음과 같이 결론지었다.

> 천도교소년운동의 불멸의 유산은 어린이 가슴마다 심어주는 3·1정신과
> 민족정기요, 해마다 맞이하는 어린이날에 모든 어린이 결의를 새롭게 하는
> 소년해방의 마음다짐이다. 천도교소년운동 만세! 어린이 3·1운동 만세!
> 어린이 해방운동 만세! 그리고 소파·소춘 만세![54]

그러나 소춘은 이론가로만 멈추지 않았다. 그는 천도교소년회를 창립 운
영하였고,『개벽』지를 통해「장유유서의 말폐」등 소년운동 관계 기사에 많
은 지면을 할애하며 소년운동을 활성화시키는 방향으로 편집을 주도하였
다.[55] 뿐만 아니라 천도교청년당 당두(黨頭)를 맡아 농민운동, 공생조합운
동, 그리고 오심당 비밀결사를 통한 독립운동의 지도 등 다양한 활동을 전
개하였다.[56] 따라서 김기전을 이론가로만 평하는 것은 재고하는 것이 마땅
하다.

김기전은 천도교인으로서 독자의 폐부를 찌르는 논평을 직접『개벽』지에
게재하며『개벽』을 주간한 뛰어난 언론인이었다. 더욱이 그는 소년문제와
관련하여「금쌀악·옥가루」,「장유유서의 말폐」,「개벽운동과 합치되는 조

---

53) 윤석중,「천도교소년운동과 그 영향」,『한국사상』12, 한국사상연구회, 1974.
54) 윤석중,「『어린이』잡지풀이」,『어린이』(영인본) 1, 보성사, 1976, 4쪽.
55) 김정의, 앞의『한국소년운동사』, 61~64쪽.
56)『조선일보』1934년 12월 21일자 기사 참조.

선의 소년운동」을 집필하였고 천도교소년회, 조선소년운동협회 등을 조직
운영하였다. 특히 어린이날을 제정하고,[57] 세계 최초의 어린이 인권선언에
해당되는 '소년인권선언'을 기초하여 소년해방론을 폄으로써[58] 근현대 한
국소년운동의 방향을 뚜렷이 설정케 하였다. 그는 이론과 실천을 겸비한 탁
월한 소년운동가였다.


## 6. 조선소년운동협회의 성립과 어린이날의 제정

3·1민주혁명 이후 각종 기치를 내세우고 경향 도처에 여러 종류의 소년
운동 단체들이 발족되었다. 이들 소년운동 단체들은 처음엔 보잘것 없었지
만 김기전에 의하여 천도교소년회가 조직되면서부터 점차 활발한 양상을
띠기 시작하였다.

그러나 이때까지 식자들 간에는 소년운동에 대한 인식이 아직도 부족한
상태였고 또 소년문제를 성심으로 연구하는 사람도 드물었다. 따라서 이를
안타깝게 생각하던 서울시내의 각종 소년운동 단체 관계자들이 소년문제를
좀더 조직적인 방법을 통하여 세상에 널리 선전하고 이 문제를 열심히 연구
하여 보자는 뜻으로 여러 차례 협의를 하였다. 드디어 천도교소년회가 중심
이 되어[59] 1923년 4월 17일 오후 4시에 천도교소년회 안에 모여서 소년운동
협회라는 일종의 소년운동 단체의 연합기구를 형성하였다.[60]

당시의 돌아가는 형편에 대해서 1923년 4월 20일자『동아일보』는 「소년
운동의 신기치 소년관계자가 모여 협회조직 오월 일일을 긔약하여 대선뎐」
이라는 제하의 기사를 실어 당시의 실정을 다음과 같이 전해주고 있다.

---

57) 김정의, 「한국소년운동사 연구」, 성신여자대학교 박사학위논문, 1991, 91쪽 참
　조.
58) 김정의, 「사회운동의 측면에서 본 소파 방정환」,『아동권리연구』3-2, 한국아
　동권리학회, 1999, 134쪽.
59) 이재철, 「천도교와 어린이운동」,『新人間』439, 신인간사, 1986, 4쪽.
60)『동아일보』1923년 4월 20일자.

압박에 지지 눌리어 말한마듸 소리 한번 자유로 하지 못하던 어린이(소
년)도 이제는 그 무서운 텰사를 버서날 때가 되었다. 종래 우리 사회에는
모든 일에 어른을 위주하는 동시 가뎡에서도 자녀되는 사람은 절대로 구속
을 바다왓고 좀더 심하게 말하면 어른은 아해를 압박하지 아니하면 어른의
도리가 아니라는 듯이 왓지마는 이제는 문화가 날로 발달됨을 따라서 사회
의 장래 주인되고 가정의 다음 어른이 될 어린이를 위하야 어른의 모든 것
을 희생까지라도 하지 아니하면 아니되게 되얏다. 이에 비로소 수년 전부
터 각처의 소년회와 또는 그와 비슷한 모임이 생기기 시작하얏스나 아즉까
지 소년문제를 성심으로 연구하는 사람도 업섯고 일반 식자 간에도 이 문
제를 그다지 중대하게 보지는 아니하얏는데 최근에 이르러 경성시내에 잇
는 각 소년단체의 관계자 간에는 엇더한 방법으로든지 좀더 소년문제를 세
상에 널리 선전하는 동시에 이 문제를 성심으로 연구하여 보자는 의사가
잇서서 수차 협의한 결과 지난 십칠일 오후 네시에 천도교소년회 안에 관
계자가 모히어 소년운동협회라는 것을 조직하엿더라.[61]

이 기사에 이어서 어린이날을 제정했다는 내용의 기사가 다음과 같이 나
와 있다.

소년운동협회에서는 소년에 대한 사상을 선전하는 동시에 전 조선의 소
년으로 하여금 서로 연락하기 위하여
1. 매년 5월 1일을 조선의 어린이날로 정하고 위선 5월 1일에 제1회 선전
을 하되 소년문제에 관한 선전지 이십만 장을 인쇄하야 5월 1일 하오 3시
에 조선 각디에 일제히 배포할 일.
1. 5월 1일 7시 반부터 긔념소년연예회와 소년문제 강연회를 주최하되,
연예회는 소년을 위하고 강연회는 어른을 표준하여 하기로 함 등의 계획을
세우고 방금 여러 가지로 준비하기에 분주중이라더라.[62]

그러나 이보다 앞서 『동아일보』 1922년 5월 1일자 및 2일자, 그리고 『천

---

61) 『동아일보』 1923년 4월 20일자.
62) 『동아일보』 1923년 4월 23일자.

도교회월보』1922년 5월호(51~56쪽)에는 천도교소년회가 창립 1주년을 어
린이날로 선포, 대대적인 문화행사를 거행한 것으로 보도되어 있다. 이것은
소년운동협회가 정한 위 인용문의 어린이날보다 1년 앞서 제정된 것으로서
천도교소년회가 당시 소년운동의 리드단체였음이 다시금 드러난다.63) 이와
같이 왕성한 활동을 하고 있던 천도교소년회가 중심이 된 소년운동협회는
1923년 5월 1일 제1회 어린이날, 다음과 같은 내용의 선전지 20만 매를 가가
호호에 살포하는 대대적인 행사를 하였다.

　一. 어룬에게 전하는 부탁
1. 어린이를 내려다보지 마시고 반다시 쳐다보아 주시오.
2. 어린이를 늘 갓가히하사 자조 이야기하여 주시오.
3. 어린이에게 경어를 쓰시되 늘 보드럽게 하여 주시오.
4. 이발이나 목욕 또는 옷가라 입는 것 가튼 일을 때맛쳐 하도록 하여 주시
　오.
5. 산보와 원족가튼 것을 각금 각금 식히사 자연을 친애하는 버릇을 지여
　주시오.
6. 어린이를 위하야 즐겁게 놀을 기관을 맨그러 주시오.
7. 이 우주의 뇌신경의 말초는 늙은이에게도 잇지 아니하고 젊은이에게도
　잇지 아니하고 오즉 어린이 그들에게 잇는 것을 늘 생각하여 주시오.

　二. 어린이에게 전하는 부탁
1. 돗는 해와 지난 해를 반다시 보기로 합시다.
2. 뒷간이나 담벽에 글씨를 쓰거나 그림가튼 것을 그리지 말기로 합시다.
3. 도로에서 떼를 지어 놀거나 휴지가튼 것을 버리지 말기로 합시다.
4. 꼿이나 풀은 꺾지 말고 동물을 사랑하기로 합시다.
5. 전차나 기차에서는 어룬에게 자리를 사양하기로 합시다.
6. 입을 다물고 몸을 바르게 가지기로 합시다.
7. 어룬에게는 물론이고 당신들끼리도 존경하기로 합시다.

---

63) 김정의, 앞의 「한국소년운동사 연구」, 91쪽.

이와 같은 소년문제에 관한 실천사항은 하나같이 눈길을 끌어 소년운동에 대한 일반의 관심을 환기시키고 소년들의 자각을 고취했다.[64] 한편 당시 소년운동협회의 관련단체는 천도교소년회를 비롯하여 불교소년회, 조선소년군이 대종을 이루었다.[65] 또한 이 협회의 중심인물은 김기전을 위시하여 김선(金善), 김일선(金一善), 유성준(劉星濬) 등이었다. 이는 1923년 4월 28일 하오 7시 30분에 이 협회 주최로 경운동 천도교당에서 소년문제 강연회가 있었는데 여기에서 김기전이 개회사를 하였고 김선이 '어린이의 설움', 김일선이 '장래 행복은 별무도(別無道)', 유성준이 '사회개조의 근원'이란 제목으로 각각 강연을 했다는 기사[66]로 보아 확인된다.

이와 같이 소년운동협회가 형성되어 각종 기념운동을 계획하고 그 준비 활동을 진행함으로써 소년에 대한 일반의 관심이 점차로 고조되어 갔고 소년운동계 자체에도 획기적인 발전을 이룩하였다. 뿐만 아니라 소년운동협회의 형성 활동은 한국 근·현대 소년운동의 새 기풍을 일으킨 경사로서 소년운동의 초석을 다지고 전통을 수립한 기점이 된다. 그것은 이 협회에서 1923년 5월 1일을 첫 어린이날로 정하고, 첫 어린이날 기념식장에서 '소년운동의선언'을 선포한[67] 이래 오늘날까지도 어린이날 행사가 매년 시행되고 있다는 사실로서 잘 입증이 된다.


## 7. 소년운동의 반성

조국을 강탈당한 채 전통사회의 가난과 무지만을 고스란히 물려받은 식민지 하의 우리 민족은 너나없이 조국을 찾겠다고 무슨 운동이든 운동에 몸을 담았다. 교육운동, 청년운동, 여성운동, 노동운동, 농민운동 등 가히 운동

---

64)『동아일보』1923년 5월 1일자.
65)『동아일보』1923년 4월 26일자.
66)『동아일보』1923년 4월 30일자.
67)『동아일보』1923년 5월 1일자.

만능시대의 꽃을 피웠다. 그것은 모두가 일정하게 독립운동에 직·간접으로 연결되고 있었다. 소년운동도 마찬가지였다.[68]

소년을 민족독립의 새로운 희망으로 인식한 소년계몽가들은 많은 지면을 할애하여 소년운동을 고취하였다. 그리하여 1920년대에는 소년운동이 불같이 일어나 한민족에게 미래의 희망을 안겨주었다. 그러나 소년운동의 지반은 열악하였다. 물려받은 가난과 무지는 소년운동을 전 국민적 운동으로 승화시키기에는 버거웠다.[69] 더욱이 일제 강압 하에 모진 경제적 압박이 민중을 더더욱 궁색하게 만들었고, 이에 따라 소년을 노동현장으로 몰아갔다.[70]

그 결과 선택된 소년은 극소수이고, 공부하지 못하고 불우하게 일하는 소년의 수는 압도적으로 많아져 문제의 심각성이 드러났다. 이 같은 사실은 다음과 같은 김기전의 주장을 통해서도 알 수 있다.

> 우리 유소년으로 공부하는 동무가 …… 70만 명이 넘지 못할 것입니다. 그러면 6백만 명 동무 중에 530만 명이나 되는 우리 동무는 모다 눈 뜬 장님이 되고 잇는 셈입니다.[71]

이런 분위기였기 때문에 민중들에게 있어서 소년운동은 좀처럼 귓전에 들어오지 않았다. "엇던 때 동리에 무슨 강연회, 동화회, 토론회가 잇서서 (어린 사람들을 위해서 여는 회합에) 구경을 가려 하면 어린 것이 위험하니 가지 말라"든가 또는 "공부하는 아해가 공부는 안하고 그까짓 것은 들어서 무엇 하느냐" 하면서 "긔여코 그런 곳을 못 가게 하시는 것이 상례이십니다."[72]

이와 같은 시대분위기를 체득하고 있던 김기전은 소년운동에 대한 반성도 게을리하지 않았다.[73]

---

68) 김정의, 앞의 「한국소년운동사 연구」, 171쪽.
69) 김정의, 앞의 「한국근대소년운동의 노선갈등과 일제탄압고」, 306쪽.
70) 주영철, 「직업소년들의 가지가지 설움」, 『어린이』 7-4, 1929, 15쪽.
71) 김기전, 「다갓치 생각해 봅시다」, 『어린이』 1927. 12, 1쪽.
72) 승응순, 「네가지 하소연과 세가지 나의 요구」, 『어린이』 1926. 5·6, 22쪽.

첫째, 소년운동의 의의를 이해하고 그 의의에 준하여 소년운동을 진행하여야 한다는 것이다. 예를 든다면 조선의 소년소녀를 재래의 윤리적·경제적 압박으로부터 해방시켜야 하는 본의를 살리지 못하고 단지 어린이날의 기념 기분으로만 충만된다면 이는 일시의 호기심이나 유희감의 조장은 될지언정 소년운동이 모독될 염려가 있다는 것이다.[74]

둘째, 소년운동은 다른 운동과 달리 소년 자신이나 그 소년을 지도하는 몇 사람에 의해서 될 일이 아니라 "각 가정이면 가정, 사회면 사회 일반의 공동한 발의(發意)와 노력에 의하야 비로소 효과를 얻을 것인즉, 적어도 사회의 일반 복리를 염두에 두는 사람쯤이면 다가티 이 운동의 진행을 주시 독려하야"[75] 이 운동을 어린 사람이나 또는 몇 명의 지도자에게만 맡기지 말고 모두가 함께 관심을 갖자는 것이다.

셋째는 재래의 우리 부모들은 자기 밑에서 자라나는 어린이에 대해서 그저 '날 달마라 날 달마라'[76] 하여 재래의 전통이 주입되어 어린이에게 해독을 입힐 우려가 있다는 것이다. 그렇다고 자기 되어 가는 그대로 보양(保養)하는 것도 문제가 있다. 물론 어린 사람을 자기 생긴 그대로 보양해 갈 수가 있다고 말하면 좋겠지만 그렇게 하면 현 사회의 일체를 그대로 시인하고 옹호하는 결과가 되어 현상에 타협 복종할 염려가 있다. 그러므로 현상에 대하여 적극적으로 비판, 반항하여 현상을 수정 개혁하는 노력을 경주해야 한다는 것이다. 『개벽』 69호에는 그래야 할 필요성이 다음과 같이 게재되어 있다.

우리는 스사로 어린 사람을 자기 생긴 대로 커가게 한다 하야 그의 사상이나 감정이나 행동에 무관심하는 태도를 취할 수는 업는 것이다. 할 수 잇는 데까지는 재래의 전통이 뿌리박기 전 그때에 일반의 노력을 하지 안

73) 金起田, 「다갓치 생각해 봅시다」, 『어린이』 5-8, 1927, 1쪽.
74) 「어린이날에 하고 십흔말」, 『개벽』 69, 1926, 44쪽.
75) 같은 글.
76) 같은 글.

홀 수 업는 것이다. …… 우리와 정반대의 경우에선 저들 지배자 측에서
이 소년들의 단속 교련(자기편에 유리하도록)에 어대까지 유의하는 점을
보아서도 추측할 수 잇는 것인즉 무릇 소년운동에 뜻을 머무른 사람은 다
시금 이 점에 유의할 필요가 잇스리라 한다.[77]

이로써 이 글을 쓴 이[78]의 심중이 여실히 드러나 있다. 즉, 일제의 식민정
책에 의해 나타난 사회현상을 도저히 조선총독부가 교육하는 대로 그대로
시인시킬 수 없다는 절규다. 다시 말해서 어린이들을 반드시 독립역군으로
키워야 된다는 의지의 일단이다. 김기전은 민족운동으로서의 소년운동의
의지를 이미 『개벽』지 창간호(1920. 6. 25)에서 「금쌀악·옥가루」의 동요를
빌어 아래와 같이 은유적으로 드러낸 바 있다.

북풍설한 가마귀 집 귀한 줄 깨닫고
가옥가옥(家屋家屋) 하누나
유소불거(有巢不居) 저-가치 집 일흠을 부끄려
가치가치(可恥可恥) 짓누나
명월추당(明月秋堂) 귀뚜리 집일홀가 저히서
실실실실(失失失失) 웨놋다.
황혼남산 부흥이 사업 부흥하라고
부흥부흥(復興復興) 하누나
만산모야(晩山暮夜) 속독새 사업독촉하여서
속속속속(速速速速) 웨이네
경칩만난 개구리 사업 저 다하겟다
개개개개(皆皆皆皆) 우놋다.[79]

---

77) 위의 글, 45쪽.
78) 이 글의 내용으로 보아 김기전의 글이라고 보인다.
79) 소춘, 「금쌀악·옥가루」, 『개벽』 1, 1920, 37쪽. 이 글은 일제의 검열에 의하여
삭제되었던 내용이다(김근수, 「1920년대의 언론과 언론정책-잡지를 중심으
로」, 『3·1운동50주년기념논집』, 동아일보사, 1969, 733쪽.

그러기에 그는 유희(遊戲)로 머무는 어린이날 행사가 그나마 소년 자신이나 몇몇 지도자만의 소년운동으로 되고 있음을 반성하고, 모두가 관심을 갖고 소년을 윤리적·경제적 압박에서 해방시키고자 하였다. 이를 위하여 그는 새 시대·새 조국을 열어갈 수 있도록 민족독립의 정신이 깃든 소년운동으로 거듭나야 된다는 뼈아픈 충언을 하기에 이른다.[80]

## 8. 맺음말

위에서 논증한 대로 소춘 김기전의 소년운동 업적은 한국 근·현대 소년운동사에 커다란 획을 그었다. 이를 요약하면 다음과 같다.

첫째, 전통시대 장유유서와 남녀소년 차별의 모순점을 밝히고 그 해결책으로 소년해방사상을 제시하였다.

둘째, 소년해방사상에 입각해서 천도교소년회를 창설하고 자체적으로 제1회 어린이날 행사도 가졌다.

셋째, 소년해방사상을 기저로 '소년운동의 선언'을 초안하여 소년운동의 목표로 자리잡도록 만들었다.

넷째, 소년해방사상을 확산시키기 위하여 소년운동협회를 형성하고 전국적인 제1회 어린이날 기념행사가 이루어지도록 주도적인 역할을 수행하였다.

다섯째, 해가 거듭될수록 소년운동이 형식적인 행사로 흐르자 소년해방사상의 본의가 살아나도록 진력하였다.

이로써 소춘 김기전은 소년운동의 뛰어난 이론가이자 실천가였음을 밝혔다. 특히 그의 소년운동은 소년해방운동 측면에서 불후의 일가를 이루었음을 구명한 것은 나름대로의 보람이라고 생각된다. 그는 진정 한국의 페스탈로치였다.

(『실학사상연구』 15·16합집, 무악실학회, 2000)

---

80) 김정의, 앞의 『한국소년운동사』, 87쪽.

# 제9장 사회운동의 측면에서 본 소파 방정환

## 1. 머리말

1999년은 소파 방정환(小波方定煥, 1899. 11. 9~1931. 7. 23)의 100주년 탄신 기념해이다. 그동안 방정환 관계 논문은 꽤 속출하여 이제는 적어도 그에 관한 정리가 마무리 단계에 와 있다고 볼 수 있다. 그러나 방정환은 비록 32세의 짧은 생애를 살았지만 소년에 의한 소년운동, 언론·출판운동, 천도교소년회운동, 새싹회운동, 어린이날운동 등을 통한 민족독립운동의 활동상이 원체 출중하고 다양하여 아직도 전모를 완결시켰다고는 볼 수 없다. 뿐만 아니라 사회적으로도 방정환의 활동에 대하여 합당한 평가를 내렸다고 볼 수도 없다.

따라서 그에 관해서는 앞으로도 계속적으로 학문적인 천착이 요망되고, 또 사회적으론 이를 국내외적으로 널리 선양하여야 되리라고 생각한다. 그는 분명히 소년운동에 관한 한 세계적인 인물이면서도 이제까지 마치 우물 안 개구리인양 내국에서만 요란했지 세계적으로 홍보하는 데는 미흡했던 게 사실이다.

그러고 보면 방정환에 대해선 여태까지는 그의 사상과 활동을 국내적으로 정리한 단계고 이제부터 비로소 자긍심을 갖고 세계적으로 그의 사상을 보급해야 되는 게 아닌가 하는 생각이다. 이에 용기를 내어 마침 소파 탄신 100주년 기념논집을 마련하려는 한국아동권리학회의 뜻에 부응하여 소년 인권에 대한 숭고한 정신이 깃든 방정환의 민족운동을 조망해 보고자 한다.

## 2. 소파 정신의 뿌리

소파 방정환이 소년운동을 위해 그토록 순교자적으로 헌신할 수 있었던 정신적 뿌리는 어디에 있을까? 그것은 아무래도 동학에 가서 닿는다고 생각된다. 왜냐하면 그의 소년운동은 다분히 동학의 교리에 터해서 이루어졌기 때문이다. 그렇다면 먼저 동학의 소년관을 살펴보는 것이 논의의 순서일 것 같다.

소년에 대한 근대적 인식은 조선 후기 실학자들에 의하여 부분적, 간접적으로 제기되었다.[1] 그 후 개화사상이 퍼지기 시작하면서 소년에 대한 인식도 점차 발전적으로 확산되어 갔다. 이러한 소년에 대한 인식은 동학의 지도이념 실현, 독립협회의 계몽활동, 애국계몽사상가들의 소년문제 제기, 그리고, 『소년』지 등의 발간을 통해서 선양되었다. 당시 개화사상 구현의 최대 관심사는 소년을 존중하고,[2] 소년의 교육을 중시하고,[3] 소년을 사회적으로 바르게 교도하여,[4] 장차 자강독립의 역군으로 삼고자 함에 있었다. 이처럼 개화사상에 부각된 소년 애호사상은 동학의 소년존중, 독립협회의 소년교육 중시, 애국계몽사상가들의 소년교육 실시, 『소년』지의 간행 등으로 나타나 소년에 대한 인식이 한껏 고조되었다.[5]

이러한 흐름의 선구는 동학의 소년존중사상에서 비롯되었다. 동학은 1860년 서학(천주교)을 의식한 수운 최제우(水雲崔濟愚, 1824~1864)가 민족고유의 정신에 토대를 두고, 유·불·도교를 창조적으로 융합하여 만든 종교이다. 그 후 제2세 교조 해월 최시형(海月崔時亨, 1827~1898)을 거치면서 교세가 확장되어 새로운 민족통합종교로서 발전을 거듭하였다. 민족

---

1) 김정의, 「한국근대소년운동사의 역사적 배경에 관한 연구」, 『한국독립운동사의 인식』(백산박성수교수화갑기념논총), 1991, 363~365쪽.
2) 최동희, 「천도교지도정신의 발전과정」, 『삼일운동50주년기념논집』, 동아일보사, 1969, 88~89쪽.
3) 한홍수, 『근대한국민족주의연구』, 연세대학교출판부, 1977, 116쪽.
4) 「『소년』지 간행 취지」, 『소년』 1908년 11월호, 1쪽.
5) 김정의, 『한국소년운동사』, 민족문화사, 1992, 24쪽.

정신이 가장 잘 발휘되었던 것은 1894년 척양척왜(斥洋斥倭)를 내걸고 투
쟁했던 갑오동학민중혁명운동에서라고 보겠다. 이렇게 민족의 참다운 독립
에 기여하여 겨레의 정신적 지주로서의 역할을 발휘한 동학의 지도이념에
소년존중사상이 골격을 형성한 것은 많은 사람들에게 소년 존중관념을 심
어주는 데 도움이 되기에 족했다. 1867년 해월은 「대인접물(待人接物)」에
서 아동존중사상이 배어 있는 법설을 폈다.

> 도가의 부인은 경솔히 아이를 때리지 말라. 아이를 때리는 것은 곧 한울
> 님을 때리는 것이니 한울님이 싫어하고 기운이 상하느니라[6]

1885년에는 「포유문(布諭文)」을 통하여 어린아이의 말이라도 한울님의
말씀으로 알라고 가르쳤다. 그는 또 1886년 「내수도문(內修道文)」 5항에서
도 소년 존중심을 고취하였다.

> 어린 자식 치지 말고 울리지 마옵소서. 어린아이도 한울님을 모셨으니
> 아이 치는 것이 곧 한울님을 치는 것이오니, 천리를 모르고 일행 아이를
> 치면 그 아이가 곧 죽을 것이니 부디 집안에 큰 소리를 내지 말고 화순하기
> 만 힘쓰옵소서.

이처럼 어린아이를 때리는 것이 한울님을 치는 것과 같다고 설파할 정도
로 소년 존중에 각별한 배려를 하고 있었다. 뿐만 아니라 그는 소년의 인격
을 존중하여 한울님을 모시듯 성·경·신(誠敬信)으로 대하라고 역설하고,

> 잉태하거던 몸을 더욱 소중히 하라. 아무것이나 함부로 먹지말라. 만일
> 불결한 것을 먹으면 태아에게 해롭다.[7]

라고 태교의 중요성도 지적하였다. 또한 『동경대전』의 「불연기연」에서는,

---

6) 『해월선사법설』, 1867.
7) 「내수도문」 9항.

갓난아기의 어리고 어림이여, 말은 못해도 부모를 아는데 어찌하여 앎이 없는고, 이 세상 사람이여 어찌 앎이 없는고.

라고 탄식하며 어린아이의 천진(天眞)을 귀감 삼을 것을 일깨웠다. 해월은 성인들이 소년을 무관심 내지는 학대하는·것을 전통적인 고정관념이라고 질타 매도하면서 소년의 주장도 경청하는 진지한 생활태도를 취해야 할 것이라고 소년존중사상을 피력하였다.[8] 그리하여 동학도들에게 소년존중관이 움터 마침내 갑오동학민중혁명운동 때(1894)는 소년이 동학민중혁명군의 선두에서 진두지휘하였다는 신화적인 사실이 나타났다. 한 예로 18세의 소년인 팔봉접주 김구(金九, 1876~1949)는 700여 명의 동학민중혁명군을 이끌고 해주성(海州城)을 공략하는 선봉장의 위용을 보여 한민족의 기백을 유감없이 발휘하였다.[9]

이로써 동학은 종래의 전통적인 가치관을 근본적으로 타파하고 소년존중 운동을 통하여 실질적인 근·현대인식의 새로운 지평을 열어가기 시작하였다. 천도교가 소춘 김기전(小春金起瀍, 1894~1948)이나 소파 방정환같은 근·현대소년운동의 주역을 배출하게된 것도 그 실은 해월의 수운 소년관의 전파에서 연유된 것이다.

우리 선생님(수운)의 가르침을 내가 어찌 꿈엔들 잊으리오. 선생님은 어느 때 '한울님을 섬기듯이 사람을 섬기라'(事人如天)고 가르치셨다. 그러므로 나는 비록 부인이나 어린아이의 말이라도 한울님의 말씀으로 알고 여기서 배울 것은 배운다.[10]

이처럼 해월은 소년존중관의 원천이 최제우의 '사인여천'에 있음을 스스로 명쾌하게 천명(闡明)하고 있다. 여기서 간과할 수 없는 것은 최제우의

8) 이현희,『동학혁명과 민중』, 대광서림, 1985, 101쪽.
9) 김구,『백범일지』, 백범김구선생기념사업회, 1947, 34~35쪽 ; 도진순 주해,『백범일지』, 돌베개, 1997, 47~48쪽.
10) 최동희, 앞의 「천도교지도정신의 발전과정」, 88~89쪽.

소년관 본지가 '사인여천'이라는 사실이다. 그는 '사인여천'을 원천으로 소년존중사상을 전파시킨 것이다. 즉, 수운 소년관의 본지를 효소로 삼아 소년운동을 발효시킨 것이다. 따라서 해월은 수운 소년관의 본지를 씨앗으로 소년운동의 싹을 틔운 선각자로 지칭해도 무리가 없다고 생각된다.[11] 동학의 소년존중사상은 한국 근·현대 소년운동의 기저사상(基底思想)이라는 점에서도 뒷받침된다고 보겠다.[12]

이와 같은 기저사상을 바탕에 둔 소년인식은 한말 국망(國亡)의 위기의식 속에서 더욱 높아져『소년한반도』나『소년』을 펴내 소년을 새로운 국가의 주역으로서 인식하고 소년 교도에 박차를 가하였다.[13] 뿐만 아니라 1898년 자동회(子童會), 1908년 소년입지회·소년동지회까지 조직하여 안간힘을 썼으나,[14] 끝내 조국이 멸망하자 서당을 통해 민족교육을 실시하여 드디어 소년도 3·1민주혁명에서 일정한 역할을 감당할 수 있게 되었다.[15]

그렇다면 외래적인 소년운동의 수용인 1917년 10월 5일 조직된 기독교청년회 소년부나,[16] 이를 모태로 1922년 9월 31일 정성채(鄭聖采, 1899~?)가 출발시킨 소년척후대,[17] 같은 해 10월 5일 조철호(趙喆鎬, 1890~1941)가 발단시킨 조선소년군,[18] 그리고 일종의 무산소년운동으로 1923년 3월 이원

---

11) 김용덕,『한국사의 탐구』, 을유문화사, 1975, 226쪽.
12) 김정의,「근대소년운동의 배경 고찰」,『논문집』8, 한양여자대학, 1985, 12~13쪽.
13) 김정의, 앞의「한국근대소년운동사의 역사적 배경에 관한 연구」, 371~373쪽.
14) 오세창,「일제하 한국소년운동사연구」,『민족문화논총』13, 영남대학교민족문화연구소, 1992, 166쪽.
15) 김정의, 앞의「한국근대소년운동사의 역사적 배경에 관한 연구」, 374~375쪽.
16) 기독교청년회 소년부의 조직은 하한선으로 잡아서 1917년 10월 5일이고, 이미 그 이전에 설치된 것으로 생각된다. 왜냐하면 1917년 10월 5일 이 부서가 주최로 고등예비과 야학을 신설했기 때문이다(신석호 외,『한국현대사』9, 신구문화사, 1972, 290쪽).
17) 김정의,「정성채의 소년운동」,『논문집』21, 한양여자대학, 1998, 141~143쪽.
18) 조찬석,「관산 조철호에 관한 연구」,『교육논총』12, 인천교육대학, 1981, 65~84쪽.

규(李元珪) 등이 조직한 반도소년회나,[19] 1925년 5월 24일 정홍교(丁洪敎) 등이 조직한 오월회[20]보다도 해월 최시형의 내재적인 소년운동이 훨씬 먼저 자생되어 숙성돼 가고 있었음이 입증된다.

여기서 간과할 수 없는 것은 수운 이후 동학·천도교의 지도자가 포교와 병행하여 왜 소년존중운동, 소년해방운동, 소년인격운동으로 활발하게 발전시켜 나갔는지를 알려주는 관건이 다름아닌 수운의 인간관 내지는 소년관인 '사인여천'에서 연유했음이 충분히 감지된다는 사실이다.

이 내재적인 '사인여천' 정신을 동학교도인 방정환은 외래적인 소년운동 정신과 창조적으로 조화시키면서 새로운 현대소년운동으로 계승 발전시킨 것이다. 그렇다면 방정환 정신의 뿌리는 동학의 '사인여천'에 가서 닿음을 알 수 있다.


## 3. 소년에 의한 소년운동

김재은(金在恩, 1931~ )에 의하면 '소년운동' 개념은 두 가지로 해석이 된다. 그 하나는 '소년을 위한 운동'이고, 다른 하나는 '소년에 의한 소년의 운동'이다. 전자는 어른이 운동의 주체이며 소년은 객체가 되는 경우고, 후자의 경우는 소년 자신이 주체이고 동시에 객체가 되는 운동이다. 놀랍게도 최남선과 방정환의 사례에서는 '소년에 의한 운동'에서 '소년을 위한 운동'으로 발전했다는 특징이 발견된다.[21]

한국소년운동 초창기의 대표적인 조직적 운동으로는 동학의 소년애호사상, 독립협회의 소년교육중시사상, 도산 안창호를 비롯한 애국계몽가들의

---

19) 김정의, 『한국근대소년운동의 노선갈등과 일제 탄압고』, 『실학사상연구』 3, 무악실학회, 1992, 282쪽.

20) 신재홍, 「일제치하에서의 한국소년운동고찰」, 『사학연구』 33, 한국사학회, 1981, 93~111쪽.

21) 김재은, 「어린이운동의 기점과 그 정신」(소파방정환선생서거66주년기념심포지엄), 한국방정환기금, 1997, 33~40쪽.

소년교육활동 등을 들 수 있다.22) 매체를 통한 운동으로는『소년한반도』와
『소년』지 등의 소년교육사상 고취 등을 들 수 있다.23) 대표적 인물로는 천
도교소년회의 지도자 소춘 김기전, 소파 방정환, 색동회 멤버들,『소년한반
도』의 창간 멤버인 이인직을 비롯한 4~5명의 인사들,『소년』의 창간자인
육당 최남선(六堂崔南善, 1890~1957) 등을 들 수 있는데,24) 지금 최남선과
방정환에 관한 연보가 비교적 정확하게 남아 있지만 여기서는 논제관계상
방정환만을 중심으로 논의하고자 한다.

소파는 어렸을 때 한학을 공부하였고, 어릴 때부터 총명함을 인정받은 사
람이다. 그리고 신학문을 공부하기 위해 일본에 유학을 갔고, 거기서 세계
의 새로운 사조와 접하였다. 한결같이 지적으로나 사회적으로나 조숙하여
서, 소년이 소년운동을 하였다는 점에서 확실히 선각자임에 틀림없다. 방정
환이 매우 조숙했다는 사실은, 개인적인 총명성도 있었겠지만 개화기의 애
국적 계몽의 영향을 받으면서 자랐고 청소년기에 일본 통치하에 들어가게
되면서 애국독립정신이 내심 싹트게 되고, 이러한 시대적 요청이 지도자로
서의 자각을 고양했다는 배경을 지적하지 않을 수 없다.25)

1920년대 전후의 소년운동은 10대 후반에서 20대의 젊은이들이 주축이
되었다는 점에 주목할 필요가 있으며, 그 점에서 방정환은 일찍이 지도자
의식을 간직하고 있었다고 할 수 있다.26)

방정환의 소년운동은 '소년에 의한 운동'인 동시에 '소년을 위한 운동'이
었다고 할 수 있다. 그는 보성소학교에 다니던 아홉 살 나이에 친구 9명을
모아서 소년들의 토론회인 소년입지회(少年立志會)를 만들었고(1908), 일
요일마다 대한문 맞은편 최씨 집에 모여서 토론회를 열었다. 소년입지회에
는 자기보다 나이 많은 열네 살짜리도 있었으니 그의 지도력을 이해할 만하

22) 김정의, 앞의『한국소년운동사』, 23~33쪽.
23) 위의 책, 33~37쪽.
24) 김재은, 앞의「어린이운동의 기점과 그 정신」, 34쪽.
25) 위의 글, 34~35쪽.
26) 같은 글.

다. 이 토론회에서는 토론 주제를 내걸어 놓고 제각기 자기 의견을 펴도록
했다는 것이다. 그의 기록에 의하면, 그때 그 소년들은 토론을 통해서 생각
하는 사람, 남의 말을 귀담아 듣는 사람, 도덕적 활동을 할 줄 아는 사람이
되는 길을 목표로 한 소년운동을 했다고 한다.[27]

그런데 이 소년입지회를 조직하고 소년운동을 전개한 것은 '소년에 의한
소년운동'이기에 그의 조숙성에 놀라기도 하려니와 역사적으로 간과할 수
없는 것은 이 소년입지회 활동이 사실상 오늘날과 맥을 잇는 한국 근·현대
소년운동의 효시라는 사실이다. 우리는 방정환이 한국소년운동에 금자탑을
쌓은 소년운동의 아버지라는 점에 이의가 없다. 그렇다면 그의 첫 사회적인
소년입지회는 한국 근·현대 소년운동의 효시임이 분명하다. 물론 그 전에
도 소년운동은 있었지만 그것은 산발적이고 점멸(點滅)하는 운동이었고, 오
늘날까지 맥락을 잇는 소년운동이라는 점에는 대체로 회의적이다.

한번 내친 그의 소년운동은 18세 때 유광렬(柳光烈)과 함께 조직한 청년
구락부라는 비밀결사운동으로 이어졌다. 그는 이 단체(부원 200명)를 중심
으로 17, 18세의 소년들은 모두 이 나라를 위하여 몸을 바치기로 상의하고
우리의 주권을 빼앗은 일본에 대항하여 우리의 얼을 되찾는 것을 목적으로
지하운동을 전개하였다.[28]

그에 관한 연보에서 확인할 수 있는 중요한 사실은, 그의 조숙성과 그가
시작한 '소년에 의한 소년운동'이다. 그러니까 소년이 자발적으로 소년운동
을 발기했다는 사실은, 오늘날의 우리의 소년 교육과 관련해서 시사하는 바
가 크다.

즉, 오늘날 소년을 부정적으로 표현하는 예가 많은데, 그러한 표현이 매
우 부적절하다는 사실은, 방정환의 행적에서만 확인할 수 있는 일이 아니고
오늘날의 심리학의 지견(知見)이 알려주는 바에 의해서도 부당하다고 생각
된다.[29]

---

27) 방정환, 「나의 어렷슬 때」, 『어린이』 6-3, 1928, 44~46쪽.
28) 유광렬, 「소파와 나」, 『나라사랑』 49, 외솔회, 1983, 66~70쪽.
29) 김재은, 앞의 「어린이운동의 기점과 그 정신」, 35쪽.

방정환이 비록 선각자였다 하더라도 그의 사례 자체는 소년에게 인식능력(cognitive abilities)이 있다는 사실을 증명해주는 것이다. 아홉 살에 자발적인 토론회(그것도 그림 그리기와 스포츠와 같은 취미활동 클럽이 아니고)를 조직적으로 운영하였다는 사실은, 오늘날의 우리 소년들을 너무 미숙한 존재로만 인식하고 다루는 잘못된 시각을 바로잡아 주는 데 큰 의미가 있다고 하겠다.30)

방정환의 사례에서 우리는 소년에게도 높은 수준의 자발성과 주도성(initiative)을 찾아볼 수 있으며, '소년에 의한' 활동이 충분히 가능하다는 것을 알 수 있다. 따라서 방정환의 연보를 통해서 우리 어른들이 소년을 보는 시각을 교정해야 하고 편견을 바로잡아야 한다는 것을 배우게 된다.31)

대체로 소년운동이란 두 가지 갈래에서 이루어져 왔는데, 그 하나는 소년인권존중운동이다. 다른 하나가 넓은 의미로의 소년문화운동이다. 소년인권존중운동은 일찍이 시작되어, 세계 제1차대전이 끝나고(1918) 6년 후, 세계가 새로운 질서의 확립을 위해 움직이고 있을 때, 인권사상의 발전에 힘입어 영국은 1922년 세계아동헌장을 선언하였다. 이어서 소년의 권리가 국제적 문서로 된 「아동의 권리에 관한 제네바선언」이 발표되었다. 이 선언은 1923년 영국의 젭(Jebb)에 의하여 제정된 것을 국제아동구호기금(Save the Children Fund International)이 1924년 아동의 복지를 위한 5대 원칙을 포함한 제네바 선언으로 다음과 같이 발표하였다. 이는 같은 해 9월 26일 제5차 국제연맹총회에서 추인되었다.32)

1. 아동의 신체적, 정신적인 면에서 정상적으로 발달하는 데에 필요한 모든 수단들은 아동에게 반드시 제공되어야 한다.
2. 굶주린 아동에게는 음식이 제공되어야 하고, 병든 아동은 치료받아야 하고, 발달이 늦은 아동은 도와주어야 하며, 비행아동은 갱생되도록 하여

---

30) 같은 글.
31) 같은 글.
32) 한국청소년개발원, 『청소년인권 보고서』, 인간과복지, 1997, 9쪽.

야 하며, 고아와 부랑아는 주거와 원조를 받도록 하여야 한다.

3. 아동은 위험에 처한 경우 제일 먼저 구제를 받아야 한다.

4. 아동은 생계를 연명할 수 있는 위치에 있어야만 하며, 또한 모든 형태의 착취로부터 보호받아야 한다.

5. 아동은 아동이 지닌 재능의 발달이 결국 인류 동포에게 공헌한다는 인식 아래서 양육되어야 한다.[33]

이것이 국제적으로 공인된 최초의 소년인권선언문 내용이다. 그러나 한국은 이보다 2년 앞서 천도교소년회 창립 1주년 기념으로 '어린이날'이란 이름을 짓고 시행한 제1회 어린이날 행사 때(1922. 5. 1) 다음과 같이 '소년인권선언'을 선포하고 선전지를 널리 배포하였다.

1. 어린 사람을 헛말로 속이지 말아 주십시오.

2. 어린 사람을 늘 가까이 하시고 자주 이야기하여 주십시오.

3. 어린 사람에게 경어를 쓰시되 늘 부드럽게 하여 주십시오.

4. 어린 사람에게 수면과 운동을 충분히 하게 하여 주십시오.

5. 이발이나 목욕 같은 것을 때맞춰 하도록 하여 주십시오.

6. 나쁜 구경을 시키지 마시고 동물원에 자주 보내 주십시오.

7. 장가와 시집 보낼 생각 마시고 사람답게만 하여 주십시오.[34]

그런데 이 선언문은 지난해(1921) 5월부터 이미 실천하고 있었던 다음과 같은 '천도교소년회행동강령'에서 유래하였다.

1. 회원 상호간에 서로 경어(敬語)를 사용하여 애경(愛敬)을 주(主)한다.

2. 회원 상호간의 우의를 심히 존중하여 질병이면 반드시 상문(相問)하고 경사(慶事)인 경우 반드시 상하(相賀)하되 그 중에 혹 불행(不幸)하는 동무가 있거든 추도회 같은 일까지를 설행(設行)하여 소년의 인격(人

---

33) 김정래 역, 「아동 권리 제네바 선언」, 『아동권리연구』, 3-1, 아동권리학회, 1999, 111쪽.

34) 『동아일보』 1922년 5월 2일자.

格) 자중심(自重心)을 기른다.

3. 일요일이나 기타 휴일에는 반드시 단체로 명승고적을 심방하여 그 심지(心志)를 고상순결(高尙純潔)케 한다.

4. 매 주간(週間)에 2차의 집합을 행하여 사회적 시련(試鍊)을 게을리 아니한다.[35]

또한 다음해인 1923년 5월 1일 범민족적인 제1회 어린이날 행사에서는 소춘 김기전이 짓고 소년운동협회 명의로 선포된 '소년운동의 선언'이 있었음을 상기해 둔다.[36]

1. 어린이를 재래의 윤리적 압박으로부터 해방(解放)하야 그들에게 대한 완전한 인격적 예우(禮遇)를 허(許)하게 하라.

2. 어린이를 재래의 경제적 압박으로부터 해방하야 만 14세 이하의 그들에게 대한 무상 또는 유상의 노동을 폐(廢)하게 하라.

3. 어린이 그들이 고요히 배우고 즐거히 놀기에 족한 각양(各樣)의 가정 또는 사회적 시설을 행(行)하게 하라.[37]

이 문서들은 한국이 국제연맹총회보다 먼저 소년인권을 선언함으로써 소년인권운동을 이끌어 가는 선도국으로서의 영예를 얻을 수 있는 실증적인 자료로서의 가치가 있다고 생각된다. 즉, 1921년의 '천도교소년회 행동강령'은 단독으로 세계 최초의 소년인권선언국임을 인정받을 수 있는 자료고, 또한 1922년의 '소년인권선언'도 영국과 더불어 공동으로 세계 최초의 소년인권선언국임을 입증할 수 있는 자료가 되므로 그 의의는 결코 간과할 수 없겠다. 이 같은 창조적인 전통 계승은 멀리 화랑도의 '준율5계'나 가까이 동학의 '대인접물'이나 '내수도문'이 있었기에 가능했다고 여겨진다.

한편 당시의 소년문화운동은 소년인권선언과 맥을 같이하는 시대적 요청

---

35) 「가하할 소년계의 자각」, 『개벽』 16, 1921, 59쪽.
36) 김정의, 앞의 『한국소년운동사』, 131쪽.
37) 『동아일보』 1923년 5월 1일자.

의 반영이었다. 한국에서는 방정환의 『어린이』지를 필두로 하여 『신소년』
(1923~1934), 『새벗』(1925~1933), 『아이생활』(1926~1944), 『별나라』(1926
~3195), 『반도소년』, 『소년조선』(1928~1929) 등 많은 아동잡지가 태어났
다. 이것은 단순한 문예지거나 정보제공지로서의 구실만 한 것이 아니라,
민족적 소년문화운동의 성격을 띠고 있었다고 할 수 있다. 여기에 관여한
유지들의 면면을 보면, 일본에 유학한 배경을 가진 언론인, 교육자, 사회운
동가, 문학인 및 문학애호인, 잡지편집인 등이 대부분이다. 그래서 그들의
역할은 문화운동을 통한 소년의 인권운동이며, 독립운동이었다고 할 수 있
겠다.[38]

## 4. 언론·출판운동

방정환이 잡지·신문·동인지의 발간으로 그가 사회의 미친 영향은 대단
한 것이었다. 청년구락부의 『회보』(1917)와 그 기관지 『신청년』(1918), 최초
의 영화잡지 『녹성』(1918), 여성잡지 『신여자』(1919), 국권침탈시기의 가장
투쟁적인 일제 저항지요 민족개조지인 『개벽』(1920), 최초의 본격적인 소년
잡지 『어린이』, 『신여성』(1924) 및 『개벽』지의 뒤를 이은 『별건곤』(1926),
그리고 『학생』(1929), 『혜성』(1931) 등의 여러 잡지들을 그는 직접 편집하거
나 창간하였던 것이다. 이 밖에도 그는 많은 잡지·신문을 통하여 다양한
문필활동을 함으로써 사회 개조, 계몽에 지대한 영향을 미쳐 소년운동가로
서는 물론이고 언론인으로서의 면목도 한층 부각시켰다.[39]

특히 3·1민주혁명이 일어나자 3월 1일자를 마지막으로 못 나오게 된 보
성전문학교의 『독립신문』(사장 윤익선)을 오일철 등과 함께 집에서 등사판
으로 찍어 배부하고, 「독립선언문」을 돌리다가 일경에 피검된 일까지 있을
만큼 그는 투철한 언론인이요, 민족주의자였다.[40] 사실 그는 의암 손병희의

38) 김재은, 앞의 「어린이운동의 기점과 그 정신」, 38쪽.
39) 이재철, 「소파 방정환론」, 『나라사랑』 49, 외솔회, 1983, 20~21쪽.

셋째 사위이기도 하였다.

어쨌든 그의 언론·출판운동 중에서도『어린이』지를 통한 소년운동 내지 사회운동을 통한 민족운동은 무엇보다도 돋보였다. 근·현대 소년운동이 내면적으로 강한 민족주의 운동이었다면 그것의 모든 취지와 계몽선전의 무대였던 것은 두말 할 나위 없이『어린이』지였기 때문이다. 말하자면 동학의 민족정신이 반영된 소년운동의 실천무대였다는 점에서 이 잡지의 진가가 있는 것이다.[41]

『어린이』지는 창간 때부터 그 출발이 천도교와 색동회를 배경으로 가지고 있었기 때문에 민족주의적 색채를 띠게 된 것도 우연이 아니었다.[42] 더욱이 이 잡지를 주관한 방정환은 국권회복의 먼 장래를 내다보고 청년운동과 농민운동이 독립운동의 지름길이라는 다수의 주장에 무시당하면서도 끈덕지게 동학의 민족주의에 입각한 소년운동의 필요성을 설득·추진하였다.

> 자네 출세하면 뭘하나. 우리 세대는 말과 노래를 잃고 이렇게 울며 지내더라도 다음 세대에게는 우리나라, 우리 문화, 우리 역사를 다시 찾아주도록 해야 하지 않겠는가.[43]

이 같은 자세로 적극적으로 소년운동을 실행한 소파는 한 방도로『어린이』지를 발간하기에 이르렀다.[44] 그는『어린이』지 창간을 앞두고,

> 어린이는 결코 부모의 물건이 되려고 생겨나오는 것도 아니고 어느 기성 사회의 주문품이 되려고 나오는 것도 아닙니다. 그네는 훌륭한 한 사람으로 태어나오는 것이고 저는 저대로 독특한 사람이 되어 갈 것입니다. 몇

---

40) 위의 글, 40쪽.

41) 김정의, 잎의『한국소년운동사』, 107~116쪽.

42) 김상련, 「소파연구(상)」,『신인간』, 295, 1972, 77~92쪽.

43) 손인수, 「동학의 교육관」,『동학혁명100년사』, 동학혁명100주년기념사업회, 1994, 259쪽.

44) 김상련, 앞의 글.

곰의 위압과 강제에 눌려서 인형제조의 주형(鑄型) 속으로 휩쓸려 들어가
는 중인 소년들을 구원하여 내지 아니하면 안 됩니다. 그래서 자유롭고 재
미로운 중에 저희끼리 기운껏 활활 뛰면서 훨씬훨씬 자라나게 합시다. 거
기에 항상 새 세상의 창조가 있을 것입니다. 이러한 태도로 하지 아니한다
면 나는 소년운동의 진의를 의심합니다. 소년운동에 힘쓰는 출발을 여기에
둔 나는 이제 소년잡지『어린이』에 대하는 태도도 이러할 것이라 합니다.
『어린이』에는 수신강화같은 교훈담이나 수양담(특별한 경우에 어느 특수
한 것이면 모르나)은 일체 넣지 말아야 될 것이라 합니다. 저희끼리의 소
식, 저희끼리의 작문, 담화 또는 동화동요, 소년소설 이뿐으로 훌륭합니다.
경성소년들에게는 10전이 많지 못할는지는 모르나 지방에 있는 소년소녀
에게 10전씩이란 돈은 그리 용이한 돈이 아닐 것 같습니다. 단 5전씩에 해
서라도 한 소년이라도 더 볼 수 있도록 하는 것이 좋을 것 같습니다.[45]

라고 『어린이』지를 펴내는 신념과 편집방향, 어린이를 사랑하는 마음 및 소
년의 인권옹호를 강하게 설파하였다. 이와 같은 신념과 어린이를 사랑하는
마음으로 펴낸 『어린이』첫 호 머리말에서,

새와 가티 꼿과 가티 앵도같은 어린 입술로 텬진란만하게 부르는 노래
그것은 고대로 자연의 소리이며, 고대로 한울의 소리입니다. 벼닭이와 가
티 톡기와 가티 부드러운 머리를 바람에 날리면서 뛰노는 모양 고대로가
자연의 자태이고 고대로가 한울의 그림자입니다, 거긔에는 어른들과 같은
욕심도 잇지 아니하고 욕심스런 계획도 잇지 아니합니다. 죄업고 허물업는
평화롭고 자유로운 한울나라! 그것은 우리의 어린이의 나라입니다. 우리는
어느 때까지던지 이 한울나라를 더럽히지 말아야 할 것이며 이 세상에 사
는 사람사람이 모다 깨끗한 나라에서 살게 되도록 우리의 나라를 넓혀 가
야 할 것입니다. 이 두 가지 일을 위하는 생각에서 넘쳐나오는 모든 깨끗한
것을 거두어 모아 내이는 것이 『어린이』입니다. 우리의 뜨거운 정성으로
된 『어린이』가 여러분의 따뜻한 품에 안길 때 거긔에 깨끗한 영(靈)의 싹
이 새로 도들 것을 우리는 밋습니다.

---

45) 방정환, 「소년의 지도에 관하여」, 『텬도교회월보』 1923년 3월 15일자.

라고 하여 어린이의 천진무구한 세계를 지켜주고 또 모든 사람이 이 천진무구한 마음가짐으로 살게 되도록 하기 위하여 정성을 다하여『어린이』지를 만들겠다고 함으로써 동학의 교지(敎旨)인 '시천주' 내지는 '사인여천'의 인내천사상을 반영하고 있다.

또한 이정호는『어린이』창간호 겉장에서「『어린이』를 발행하고 오늘까지 우리는 이렇게 지냈습니다」라는 글을 통해 다음과 같이,

> 맨먼저 우리를 지도하실 힘있는 후원자 김기전 씨와 방정환 씨를 어덧습니다. 두 분은 누구보다도 제일 우리를 이해해 주시고 또 끔즉히 사랑하시어서 우리를 위하야 어떠케던지 조케 잘되게 해 주시지 못하야 늘 안타까워하십니다. 우리는 참말로 친형님가티 참 탐탐하게 밋고 매달리게 되었습니다. 사실로 소년문제에 관하야 연구가 만흐신 두 선생님을 엇게 된 것을 우리 운동에 제일 큰 힘이엇습니다.

라고 기술하여 김기전과 방정환을 소년운동 지도자로 받들고 있음이 입증되고,『어린이』지 뒷장 안표지에『어린이』독자 사진과 함께 다달이 실리고 있는 "씩씩하고 참된 소년이 됩시다. 그리고 늘 사랑하며 도와갑시다"라는 다짐 글은 2년 앞서 탄생된 천도교소년회의 구호와 일치하고 있고 또 1923년 3월에 만들어진 색동회의 구호와도 일치하고 있어서 천도교소년회와 색동회, 그리고『어린이』지는 소년운동에 대해서 긴밀한 보조를 맞추면서 유기적으로 활동했음을 알 수 있다.46) 이렇게 출발한『어린이』지는 그후 1934년까지 장장 12년간에 걸쳐 소년운동의 실천무대를 제공해 주었다.

이에 앞서 육당 최남선의 손으로 나온『소년』(1908),『붉은 저고리』(1912),『아이들보이』(1913)가 있었지만『한국아동문학소사』에서도 지적하다시피 비록 소년남녀를 표방하기는 하였지만 상투 틀고 쪽진 청춘남녀를 대상으로 한 것이어서 신정으로 어린이를 대상으로 한 근대적인 잡지로는『어린이』지가 그 시초다.47)『어린이』지야말로 알찬 민족주의에 입각한 아

---

46) 정인섭,『색동회 어린이 운동사』, 학원사, 1975, 37~39쪽.

동잡지로서 명실공히 어린이를 위한 알찬 마음의 벗이 되어주었다. 그리하여 『어린이』지는 본격적인 아동문학의 발흥과 소년운동 육성에 밑거름으로서 그 구실을 단단히 하기 시작하였다.[48]

돈 안 받고 거저 준다 하여도 가져가는 사람이 18명밖에 없던 창간 당시의 냉담한 반응도[49] 그들 편집자의 의지와 정열 앞에는 굴복하지 않을 수 없었던 것이, 호가 거듭될수록 독자들의 호응이 커져갔거니와 『어린이』지가 주는 영향력도 지대했다. 당시 『어린이』지의 독자였던 권오순은 『어린이』지를,

안 보면 못 견디고 잊으려도 잊을 수 없는 부모형제 벗들보다도 더 이끌려지는 살아뛰는 핏줄의 이끌림이 있었다. 이것은 곧 부모에게서도 학교에서도 배울 수 없었던 민족혼의 이끌림이었던 것이다. 애국애족의 뜨거운 열기가 통해서엿던 것이다.[50]

라고 술회하고 있는 것을 보아서도 알 수 있다. 『어린이』지의 편집경향은 다분히 민족 일반과 어린이의 주체의식을 확립하려고 하는 민족주의적 경향이란 점이다. 실제로 『어린이』지는 '조선 자랑호'[51] '소년운동호'[52]의 특집호를 내기도 했고 지면에도 다음과 같은 조선자랑가를 지리창가로 지어 조국에 대한 자긍심을 일깨웠다.

북편에 백두산과 두만강으로
남편에 제주도 한라산
동편에 강원도 울릉도로

---

47) 윤석중, 『아동문학의 지도와 감상』, 동아출판사, 1962, 174쪽.
48) 김상련, 앞의 「소파연구(상)」, 83쪽.
49) 방정환, 「아동문제 강연자료」, 『학생』 2-7, 1930, 8~12쪽.
50) 권오순, 「『어린이』 영인본 앞에서」, 『신인간』 347, 신인간사, 1977, 89~90쪽.
51) 『어린이』 7-3, 1929, 1~72쪽.
52) 『어린이』 1-8, 1923, 1~15쪽.

서편에 황해도 장산곶까지
우리 우리 조선의 아름다움은
맹호라 표시함이 13도로다[53]

이 노랫말에서 보면 조선지리를 맹호 13도라 하고 있다. 이는 일본이 한반도를 토끼라 비유한 것과 대조되는 대목이다. 따라서 조선인은 조선을 잘 알아야 자신의 삶을 잘 살고 조선을 잘 위하는 사람이 될 것이라 생각했다.

조선 사람에게 조선공부란 밥과 같은 것이다. 민족의 역사는 개인의 성장에 정체성을 부여하기 때문이다. 민족이 없으면 인간 삶의 정체성과 방향이 부여되지 않고 혼란하다. 따라서 조선 공부는 곧 자기 정신의 성장이요 방향이었다. 조선 공부는 궁극적으로 민족의 이상과 맞닿게 되고 하나의 신념으로 포착되게 된다. 이 신념은 한 인간의 삶을 건축하는 데 준거요 힘이 된다고 보았다.[54]

뿐만 아니라 김기전도 다음과 같은 글을 게재하여 소년소녀들에게 은연중에 민족혼을 고취하였다.

갑, 필 줄은 알아도 질 줄을 모르는, 사시장춘(四時長春), 늘피는 꽃이 무슨 꽃일까
을, 그러면 그러면 말이다. 뜰 줄은 알아도 질 줄을 모르는, 천년만년, 아츰 하늘 비치는 땅이, 어느 땅일까.
무궁화 삼천리, 금수강산, 조－선 천지가 아니더냐[55]

이와 같은 편집태도는 소파 자신의 표현에서 여실히 드러나고 있다. 소파는 아래와 같이 호소하지 않고는 견디지 못했다.

---

53) 「조선 자랑가」, 『어린이』 7-3, 1929, 1쪽.
54) 정혜정, 「소년교육운동」, 『동학·천도교의 교육사상과 실천』, 혜안, 2001, 468쪽.
55) 기전, 「수수꺽기 두마듸」, 『어린이』 1-8, 1923, 15쪽.

어떻게 하면 한국의 소년소녀가 다같이 좋은 사람이 되어 가게 할까! 실
제의 소년운동을 힘써 일으키는 것도 그 때문이요, 온갖 괴로움을 참아가
면서 『어린이』 잡지를 발행하여 오는 것도 오직 그것을 바라는 마음의 뜨
거운 까닭입니다.[56)

소파는 민족적 긍지를 고양시키고 민족단합을 공고히 하기 위해 권두사
나 훈화를 통해서 직접 계몽하기도 했지만 우리의 애국적인 사료나 지리를
통해서도 다양하게 강조하기도 했다. 뿐만 아니라 소파는 자신이 전국 방방
곡곡을 돌아다니면서까지 구술, 동화, 훈화를 통하여 지방민에게 애향심이
나 나아가서 애국심을 불러일으키게 하였다.[57)
   그는 바로 천도교소년회와 색동회의 구호, 즉 『어린이』의 다짐 말인 "씩
씩하고 참된 소년이 됩시다. 그리고 늘 서로 사랑하며 도와갑시다"[58)를 외
치며 분주히 뛰어다니며 어린이를 사랑해야하는 이유를 설득력 있게 언급
하였다. 즉,

   어린이는 앞으로 나아가는 사람이요 아버지는 뒤로 밀리는 사람이다. 조
   부가 아무리 잘났어도 램푸불밖에 켜지 못하고 자동차 비행기란 몽상도 못
   하고 죽었다. 그러나 그 앞에서 코를 흘리며 자라던 어린이는 전등을 켜고
   자동차를 타고 라디오를 듣고 있다.[59)

라고 하여 사람은 어린이를 앞장세우고 어린이를 따라가야 억지로라도 앞
으로 나아가지 어른이 어린이를 잡아끌고 가면 앞으로 나갈 사람을 뒤로 끄
는 것이라고 하였다. 그리고 뿌리[成人]는 일제히 밑으로 가서 새사람 중심

---

56) 방정환, 「사랑하는 동무, 어린이 독자 여러분께」, 『소파 수필선』, 을유문화사,
   1974, 107쪽.
57) 김상련, 앞의 글, 90쪽.
58) 김정의, 「한국근대소년운동고찰」, 『한국사상』 21, 한국사상연구회, 1989, 172
   쪽.
59) 방정환, 앞의 「아동문제 강연자료」, 8~12쪽.

으로 어린이를 터주로 모시고 정성 바쳐 살자는 의미를 다음과 같이 설명하였다.

> 뿌리는 싹을 위하여 땅 속에 들어가서 수분과 지기(地氣)를 뽑아 올려주기 위하여 필요한 것이요, 귀중한 것이다. 그러나 한국의 모든 뿌리란 뿌리가 그 사명을 잊어버리고 뿌리가 근본이니까 상좌에 앉혀야 한다고 싹 위에 올라앉았다. 뿌리가 위로 가고 싹이 밑으로 가고 이렇게 거꾸로 서서 뿌리와 싹이 함께 말라 죽었다.[60]

이와 같은 사상으로 그가 색동회, 『어린이』지, 소년운동협회, 조선소년연합회 등을 통하여 근·현대 소년운동에 바친 정열은 대단하여 마치 소년운동을 위하여 태어난 사람 같았다.[61] 그러나 소년운동이 순항만 한 것은 결코 아니다. 『어린이』지에도 예외 없이 일제의 마수가 뻗쳤다. 『어린이』지는 1923년 3월에 창간되어 1934년 7월에 통권 122호로 정간 당하였다. 137개월 동안 122호에 머물렀다는 것은 15회나 간행하지 못했음을 말해주고 있다.[62] 『어린이』지에 대한 일제의 이와 같은 탄압상은,

> 민족의식을 고취하고 민족적 긍지를 심어주자는 운동은 그렇게 평탄하고 용이한 일만은 아니었다. 일제는 검열, 삭제, 압수 따위로 민족문화 말살정책을 강행하기에 혈안이 되니 『어린이』지도 검열에 의하여 재조판, 재문선 끝에 월간을 격월호로 내는 수난을 겪어야 했다. 뿐만 아니라 편집책임자인 방정환은 종로서 유치장과 서대문 형무소 미결수 감방을 자기 집 사랑방 출입하듯 하였던 것이다.[63]

---

60) 같은 글.
61) 김정의, 「소파 방정환의 소년인권운동」, 『역사의 시공을 넘나들며』, 혜안, 1995, 154~155쪽.
62) 김정의, 앞의 「한국근대소년운동의 노선갈등과 일제 탄압고」, 281~321쪽.
63) 이재철, 「아동잡지 어린이 연구」, 『신인간』 438, 1986, 70쪽.

그 중에서도 1926년 6월에서 1931년 5월 사이의 만 5개년 사이에 결간이 집중되어(15회) 그 결간율은 26.7%에 이르렀다.[64] 또한 삭제, 원고압수, 잡지압수, 인쇄소 바꾸기, 체제 변경이 비일비재하였다.[65] 1929년 『어린이』 5월호의 다음과 같은 '특고(特告)' 내용을 보아도 당시의 수난사를 알 수 있다.

-특 고-
사진소설 『이엽초』 ············ (소설) ······ 몽견초
어린이날! 어린이날! ········ (권두) ······ 이정호
어린이날을 맞으며············ (훈치) ······ 방정환
남이장군 이약이 ··············(사설) ······ 차상찬
제비와 개구리 ···············(이과) ······ 천응규
독자담화실······················(통신) ······ 독자중
편즙을 맛치고 ················(여언) ······ 편집인
어린이 독본 ···················(독본) ······ 방정환
(이상의 여덟가지는 원고 전부가 불허가 되어 엇절수 업시 실지 못함니다)

이처럼 여러 각도로 소년운동을 말살하고자 탄압을 늦추지 않았다. 그렇기에 소년운동으로 나타난 일제하의 민족운동은 내적인 여러 문제점을 안고도 더없이 소중한 민족의 정신사적인 자산으로 소파의 성가를 올렸다. 소파의 성가 중 특히 『어린이』지 발간의 공적은 백미였다. 소파는 『어린이』지를 발간함으로써 세상 사람들에게 '어린이'라는 용어의 개념을 오늘날 사용되는 의미로 정착시킨 것이다. 그것은 『어린이』지의 독자가 1925년에 이미 10만에 이르르고 있다는 소파의 언급으로서도 알 수 있다.[66]

이렇게 널리 불리기 시작한 '어린이'라는 뜻은 아동을 존대말로 표현한 것이다.[67] 이 점에 대하여 소파는 "'애녀석' '어린애' '아해놈'이라는 말을 없

64) 김정의, 앞의 『한국소년운동사』, 225쪽.
65) 이재철, 앞의 「아동잡지 어린이 연구」, 59쪽.
66) 방정환, 앞의 「사랑하는 동무, 어린이 독자 여러분께」, 107쪽.

애 버리고 '늙은이' '젊은이'라는 말과 같이 '어린이'라는 새말이 생긴 것도 『어린이』창간호부터의 일이요"68)라고 말하고 있는데 '애녀석' '어린애' '아해놈'의 비칭(卑稱) 대신에 사용된 존칭의 호칭이라고 정의하는 것은 지배적인 견해로 보지만 혹자는 평등호칭이라고 말한다.69) 그리고 '어린이'가 『어린이』지 창간호(1923. 3. 20)에서 새말로 생겼다는 것은 오류임이 명백하다. 전통시대의 사용 용례70)는 제외하더라도 소파 스스로가 1920년 8월 15일에 이미 사용한 바 있고71) 그보다 먼저 1914년 11월 육당 최남선에 의해서 간행된 『청춘』창간호 '시가난'에 실린 「어린이의 꿈」에 이미 '어린이'라는 용어가 사용된 바 있다.72)

하여튼 '어린이'라는 말은 그후 어린이날이 제정되고 어린이날 행사가 범민족적으로 전개됨으로써 초기엔 일반인들 귀에 퍽 낯선 낱말로 나타났겠지만 사용빈도가 높아짐에 따라 서서히 어린이에 대한 인권사상을 심어주었고, 소년 자신들에게도 '어린이'란 새말이 보편화됨으로써 윤리적 압박으로부터 해방되어 점차로 인격적인 면에서 그 지위를 격상시키는 데 도움이 되었다.73) 그리하여 소파 하면 어린이, 어린이 하면 소파 방정환이 연상될 정도로 소파야말로 한국소년운동사에 불멸의 발자취를 남긴 선구자로 부각

---

67) 조지훈, 「한국민족운동사」, 『한국문화사대계』 1, 고대민족문화연구소, 1964, 547~836쪽 ; 손인수, 「인내천사상과 어린이운동의 정신」, 『신인간』 428, 신인간사, 1985, 23쪽.

68) 방정환, 「7주년기념을 마지며」, 『어린이』 8-3, 1930, 2~3쪽.

69) 김응조, 「천도교의 문화운동」, 『인문과학연구』 2, 성신여자대학교, 1983, 57~81쪽.

70) "仁人義士ㅣ '어린이'롤 이矜히 녀겨"[『家禮諺解』 6, (1632), 8b] ; "'얼운'은 '어린이'롤 어엿비 너기디 덧덧흔 거시라 아니ㅎ며"[『警民編諺解』 重刊本, (1658), 22b]. 『훈민정음언해본』에 의하면 '어린 百姓'이 '어리석은 사람'(愚民)의 의미로 사용되었다. 그러다가 17세기에 들어와서 '어린이'가 '어린 사람'(少人)의 의미로 쓰이는 변화가 나타났다(이재철, 「소파 방정환과 어린이운동」 추가자료, 소파방정환선생서거66주년기념심포지엄, 1997년 4월 28일).

71) 방정환, 「어린이 노래」, 『개벽』 8, 1920, 88~89쪽.

72) 안경식, 『소파 방정환의 아동교육운동과 사상』, 학지사, 1994.

73) 김정의, 앞의 『한국소년운동사』, 107쪽

되기에 이르렀다.74)

## 5. 천도교소년회운동

진주소년회의 조직과 활동이 도화선이 되어 소년운동다운 운동이 처음으로 고동치기 시작한 것은 『어린이』지가 다음과 같이 밝힌 천도교소년회부터다.

재작년 봄 오월 초승에 서울서 새 탄생의 첫소리를 지른 천도교소년회, 이것이 어린동무 남녀 합 삼십여 명이 모여 짜온 것이요, 조선소년운동의 첫 고동이었습니다.75)

천도교소년회는 서울에 있는 천도교에서 김기전의 지도로 그 교회 소년부원들을 중심으로하여 가장 완전한 소년회로 발족(1921. 5. 1)하게 됨으로써 전국 소년운동계에 지대한 영향을 미쳤다. 그것은 천도교는 이미 3·1민주혁명에 모체였을 뿐 아니라 그 조직이나 재정의 뒷받침도 가장 튼튼하였기 때문이다.76)

방정환은 당시 일본에 유학중이었으므로 창립시에는 직접 동지들과 함께 활동하지 못했지만 여름방학이 되자 곧 천도교소년회운동에 합류하였다. 즉, 1921년 6월 17일 귀국하여 다음날부터 전라도지방 순회강연을 시작하였고 7월 10일에는 서울에서 강연하였다. 그것은 1921년 7월 10일자 『동아일보』 기사에 "텬도교소년회 담론부 주최로 금 일요일 오후 세시경에 경운동 텬도교당 안에서 소년강연회를 열고 현재 동양대학생으로77) 소년에 대한

---

74) 김정의, 「소년운동」, 『동학혁명 100년사』, 동학혁명백주년기념사업회, 1994, 418~464쪽.
75) 이정호, 「『어린이』를 발행하는 오늘까지」, 『어린이』 1-1, 1923, 1쪽.
76) 김정의, 앞의 『한국소년운동사』, 95쪽.
77) 방정환은 1921년 4월 9일 동양대학 전문학부 문화학과 청강생으로 입학하였다

연구가 만혼 방정환 씨를 청하여 강연을 할터"라는 귀절이 나오는데, 이것이 천도교소년회와 관계지어서 방정환을 보도한 최초의 기록이다. 여기에의하면 그가 지도위원이 아닌 초청연사로 첫 번째로 천도교소년회와 인연을 맺었음을 알 수 있다. 그러나 비록 창립 당시에는 어떤 특정한 위치를갖고 있었는지 불분명하나 강연이 있은 후부터 이 회의 지도자로서의 자리를 잡아가고 회세 확장에도 기여한 것은 틀림없는 것 같다. 그것은 천도교소년회가 5월에 발기된 후 1개월 후에는 320명이었고(『천도교회월보』 1921. 7. 14), 6~7월에 방정환의 강연이 있은 뒤인 10월 현재의 회원 수는 5월 발기 당시의 회원 수에 비하여 3배 정도 증가한 370여 명이 되어,[78] 방정환이천도교소년회에서 해낸 역할이 짐작된다. 이로 인해 그후 천도교소년회와깊이 관계하게 되었다. 이를 뒷받침하는 것으로서 이정호는,

> 그리하여 우선 방학중에 귀국하시어 천도교회에서 뜻맞는 몇 분과 상의하신 후 비로소 소년운동의 첫 봉화인 천도교소년회를 조직하시고 방학 기간이 찰 때까지 친히 나서서 열심히 회원을 모으고 조직을 튼튼히 하고 선전을 굉장히 하셨습니다. 그리고 그때부터 어린 사람에게 일체로 경어를쓰도록 하셨습니다. 선생의 노력이 헛되지 않아서 다시 일본으로 건너가실때쯤 해서는 회원이 약 사오백 명이나 되고 기초도 큰 단체인 교회를 배경으로 하였기 때문에 제법 튼튼하게 자리가 잡혔습니다.[79]

라고 언급하여 방정환이 방학중 귀국 이후에 천도교소년회의 지도자였음을뒷받침하고 있다. 여기에 대하여 유홍렬도 다음과 같이 이정호의 견해와 거의 일치를 보이고 있다.

> 본격적인 소년운동은 1921년 여름방학 때에 동경으로부터 돌아온 방정

---

(仲村修, 「方定煥研究序論」, 『靑丘學術論集』 14, 日本 韓國文化研究振興財團, 1999, 102쪽).

78) 「가하할 소년계의 자각」, 『개벽』 16, 1921, 59쪽.

79) 이정호, 「파란많던 방정환선생의 일생」, 『신인간』 327, 신인간사, 1975, 97쪽.

환이 천도교소년회를 창시한 데서 비롯한다. 아동문제와 아동예술을 연구
해 온 방정환은 전국 각지를 순회 강연하면서 장래의 일군이 될 어린이를
존중할 것을 외치고……80)

더욱이 윤석중은, "1923년 이전에도 소년단체는 있었다. 1921년 7월에 창
립된 천도교소년회는 소파 방정환과 소춘 김기전을 지도자로 하였다"81)라
고 언급하여 방정환뿐만 아니라 김기전까지도 방정환과 나란히 천도교소년
회의 지도자였음을 증언하고 있다. 다만 천도교소년회의 창설일은 창설시
각종 기록으로 보아 위의 증언은 오류다. 실제의 창설일은 1921년 5월 1일
임을 다시금 밝혀둔다.82)

사실 방정환은 자타가 공인하는 소년운동의 독보적인 인물이다. 그의 외
부로 드러난 활동은 그를 소년운동의 대명사로 만들기에 족했다. 따라서 천
도교소년회도 의당 방정환이 여름방학 때 귀국해서 비로소 조직되었다고
의심 없이 믿어왔다. 그러나 그것은 착오임이 드러났다. 기록상으로 그가
기존의 천도교소년회와 인연을 맺은 것은 전술처럼 1921년 7월 10일(일요
일) 천도교소년회 담론부 주최로 열린 소년강연회에 연사로 초청된 것이 처
음이다.83) 그후 방정환의 공헌은 놀라워서, 14년 후의 회세는 군단위 기관
이 1백 군데가 넘었으며 회원은 5천여 명에 이르렀다.84)

이처럼 소파는 천도교소년회운동을 통해서도 자타가 공인하는 뚜렷한 족
적을 남겼다.85)

이 기회에 위에서 논의했던 천도교소년회운동에 대하여 그 줄기를 정리
해 둔다면, 동학의 창도자인 수운 최제우는 수운 소년관의 본지인 인내천을

---

80) 유홍렬, 「3·1운동이후의 국내의 민족운동」, 『3·1운동50주년기념논집』, 동아
　　일보사, 1969, 687~688쪽.
81) 윤석중, 앞의 『동심으로 향했던 독립혼』, 262쪽.
82) 김정의, 앞의 『한국소년운동사』, 100쪽.
83) 『동아일보』 1921년 7월 10일자.
84) 신재홍, 『항일독립운동연구』, 신서원, 1999, 329쪽.
85) 윤석중, 「『어린이』잡지풀이」, 『어린이』(영인본) 1, 보성사, 1976, 1~4쪽.

득도했고, 최시형은 그 본지를 싹틔워 어린이 섬기기를 하느님 섬기듯이 성
·경·신을 다하라고 전파했다. 김기전은 그 본지의 이론을 현대적으로 정
립하여 소년해방사상을 낳았고, 방정환은 그 본지를 몸소 실천하여 어린이
천국을 만들었다. 이 같은 수운 소년관의 숙성은 1921년 5월 1일 드디어 천
도교소년회의 조직·발단을 마련해 주었다. 그후 천도교소년회는 김기전과
방정환이 힘을 모아 무산소년운동과 경쟁적으로 한국 근·현대 소년운동을
주도해 나갔다.[86]

## 6. 색동회운동

조선소년운동협회가 본국에서 형성될 무렵 도쿄에서는 방정환 등이 중심
이 되어 색동회가 창립되었다. 즉, 1923년 3월 16일 오후 2시 도쿄 센다가야
(千駄谷) 온덴(穩田) 101번지 방정환 집에서 어린이문제 연구단체인 색동
회를 창립하였다.

색동회라는 이름은 윤극영(尹克榮)이 지었다. 창립동인으로는 방정환, 강
영호, 손진태, 고한승, 정순철, 조준기, 진장섭, 정병기, 윤극영, 조재호 등이
있었고 그 뒤에 마해송, 정인섭, 최진순, 이헌구, 윤석중 등이 참가하였다.[87]

이렇게 창립된 색동회는 때때로 모여 여러 차례 어린이문제에 관하여 논
의하다가 5월 1일의 어린이날을 기하여 발족식을 거행하였다. 이러한 사실
들에 대해선 당시『동아일보』에 다음과 같은 기사가 실려 있다.

> 동경 류학생 간에서도 이 운동을 돕기 위하야 얼마 전부터 방뎡환(方定
> 煥), 고한승(高漢承) 등 유지 구 명이 모여서『색동회』라는 어린이 문제를
> 연구하는 모임을 만들고 때때로 모여 의론하여 오던바 오월 일일의 어린이
> 닐을 긔약하야 성대한 발회식을 거행하리라더라.[88]

---

86) 김정의, 「최제우소년관의 숙성」,『동학연구』3, 한국동학학회, 1998, 71~96쪽.
87) 조지훈, 앞의 「한국민족운동사」, 731쪽.

또『색동회록』5월 1일자에는 발족상황이 다음과 같이 자세히 적혀 있다.

발회식

서기 1923년 5월 1일 오후 3시에 반자이바시 역(萬歲橋驛)에 집합하여 스루가다이미와 사진관(駿河臺三輪寫眞館)에서 기념촬영하니 출석하신 회원이 다음과 같다.

손진태, 윤극영, 정순철, 방정환, 강영호, 고한승, 진장섭, 조재호, 정병기

같은 날 오후 4시 니시키초 나가세켄(錦町長勢軒)에서 축연을 열고 우리 일동은 장래를 견고하게 맹서하고 폐회하니 오후 6시 반이었다.

서력 1923년 5월 1일 위원 정병기[89]

특기할 점은 서울에서 첫 어린이날을 갖는 5월 1일 오후 3시와 때를 같이하여 도쿄 유학생끼리 색동회를 발족시켰다는 사실이다. 그들은 사전에 소년운동협회 관계자들과 긴밀한 관계를 갖고 있었다. 천도교소년회에서 함께 활동한 김기전은 서울에서 소년운동협회를 조직하여 그 중심인물로 활동하고 있었고, 같은 천도교소년회의 지도자인 방정환은 도쿄에서 색동회 발족을 주동하였다. 천도교의 전국적인 조직기반을 바탕으로 조직활동한 천도교소년회는 당시 소년운동단체의 사실상 선도적인 위상을 점하고 있었다. 소년운동협회의 사무소는 천도교당 내에 설치되어 매월 1회씩 회원이 모여 의논했고,[90] 연극회도 강연회도 천도교당 내에서 하였다. 그들은 지난해(1922년)에 이미 5월 1일을 어린이날로 선포하고 제1회 어린이날 행사를 독자적으로 가진 바 있었다. 이러한 소년운동의 축적된 노하우를 십분 활용, 전국적이며 통합적인 소년운동을 위하여 무엇보다도 전 민족적인 어린이날의 필요성을 절감하고 국내외에서 동시적으로 어린이날의 의미를 새기는 행사를 한 것이다.

색동회는 발족 후『어린이』지를 무대로 활동하였다.[91] 물론『색동회』의

---

88)『동아일보』1923년 4월 30일자.

89)『색동회록』1923년 5월 1일자.

90)『동아일보』1923년 4월 20일자.

합의된 의견이 편집에 반영되었다. 그 중에서도 색동회를 이끌고 있는 방정
환의 의견이 지배적이었다.92) 그들은 지면을 통하여 방정환의 '형제별', 윤
극영의 '반달' 등의 동요를 실어 겨레의 설움과 울분을 달랬다.

색동회는 조재호의 고안으로 만든 마크를 공식 마크로 정하고, 1924년 5
월 1일 제2회 어린이날에는 색동회 마크를 그린 기(旗)를 들고 회원들이 시
가행진을 하기도 하였다.93)

뿐만 아니라 색동회원 윤극영은 1924년 봄에 동요단체로 따리아회를 만
들어 색동회 사업실천에 직접 나서기도 했다. 그는 「설날」, 「고드름」, 「따오
기」 등을 세상에 널리 불리도록 심혈을 기울였다. 이와 같이 따리아회는 색
동회의 지회로서 활동했다.94) 일제 압정 하에서 따리아회는 봉건의 미개를
뚫고 혁신적으로 우리들의 동심을 되살렸다. 그들은 일제마저 공감을 사게
만들어 동요황금시대를 낳았다. 이것은『어린이』지와의 공동 성과였다. 왜
냐하면『어린이』지는 동요가 널리 보급되도록 지면을 할애하는 것을 잊지
않았기 때문이다.

색동회는 아동문학 동인단체로 불릴 정도로 아동문학의 산실이었고 이를
『어린이』지를 매개로 하여 세상에 전파시켰다. 그리고 따리아회를 통하여
동요를 적극 보급하였다. 그 외에도 어린이날 제정에도 참여하였고, 어린이
날 행사에도 적극적이었다. 그들은 민족주의적 소년운동 발흥에만 그치지
않고 문학, 특히 동요를 통해서 피부에 와 닿게 한국소년의 정서를 민족적
정서로 순화시켰다.95)

91) 이재철, 앞의 「아동잡지 어린이 연구」, 63쪽.
92) 정인섭, 앞의『색동회 어린이 운동사』, 37~39쪽.
93) 조지훈, 앞의 「한국민족운동사」, 731쪽.
94) 정인섭, 앞의『색동회 어린이 운동사』, 72~80쪽.
95) 김정의, 앞의『한국소년운동사』, 119쪽.

## 7. 어린이날 운동

소파 방정환은 일본 도쿄에서 색동회를 발족시켜 본국에서 형성된 조선소년운동협회와 더불어 제1회 어린이날 운동에 선구적인 역할을 수행했다. 그는 제2회 어린이날 기념행사부터는 본국에서 뜻있는 소년운동가들과 더불어 어린이날 운동에 신명을 바쳤다.

그들은 제2회 어린이날을 기념하고 선전하기 위하여 1924년 4월 21일 밤 경운동 천도교당에 모여 협의하였는데 여기서 5월 1일 하루 행사에 멈추지 말고 서양의 크리스마스처럼 하기 위하여 우선 5월 1일부터 4일까지 나흘 동안 계속 열기로 계획을 세우고 그 준비위원으로 방정환, 김기전, 이종린, 이두성, 김옥빈, 조철호, 심상덕, 차상찬, 조기간, 강우 등을 뽑았다.[96] 이들 준비위원의 면모로 보아 어린이날 준비를 선도하는 단체가 천도교소년회, 색동회, 조선소년군 등 소년운동협회 회원단체임이 드러나고 방정환의 위치가 가늠된다.

그들은 행사 일정을, 첫날(5월 1일)에 어린이대회 개최, 둘째날(5월 2일)에 어린이보호자대회, 셋째날(5월 3일)은 동화회·음악회 개최, 넷째날(5월 4일)에 직업소년위안회와 겸하여 야유회를 개최하고, 그네뛰기, 씨름, 찜푸 등의 경기를 갖기로 결정하였다.[97]

그리하여 첫날 천도교당 마당에서 거행한 성대한 어린이대회에서 방정환은,

> 과거를 도라다보는 생활과 현재만을 생각하는 생활은 우리에게 아모 진보(進步)와 향상(向上)을 주지 안는다. 오즉 장래를 내여다보는 생활, 거긔에 우리의 진보와 향상과 유일의 희망이 잇다.[98]

---

96) 『동아일보』 1924년 4월 23일자.
97) 『동아일보』 1924년 4월 23일자.
98) 『동아일보』 1924년 5월 3일자.

라고 평소 그가 주장하는 지론을 설파하여 천여 명의 참석자에게 큰 감동을 주었다. 그리고 둘째날, 셋째날의 어머니대회, 어버지대회는 부모의 은공을 잊지 말자는 의미의 대회로서 한국 초유의 어버이날 행사의 효시가 되었다. 어떻든 이 행사는 계획단계에서는 보호자대회였으나 실제 운영에서는 둘째 날 어머니대회, 셋째날 아버지대회로 분리 실시하였다.[99]

한편 선전지의 인기는 대단하여 예상을 넘어 34만 매를 어린이사가 주관하여 제작·배부했는데도 부족하여 어린이날 행사의 열기가 충천하고 있었음이 감지된다. 그것은 어린이날을 주관했던 소년운동협회에 많은 경축금이 답지[100]되었을 뿐만 아니라, 행사기간 동안 소년을 위하여 할인 판매하는 상회가 허다했음에서도 확인된다.[101] 또한 평양, 인천, 개성, 광주, 진주 등 지방에서의 어린이날 기념행사도 성황리에 각각 진행되었다.[102]

이처럼 첫해보다 둘째해의 어린이날 행사가 성황을 이루었다. 소년운동가들은 둘째해보다 더 성대한 셋째해의 어린이날 기념이 되도록 준비를 갖추기 시작하였다. 1925년 4월 24일 오후 8시에 천도교회의실로 소년운동가 20여 인이 모여들었다. 그들은 전국 160개 소년단체 약 10만여 명의 소년소녀를 총동원하여 4월 26일부터 어린이날을 예고하고 선전하기를 논의하고 제3회 어린이날 행사를 성사시키기 위하여 그 준비위원으로 방정환 등 28명을 선정하였고 5월 1일부터 3일까지의 어린이날 행사일정을 계획하였다.[103]

이 같은 일정은 지난해 경험을 토대로 하루를 단축하여 사흘간으로 조정하였으나 질에서는 더욱 알차졌다. 선전지를 지난해 30만 장에서 40만 장으로 늘려잡았고, 특히 소년소녀의 힘찬 기상을 상징하는 선전기(宣傳旗) 행렬을 착안한 것은 소년운동 선전을 위하여 획기적인 발상이었다. 한편 어머

99) 『동아일보』 1924년 5월 1일자 및 5월 3일자.
100) 『동아일보』 1925년 4월 25일자.
101) 『동아일보』 1925년 4월 29일자.
102) 『동아일보』 1924년 5월 4일자.
103) 『동아일보』 1925년 4월 23일자.

니대회, 아버지대회를 이틀에서 하루로 잡은 것도 훗날 법정 어버이날로 가는 진보된 과정이었다. 더욱이 4일간의 행사를 3일로 축소하여 산만한 어린이날 행사에서 내실있는 어린이날 행사로 발전시키는 데 공헌하였다.[104]

실제로 어린이날 행사에서는 선전지를 60만장 이상 살포하였다. 이 전단 살포에는 가정주부와 여학생까지 가담하여 이채를 띠었는데, 11시에는 화포를 올려 축제분위기를 한껏 자아냈다.[105] 특히 새로 제정된 「어린이날 노래」[106]를 부르며 행진하는 장면은 제3회 어린이날의 또 하나의 개가로서 민족의 미래를 밝게 비춰주었다.

특기해 두어야 될 일은 제3회 어린이날 행사의 원만한 진행을 위하여 일본경찰과 사전협조로 양해를 얻어 놓았으나[107] 신경과민된 그들에 의해 강화(江華)에서처럼 기념행사 자체가 중지당하기도 하였다.[108] 이는 일제가 열화와 같이 일어나는 소년운동의 본질이 민족운동 내지는 사회운동에 있음을 꿰뚫고 여차하면 탄압하고자 하는 자세를 노출한 경우로, 이후로는 좀더 노골적으로 탄압을 일삼았다. 이에 맞서 소년운동계 일각에서도 좀더 효율적인 소년운동을 전개하고자 전국적인 소년운동 상설조직단체의 구성이 필요하다고 제기하는 사회주의적 계통의 소년운동가들이 늘어나게 되었다. 이는 소년운동계의 변모의 분위기를 조성시키게 되었고, 변모는 단지 시간문제로 나타나게 되어 반석같이 다져진 소년운동의 기반 위에서 민족독립을 위한 새로운 도약의 당근질 같은 기운이 감돌기 시작하였다.[109]

마침내 소년운동이 순수 내지는 민족소년운동가들에 의하여 주도되는 데 불만을 품어왔던 무산소년운동가들은 1923년 7월 소년지도자대회에서 결의했던 연합단체 구성을 빌미로 주도권 쟁탈에 뛰어들었다. 1925년 5월 24

104) 『동아일보』 1925년 5월 1일자.
105) 『동아일보』 1925년 5월 3일자.
106) 『동아일보』 1925년 4월 30일자(부록판).
107) 『동아일보』 1925년 4월 30일자(부록판).
108) 『동아일보』 1925년 5월 3일자.
109) 김정의, 앞의 『한국소년운동사』, 142~143쪽.

일 반도소년회는 불교소년회와 공동 발기로 새벗회, 명진소년회, 선명청년회 소년부와 중앙기독교 소년부의 일부, 천도교소년회의 일부인사를 끌어들여110) 불교소년회관에서 의장 정홍교(丁洪敎)의 사회 하에 경성소년지도자 연합발기총회를 열어 회명을 가칭 오월회로 정하고, 창립총회는 5월 31일로 연기하였다. 창립총회 준비위원으로 정홍교, 박준균, 이원규, 김홍경, 장무쇠 등이 선출되었다.111) 그리고 일사천리로 결의안, 강령, 선언을 채택하였다.112)

그리하여 1925년 5월 31일 6곳의 단체가 더 참가한 가운데 예정대로 창립총회를 개최하여 연합기관의 명칭을 경성소년총연맹으로 개칭하였다. 그러나 경찰에서 경성소년총연맹의 사용을 불허하므로 연맹체의 이름을 다시 오월회로 개칭하고 방정환, 고한승, 정홍교를 위원으로 하여 정식 발족하였다.113)

하지만 1925년 9월 15일 중앙소년소녀관에서 경성소년총연맹회 총회를 열고 임시의장에 정홍교를 정점으로 하여 집행위원에 정홍교, 송몽룡, 최화숙, 고장환, 이유근, 노병필, 박준표, 김효경, 이정호를 선임하였다. 이로써 오월회의 창립시 복안대로 소년운동의 주도권을 사회주의 계열하에 두고 사회주의 노선으로 소년운동을 집행할 의도를 분명히 했다. 이로부터 좌우의 갈등은 표면으로 부상되어 어쩌다가 미봉책이 강구되긴 하였으나 본질적으로 끝없는 소모전에 휘말려 들어갔다. 이처럼 한국의 사회운동이 좌우의 분쟁에 휩싸이고 있는 마당에 소년운동만 평탄할 수는 없었다.114) 이 점에 대하여 윤석중은,

민족진영은 좌익사상의 대두로 차차 분열, 대립을 보게 되었으니 1923년

---

110) 신재홍, 「일제치하에서의 한국소년운동고찰」, 『사학연구』 33, 한국사학회, 1981, 93~111쪽.
111) 『동아일보』 1925년 5월 29일자.
112) 『동아일보』 1925년 5월 29일자.
113) 신재홍, 앞의 「일제치하에서의 한국소년운동고찰」, 93~111쪽.
114) 신재홍, 앞의 『항일독립운동연구』, 343~346쪽.

에 조선청년총연맹이 결성됨으로써 더욱 격화되었던 것이다. 어린이운동
에 있어서도 공공연히 무산소년운동을 표방하게 되다가 1925년에 이르러
서는 경성소년연맹이 생겼고 그 상설기관으로 오월회가 등장하여 방정환
주재의 조선소년운동협회와 맞서게 되었다.115)

라고 증언하고 있다. 따라서 오월회의 등장은 소년운동협회에서 무산소년
운동가가 독립하여 또 하나의 전국 규모의 소년운동단체를 발족시킨 결과
가 되어 소년운동계는 양분되었다.

무산소년운동가들은 그들이 중심이 되어 '오월회' 조직에 성공하자 발빠
른 동작으로 세확장(勢擴張)에 나섰다. 1925년 9월 23일에 제주소년연맹116)
을 필두로 1926년 8월까지는 10여 개의 하부 연맹단체와 그 산하의 세포단
체를 거느리게 되어 오월회의 막강한 세력을 과시하였다. 그들은 이 세를
바탕으로 어린이날 행사의 주도권을 잡고자 시도하였다. 그러나 1926년 제4
회 어린이날 기념행사는 순종의 승하와 소년운동협회와의 불화로 예년에
행하여졌던 5월의 대대적인 어린이날 행사는 사실상 무산되고 단지 오월회
측에 의한 추석날 어린이 행사 정도로 약화되었다. 1927년에도 화해의 빛이
없이 대립은 격화되어 마침내 양분되어서 어린이날 행사를 각각 거행하는
모습을 드러냈다.117)

이렇게 되자 따가운 여론이 일어나게 되어, 양대 세력은 인식을 같이하고
통합을 모색하기에 이르렀다. 이에 정홍교 등 12인은 조선소년연합회라는
집중기관을 만들기로 발기하고 준비를 서둘렀다.118) 이 준비과정은 특히 조
선소년운동협회 측의 천도교소년회, 명진소년회, 개운소년회 등의 열성과
오월회 측의 타협으로 열매를 맺게 되었다.119)

이리하여 1927년 10월 16일 창립된 조선소년연합회는 위원장 방정환에

115) 윤석중, 앞의 「동심으로 향했던 독립혼」, 263쪽.
116) 『동아일보』 1925년 10월 3일자.
117) 김정의, 앞의 『한국소년운동사』, 194쪽.
118) 『동아일보』 1927년 7월 1일자.
119) 『동아일보』 1927년 8일 1일자.

의하여 그동안의 불화를 씻고 하나의 조화로운 지도체제로 운영되었다. 그러나 이것도 과도기적인 조직에 불과하였다. 즉, 오월회가 1928년 2월 6일 해체되어 화학적인 결합의 길로 들어선 것으로 생각되었으나 그들의 핵심 멤버들이 2월 16일 경성소년연맹을 창립함으로써 분쟁의 신호탄이 급기야 올라갔다.[120]

조선소년연합회 역시 사회주의자들이 이미 주도권을 확보하고 1928년 3월 25일 천도교기념관에 단체 대표 50여 명이 출석하여 제1회 정기총회를 개최하고 동 회의 조직체를 자유연합체로부터 중앙집권적인 조선소년총동맹으로 변경할 것을 결의하였다. 그러나 조선소년총동맹의 명칭은 일제의 불허로 조선소년총연맹으로 고쳐 썼다.[121] 그리고 다음날 제1회 신임 중앙집행위원회를 열어 사회주의 노선에 충실한 세부사항을 일사천리로 의결함으로써 다시금 분열을 야기시켰다. 이에 천도교 측에서는 152개 단체가 가맹하여[122] 구성된 조선소년총연맹(위원장 : 정홍교) 조직원 중 이정호만 참가하고 방정환 이하 소년운동협회, 색동회측 인사는 모두 결별하였다. 이에 대하여 윤석중은 다음과 같이 성토하였다.

어린이날을 만든 이는 밀려나고 당치도 않은 자가 앞장을 서게 되었으니 배주고 뱃속 빌려먹는 격이었다.[123]

그러나 최청곡(崔靑谷)은,

조선소년총동맹의 결의가 잇슴에도 불구하고 급속히 선후책을 강구치 안코 왼 책임을 그대로 내던져서 더구나 소년회로부터 나와 국외자 노릇을 하며 경솔하게도 중앙기관으로부터 탈퇴를 하였다.[124]

---

120) 신재홍, 앞의 「일제치하에서의 한국소년운동고찰」, 105쪽.
121) 윤석중, 앞의 「동심으로 향했던 독립혼」, 263쪽.
122) 조선총독부, 『조선의 치안상황』, 1930, 21쪽 ; 국사편찬위원회, 『한국독립운동사』 4. 1970, 229쪽.
123) 윤석중, 앞의 「동심으로 향했던 독립혼」, 263쪽.

등의 표현으로 신랄하게 민족진영을 비판함으로써 양측의 골이 돌이킬 수 없이 깊어만 갔다.

이 해에 제6회 어린이날 행사는 조선소년총연맹의 주관하에 총연맹의 전국적인 조직망을 활용하여 대대적으로 기념행사가 베풀어졌다.125) 그러나 조선소년총연맹이 좌익성향과 자체의 분열로 범소년운동계의 지도력을 상실하자 1929년의 제7회 어린이날 기념행사를 천도교소년연합회는 천도교 기념관에서, 조선소년총연맹은 수송공립보통학교에서 기념식을 분리 거행함으로써 다시금 소년운동계가 양분되었다.126) 이는 소년운동계의 냉소적인 분위기를 자아냈다. 특히 극좌지도자들은 그들의 정치운동에 소년단체를 이용함으로써 어린이날 행사 자체마저 금지당하는 현상이 도처에서 나타났다.

소년운동의 위기감을 느낀 재경소년운동지도자들은 1930년의 어린이날 행사를 원만하게 진행하기 위하여 재경일반소년운동단체대표자연합회를 결성하여 제8회 어린이날 기념행사를 갖기에 이르렀다.127) 그러나 좌우의 불신은 여전하여 일반 대중을 식상하게 만들었고 여론은 비등해졌다. 하는 수 없이 1931년 3월 21일 재경소년단체 대표자들이 다시 모여 전조선어린이날중앙연합준비회를 결성하고 각각 부서를 맡았다. 이때 방정환은 중앙연합준비회의 총무부, 교섭부, 지방부, 고안부, 선전부, 재정부의 6개 부서 중에서 정홍교, 고장환과 총무부를, 안준식, 정홍교와는 고안부의 중책을 맡아 제9회 어린이날 행사 준비에 들어갔다.128)

그러나 전조선어린이날중앙연합준비회가 비록 어린이날을 총괄하기 위하여 탄생된 비상단체였지만 어린이날 기념을 위한 범소년운동의 구심점으로 격상되자 조선소년총연맹 산하단체의 반발이 격화되었다. 1931년 4월 2

---

124)『동아일보』1928년 5월 6일자.
125)『동아일보』1928년 5월 8일자.
126)『동아일보』1928년 5월 5일자.
127) 신재홍, 앞의「일제치하에서의 한국소년운동고찰」, 109쪽.
128)『동아일보』1931년 3월 21일자.

일 전조선어린이날중앙연합준비회를 반대하는 재경소년단체 대표가 광활소년회관에 모여 전조선어린이날중앙연합준비회 반대동맹을 결성하고 반대투쟁의 선봉에 섰다.[129] 이어서 4월 12일에는 통영소년연맹,[130] 4월 19일에는 시천교소년회[131]가 격렬하게 반대하였고, 특히 밀양소년동맹은 중앙연합준비회의 어린이날 주관에 반대하고 어린이날의 계급성 앙양을 내세우며 어린이날 폐지를 외쳤다.[132] 이처럼 거센 반발에 부딪히자 중앙연합준비회는 위원회를 소집하여 격앙된 분위기를 진정시키고자 시도하는 한편 적극적으로 나서서 포스타, 선전문, 결의문, 선전기 등을 제작하여 어린이날 기념식을 통일적으로 가졌다.[133]

그동안 어린이날 행사는 1923년 어린이날이 제정되고, 그후 소년운동계에 사회주의 이념이 유입된 이래 어린이날 행사를 놓고 다음의 <표>처럼 소년운동계는 주도권 쟁탈을 위해 격랑 속에서 영욕을 겪어야만 했다. 다만

<표> 어린이날 행사 주관단체 변천표(1922~1931년)

| 횟수 | 연월일 | 어린이날행사 주관단체 | 비 고 |
|---|---|---|---|
| (1) | 1922. 5. 1 | 천도교소년회 | 단일소년회 행사 |
| 1 | 1923. 5. 1 | 소년운동협회 | 연합행사 |
| 2 | 1924. 5. 1~4 | 〃 | 〃 |
| 3 | 1925. 5. 1~3 | 〃 | 〃 |
| 4 | 1926. 9. 21 (추석) | 소년운동협회 : 오월회 | 순종승하로 우익무산 좌익 추석에 행사 |
| 5 | 1927. 5. 1 | 〃 | 좌우분리행사 |
| 6 | 1928. 5. 6 | 조선소년총연맹 | 좌익주도통합행사 |
| 7 | 1929. 5. 5 | 천도교소년연합회 : 조선소년총연맹 | 좌우분리행사 |
| 8 | 1930. 5. 4 | 재경성일반소년운동단체대표자연합회 | 우익주도행사 |
| 9 | 1931. 5. 3 | 전조선어린이날중앙연합준비회 | 좌익반대범소년연합행사 |

* 출전 : 김정의, 『한국소년운동사』, 민족문화사, 1992, 213쪽.

---

129) 『동아일보』 1931년 4월 5일자.
130) 『동아일보』 1931년 4월 18일자.
131) 『동아일보』 1931년 4월 21일자.
132) 『동아일보』 1931년 5월 5일자.
133) 김정의, 앞의 『한국소년운동사』, 213쪽.

방정환이 서거한 1931년 이후는 매년 이 준비회에서 주관하여 어린이날 행사의 명맥을 유지하였다. 1937년 5월 2일 30여 소년단체에서 2,000여 명이 휘문고보에 모여 행한 제15회 어린이날 기념행사[134]를 마지막으로 생전의 방정환이 그토록 애정을 기울였던 어린이날 행사가 금지되었고 중·일전쟁, 태평양전쟁에 시달리며 광복 때까지는 우리 민족에 의한 정상적인 소년운동이 일제의 불법조치로 중단될 수밖에 없었다.

## 8. 논의 및 제언

이상에서 사회운동 측면에서 본 소파 방정환에 관해서 살펴보았다.

방정환은 일생을 바쳐 소년운동을 통하여 민족독립운동에 정력적으로 헌신했다. 그것은 그의 각종 사회운동으로 나타났다. 그는 이미 아홉 살 때 소년입지회를 만들어 소년에 의한 소년운동을 전개함으로써 오늘날과 맥을 같이하는 한국 근·현대 소년운동의 효시를 이루었다. 10대 후반부터는 32세로 요절할 때까지 언론·출판운동을 통한 사회운동에 매진하였다. 그리고 1919년 3·1민주혁명 때에는 「독립선언서」를 인쇄하여 배포하는 등 민족독립운동에 직접적으로 공헌하기도 하였다. 이어서 천도교소년회운동을 통하여 소년인권운동, 새싹회운동을 통하여 소년문화운동을 전개하였다. 그리고 무엇보다도 어린이날운동을 지속적으로 전개하였다.

그 중에는 최초로 어버이날 행사를 실행하기도 하였다. 그러나 무엇보다도 방정환에 의한 소년운동의 백미는 『어린이』지의 발간과 어린이날의 행사를 통하여 소년에 대한 존중 표현인 '어린이'라는 용어를 일반화시킨 것이다. 방정환은 열린 마음으로 서구의 계몽사상을 접하면서도 한국적인 소년운동을 펼 수 있는 정신의 뿌리를 동학의 '사인여천'에서 발견했기에 그의 소년운동은 민족적인 성격을 강하게 띠는 것이 가능했다고 보인다. 그래서 그는 종교적인 열정으로 소년운동을 통한 민족운동을 감행했던 것이다. 덕

---

134) 『조선일보』 1937년 5월 3일자.

분에 세계사적으로도 소년을 '어린이'로 존칭하는 유일무이한 나라를 건설하게 되어 소년의 인권을 실질적으로 향상시켰다.

소파는 이처럼 소년운동을 통해서 사회운동 내지는 민족독립운동을 전개하였다. 이로 미루어 방정환은 한국소년운동사의 부동의 큰 별이다. 뿐만 아니라 세계사적으로도 소년인권운동, 소년문화운동의 대표적 인물이라고 생각된다. 따라서 지리상의 발견 하면 콜럼버스, 지동설하면 코페르니쿠스, 교육자 하면 페스탈로치를 연상하는 것처럼 앞으로는 이에 보태어 소년운동 하면 소파 방정환을 떠올리는 세상이 올 것을 기대한다.

물론 이렇게 되도록 만드는 홍보는 한국인들의 몫이라고 생각한다. 그것은 소파 방정환이 어린이의 아버지로서 세계사의 관점으로도 불멸의 위인 자격이 있다고 믿기 때문이다. 따라서 한국인들만 방정환, 방정환 할 게 아니라 세계인의 방정환이 되도록 착실히 여건을 만들어 가야 할 것으로 여겨진다. 그 여건 가운데 가장 중요한 부분은 방정환의 비전(Vision)대로 한국을 어린이의 천국으로 굳히는 것이다. 그렇게 될 때 세계가 한국인을 진실로 존경할 것이고 방정환은 절로 세계적인 인물 반열에 오를 것이다. 그러면 한국에 대한 부가가치는 그야말로 엄청날 것이다.

이와 같은 의식으로 앞으로 국내는 말할 것도 없고 세계적으로도 방정환 하면 소년운동, 소년운동 하면 한국의 방정환이 떠올려지는 날이 기필코 오도록 소파 탄신 100주년을 기념하여 서로서로 분발할 것을 제의한다.

(『아동권리연구』 3-2, 한국아동권리학회, 1999)

# 제10장 여성운동의 변천

## 1. 머리말

역사 속에서 여성들은 억압적인 현실에 대하여 어떤 방식으로든 저항해왔다. 여성운동은 여성들이 여성해방이론을 가지고 여성문제를 해결하기 위한 조직적이고 지속적인 활동을 말한다. 여성운동의 발전 계기는 사상사적, 사회경제사적, 정치사적 부분에서 작용하는 다양한 요인들 사이의 상호관계에서 찾아야 한다. 또한 독자적인 주체와 영역을 가지면서도 여성문제는 사회문제와 밀접히 결합되어 있기 때문에 사회운동의 한 부분이라고 할수 있다.

우리나라에서 여성들에 대한 조직적인 활동이 나타나기 시작한 것은 19세기말 개화운동 시기로 잡을 수 있다. 구한말 및 국권침탈기에 여성운동은 일찍이 프랑스혁명과 산업화를 경험한 서구 국가들에서 전개된 참정권 획득 및 남녀의 동일임금을 요구한 여성운동과는 달리, 우리나라가 놓인 역사적 상황과 결부되어 민족운동의 일환으로 전개되었다.

근래에 와서 여성의 지위에 대한 관심이 고조됨에 따라 여기에서는 기존 문헌에 의거하여 한국여성운동의 변천사를 여성의식의 변화와 여성운동의 활성화로 나누어 고찰해 보고, 끝으로 여성운동의 발전과제를 제시해 보고자 한다.

## 2. 여성의식의 변화

불교 이데올로기가 통치이념이었던 고대와 중세 사회에서는 여성의 지위
가 정치·사회적으로 평등하였다. 그러나 고려말 수입된 주자학이 조선의
치국이념이 되면서부터 유교적 사회관으로 바뀌게 되었다. 이에 따라 조선
사회는 가부장적 사회규범으로 전환되었다. 남녀관계도 예속적이고 남성부
속적인 주종적 의미로서의 사회문화체제로 옮겨졌다.

세종 14년에 간행된『삼강행실도(三綱行實圖)』에는 조선 초기의 여성교
육관이 잘 반영되어 있다.『삼강행실도』에는「효자편도」,「충신편도」,「열
녀편도」의 3부로 되어 있다. 이 중「열녀편도」를 강조하여 여성들의 귀감이
되게 하였다. 따라서 여성교육은 여성 자신의 주체를 찾거나, 여성 자신을
위한 교육이 아니라 가정이나 남성을 위한 희생적인 가치관을 주입시킴으
로써 여성 자신의 삶을 가정 속에 예속시키게 되었다.1) 이 때문에 가정에서
부터 사회·경제·교육·정치적인 면까지 남녀차별을 확장시키는 결과를
초래하였다.

그러나 17, 18세기 현실비판적인 실학사상의 새바람은 조선조 전반에 걸
쳐 일대 혁신을 일으켰다. 실학사상에는 여성의 사회참여에 대해서도 긍정
적인 측면이 제시되어 있다. 당시 실학자들은 유교적 신분제의 모순을 비판
하고 이의 개혁을 주장, 비록 남녀성차에 대한 문제는 논외로 하더라도 이
들의 신분개혁론은 유교적인 신분차별의 고정관념에서 탈피한 새로운 평등
적 인간관을 탄생케 하였다. 그것은 임윤지당(任尹摯堂, 1721~1793)의 다
음과 같은 언급에서도 확인된다.

> 나는 비록 부인의 몸이기는 하지만 하늘에서 받은 성품은 애당초 남녀의
> 차이가 없다.2)

---

1) 곽삼근,「여성사회교육의 사적 발달 및 과제에 관한 고찰」,『文明硏志』2-1,
   한국문명학회, 2001, 179쪽.
2)『윤지당유고』상편, 克己復禮爲人說.

임윤지당은 남성과 여성을 차별해 인식하기보다는 보편적 인간의 고귀성에 주된 관심과 가치를 부여하고 있었다. 그는 그 자신이 성현을 배울 수 있다고 자신하였다.[3] 이때를 여성의식 개안의 태동으로 보겠다.

서학의 전래는 여성의 사회참여와 해방문제의 관점을 휴머니티적인 인간평등에서 출발할 수 있는 계기를 만들었다. 따라서 남성들의 축첩행위는 전근대적인 부도덕성으로 간주하게 되었다. 그 결과 신앙공동체에서 여성의 인격은 상당한 개선이 이루어졌고 이는 사회에 파급 현상을 낳아 여성인격 향상에 크게 기여하였다.[4]

한편 1876년 일본과 체결된 강화도조약은 한국사회 전반에 중대한 변화를 가져왔다. 이러한 정세변화에 대응하려는 움직임이 개화운동이다. 개화운동가들은 개화운동을 효율적으로 촉진하기 위해 인구의 반수를 차지하는 여성의 힘을 필요로 했다. 그러나 유교적 여성관이 이들 여성의 힘을 움직이는 데 큰 저해요인이 되었다. 따라서 유교적 여성관을 극복하고 근대적 여성상을 부각시키는 일은 무엇보다도 시급한 과제였고, 이에 여성운동은 곧 개화운동으로 간주되기도 하였다.

한국여성의 개화문제가 구체적으로 다루어진 것은 박영효(朴泳孝, 1861 ~1939)의 개화 상소가 처음이었다. 1885년 박영효는 일본망명 생활중 국왕에게 장문의 상소를 올려 개화의 필요성을 주장하였다. 여기에서 전통사회의 폐습을 타파하려는 시도로 개화기 여성관의 새로운 변화의 모습을 읽을 수 있다.[5]

---

3) 오영교, 「조선시대 문중의 여성교육과 임윤지당」, 『실학사상연구』 17 · 18합집, 무악실학회, 2000, 288~289쪽.
4) 정약종, 『주교요지』 상.
5) 박영효의 「개화소」 8개 조목은 다음과 같다. 1. 오늘의 국제정세 2. 법 기강을 세워 백성과 나라를 편안케 할 일 3. 경제로써 나라와 백성을 부강하게 할 일 4. 보건위생에 힘써서 백성을 건강하게 할 일 5. 무비 강화와 백성을 보호하고 나라를 지킬 일 6. 백성에게 재덕무예를 가르쳐 나라의 근본을 튼튼하게 할 일 7. 정치를 바르게 하여 백성과 나라를 안정케 할 일 8. 백성에게 응분의 자유를 줌으로써 나라의 원기를 기르게 할 일(박영효, 「개화소」, 『일본외교문서 21』,

이 같은 개화파 계열이 중심이 된 초기 여성운동의 목표는 여성 교육권의
확보, 봉건구습 타파 등 조선사회에서의 여성의 억압에서 벗어나 기본 인권
을 확보하는 데 있었다. 학교 설립운동, 토론회, 연설회 등을 통하여 여성
계몽을 위한 일상적 운동을 벌여 나갔다.6)

그후 1894년 갑오동학민중혁명운동(甲午東學民衆革命運動) 진행시기에
정부 측에 제시한 '폐정개혁12개조안'에서 과부에게 재가를 허용할 것을 요
구하였다.7) 드디어 갑오개혁에 다음과 같이 반영시켰다.


6. 남녀의 조혼을 엄금하여, 남자는 20세, 여자는 16세라야 비로소 혼인을
   허가할 것.
7. 과부의 재혼은 귀천을 막론하고 자유에 맡길 것.8)


동학의 인내천(人乃天) 사상은 만민평등의 이상이며 이에 따라 일체의
봉건적 차별과 신분제를 정면에서 부정한 것이었다. 수운 최제우(水雲崔濟
愚, 1824~1864)는 그의 생활에서 평등사상을 실천하였다. 부인도 한울님이
라 하여 양성평등사상을 실천에 옮겼다. 즉, 득도(1860) 이후 최초의 포교
대상을 바로 자신의 부인으로 삼아 도의 경지에 이르기 위해 부인에 대하여
지극한 공경을 다하였다. 또 두 여비(女婢)를 해방시켜 한 사람은 며느리로
삼고 한 사람은 자기 딸로 삼은 것이 그 예다.9)

수운은 이러한 여성에 대한 자신의 인식을 '가화론(家和論)'으로써 피력
하고 있다. 수운의 '가화론'은 가정이 화목해야 도의 경지에 이를 수 있으니
가정의 화순을 위해 노력해야 한다고 주장한 것으로 가정의 주체는 부인이
므로 화순이 곧 가화의 기본이라 한 것이다.

특히 그는 가도가 화순치 못한 것은 가장의 잘못이라고 하였다. 가정을

---

  일본외무성장판).
6) 한국여성연구회, 『여성학강의』, 동녘, 1993, 351쪽.
7) 오지영, 『동학사』, 대광문화사, 1984, 136쪽, "一. 靑春寡婦는 改嫁를 許할 事".
8) 『경장의정존안』.
9) 김정의, 「동학의 문명관」, 『동학학보』 2, 동학학회, 2001, 151쪽.

버리고 도와 덕은 있을 수 없고 도를 얻기 위해서는 가화가 필수임을 가르친 것이다. 이때 가정의 화순은 남편들이 부인에게 성심으로 대함으로써 얻을 수 있고 이것이 부족하면 더욱 성의를 다하며 부인을 공경함으로써 가화를 얻을 것을 강조하였다.10)

그리고 수운은 "부하고 귀한 사람 이전 시절 빈천이요 빈하고 천한 사람 오는 시절 부귀로세"11)라고 후천개벽문명을 제시함으로써 민중층에게 강한 희망을 안겨주고 인간의 존엄성과 평등을 강조하였다. 즉, 반상(班常), 노주(奴主), 적서(嫡庶), 남녀(男女)의 차별을 부정하는 인간평등사상을 창출한 것이다.12) 이는 모든 사람이 한울님이니 인간이 누려야 할 권리는 누구도 침해하거나 박탈할 수 없다는 인간존중 문명관에 바탕을 둔 것이다. 그것은 구체적으로 봉건적 신분차별을 타파한 인간평등사상 내지는 인간존중 문명관을 제고한 것이라 하겠다.13)

이처럼 동학사상은 전통사회 여성의 지위 향상에 실질적인 기여를 함으로써 내재적인 여성해방의 첫 발돋움이 되었다. 물론 근대적 여성운동의 배경에는 안으로는 실학사상의 영향을 받고 밖으로는 서구적 근대문물 유입의 영향을 받았다. 그리하여 교육의 필요성이 크게 제고되었고 드디어 개화사상이 대중화하기 시작하였다. 이러한 바탕에서 내재적인 동학사상이 태동하여 주체적인 여성운동이 가능한 길을 열게 된 것이다.

한국여성을 위한 근대교육의 기점은 미국 감리교 선교사인 스크랜턴 (Mary Scranton, 1834~1909)이 이화학당을 세운 1886년이라 할 수 있다. 교육목적은 모범적 주부와 전도사를 양성하는 데 있었으며 학과목은 성경으로 '남성과 여성은 똑같은 영혼의 소유자이며 신 앞에서 남녀가 평등하게 태어났다'는 것을 일깨워 주었다.

---

10) 황묘희, 「수운 최제우의 여성관」, 『동학연구』 3, 경주 : 한국동학학회, 1998, 103쪽.
11) 「교훈가」.
12) 황묘희, 앞의 「수운 최제우의 여성관」, 106쪽.
13) 황묘희, 위의 논문, 103쪽.

기독교계 학교로 이화학당·정신여학교 등이 설립되고, 교육은 정규과정 못지않게 교회생활에서 이루어지며, 개인의 신앙은 전도활동으로 이어지고 전도는 사회참여로 통하게 되었다. 성경을 읽히기 위해 한글을 가르쳤고, 결과적으로 한글보급은 전근대 봉건사회에서 한문에 억눌려 외면당했던 민족정신을 일깨워주었으며 여성지도자를 키우는 데 기여하였다.

1896년에는 서양문물을 배워온 서재필(徐載弼, 1863~1951)이 중심이 되어 유길준(兪吉濬, 1856~1914), 윤치호(尹致昊, 1865~1945) 등과 함께 독립협회를 조직하고 『독립신문』을 간행하였다. 독립협회는 처음에 30명으로 시작하였으나 3개월이 안 되어 회원이 1만 명으로 늘어났다. 독립협회에 의해 처음으로 여성교육이 사회문제로 등장하게 되었으며 국민의 반수를 차지하는 여성의 힘이 국력과 직결되어 있음을 강조하면서 여자를 위한 교육의 중요성을 역설하였다. 특히 『독립신문』에는 천부인권사상이 반영된 남녀평등론적인 논설이 자주 게재되었다.

> 부인네들은 아무쪼록 학문을 높여 사나이들보다 행실도 더 높고 지식을 넓혀 부인의 권리를 찾고 어리석고 무뢰한 사나이들을 교육하기를 바란다.[14]

는 등 여성교육에 대한 강력한 계몽 논설을 많이 싣고 있다. 그러나 근대화의 의지에도 불구하고 수용방법과 일반 여론을 조성하는 데는 실패하였다. 그렇지만 여성문제를 사회문제로 부상시켰다는 평가를 얻었다.

이러한 일련의 사회사상적 변혁에 따라 단행된 갑오개혁은 근대적 기반의 사회전반적인 개혁조치를 시행하였다. 즉, 문벌과 신분폐지, 과거제폐지, 노비제도폐지, 과부재가허용, 조혼금지 등 실로 획기적인 조치를 보여주었다. 이는 양반중심사회에 도전한 반봉건주의의 승리로서 이후 근대적 국민교육을 실시하는 문제가 자연스럽게 사회문제로의 인식을 조성시키는 계기가 되었다.

---

14) 『독립신문』 1896년 4월 21일자.

1898년 최초의 여성단체라 할 수 있는 찬양회(1898, 일명 순성회)가 설립
되고 여성개화를 위한 교육계몽활동이 시작되었다.[15] 조직은 서울 북촌의
몇몇 진보파 양반부인들에 의해 창설되었는데 그 당시 4백여 명의 회원을
가지고 있었고 소수의 남성찬성원과 외국여성도 포함하고 있었다. 이 찬양
회에 의하여 순성여학교가 설립되고 그 운영을 위해 양성원이 설립되었다.
1899년 독립협회가 해산됨과 함께 해체되었다.

양성원의 교육사업은 1900년대에 생겨난 여성단체[16]에 의해 계승되었다.
근대여성운동은 개화운동의 일환으로 대두했으므로 개화운동과 일치 또는
병행하여 교육계몽활동에 중점을 두었다. 이러한 민족실력양성운동은 일제
침략이 노골화되는 1905년부터 점차 범국민운동으로 파급되어 민중의 대항
이 의병전쟁으로 전개되고 또 한편으로는 민족교육에 의한 실력양성으로
대처해 나갔다. 그리하여 1906~1907년 사이에 3,000여 사립학교가 설립되
었다.[17] 이들 학교를 후원하기 위한 각종 부녀단체도 조직되었다.

초기 여성운동사의 특기할 만한 대규모 움직임은 1907년 국채보상운동이
다. 일본에 진 부채를 전 국민이 보상하여 경제자립의 독립국가를 만들자는
뜻에서 벌어진 것으로 발단은 1907년 2월 대구의 서상돈(徐相敦), 김광제
(金光濟) 등에 의해 취해진 금연운동이었다. 이에 부응한 대구 여성들은 '패
물폐지회'를 결성, 전국여성에게 참여하라는 격문을 보냈다. 국권을 상실할
지도 모른다는 절박한 현실 앞에서 여성개화운동은 국권회복과, 현실참여
를 통해 시민으로서 남성과 같은 권리와 의무를 행사하려는 데 그 목적이
있었다.[18]

1910년 국권피탈로 여성운동은 새로운 국면으로 접어들게 되었다. 일제
는 조선총독부 설치와 함께 무단정치를 감행하고 사상적 탄압과 경제적 수

15) 곽삼근, 앞의 「여성사회교육의 사적 발달 및 과제에 관한 고찰」 180쪽.
16) 여자교육회, 진명부인회, 어지보학원 유시회 능.
17) 1907년부터 1909년 4월까지의 짧은 기간 동안에 민중들이 자발적으로 세운 사
    립학교 수가 무려 3,000여 개 교에 달했다(손인수, 「근대교육의 보급」, 『한국사
    22』, 국사편찬위원회, 1984, 166쪽).
18) 이송희, 「韓末 國債報償運動에 關한 一研究」, 『이대사원』 15, 1978, 1~40쪽.

탈을 행하였다. 따라서 정치참여활동을 했던 여성단체들은 활동을 정지당
하고, 교육은 식민지정책을 강화함으로 말미암아 많은 학교가 문을 닫았다.
『조선총독부통계연보』에 의하면 1911년 사립학교가 1,467개 교에 학생 수
57,532명이었던 것이 1917년에는 822개 교에 43,643명으로 감축되었다. 이
로써도 학교 특히 사립학교가 항일독립사상의 온상지였기 때문에 조선총독
부가 얼마나 이의 사찰에 힘썼고, 그 수를 줄이려고 노력했었는지를 알 수
있다.[19]

그럴수록 한민족의 반일감정은 점차 고조되어 구국운동의 이념 속에 항
일운동과 비밀결사 형태로 조직화되어 나갔다. 그 중에서도 1913년 평양에
서 조직된 여성 최초의 비밀결사단인 송죽회(松竹會)는 중심 인물이 숭의
학교 교사인 황애덕(黃愛德)이었다. 그는 표면적으로는 여자상회라는 소비
단체를 열어 국산애용・물자절약 등의 표어를 내걸고 일하였다. 그리고 이
익금과 회비를 거두어 독립운동자금 조달, 국외 독립신문의 국내보급, 밀사
의 은신처 제공 등의 헌신적인 활동을 전개하였다. 이와 같이 전국적 규모
로 확장된 송죽회는 그 회원들이 각 여성운동의 핵심역할을 하였고, 일제
말기에는 국외로까지 확장되었다. 이러한 여성운동은 항일민족운동의 일환
으로 3・1민주혁명으로 이어졌다.

1919년 2월 8일 도쿄 유학생 김마리아(1891~1945) 등이 독립선언식을
가진 것을 계기로 3・1민주혁명 때는 전국의 종교단체, 여성학생층, 근로여
성, 가정주부, 기녀들까지 총동원되어 민족의 자주독립을 위해 항쟁하였
다.[20] 3・1민주혁명은 여성들에게 올바른 국가관을 심어주고 여성역할의
중요성을 깨우치는 등 의식의 변화를 가져왔다.

---

19) 김정의, 『한국소년운동사』, 민족문화사, 1992, 38쪽.
20) 김정의, 「애국 일념의 생애 김마리아」, 『역사의 시공을 넘나들며』, 혜안, 1995,
   98~100쪽.

## 3. 여성운동의 활성화

3·1민주혁명 직후 국내 여성운동은 항일구국운동과 민족실력양성운동으로 나눌 수 있다. 이를 통하여 여권신장과 여성근로자의 노동운동을 중심으로 본격적인 여성운동이 등장하게 되었다. 항일운동으로는 평양에 대한애국부인회, 서울에 대한민국애국부인회 등이 투옥지사의 옥바라지와 가족후원, 상해대한민국임시정부후원운동 등을 벌였으나 1919년 11월 27일에 해체되었다.

1920년대는 일제가 문화정치를 표방함으로써 출판, 집회, 결사의 자유가 허용되어 민족의 신문화운동이 새롭게 일어났는데 대한제국과 마찬가지로 교육계몽활동이 주류를 이루었다. 1920년 창설된 조선여자흥학회는 새로운 지식과 사상보급에 힘썼으며 기관지『여자계』를 발간하였다. 또 조선여자교육회는 1923년 근화학원을 설립하기도 하였다.

한편 경제적 자립운동의 하나로 물산장려운동과 국산품애용운동이 일어났다. 이는 여성들을 중심으로 조선물산장려회의 자매기관인 토산애용부인회와 소비절약을 강조하는 조선기독여자절제회 등의 결성으로 여성의 지위와 권익을 옹호하였다. 그들은 흡연, 매음 등 사회풍토를 개선하고 국산품애용을 장려하였다.

종교적 여성단체를 중심으로 한 여성들의 활동도 활발하였다. 1921년 천도교여자청년회, 1923년 YWCA(조선여자기독교청년회연합회)가 창립되어 여성의 의식 개혁, 금주·공창폐지 운동, 야학 설치와 사회봉사활동 등 신생활 신문화운동을 지속적으로 이끌었다.

천도교의 여성운동은 사람성 발전의 차원에서 시작하여 남성과 같이 여성의 권리와 의무도 꼭 같다는 '신여자'21) 의식의 각성을 주장하였다. 이를

---

21) 천도교 여성운동에서 말하는 '신여자'란 남자나 여자나 꼭 같은 사람이요 꼭 같이 신성하여 권리와 의무도 꼭 같다는 인식 하에서 누구에게 구속받지 않고 구속할 것도 없는 인간으로서의 여자를 의미했다. 인간으로서 신여자란 모든 실력을 얻어야 하고 지식과 도덕, 생산과 살림뿐 아니라 정치와 경제에까지 이 세상에서 사람으로서 할 일, 사람으로서 누릴 권리, 사람으로서 받을 권리를

위해 자신의 사상적 고민을 통한 사상과 감정체계를 확립하여 자기와 싸우고 사회와 투쟁할 것이며 직업을 가져 독립생활을 이룰 수 있어야 한다고 주장하였다. 따라서 모든 실력과 지식, 도덕과 정치, 경제적 지식은 모두 동원되어야 할 것으로 제시하였다. 이는 분명 혁신적인 관점이었다.[22]

YWCA는 1920년대 여성운동의 새로운 장을 열면서 구심체로서 기능했으며, 사회발전에도 크게 기여하였다.[23]

본격적인 여성운동은 1924년 창립된 조선여성동우회에서 시작되었다고 보겠다. 사회주의 색채를 띤 여성운동단체로서 창립선언문에서 여성의 인간적 평등권을 주장하고 여성의 이중적 노예상태를 지적하였다. 그들은 여성해방을 경제적 독립에 두어 자본주의 경제조직의 변혁 없이는 불가능하다고 보는 급진적, 혁명적인 여성해방운동을 전개하였다. 전국적으로 40여 개의 '여자청년회'를 조직하고 문맹퇴치, 농촌계몽, 토론, 교양강좌 등의 활동을 통해 최초로 여성운동의 목적을 여성의 사회적 해방으로 끌어올렸다. 그들은 특히 여성도 남자중심의 사회경제 질서에 참여해야한다고 강조하였다.

다음으로 1926년 민족운동의 통합을 위해 신간회가 발족되면서 여성들도 1927년 근우회를 결성하여 항일운동을 위한 단결로 좌우가 하나로 뭉쳐 통일된 조직과 목표를 가지고 전체적인 운동으로 전환하였다. 근우회는 민족독립의 이념을 바탕으로 행동강령은 여권의식과 근로자에 관한 방향이 제시되어 있다. 이 행동강령은 여성의 지위향상의 입장보다는 의식변화와 사회참여에의 유도를 시사한 점에서 특기할 만하다.

근우회는 민족협동전선체 내에서 여성들만 따로 묶는 대중운동조직 형태로 건설되었다.

---

다하고 누리며 받아야 한다는 것이다. 이러한 자각과 실행이 있는 여자라야 신여자라 했다(정혜정, 「여성운동과 교육」, 『동학·천도교의 교육사상과 실천』(한국문명학회총서 2), 혜안, 2001, 481쪽).

22) 정혜정, 위의 책, 484쪽.

23) 천화숙, 「일제하 조선여자기독교청년회연합회의 여성운동」, 『실학사상연구』9, 무악실학회, 1997, 123~147쪽 참조.

교육의 성적차별 철폐 및 여자의 보통교육 확장, 여성에 대한 사회적 법
률적 정치적 일체 차별 철폐, 일제 봉건적 인습과 미신 타파, 조혼 폐지 및
결혼과 이혼의 자유, 인신매매 및 공창제 폐지, 언론·출판·결사의 자유

와 같은 일반 민주주의 요구와 봉건적 유제 철폐 이외에 사회주의 운동에서
주장한,

부인 노동자의 임금차별 철폐 및 산전 4주간, 산후 6주간의 휴양과 그 임
금 지불, 부인 및 소년 노동자의 위험노동 및 야업 폐지, 노동자 농민 의료
기관 및 탁아소 설치, 농촌 부인의 경제적 이익 옹호

란 내용을 담고 있다. 이러한 여성운동 목표의 정립은 이전의 부르주아의
여성운동과는 질적 차별성을 갖는 것이었다. 이후 70여 개의 근우회가 전국
적인 규모로 확대되었으나 1930년 신간회 해체와 함께 자연 해산하게 되어
일제치하의 여성운동의 종지부를 찍게 되었다.[24]
  이 시기 여성운동의 특징은 일반적 개념의 여성운동이 아니라 한국사회
의 특수여건 속에서 강조될 수밖에 없었던 애국운동이었다. 여성단체의 창
설 동기와 운영에서 독립적인 조직도 있었으나 많은 단체가 남자들의 권유
와 지도에 의해 조직 운영되어, 대 남성투쟁을 위한 서구여성운동과 대조된
다.
  1931년 이후 여성운동은 일본의 만주사변(1931), 중·일전쟁(1937), 태평
양전쟁(1941) 등의 전시체제로 인해 잠복기로 접어들어 광복 때(1945)까지
이르게 되었다.
  8·15광복을 계기로 하여 여성운동은 여권신장을 위한 참정권을 향하여
움직였다. 1945년 8월 대한여자국민당이 여성의 자질향상, 정치·경제·사
회적 지위확보를 목적으로 창당되었다. 이와 함께 한국애국부인회가 발족
하여 여권운동을 꾸준히 전개하였다. 그후 독립촉성애국부인회 등 각종 여

---

24) 한국여성연구회, 앞의 책, 355~356쪽.

성단체가 나타나 남녀평등을 주장하고 나아가 정치에 적극적으로 참여하였다. 따라서 여성해방을 크게 외친 시기는 8·15광복 이후라고 할 수 있다.

8·15광복은 민주사상에 의해서 여성해방운동에 중대한 계기를 마련하여 남존여비의 윤리관을 청산하고 여성이 능동적으로 군림하려는 현상을 나타냈다. 뿐만 아니라 자식의 노예에서 자신의 희열이 생활의 주안이 되는 신사조가 도입되었다.

8·15 이후 남한만의 단독정부 수립 후 대한민국헌법에는 형식적이기는 하나 남녀평등권과 노동여성에 대한 보호규정이 제정되었다. 이후 여성들에게 심각한 정신적 타격과 경제적 각성을 촉구한 1950년 6·25동란은 여성들에게 사회적 자각을 가지게 하였다. 수많은 전쟁미망인, 과부, 군인아내 등은 호구지책을 위해 경제적 활동에 직접 투신할 수밖에 없었다. 이는 고난극복을 통해 그녀들의 실력을 발휘할 수 있는 계기가 되었다. 그리하여 여성들은 경제적 필요에서뿐 아니라 취미와 능력을 발휘하기 위해서도 직장으로 진출하였다. 또한 지역사회와 국가에 봉사하기 위해 단체 활동에도 참여하게 되었다.

우익 여권운동 진영은 1948년 2월 대한부인회를 결성하였다. 군사정변 이후 이 회는 잠시 해체되었다가 1964년부터 한국부인회로 이름을 바꾸어 다시 활동을 시작하였다.

이러한 여성운동은 1960년대 구미제국의 여성해방운동에 의한 자극과 1975년 '세계 여성의 해'를 선포한 유엔이 모든 인류가 바라는 '평등·발전·평화'를 이념으로 삼아 여성에 대한 차별을 철폐하는 데 모든 여성이 힘을 규합하도록 촉구함으로써 한국여성의 자아의식을 일깨우는 데 박차를 가하였다.

1960년대 말 추진되던 새마을부녀단체들이 1977년 새마을부녀회로 통일되면서 행정 말단조직에까지 부녀회가 조직되었다. 그리고 기존 한국부인회, 한국여성단체협의회, 전국주부교실중앙회 등도 소비절약, 식생활개선 등 정부시책을 홍보하였다.

1970년대 여성운동은 무조건 여성이 해오던 일을 거부하고 모든 일을 남녀가 똑같이 나누어 해야 여성이 해방되고 권익이 확보된다고 주장하는 여성도 많았으나, 점차로 자신과 가까운 주변을 정리해 보는 내실화의 움직임이 싹트기 시작하였다. 그리하여 신민법의 제정 당시부터 가족법이 갖는 성차별적 성격 때문에 범여성가족법 개정촉진회가 결성되어 꾸준히 개정운동을 추진해 온 결과, 1977년 재산상속상의 남녀차별이 다소 약화된 가족법의 일부 개정을 보게 되었다. 그 후 가족법은 1989년 12월 '이혼시 재산분할청구권 인정, 남녀 기·미혼 구별 없이 직계비속간 균등 분할하도록 한 재산상속제' 등이 반영된 2차 개정안이 통과되었다.

1970년대 여성이 벌인 운동 중에 가장 주목할 만한 것은 생산직 여성노동자들의 운동이다. 치열한 여성노동자들의 투쟁은 대부분 저임금과 형편없는 노동조건의 개선, 민주노조건설이 중심이었지만 여성노동자들의 특수한 요구를 제기하고 확보해 나가기도 하였다. 이런 가운데서 서구의 여성해방이론이 소개되기 시작하였고, 현대 여성운동이 가져다준 학문적인 자극의 결과로서 여성연구의 시각변화와 이론의 체계화·통합화를 지향하여 형성된 여성학이 등장하였다. 1977년에 처음으로 대학의 교과과정에 여성학이 채택되어 성이라는 차원에서 평등의 문제와 인간화의 문제를 중점적으로 다루게 되었다.[25]

1980년 이후 여성운동은 1970년대와 달리 질적인 변화를 보였다. 1980년 광주민중항쟁을 거치면서 1983년 여성평우회, 여성의 전화, 민주화운동 청년연합 여성부 등의 단체가 조직되었다. 1987년 6월대항쟁을 전후하여 여성운동은 부천서 성고문 규탄, 시청료납부 거부운동, 최루탄 추방운동 등을 벌여 여성운동과 민주화운동의 과제를 실천적으로 통일시켜 나갔다. 그 해 21개 여성단체가 모여 전국적인 한국여성단체연합이 결성되었다. 실로 광복 이후 40여 년 만에 여성운동은 각 계급 계층별·지역별 운동으로 발전하였다. 이런 단체들의 활동목적은 여성해방이란 과제를 선명히 하고 한국사회의 자주·민주·통일의 과제를 포괄하고 있었다.

---

25) 이화여대 한국여성연구소, 『여성학 영역별 연구』, 이화여대출판부, 1989, 4쪽.

이처럼 1980년대 들어서면서부터는 급변하는 사회의 대처방안과 함께 여성단체들의 운동방향도 사회구조적인 모순 속에서 여성의 문제를 파헤치려는 의식의 탈바꿈과 그에 따른 이론체계를 사회학적인 관점에서 심도 있게 다루었다. 그리고 여성문제 해결을 위한 여러 단체들이 계속 늘어나고 있는 추세였다. 이 시기에 여성노동자운동으로는 1987년 한국여성노동자회가 조직되었고 1992년 9월에는 한국노동자협의회가 결성되어 총괄하게 되었다.

대표적 주부운동단체인 한국여성민우회는 생활협동조직을 기반으로 지회를 구성하고 주부모니터활동과 학부모운동에 참가하기 시작하였다. 한국여성단체연합회에서는 1992년 주부위원회를 상설화하였다.

무엇보다도 1990년대 들어와 가장 주목받은 운동은 성폭력추방운동이었다. 1980년대 후반 성폭력문제의 심각성이 대두되자 1991년에 성폭력상담소가 개소되었고 한국여성단체연합에서 1992년을 '성폭력 추방의 해'로 정하고 여성단체들과 연대활동을 벌인 결과 여론에서 주목받는 운동이 되었다. 그리하여 1993년 12월 '성폭력범죄의 처벌 및 피해자보호 등에 관한 법률' 제정에까지 나갈 수 있었다.

또한 군위안부 진상규명운동은 1990년 11월 정신대문제 대책협의회가 발족되면서 본격화되어 일본군 위안부에 대한 생활안정지원법안이 통과되도록 하였다.

그리고 여성정치운동은 1995년 지방의회선거를 계기로 여성단체연합에서는 1994년 중요사업으로 '20% 지방의회 여성참여'를 내걸고 좋은 후보 발굴, 여성의 정치의식 고취를 위한 활동을 전개하였으나 실패하고 말았다.

또한 소비자운동은 1955년경부터 YWCA가 시작한 후 1978년에 소비자보호단체협의회가 구성되어 소비자보호운동에 관한 조사연구, 소비자의견 반영, UR에 따른 외제상품의 홍수 속에서 불량상품불매운동, 소비자계몽운동 등의 사업을 전개하여 소비자권리를 위한 경제의 민주화를 이루고자 애썼다.

특히 1980년대 후반 이래 여성단체에서 제기한 여성 관련법 중 1987년 남녀고용평등법, 1989년 가족법, 1990년 영·유아보육법, 1993년 성폭력특별법 등이 제정 또는 개정되었다.

1995년 8월 30일 제4차 유엔 세계여성회의가 중국의 베이징에서 비정부기구(NGO)포럼의 개막을 시작으로 17일간의 공식 일정을 시작했다. 회의의 주제는 '평등 발전 평화를 위한 행동'으로 우리나라는 50명의 정부기구대표와 6백여 비정부기구 대표를 대거 파견하여 세계여성계에서도 국력에 걸맞는 역할을 수행하였다.

새로운 세기로 접어든 2001년 벽두 여성부가 드디어 행정부 조직의 한 부서로 탄생하였다. 여성부는 현재 사회 곳곳에 자리잡은 남녀차별 의식과 관행을 21세기 국가경쟁력 향상의 걸림돌로 규정하고, 생활속 평등문화 확산을 위해 5대 생활문화 개선운동을 전개하고 있다.26)

뿐만 아니라 2001년에는 첫 여성 장군이 탄생하였고, 여성 산전·후 기간이 90일로 늘어나기도 하였다.27) 그리고 양성 차별의 상징이기도 한 호주제 폐지운동과 토론회가 활발히 진행되었다.

1975년 '세계 여성의 해'를 제정한 이래 작금 여성운동은 선후진국 가릴 것 없이 성숙단계에 들어섰음이 실감된다.


## 4. 여성운동의 발전과제

지금까지 한국 여성운동 변천사를 총체적으로 살펴본 결과 시대적인 특수성과 세계적인 조류에 발맞춰 앞으로의 여성운동 발전과제로는 다음과 같은 것을 제시할 수 있겠다.

첫째 여성운동은 인간화를 위한 것이라야 한다.

여성지위향상운동과는 구별되어야 하며 모든 사람이 의식주와 자유, 육체적 정신적 건강함을 누리는 삶이 보장되어야 한다. 모든 비인간화의 원리

---

26) 여성부가 정한 개선 대상 5대 생활문화는 명절문화, 살림문화, 육아문화, 자녀교육문화, 회식문화다.

27) 「올해 여성계 '3대 뉴스'」, 『조선일보』 25186호 2001년 12월 18일자, 39쪽.

위에 세워진 제도와 사상에 대한 전면적인 도전의 한 부분이 되어야 한다. 즉, 정의, 화해, 평화가 꽃피는 사회로 끌어올리려는 열의가 있어야 한다.

둘째 여성정치운동을 강화해야 한다.

여성의 상태를 개선하기 위해서는 모든 부분에서 진취적인 여성정책이 필요하다. 그리하여 유권자의 과반수를 넘는 여성들이 불평등한 사회구조 및 가치체계를 변화시키는 데 능동적인 참여(현재 여성의원 2%)를 해야 하며, 「사회적 약자 보호법」을 통해 여성들의 우대고용과 정당들의 우대 의석 배분을 법적으로 보장하는 노력도 추구되어야 한다.

셋째 공동체의식을 높여야 한다.

여성운동의 성공 여부는 여성들의 공동의식과 연대의식의 농도에 따라 달라진다. 시대에 알맞는 새로운 여성상을 수립하여 실력을 갖추고 모두가 함께 잘사는 공동체 사회 구현에 앞장서야 한다. 그리하여 21세기에는 여성이 남성의 동등한 파트너로서 평화적이고 번영하는 세계건설에 공동의 진전을 이룩하기 위해 모두의 힘을 모아야 한다.[28]

넷째 대중매체를 적극 활용해야 한다.

한국사회가 이제 성 고정화에서 벗어나고, 여성권한 지수가 세계적으로 하위권이라는 오명을 벗는 데는 대중매체의 역할이 가장 중요하다. 대중매체는 사회현상의 반영에서 머무는 것이 아니라 새로운 이상을 제시해 줄 수 있는 사회변혁의 역할도 할 수 있는 훌륭한 평생교육의 대리자다. 현재 한국의 일반인에게 각인되고 있는 대중매체의 성 상품화, 성 역할 고정화를 벗어나려는 노력은 대중매체의 생산자와 소비자 공동의 몫이며, 이를 실현하기 위한 평생교육이 설계되어야 한다.[29]

이상에서 볼 때 앞으로의 여성운동은 인간화와 공동체의 건설을 위해 사회 전반에 걸쳐 광범위한 관심을 갖고 변화에 따라 목표를 설정하여야 한다. 그동안 유엔을 비롯해 세계 각국이 몰두해 온 여성의 지위향상의 결과,

---

28) 최금숙, 「여성운동의 과제」, 『한국문명사』, 혜안, 1999, 261~262쪽.
29) 곽삼근, 「한국의 대중매체에 나타난 성 편견 문제」, 『문명연구』 3-1, 한국문명 학회, 2002, 211쪽.

이제 여성운동은 여성들만의 것이 아닌 세계 발전에 필수적인 실천운동이
란 것을 모두가 인식하여야 하겠다. 유엔개발계획 보고서에서 밝힌 것처럼
한국의 남녀평등 지수는 세계 37위고 여성권한 척도는 90위에 머물고 있다
는 사실을 직시하여 국내뿐만이 아니라 세계적인 여성운동의 흐름에 적극
적인 동참이 뒤따라야 할 것이다.

# 제11장 과학기술의 발전

## 1. 고대의 과학기술

지구(地球)가 생성된 이래 지구는 빙기와 간빙기를 거듭하였다. 사람이 쾌적하게 살 수 있는 기간은 물론 따뜻한 간빙기가 적당하다.[1] 따라서 인류의 도약은 주로 간빙기 때 이루어졌다.[2]

인류는 다른 영장류와 달리 연모를 만들어 사용하게 되면서 마침내 영장류의 선두주자로 나서게 되었다. 그후 자연에 적응하고 환경을 개척하면서 연모제작 기술을 발전시켰다. 그러한 도정에서 고인류는 약 4만~5만 년 전 생물학적으로 현재의 인간 골격과 같은 현생인류로 진화되었다. 현생인류의 출현 이후 인간은 이제 자기 세대에서 터득한 삶의 지혜를 문화라는 형태로 후손들에게 물려주게 되었다.[3]

한국에서의 구석기문화는 초기 단계의 뼈 연모와 뗀석기가 1933년 동관진 유적에서부터 발견되기 시작하였다.[4] 광복 후에는 북한지방의 웅기, 상원과 남한지방의 공주, 연천, 청원 등지에서 본격적으로 구석기 유적이 발굴되어 개가를 올렸다. 이는 역사 발달과정에서 갖춰야 할 구석기시대에 대한

---

1) 이융조, 『한국의 선사문화-그 분석연구』, 탐구당, 1981, 12쪽 참조.
2) 김정익, 「한국인의 원초 규닝」, 『역사의 시공을 넘나들며』, 혜안, 1995, 190쪽.
3) 노태돈, 「한국인의 기원과 국가의 형성」, 『한국사 특강』, 서울대학교출판부, 1990, 33쪽.
4) 김정학, 「한국에 있어서 구석기문화의 문제」, 『문리논집』 3, 고려대학교, 1958, 1~25쪽.

존재와 그 사실이 밝혀짐으로써 당당히 역사서적에 표기할 수 있게 되었고 과학기술에 대한 연구의 자부심을 가질 수 있는 계기를 마련하게 되었다.[5]

인류는 구석기문화의 긴 터널을 지나 마지막 빙기가 지나가고 간빙기가 오자 중석기문화를 거쳐 지금으로부터 약 1만 년 전 신석기문화로 도약하였다. 신석기 문화시대에는 화살촉, 작살 같은 간석기와 토기가 만들어지고 고기나 조개잡이 외에도 활을 이용한 사냥술이 익혀졌다. 나아가서 초기 단계의 목축이 나타났다. 농경과 가축 사육을 특징으로 하는 신석기혁명으로 문화가 발전함에 따라 가족, 씨족 또는 부족으로 사회구성단위를 바꾸면서 협동하여 일해서 생산하며 공동으로 분배하는 경제생활을 영위하고, 석기제작이나 예술활동을 통해 분업형태를 낳았다.[6] 또한 농경이 발달하여 식생활에 여유가 생기고 인구가 증가하는 트랜드 속에서 보다 나은 생활의 계획이 금속제품과 문자의 발명을 낳게 되어 고대문명으로의 터전을 닦는 과정으로 이어지게 되었다.

원시공동체사회의 해체는 본격적인 농경문화를 수반하는 청동기문화단계에서 일어났다. 서기전 10세기경에 이 땅에는 청동기문화를 가진 무늬없는 토기인들이 살고 있었으며 그들은 높은 수준의 금속주조 및 합금기술에 도달하고 있었다. 즉, 이들 유적에서 발굴된 초기 청동기의 유물에서 아연과 청동의 합금이 발견됨으로써 한국의 실용적 과학기술이 독창적인 유형에 속한다는 것을 밝혀냈다.

한국의 청동기에서 또 하나 독특한 것으로 비파모양 청동검과 후기에 나타난 한국식 청동검을 들 수 있다. 이들 청동검은 독특하고 세련된 디자인과 뛰어난 제조기술에서 그 시기의 다른 어느 지역의 청동기 기술을 능가하고 있다. 서기전 4세기경에 출현한 한국식 청동검들은 돌 거푸집을 써서 대량으로 생산되었다. 이 한국식 청동검들은 의기로서뿐만 아니라 동물을 찌르는 데도 사용되었다.

---

5) 정명호, 「한국 전통공예 과학기술 발달사」,『실학사상연구』 19·20, 무악실학회, 2001, 7쪽.

6) 변태섭,『한국사 통론』, 삼영사, 1986, 32~35쪽 참조.

돌 거푸집에 의한 주조기술은 서기전 3세기경에 전개된 한국의 독자적 모델의 무쇠도끼 주조기술로 이어지고 있다. 이 시기에 한국에서는 많은 무쇠 도끼들이 같은 크기의 돌 거푸집을 써서 대량으로 주조되었다. 한국의 철기시대는 서기전 5~4세기에 중국의 철기문화가 들어오면서 형성되었다는 것이 일반적인 설이다. 그렇다면 한국인은 그 새로운 금속문화를 수용하여 한국인의 주철기술로 재창조해낸 것이 된다. 그것은 한국인의 기술적 전통이 나름대로 형성되어 있었기 때문에 가능했던 것이다.[7]

중국 과학기술의 영향은 낙랑군이 설치되면서 급속히 나타나게 되었다. 그것은 철기와 동기 문화를 한국 전역에 걸쳐 전파케 했고 금속제련 및 주조기술 발전을 자극하였다. 이는 초기 청동기시대로부터 내려온 금속 합금기술의 전통 속에 새로 들어온 공예미술적 주법이 소화 흡수된 것이었다. 그리하여 마침내 새로운 토착문화가 낙동강 하류 지방에서 철의 생산을 바탕으로 일어나게 되었다. 철의 생산은 무기뿐만 아니라 농기구로서 중요하게 쓰여 우경(牛耕)과 더불어 농업기술을 발전시켰다.

한국은 국가형태를 갖추기 시작한 단군성조(檀君聖祖) 이래 천상(天象)의 변화를 통하여 하늘의 뜻을 헤아림으로써 홍익인간(弘益人間)의 이화세계(理化世界)를 실현코자 하였다. 이는 민족생활의 바탕이 되는 농업생산력의 발전을 위한 노력이기도 하였다. 나아가 국가와 왕자의 안위를 내다보기 위한 점성적인 것으로서, 한국의 역대 왕조로 하여금 하늘의 현상에 민감케 했다. 그것은 하늘에 대한 과학인 천문학과 기상학을 발전시키는 주요 요인이 되게 했다.[8]

고구려의 천문학의 경우, 고분에 그려진 별자리의 그림을 예로 보건대 고구려인들은 독자적인 천문관측을 하고 있었으며 그 결과로서 별자리의 그림을 그릴 수 있었던 것이다. 1998년 일본의 나라 현 아스카 촌 기토라 고분에서 발견된 「천문도」는 별의 운행에 기준이 되는 내규와 외규, 적도 등의

7) 전상운, 『한국과학사의 새로운 이해』, 연세대학교출판부, 1998, 17~20쪽 참조.
8) 김정의, 「한국문명의 시원과 원초 이념의 구현」, 『문명연지』 3-1, 한국문명학회, 2002, 16쪽.

동심원, 태양의 운행을 나타내는 황도의 위치, 약 600개의 별과 34종의 별자리가 그려져 있는데, 이는 서기전 3세기~서기 3세기 사이의 북위 39~38도선 사이, 구체적으로 평양(平壤)에서 관측한 별자리를 바탕으로 그려진 것으로서, 고구려 이주민들에 의해 그려진 것으로 생각된다.[9]

고구려 등 고대왕국의 과학문명은 중국의 과학기술을 받아들여 한국적인 전통을 세울 수 있게 되면서 그 발전이 더욱 가속되었고 대륙의 선진적 과학문명을 변용 발전시켜 일본에 전파할 수 있는 위치에 이르게 되었다. 백제 공장(工匠)의 우수한 기술적 소산은 최근 발견된 백제금동용봉봉래산향로[10]와 신라·일본에 남아 있는 백제의 기술적 유산에서 찾아볼 수 있다. 566년 준공된 황룡사 9층탑과 일본 최초의 불교사원인 호류지가 그것이다. 불교사원의 건축과 그와 관련된 백제의 금속제조기술도 일본에 많은 영향을 끼쳤다. 칠지도(七支刀) 등이 그 좋은 예다.

## 2. 중세의 과학기술

고대의 창조적인 과학기술 발전은 신라통일기에 이르러 첨성대(瞻星臺)[11]와 다라니경 인쇄 두루마리 등으로 나타났다. 첨성대는 다목적의 천문관측 시설이며 천문관측의 중심지로서 자오선과 방위의 표준이었다. 신라인은 고도의 축조기술을 써서 첨성대를 우아한 곡선미와 세련된 안정미를 갖도록 쌓아 올렸다. 첨성대는 왕조의 권위를 상징하는 궁정 천문대로서 의식적 의미에서도 손색없게 세워 놓았다.

석굴암(石窟庵)은 기묘한 구조, 아름다운 조각, 축조기술의 비범함으로 한국 예술과 토목·건축기술의 정화(精華)라 일컬어지고 있다.

---

9) 박진훈, 「과학기술사」, 『한국 문명사』, 혜안, 1999, 279쪽 ; 『조선일보』 1998년 6월 1일자.

10) 최성자, 「국보 중 국보 '금동 용봉 봉래산 향료' 취재기」, 『한국의 멋 맛 소리』, 혜안, 1995, 33·52쪽.

11) 柳宗悅 지음, 심우성 옮김, 『조선을 생각한다』, 학고재, 1996, 26~69쪽 참조.

신라 기술의 우수성은 인쇄술의 발명에서도 드러난다. 1966년 불국사 석가탑에서 발견된 무구정광대다라니경 인쇄 두루마리는 704~751년 사이에 목판 인쇄된 것으로, 지금까지 알려진 세계에서 가장 오래된 인쇄본임이 밝혀졌다. 이로써 한국 목판인쇄술이 중국보다 앞서 시작되었다고 말할 수 있게 되었으며 이는 한국에서의 목판인쇄술이 세계에서 가장 빨랐다는 것을 뜻하므로 기술사적으로 큰 의의를 가지는 것이다.[12] 또한 770년의 일본의 백만탑 다라니경은 신라의 인쇄술이 건너가 이루어진 것이기도 하다.

고려의 기술은 신라 기술의 전통을 바탕으로 하여 밖으로 송나라 문화의 영향을 받았다. 고려의 귀족들은 새로운 문물을 통하여 고려적인 문화 창출에 심혈을 기울여 자기들의 문화적 욕구를 충족시키려 하였다.

천문학은 관측천문학의 발달과 정확한 역(曆) 계산을 위한 노력으로 특징지울 수 있다. 그들이 독자적으로 정확하고 장기적으로 천문관측을 한 것은 주목된다. 132회에 달하는 일식, 87회에 달하는 혜성들의 관측, 특히 1024~1383년까지의 360년간 34회에 달하는 태양 흑점의 관측기록은 8~20년을 주기로 나타나고 있었다. 또 강보(姜保)가 1343년에 편찬한 수시력 계산 조견수표인 『수시력첩법입성(授時曆捷法立成)』은 고려인의 손으로 수시력이 정확하게 계산된 것으로 이는 고려 천문학자가 수시력의 이론과 고도의 수학적 계산법에 통달하고 있었다는 것을 말한다.[13]

두 차례에 걸친 대규모의 대장경 조판사업은 책을 인쇄하여 널리 펴낸다는 인쇄술 본래의 목적보다는 부처의 도우심을 받아 외적의 침략으로부터 나라를 구하려던 종교적인 기원에서 시작되었다. 현재 해인사(海印寺)에 소장된 고려판 팔만대장경은 세계에서 가장 규모가 크고 훌륭한 최고(最古)의 판목이다.

고려청자도 귀족적 생활을 위해서 이루어진 대표적인 기술적 소산이긴 하나 그것은 영향을 준 송자(宋磁)의 기술을 능가하는 독특한 상감법(象嵌法)을 발명하였다는 점에서 의의가 크다.

---

12) 전상운, 앞의 책, 27쪽.
13) 위의 책, 32쪽.

고려시대의 또 다른 기술적 진보는 금속활자의 발명(1234)에서 찾을 수 있다. 고려인들은 활자의 주형을 세계 최초로 발명함으로써 세계문명사에 획기적인 공헌을 하였다. 지금 남아 있는『직지심경』도 1377년에 발간한 것이니 이른바 구텐베르크(Johannes Gutenberg, 1397~1468)의 활자 발명(1450)보다도 빠른 것이다. 이로써 한국인은 금속활자 발명 한 가지만 갖고도 인류문명 발전에 결정적인 공헌을 한 민족으로 기리 남게 되었다.14)

## 3. 근세의 과학기술 문명

조선왕조 초기인 15세기에는 한국문명의 황금시대로서 놀라울 만큼 과학이 발달한 시기였다. 즉, 조선 초기 자주적인 문화창조의 의욕적인 움직임은 새로운 왕조의 과학기술 발전에 강력한 추진력이 되었다. 이 시기에는 여러 가지 천문기상의 관측기구가 만들어졌는데, 서양보다 백년이나 앞서서 세계 최초로 발명된 측우기(測雨器)는 널리 알려진 바다.

또한 1403년 계미청동활자는 목판인쇄나 목활자를 개량해서 발전시킨 것으로 활판 인쇄에서 가장 근본적인 개량이었다. 측우기와 수표(水標)라는 강우량 측정기구의 발명은 강수량을 과학적인 방법으로 측정하여 과학으로서의 농업기상학을 성립케 했다는 점에서 의의가 크다. 뿐만 아니라 자연현상을 수량적으로 기술하는 근대 과학적 방법을 발견하였다는 점에서 과학사상 뚜렷한 위치를 차지하고 있다.

천문학에서는 1438년에 완성된 경복궁 천문대에 혼천시계, 간의, 자격루, 옥루, 규표 등의 관측기들이 설치되어 부단한 관측이 계속되었으며 12를 바탕으로 조선왕조가 자주적 역법체계를 세우기 위하여 노력하였다. 그리하여 조선 초기 천문학자들은『칠정산내외편(七政算內外篇)』과『제가역상집(諸家曆象集)』을 출판하였다. 더욱이『조선왕조실록(朝鮮王朝實錄)』에 남아 있는 25,200여 회에 달하는 천변지이(天變地異)에 관한 기록들은 세계에

---

14) 손보기,『금속활자와 인쇄술』, 세종대왕기념사업회, 1976, 3쪽.

서 가장 방대하고 정확한 천문기상에 대한 기록이라고 할 수 있다. 이를 근거로 이태진(李泰鎭, 1943~ )은 「소빙기(小氷期, 1500~1750) 천변지이 연구와『조선왕조실록』- global history의 한 장」을 발표하여 세계사적인 '17세기 위기론'설을 뒷받침하였다.15)

농업에서는 1429년『농사직설』에 집약되어 있는 농경기술로 유기 기술적 집약경작이 실현단계에 들어가게 되었고 수전 경작기술과 작물 육성기술이 향상되고 집약재배농법이 궤도에 오르게 되었다.

의약학에서는 1433년에 조선에서 생산되는 약재에 의한 한약처방을 집대성한『향약집성방』이 편찬되어 조선 의학의 학문적 체계가 수립되었다. 또 1445년에는『의방유취』가 편찬되었는데 365권에 달하는 방대한 의학 대백과사전이다.

지리학과 지도 제작에서는 1432년에 7년간의 조사와 노력 끝에『신찬팔도지리지』를 편찬하였다.16) 이것은 그 뒤『세종실록』에 수록되어 지리지로서 한국 인문지리학의 학문적 체계를 세우는 데 크게 기여하였다. 또 1434년부터 수년간은 한국 최초의 실측지도가 제작되었다.17) 15세기 조선왕조 초기의 기술은 이 밖에 요업과 건축 기술에서도 현저한 발전을 이룩하였다.

특히 주목되는 시기는 세종시대다.『한국과학사』에서도 세종 '과학'은 핵심을 이룬다. 조선시대 3대 과학자로 꼽히는 이천, 장영실, 이순지(1406~1465)는 모두 세종이 키우다시피한 인물들이다. 전상운(全相運, 1928~ )은 "15세기에는 중국의 과학기술이 세계 최고 수준이었음을 감안한다면 중국 기술을 창조적으로 응용한 조선의 과학기술 역시 세계 최고"라고 밝히고 있다.18)

그러나 조선의 과학기술은 15세기를 고비로 점차 쇠퇴하며 게다가 전후

15) 이태진,「소빙기(1500~1750) 천변지이 연구와『조선왕조실록』-global history의 한 장」,『역사학보』149, 1996, 203~236쪽 참조.
16) 이상태,『한국 고지도 발달사』, 혜안, 1999. 32쪽.
17) 위의 책, 6쪽.
18) 이한우,「조선과학기술 세계 최고」,『조선일보』24706호 2000년 6월 9일자.

7년에 걸친 임진왜란은 조선에 극심한 피해를 입혔다. 따라서 과학기술의 자주적 기반은 안정을 잃게 되고 그후 성리학의 융성과 서구과학과의 접촉은 한국과학의 자주적 계통적 발전에 장애가 되었다.

이러한 과학기술은 17~18세기에 이르러 이수광(1563~1628), 유형원(1622~1673)을 위시한 이익(1681~1763), 정약용(1762~1836) 등의 실학자들에 의해 비로소 과학으로서의 학문의 발판을 얻게 되었다. 그들은 서구의 근대과학기술에 자극받아 철학적 사색에만 치중하는 사조에 반발하여 실사구시(實事求是)를 이상으로 삼는 과학정신에 입각한 실학운동을 벌여 서구 학문을 수렴하고 과학적 개혁을 추진하였다. 특히 정약용의 「기예론」19)은 실학자들의 과학기술관을 압축한 백미로 여겨진다.

먼저 천문학에서는 종래의 중화적 세계관을 뒤엎는 지구구형설과 지구회전설을 주장하는 새로운 우주체계가 형성되며 김석문의 '삼대환공부설'과 홍대용(1731~1783), 박지원(1737~1805)의 '지전론'이 논의되었다. 지리학에서도 과학적 지리학은 이중환(1690~?)의 『택리지』, 정상기(1678~1752)의 「동국지도」, 김정호(?~1864)의 「청구도」와 「대동여지도」의 완성이 그 출발이었다. 기존 사실의 나열에서 지표상의 자연과 인문을 설명하려고 노력한 『택리지』나, 실측지도로서의 「대동여지도」는 그것을 토대로 하는 지도의 발달을 보지 못한 채 서양 기원의 지리학으로 넘어가게 되었다.

실학자들의 실사구시적인 정신은 과학기술의 발전뿐만 아니라 사회 · 경제 분야에서도 나타나는바, 농업에 있어서 이앙법이라는 새로운 농업기술을 전파시켜 농민생활의 안정을 꾀하고, 수공업에서도 관장제적 형태에서 벗어나 자유수공업을 진전시키는 상업 기술, 수공업 기술의 새로운 개혁을 요구하는 것이었다.

이렇게 조선 후기 모든 분야에 있어서의 제도의 재정비는 실학자들의 학문적 · 사회적 활동과 밀접한 연관이 있었다. 그러나 과학문화의 르네상스라고도 하는 영 · 정조 때의 과학기술이 세종 때와 비슷하게 되었을 때는 조

---

19) 정약용, 『여유당전서』 권11, 기예론.

선의 과학은 이미 청나라를 통해 들어온 서구과학의 영향에 새로운 자극을
받고 있었다.


## 4. 근·현대의 과학기술

자연현상을 이해하고 이를 합리적으로 설명하는 지식체계인 과학과, 이
러한 과학적 지식체계의 바탕 위에서 자연을 보다 효율적으로 이용하기 위
한 수단으로서의 기술은 인간의 삶을 풍요롭게 하고 역사를 발전시키는 원
동력이었다.[20] 한국은 한국의 자연지리적 조건에 맞는 과학기술적 전통을
개척해 왔으며, 한편으로는 주변 국가의 영향을 받기도 하고 전파하기도 하
면서 전통 과학기술을 계승 발전시켜 왔다. 그러나 양란으로 말미암아 한국
의 과학기술은 심대한 타격을 받았다. 그후 조선후기 실학자들을 중심으로
서양의 과학기술을 도입하여 이를 체계화하기 위해 노력하였다.[21]

특히 19세기 초·중반에 활동한 이규경(1788~1860)과 최한기(1803~
1877)의 업적이 돋보인다.[22] 이규경은 도기(道器)의 논리를 통해 서양의 형
이하학을 수용할 것을 주장하였다. 반면 최한기는 실용의 관점에서 서양의
기술뿐만 아니라 제도, 예교 등까지도 수용 대상에 포함시켰다. 그는 모든
문명을 상대화시켜 비교 가능한 대상으로 설정하고 서양인들의 이성을 인
정하였다.[23] 최한기에게 있어서 천하는 이미 중국중심의 화이론적 천하가
아니고, 선행 실학파가 보여준 서양세계의 존재를 확인하는 단계를 넘어서
동양과 서양의 활발한 교류와 상호협력을 통하여 하나의 지구적 세계로 일

---

20) 과학지식과 기술혁신 사이에는 단순하고 직선적인 인과관계가 존재한다(김영
   식 엮음, 『역사 속의 과학』, 창작과비평사, 1982, 225쪽).
21) 박진훈, 앞의 「과학기술사」, 291쪽.
22) 김정의, 「한국사의 문명사적 인식론」, 『실학사상연구』 9, 무악실학회, 1997, 22
   쪽.
23) 노대환, 「19세기 전반 서양인식의 변화와 서기수용론」, 『한국사연구』 95, 1996,
   111쪽.

체화를 추구하는 것이라 할 수 있겠다.[24]

그러나 19세기 후반 한국의 개화 물결은 전통적인 과학기술의 먹구름을 초래하였다. 일제의 서구적인 과학기술은 저들의 침략야욕과 상업적인 이윤 추구에 급급하여 한국의 전통 과학기술이 자력으로 근대화하는 것을 저해하였다. 소비상품이 물밀듯 밀려오는 상황 속에서 자생으로 산업혁명을 이루지 못하고 식민지로 변환되는 절차가 속속 진행되었다. 그것이 언필칭 개화였고, 개명이었고, 근대화라는 미명이었다. 그 끝은 일제의 식민지 예속이었다.

일제통치에 의한 식민지의 질곡은 한국의 전통적인 과학기술 발전의 단절을 초래하였다. 전통문화의 축적량은 급격히 축소되어 갔다.[25] 한국인 자녀는 단지 일제의 노예교육으로 기능교육에 치우쳤고, 더 나아가 일제는 한국인에게는 과학을 할 능력이 없다는 걸 입증하고 홍보하는 데 혈안이 되었다. 이것은 식민사관의 핵심 중 하나이기도 하였다. 그래서 과학기술교육은 일본인에게 독점되었다. 이제 한국인 스스로도 한국의 과학기술 전통을 미미한 것으로 여기게 되었다.

이러한 때에 근대화의 핵심이 과학임을 간파한 젊은 사학자 홍이섭(1914~1974)은 1944년 펴낸『조선과학사』를 통해 한국의 과학기술 전통이 출중하였음을 세상에 알리고 미래사에 새로운 희망을 안겨주었다.[26] 그 밖에 열악한 조건에서도 김용관(1897~1967)이 발명학회를 만들고(1924), 1934년 4월 19일을 과학의 날로 정하였다.[27] 우장춘(1898~1959)은 농작물의 종자개량에서 개가를 올렸고, 이원철(1896~1962)은 원철성을 발견하여 천문학계의 쾌거를 이루었다. 그러나 광복후 해방공간과 동란 중 그나마 남아 있었던 몇 안 되는 과학자마저 잃는 비운이 겹쳤다.

---

24) 금장태,「최한기 철학의 근대적 성격」,『한국실학사상연구』, 집문당, 1987, 281쪽.
25) 김철준,「민족문화의 전통」,『한국문화사론』, 지식산업사, 1976, 36쪽.
26) 김정의,『신문명 지향론』, 혜안, 2000, 34쪽.
27) 홍대길,「우리나라 최초의 과학의 날」,『과학동아』161, 1999, 170~171쪽.

한국인은 전화(戰禍)가 휩쓸고 간 황폐한 땅 위에서 전후 복구사업에 전념하기 시작하였다. 특히 1960년대 초부터 공업화를 위한 경제개발 5개년계획을 연차적으로 시행해 나갔다. 자연히 과학기술 개발의 중요성이 인식되고, 이를 국가 주요정책의 하나로 삼아 과학기술 발전에 진력하였다. 그리하여 1967년 과학기술진흥법을 제정하고, 과학기술정책관서로서 과학기술처를 발족시켰다. 또한 1962년 외자도입법을 제정한 이래 선진산업 플랜트와 기술을 과감히 도입 활용하였다. 1966년에는 한국과학기술연구소(KIST)를 설립하고, 이를 계기로 많은 산업기술 공업연구소를 설립하여 연구개발에 힘썼다. 그리고 과학기술자의 양성, 국제 기술협력의 확대, 과학화 운동의 전개 등 1970년대까지는 과학기술이 발전할 수 있는 기반 구축에 힘썼다.

이에 힘입어 소양강 다목적 댐, 경부고속도로, 아산만 간척지 등의 사회간접시설과 포항제철(포스코), 울산비료, 옥포조선 등 중화학 공업에서 괄목할 발전을 이루어 공업화의 기틀을 쌓는 데 성공하였다. 한편 수출 드라이브 정책으로 국외시장 진출에 자신감을 얻었고, 새마을운동으로 민족정기에 활력소를 되찾았다. '하면 된다'는 신념이 현실로 나타나기 시작하여 오랜 가난이 걷히기 시작하였다. 한편 1967년부터 참가하기 시작한 국제기능올림픽대회는 드디어 1977년부터 9연패를 달성함으로써 장인정신으로 공업입국을 이룰 수 있다는 자긍심을 유감없이 확인하였다. 1973년에는 4월 21일을 과학의 날로 제정하여 과학화의 중요성을 높이고, 모든 국민생활의 과학화를 추진하였다. 또한 원양어업에서는 한국인의 진취성이 드러났고, 1979년부터 시행된 의료보험법은 국민건강 증진에 크게 기여하였다.

1980년대에는 서해안 시대의 개막, 남극기지 건설과 자동차 공업의 활성화로 다시 한 번 약진하였다. 1990년대에는 반도체에서의 승부수가 한국의 선진국화에 기폭제기 되었다. 특히 세계 최초로 1기가 메모리 칩(memory chip)을 개발하는 데 앞장섰다. 뿐만 아니라 리비아(LIBYA) 수로 건설, 암만항 건설, 싱가포르(SINGAPORE) 쌍둥이 빌딩 건설, 우즈베크 자동차 생산공장 건설 등에서 국제적으로 한국의 산업 노하우가 인정을 받았다. 특히

1995년 통신위성의 발사와 초고속정보통신망의 구축은 비단 산업화에는 늦었었지만 정보화는 앞서겠다는 의욕을 현실화시킨 장거였다. 실제로 과학기술 발달에 힘입어 경제성장이 드디어 국민 1인당 소득 10,000달러를 넘김으로써 선진국 문턱을 넘어서기도 했었다.

이처럼 국내 과학기술 수준은 지난 반세기 동안 눈부시게 발전해 왔다. 특히 한국은 정보기술(IT)과 바이오기술(BT) 등 일부 첨단과학기술 분야에서 선진국을 앞지르고 있다. 국내 과학기술분야 연구개발비는 지난 1967년 48억 원에서 2000년엔 13조 8,490억 원으로 3천 배 가까이 늘어났다. 물가인상률을 감안해도 엄청난 증가다. 연구원 수는 지난 1967년 3,258명에서 2000년엔 15만 9,900명으로 늘어났다.

국내 과학기술 수준도 크게 높아졌다. 국내 과학자들의 논문이 질적, 양적으로 꾸준히 향상되고 있다. 2001년 과학기술 논문의 질적 수준을 가늠할수 있는 과학기술논문 인용색인(SCI)에 실린 국내 과학자 논문 수는 1만 4,162편으로 조사됐다. 지난 1960~1970년대엔 연간 수십 편에 불과했었다. 국가별 전년대비 SCI 논문 증가율은 한국이 17.9%로 세계 1위를 차지하는 성과를 올렸다. 전 세계에서 발표된 논문에서 국내 과학자가 쓴 것은 지난 2000년 1.37%에서2001년엔 1.53%로 높아졌다. 최근엔 세계적인 학술지에 논문이 게재되는 사례가 크게 늘고 있다. 2002년 초반에 이미 10여 편의 논문이 네이처, 사이언스, 셀 등에 발표돼 전 세계 과학자들의 주목을 받았다.

국내 과학기술 발전은 정부정책이 기초가 됐지만 민간연구소의 역할도 컸다. 민간연구소 1만 개 시대를 눈앞에 두고 있을 정도로 민간연구소가 한국 과학기술 발전에 견인차 역할을 했다. 한국과학기술진흥회가 최근 발표한 자료에 따르면 국내 민간연구소는 2001년 9,070개에 달했다. 지난 2000년 민간연구소가 5천 개를 돌파한 후 불과 1년 만이다. 이동주 산기협 선임연구원은 "이런 추세라면 올 상반기엔 민간연구소가 1만 개를 넘어설 수 있을 것"이라고 말했다. 이 연구원은 특히 "민간연구소는 이미 국내 기술개발 핵심주체로 자리잡았다"며 "민간연구소가 국내 연구개발비의 80%, 연구인력의 55%를 차지하고 있다"고 말했다. 민간연구소에서 근무하는 박사급 연구원도 지난 10년새 4배 이상 늘었다. 산기협이 최근 국내 기업부설연구소를 대상으로 조사한 결과 박사급 연구원이 지난 1992년 1,373명에서 2002년 초반 6,275명으로 약 4.6배 증가했다.[28]

그러나 성수대교, 삼풍백화점 붕괴나 씨랜드 화재사건 등에서 보여지듯 그동안 만연된 사회의 부패와 졸속 건설에 대한 경종이 울리기도 하였다. 또한 복지정책의 결여, 졸부근성의 노출, 질서생활의 문란, 환경의식의 결핍, 과소비의 거품경제, 자기중심주의의 확산, 책임의식의 부재 등 개발에 따른 문제점이 급기야 IMF 구제금융을 불러오기도 했었다. 더욱이 최근엔 옷 로비 사건에 이어 각종 권력형 게이트 사건으로 국민적 불신풍조가 감돌고 있다. 따라서 이들 모순을 극복하려는 국민적인 자세로 문명인에 걸맞는 생활이 요망되고 있다.[29] 그럼에도 불구하고 한국인 특유의 불굴의 정신으로 2000년대 벽두부터 벤처사업의 대대적인 붐을 통하여 반도체, 이동통신, 온라인 게임의 3대 총아를 근간으로 재도약의 발판을 마련하고[30] 급기야 빠른 기간 내에 IMF를 벗어나는 뚝심을 발휘하였다.

광복 후 반세기는 훌륭한 과학자들을 양산한 시기이기도 하였다. 수학 분야에서는 최윤식(1899~1959), 장기원(1903~1966), 한필하(1917~ ) 등이, 물리학 분야에서는 최규남(1898~1992), 조순탁(1925~1996), 이상수(1925~ ), 김호길(1933~1994), 이창환(1966~ ) 등이, 화학 분야에서는 이태규(1902~1992), 이승기(1905~1996),[31] 안동혁(1906~ ), 이길상(1913~ ), 채

28) 김경근, 「퓨전기술로 첨단한국 만든다」, 『한국경제신문』 2002년 4월 22일자, 56쪽.
29) 김종봉, 「가짜가 필요한 세상」, 『한국문명사』, 혜안, 1999, 248쪽.
30) 『조선일보』 2002년 2월 15일자 기사.
31) 해방 후 이승기박사는 잠시 서울대 공대 학장을 지낸 후 월북해 북한의 의복혁명을 일으켰다. 석회석과 무연탄을 원료로 합성섬유인 '비날론'을 새로 개발한 것이나. 비날론은 가볍고, 질기고, 빛과 화학약품에 강하고, 자연섬유에 가까운 특성을 지니고 있었다. 김일성은 이를 '주체섬유'라고 부르며, 그 생산을 전폭적으로 지원했다. 1961년 함흥에는 연간 5만t을 생산할 수 있는 2·8비날론공장이 들어섰다(홍대길, 「20세기 의복혁명」, 『과학동아』 161, 1999, 172~173쪽).

희주(1948~1992) 등 기라성 같은 과학자들의 학문적인 업적이 돋보였다. 이 중 이태규는 한국 현대과학의 태두로 기초과학의 기반을 다졌고, 조순탁은 한국 물리학 개척에 고군분투하였다. 그리고 이창환은 블랙홀 주변 대폭발의 수수께끼를 풀었다. 자전주기가 반나절 정도로 아주 짧고 무거운 별이 블랙홀이 되면 주위에서 극초신성 폭발이 일어날 수 있다는 사실을 밝힌 것이다.[32] 애석한 것은 고분자 연구의 실험여독으로 생을 마친 채희주의 집념이다. 그는 한국의 퀴리 부인(Marie Sklodowska Curie, 1867~1934)에 비견되었다.[33] 다만 최윤식은 4사5입 개헌파동(1954)[34]에 휘말려 역사 진전에 오점을 남기기도 하였다.

생물학 분야에선 우선 식물학의 학적 기반은 정태현(1882~1971)의 식물 채집에서 시작되었고, 뒤를 이어 현신규(1911~1986) 등이 개척해 나갔다. 동물학은 나비연구에 석주명(1908~1950), 곤충연구에 최재천(1954~ ), 어류연구에 정문기(1898~1995), 조류연구에 원병오(1929~ )가 각각 탁월한 업적을 남겼다. 한편 천문기상학 분야에서는 이원철(1896~1962), 나일성(1932~ ), 이영욱(1961~ ) 등이 주목된다, 특히 이영욱은 오메가 천체를 발견하고 위성은하의 충돌·합병을 통해 은하계가 형성된다는 은하계 형성의 비밀을 밝혀 결정적으로 세계적인 개가를 올렸다.[35]

농학 분야에서는 김순권(1945~ ), 가정학 분야에서는 최이순(1911~1987), 현기순(1919~ ) 등이, 식품학 분야에서는 이기열(1924~ )이 각기 괄목할 업적을 남겼다. 이 중 이기열은 우리의 전래 음식과 식생활은 지극히 과학적인 것으로, 현재 선진국들이 잡고 있는 식생활 개선방향과 일치하고 있다고 우리의 식생활 습관의 우수성을 입증하여 눈길을 끌었다.[36] 목하 비빔밥 등 퓨전음식은 세계인들의 입맛을 끌고 있다.

---

32)『동아일보』2002년 4월 24일자 기사.
33)『조선일보』1992년 2월 26일 및 12월 22일자 기사.
34) 재적 203명 중 찬성 135표.
35)『조선일보』1999년 11월 4일자 기사 ; 김정의,『신문명 지향론』, 혜안, 2000, 36쪽.
36)『조선일보』1999년 5월 12일자.

전기전자통신 분야에서는 한만춘(1921~1984), 이만영(1924~ ) 등이 새로운 첨단과학 분야를 개척하였고, 연이어 신진학자들에 의하여 실용개발에 개가를 올리고 있다. 특히 홍병희가 개발한 0.4나노미터(mn)[37]의 은 나노선 배열은 미국이 개발한 세계 최고수준의 나노선 배열보다 집적도가 200배 높은 것으로서 세계적인 기록을 수립하였다.[38] 한편 국양(鞠樑) 팀은 꿈의 물질로 주목받는 탄소 나노튜브를 이용해 현재 반도체보다 성능이 1만배 이상 뛰어난 신물질을 개발하는 데 성공하여 이 분야 발전에 획기적인 공헌을 하였다.[39] 또한 공병우한글타자기에 이은 컴퓨터 W·P '흔글' 등의 계속적인 개발은 국민의 문자생활과 정보생활에 혁신적인 개가로 평가되고 있다.[40]

의학 분야에서의 오긍선(1878~1963), 윤일선(1896~1987), 김명선(1897~1982), 장기려(1909~1995), 유준(1916~ ), 최신해(1919~1991), 김정룡(1935~ ), 홍완기(1942~ ),[41] 조장환(1944~ ), 이방헌(1944~ ), 이진수(1950~ ) 등 의학자들의 인술 활동은 세인의 존경(尊敬)의 대상이 되었다.[42]

---

37) Nano란 10억 분의 1미터로 머리카락 굵기의 10만 분의 1을 뜻한다(http://www.futurecivilization.com/page4.html).

38) 『조선일보』 2001년 9월 8일자.

39) 『조선일보』 2002년 2월 28일자.

40) 김종봉, 「과학기술사」, 『신편 한국문명사의 이해』, 혜안, 1997, 258쪽.

41) 전 세계 암 연구를 주도하고 이 분야에서 세계 최고의 권위를 자랑하는 '미 암연구학회' 차기 회장에 한국인 홍완기(58·미 텍사스 MD 앤더슨 암 전문병원 두경부·흉부 종양내과 과장) 박사가 선출됐다(『조선일보』 2000년 4월 3일자).

42) 대한의사협회 제30차 종합학술대회 조직위원회는 2002년 5월 3일 노벨의학상 수상이 유력한 '우수 한국인 의과학자 20인(고규영, 고재영, 김종성, 박재갑, 서유현, 유남진, 이명식, 이민구, 김성훈, 김영준, 정종경, 최의주, 김성호, 이서구, 홍완기, 정재항, 데니스최, 피터김, 김용석, 민문희)'을 선정·발표했다(『조선일보』 2002년 5월 4일자 기사).

## 5. 논의 및 제언

전술처럼 국내 과학기술이 불과 반세기 만에 크게 발전했지만 최근 들어 이상현상이 나타나고 있다. 과학기술자의 사기 저하와 이공계 기피현상이 바로 그것이다. 지금 당장은 괜찮을 수도 있지만 앞으로 한국과학기술이 어떻게 될지 가늠하기는 만만치 않다. 과학기술자가 사회적으로 인정받지 못하고 우수한 청소년들이 의대와 법대로 몰리는 현실에서 우수한 과학기술자가 나오기를 기대하기는 어려운 것이다. 한국의 과학기술계가 커다란 위기를 맞고 있는 시점이다.

정부 스스로가 "정부는 그동안 과학의 발전을 위해 과학자들의 사기를 높이고자 일관된 노력을 기울여 왔지만 성과는 미흡하다. 과학자들에 대한 주변의 인식과 평가도 낮다. 청소년의 이공계 진출이 줄어들고 있는 것도 이런 이유 때문이다"라고 지적했다.

2001년 과학문화재단이 조사한 자료에서도 과학기술계의 위기를 감지할 수 있다. 한·미 양국 간의 과학기술에 대한 국민적 관심도와 이해도를 조사한 결과 과학기술에 관심을 가진 국민층이 미국이 44%인 반면 한국은 12%에 그쳤다. 그리고 현대 과학기술 문명은 전반적으로 아직도 미·일에 대한 의존도가 높고, 응용과학 분야에 비해 기초과학이 취약한 실정이다.

정부는 또 "21세기는 과학기술의 발전 여부가 미래를 결정한다"며 "세계적인 일류제품을 만들어 국가 경쟁력을 높이기 위해서는 과학기술의 힘이 있어야 한다"고 지적했다. 과학기술계에서도 "이제는 새로운 도약이 필요한 때"라고 입을 모은다. 과학기술의 위기를 극복하고 새롭게 도약해야 한다는 것이다.

지금은 BT, IT, 나노기술(NT) 등 미래기술 확보경쟁이 뜨겁게 일고 있다. BT와 IT가 융합된 BIT 등 퓨전기술 개발도 본격화하고 있다. 과학기술의 중요성이 갈수록 더해지고 있는 것이다. 그러나 과학기술자들의 사기저하와 청소년들의 이공계 지원 기피현상을 해결해야 하는 과제를 안고 있는 것이다. 과학기술자들이 연구에 몰두할 수 있는 환경, 과학기술자가 의사나판·검사보다 대우받는 사회, 청소년들이 과학기술자를 꿈꾸는 세상이 올 때 한국 과학기술이 도약할 수 있을 것이다.43)

요컨대 현대사회에서 과학은 아주 중요하고 뚜렷한 위치를 차지하고 있다. 과학이 완전히 직업화해서 사회 내에 제도적으로 존재한다. 사회인력의 큰 부분, 특히 고등교육을 받은 인력의 큰 부분이 과학 분야에 종사하고 있으며, 정부와 시설단체의 막대한 예산이 과학 교육 및 연구에 투입되고 있는 실정이다.44)

또한 과학은 대단히 큰 힘과 실용적 효과를 지니고 있다. 비단 기술을 통해서 나타나게 되는 물질적인 힘만이 아니라, 방법 면에서도 큰 힘을 지니게 되어 흔히 '과학적'45)이라고 말하면 그것은 옳고 합리적이고 효과적이라고 생각하는 경향이 있다. 그리고 이런 점이 현대에 접어들면서 자연과학은 물론이고 다른 여타의 학문분야에도 자연과학의 방법을 표방하기에 이르렀다. 과학은 실로 만학의 으뜸으로 군림한 감이 든다.

그러나 과학의 발전이 마치 타이타닉호의 번영과 같아 인류와 자연의 공멸을 자초하고 있다는 우려도 낳고 있다.46) 에너지 문제에서부터 식량증산 문제, 환경보존 문제, 인구조절 문제, 무기 개발 및 억제 문제 등이 그 징조로 꼽히고 있다. 아이러니컬한 것은 이러한 문제를 벗어나기 위해서도 과학적 노력이 요망된다는 사실이다. 분명한 것은 인류가 당면한 큰 문제들이 모두 과학기술과 연관되어 있음이 웅변되는 현실이다.47)

43) 김경근, 앞의 「퓨전기술로 첨단한국 만든다」, 56쪽.
44) 발명의 어머니는 과학이고, 아버지는 재정이다(김영식 엮음, 앞의 『역사 속의 과학』, 225쪽).
45) 현대는 과학을 높이 평가하는 시대이다. 과학과 과학의 방법에는 특별히 어떤 것이 있다는 것을 대부분의 사람들은 의심하지 않고 믿는다. 어떤 주장이나 논증 혹은 연구에 특별한 장점이나 신뢰성이 있다는 의미에서 그것을 '과학적'이라고 부른다(A.F.Chalmers 지음, 신일철·신중섭 옮김, 『현대의 과학철학』, 서광사, 1985, 18쪽).
46) 박이문, 『더불어 사는 인간과 자연』, 미다스북스, 2001, 99~173쪽 참조.
47) 앞의 김영식 엮음, 『역사 속의 과학』, 3쪽.

차제에 인류공멸을 막고 인류가 계속적으로 번영할 수 있는 근본적인 대안으로 박이문(朴異汶, 1930~ )이 제안한 인간중심주의에서 생태중심주의(生態中心主義)로 가치를 전환하는 문제[48]를 사회적으로 심도있게 고려해야 될 시점에 이르렀음을 지적해 둔다.

---

48) 박이문, 앞의 글.

# 제12장 통일한국의 지향

## 1. 머리말

우리 한민족은 1945년 드디어 광복을 맞았다. 광복과 함께 찾아온 강대국의 냉전구도로 남북이 분단되고 그로부터 어언 57년의 세월이 흘렀다. 왜정 식민지 35년보다 더 긴 세월이 흐른 것이다. 그 사이에 미·소의 대리전쟁의 성격을 띤 동족상잔의 6·25동란이 3년간 있었다(1950~1953). 그후 냉전과 불안정한 평화무드가 거듭되면서 남·북한은 체제경쟁을 치열하게 전개하며 오늘에 이르렀다.

그 사이 가끔씩 한 가닥 희망이 솟아나는 소식이 전해지기도 하였다. 1972년 「7·4남북공동성명」, 1992년 「남북기본합의서」, 2000년 「6·15남북정상공동선언」 등이 그것이다. 특히 2000년 6월 평양에서 있었던 남북정상회담을 계기로 남·북에서 모두 평화통일의 열기가 뜨겁게 일었다.

이러한 분위기가 헛되지 않도록 통일한국 지향의 역사적 당위성을 잠시 논의해 보기로 하겠다.

## 2. 통일한국 지향 삶

우선 남과 북은 혈통이 같은 하나의 민족이다. 남·북한의 주민이 모두 단군성조를 민족의 시조로 섬기는 천손족(天孫族)인 것이다. 이 생각은 오랫동안 한민족의 믿음이었다. 올해가 단기(檀紀) 4335년(서기 2002)이니 그

뿌리가 엄청나게 유구(悠久)하다. 그토록 오랫동안 우리민족은 한민족공동
체의식을 키워 온 배달겨레인 것이다.

그런데 이제 와서 이념을 달리해서 강제로 나뉘어 산다는 것은 자연스럽
지 못한 현상이다. 세상에 같은 민족이면서도 서로 오가도 못하면서 나뉘어
살다니 이게 도대체 제 정신을 가진 민족인가? 생태계의 짐승도 그러하진
않다. 혹자는 이념 때문에 그렇다고들 한다. 또는 미·소의 패권경쟁 때문
에 그렇다고도 한다. 다 맞는 말이다.

그렇다 하더라도 이는 세계인에 대하여 망신살 뻗친 일일 뿐이다. 비록
천인공노할 있을 수 없는 처사들이 비일비재했지만 언제까지 분(憤)을 끓
이며 살 것인가. 이미 반세기 이상 이렇게 살았다. 그만하면 됐다. 이제 서로
용서하고 양보하면서 더 이상 몽매한 짓은 청산하자. 피보다 더 진한 것이
도대체 무엇인가!

한때 한반도에 드리웠던 냉전체제는 분명 비운의 광풍(狂風)이었다. 그
러나 이념보다 더 진한 것은 같은 혈족이다. 같은 민족이 반목하는 것은 생
존경쟁이 치열한 세계사에서 우위를 점하는 데 커다란 걸림돌이 될 뿐이다.
그리고 우리끼리의 혈투는 주변 민족에게만 희소식을 제공해 주는 꼴이다.
그러므로 냉철한 이성을 되살려 화기애애하게 통일한국 지향적으로 살자.
통일은 우리민족에게 필연인 것이다.


## 3. 통일한국의 당위성

남과 북은 역사적으로 같은 공간에서 같은 문화를 공유해 왔고, 같은 때
에 같은 문명을 일구며 적어도 1945년까지 살아 왔다.

우리 민족 최초의 국가는 고조선이다. 고조선은 홍익인간의 이념으로 국
가를 운영하였다. 고조선은 청동기문화를 건설했고 농경생활을 영위하였다.
뿐만 아니라 홍범 8조의 헌법을 마련한 바탕 위에서 국가를 경영한 문명국
가였다. 그러나 한(漢)나라의 침략으로 고조선은 멸망하였다(서기전 108).

그후 고구려 주도로 한4군을 축출하고(313) 고구려, 백제, 신라, 가야의 4국 경쟁시대를 열었다. 4국경쟁의 최후 승자는 가야, 백제, 고구려를 차례로 멸하고, 당(唐)나라 군대를 축출한 신라가 차지하였다(676). 이제 신라가 한반도의 맹주가 되었고 옛 고구려 땅에는 발해가 서서(698) 남·북국시대가 도래하였다.

신라통일기 말기엔 후삼국시대를 거치면서 왕건에 의하여 민족이 재통일되었다(918). 그것이 고려였다. 고려 말기엔 다시 이성계에 의하여 조선이 섰다(1392). 조선 이전의 통일이 물리적 통일이었다면 조선의 건국은 화학적인 통일을 이루었다.

그리고 신라에 의한 통일은 4국의 영역을 모두 통일한 것이 아닌 부분 통일에 그쳤다. 신라 자체의 영토는 3배나 늘었지만 민족의 영역 모두를 생각하면 ⅓로 줄어든 기현상의 통일이었다. 그나마 고구려 옛 땅에 발해가 건국된 것은 다행이었다. 여기서 상기해 둘 것은 신라의 통치영역으로 들어간 곳 중에서 가야 지방의 주민을 제외한 옛 고구려 땅 주민이나 특히 백제 땅 주민에게 차별대우를 가한 것은 민족의 진정한 통일이라고 볼 수 없는 대목이었다.

고려에 의한 민족의 재통일 역시 북진정책과 발해유민 포섭책으로 영역이 확대된 것은 사실이나, 우리 옛 땅을 모두 회복한 것은 아니었다. 옛 영토의 회복은 역사적인 과업으로 남겨졌다. 거기에다 훈요10조를 통하여 차현(車峴) 이남 주민을 차등한 것은 여전히 화학적인 민족통일의 앙금으로 작용하였다.

다만 조선의 건국이 옛 영역을 모두 회복한 것은 아니었지만 그래도 어느 영역을 중심으로 한 것이 아니고 옛 고조선의 국호를 따올 정도로 민족의 화학적인 융화통일에 기여하였다. 이제 고구려중심, 혹은 신라중심이 아닌 민족이 갈라서기 이전 하나일 때의 정신으로 돌아산 것이다. 그리고 그 동안 가장 푸대접을 받았던 옛 백제 주민의 마음을 샀다. 이성계는 스스로 옛 백제지방의 전주를 본관으로 표방하고 나선 것이다. 드디어 총체적으로 동질적인 사회를 구현한 것이다.

이만한 통일을 이루는 데, 고조선을 계승하는 데 무려 1,500년을 필요로
하였다. 그리고 한 단계에서 다른 한 단계로의 승급 통일에는 약 200년 정도
씩이 소요되었다. 신라통일기 붕괴조짐을 보이기 시작하였던 신라 하대로
부터 후삼국을 거쳐 고려가 재통합하고 제도가 정비되는 때까지 200년이
걸렸고, 고려 붕괴기인 무인집권 말기로부터 위화도회군을 거쳐 조선이 서
고 제도가 완비되는 때까지 또한 200년이 걸렸다.

그렇다면 앞으로 남·북통일을 성취하고 한나라로서의 제도가 완비되는
지점까지는 아직도 두 세대는 더 소요될 것이다. 즉, 조선이 붕괴하기 시작
하고 새로운 의식으로 국가 건설을 꿈꿨던 1860년 동학의 창도로부터 기점
을 삼는다 해도 과거의 역사처럼 200년이 걸린다면 2060년에나 가야 진정
한 의미의 완비된 통일조국이 찾아올 것이다.

그러니 조급하게 급진적인 통일을 바라지 말고 차근차근 통일한국 지향
적으로 접근해야 할 것이다. 그리고 잊지 말 것은 반드시 평화통일을 이루
어야 한다는 사실이다. 과거의 예에서 보는 것처럼 신라나 고려에 의한 무
력통일은 외형적인 통일일 뿐 내면적인 통일이 못 되고 다른 형태의 갈등을
초래했을 뿐이다. 그러나 조선의 건국에서처럼 내면적인 통일까지 일궈낸
경험이 우리에겐 선재(先在)하고 있다. 그렇다고 조선의 건국이 완전한 통
일이라고는 생각지 않는다. 그것은 평안·함경도 주민은 과거시험에 선발
되었다 해도 임용은 사실상 제한되었다는 사실이다. 이 응어리는 변방지역
주민에게는 또 하나의 풀어야 할 과제였다.

아무튼 신라통일기, 고려, 조선은 모두 단일 민족국가였다. 그런데 일제의
강점(1910)으로부터 광복(1945)하고 독립(1948)하는 과정에서 급기야 남·
북으로 대치하는 두 개의 국가가 이념을 달리하여 탄생한 것이다. 이로써
식민지에서 광복하여 하나의 나라로 독립하지 못하고 두 개의 나라로 분단
되었다. 이제 다시금 통일시켜야 될 민족적 과업이 떨어진 것이다.

그런데 과거 우리는 통일한국을 지향하는 과정에서 뜻하지 않게 6·25
동란이라는 무력수단을 겪었지만 통일은커녕 서로간의 적개심 증폭과 국토
의 황폐화만 가져왔다. 상대적으로 주변국들에게는 더없는 부강의 호기를

만들어 주었다. 이는 아이러니컬하게도 우리 시대가 몽매하게 겪은 비참한
체험이다.

그리고 간과할 수 없는 것은 역사적으로 보아 북한지역은 화학적으로 민
족을 통일했다는 조선시대마저 차별을 받아 온 지역이라는 사실이다. 지금
그곳에는 북한정권이 자리잡고 있다. 여기까지 마음을 써서 남과 북 어느
일방이 우위에 선 통일은 지양해야 될 것이다. 왜냐하면 어느 일방이 우위
에 선 통일은 또 하나의 씻을 수 없는 역사적 민족적 갈등을 불러올 것이
자명하기 때문이다. 그러면 어떻게 통일해야 될 것인가? 그것이 남과 북이
머리를 맞대고 풀어야 될 우리 시대의 지상과제다.


## 4. 맺음말

2차대전 후 세계 곳곳에서 억압을 뚫고 수많은 민족국가가 생장하였다.
그런데 이 중 독일, 월남, 한국은 하나의 국가로 독립하지 못하고 두 개의
국가로 분단 상태를 이루었다. 세계사란 거대한 물결에는 언제나 대세가 있
게 마련이다. 강제지배기가 있으면 독립운동기도 있게 마련이다. 또한 분열
기가 있으면 통일기도 있게 마련이다. 이러한 세계사의 운동법칙에 의하여
분단기는 통일기를 향하여 움직였다.

제일 먼저 통일을 쟁취한 것은 월맹이었다. 프랑스를 이어 미국이 주도하
여 월남의 분단을 고착시키려고 시도했지만 마침내 월맹이 무력으로 통일
하는 데 성공하였다. 월맹민족주의의 승리였다. 그러나 월맹의 승리는 월남
의 극심한 참화를 동반하였다.

다음으로 서독은 경제력으로 동독 주둔의 소련군을 철수시키고 동독을
흡수 통일하였다. 이번엔 동독의 정신적인 처지기 불우해졌고 서독의 경제
적 부담이 크게 증가하여 통독의 어두운 후유증을 남겼다.

우리가 남·북을 통일해야 된다는 것은 당위론적인 귀결이다. 역사적으
로 보아도 하나의 민족국가가 분단 상태에 있다는 것은 온당치 못한 현상이

다. 세계사적으로도 분단국가는 모두 통일되었고, 우리만 남았다. 통일되어 하나로 뭉쳐도 이 험난한 세계사의 파고 속에서 살아남거나 더욱이 우위를 점하고 신문명을 선도하는 국가가 되기는 지난한 일이다. 그런데 분단 속에 서로를 불신하고 증오하는 데 세월을 허송한다면 역사에서 이보다 어리석은 짓은 없을 것이다.

앞으로도 한국의 통일은 쉽지 않을 것이다. 겉으론 한국의 통일을 지지하지만 내심은 한국의 통일을 방해하는 미국·중국·일본·러시아의 4강이 주변에 도사리고 있다. 이들 비토세력을 아우르며 통일한국을 일궈야 되는 것이다. 한국의 통일을 진정으로 바라는 것은 오직 남·북의 주민뿐일지 모른다. 어쩌면 이들 주민마저 구태여 통일을 원치 않는지도 모른다. 남한도 이제 겨우 살 만해졌는데 가난한 북한주민을 우리가 어떻게 감당하려고 통일을 시도하느냐? 북한주민 또한 마찬가지일지도 모른다. 통일이 되면 남한의 머슴이 되는 것이 아닌가 하는 불안감을 갖고 있지는 않을까?

이를 떨쳐버리고 통일한국을 일구는 것은 4강에도 유익하고 남·북 주민 모두에게 유익하다는 분위기를 먼저 조성해야 될 것이다. 이것이 오늘날 우리에게 주어진 과업이다. 4강과 남·북 모두의 윈윈 통일의 평화통일안을 슬기롭게 짜내야 할 것이다. 이는 우리의 의지만 확고부동하다면 가능하다고 생각된다. 역사적으로 보아 우리 민족에게는 이만한 능력은 있다. 남·북통일은 민족사적으로나 세계사적으로나 우리 시대의 당위성으로 자리잡고 있다. 그러므로 지금은 호혜존중·화해협력·상호보완의 통일한국 지향으로 정진하는 자세가 절실히 필요한 때다.

(『행원』 24, 한양여자대학, 2000)

# 제13장 한국문화의 문명화

## 1. 머리말

한국은 서세동점(西勢東漸)의 거대한 물결이 세계를 휩쓸고 있는 동안 파고에 밀리며 민족지향, 근대지향으로 대응하였다. 보편사관 논리에 특수 사관으로 대응한 것이다. 그래서 민족주의사관이 이 땅에서 희망을 모았다. 박은식(朴殷植, 1859~1926), 신채호(申采浩, 1880~1936), 문일평(文一平, 1888~1939), 정인보(鄭寅普, 1892~?), 홍이섭(洪以燮, 1914~1974) 등이 구축한 사관은 바로 민족주의사관이었다. 이는 한국이 광복하는 데 무엇보다도 긴요한 정신적인 무장이 되었다.

광복 반세기가 지나자 한국은 민족지향, 근대지향에서 세계지향, 미래지향으로 캐치프레이즈가 바뀌었다. 엄청난 패러다임의 전환이다. 민족지향과 근대지향을 달성한 시점에서의 당연한 귀결이겠다. 그렇다고 과연 세계지향, 미래지향에 성공할 가능성이 얼마나 있는 것일까?

서세동점에서의 근대화가 서구화를 뜻했다면 오늘의 입장에서 세계화는 미국화를 뜻하는 것은 아닌가? 세계화, 미래화를 의심하는 연유가 여기에 있을 것이다. 그러나 한국인은 미국적인 것을 변용함으로써 오히려 한국문화를 더욱 살찌우고 있는 중이다. 이는 자기 문화에 대한 자신감에서 우러나온 현상일 것이다. 한국인은 비록 많은 부분에서 서구, 특히 미국의 영향속에서 살고 있지만 분야에 따라선 우리 것을 세계화시킬 문화도 엄존하고 있다는 것을 자각하기에 이르렀다.

드디어 동·서문화의 퓨전(fusion) 현상이 일고 있음을 목격하며 세계화, 미래화란 결국 이웃의 것이 들어오고 우리의 것이 나가며 퓨전 현상을 일으키는 것이라는 것을 알았다. 그리고 부분에 따라서는 우리의 것이 그대로 세계화되고 미래화되기도 한다는 것을 알았다. 일방적으로 수용만 하던 처지에서 생각지도 못하던 퓨전 현상이 일어나고 있다.

이제 한국은 망국사관과 설상가상으로 식민지사관으로 허덕이던 수렁에서 벗어났다. 그리고 교조적인 민족주의사관에서도 벗어나서 드디어 세계사에 당당히 진입하고자 하는 자세가 도처에서 나타나고 있다. 한국적인 것은 버려야 될 대상에서 온축하고 선양해야 될 대상으로 전환된 것이다. 이토록 자신감이 넘치도록 눈을 뜨게 된 것은 다름아닌 생동적인 민족의 기운이 왕성해진 데에 있다. 같은 사실을 놓고도 식민지사관과 문명사관의 차이는 이처럼 커다란 차이를 초래하게 된 것이다.

구미의 문명을 맛보면서 우리의 문화도 문명화[1]될 수 있는 여지가 많음을 자각한 것이다. '개별문화가 성숙되어 보편화에 이른 문화'를 문명이라고 정의한다면 한국의 문화도 문명화될 여지가 부지기수인 것이다. 그것이 바로 세계화요 미래화일 것이다. 이러한 관점에서 문명화의 개연성이 농후한 대표적인 사례 열 가지를 들어 한국문화의 문명화를 논증코자 한다.


## 2. 신앙의 보편성

어떤 문화를 놓고 볼 때 그 문화가 문명화될지 안 될지의 여부는 그 문화의 원형질에 보편성이 내재되어 있는지 없는지의 여하와 상관관계가 깊다고 생각된다.[2] 만약 보편성이 없는 문화라면 그곳만의 특수한 문화로서 만

---

1) 문명이나 문화에 '~lization'이라는 표현을 사용하는 것은, 그것이 고정 개념이 아니라 끝없이 변화하여 인류가 죽을 때까지 '화(化)'해 가는 것이며, 어떤 목표로서의 문명이란 존재하지 않는다는 것을 함축한다(이어령, 「새 천년 한국문화를 위한 서장」, 『새 천년의 한국문화, 다른 것이 아름답다』, 이화여자대학교출판부, 1999, 24쪽).

족하고, 보편성이 있는 문화라면 그 지역을 넘어 세계화될 개연성이 높다고 볼 수 있다. 물론 여기엔 다른 복합적인 것들이 작용할 것이다. 그러나 중요한 것은 보편성 여하가 관건일 것이다.

문명화된 신앙, 다시 말해 세계화된 고등신앙은 한결같이 보편성이 있다. 불교, 유교, 기독교, 회교가 그러하다. 불교의 자비(慈悲), 유교의 인의(仁義), 기독교의 사랑, 회교의 신실(信實)은 모두 인류구원의 보편성이 내재되어 있다. 그러기에 이들 종교는 모두 문명을 선도하는 위치에 있다.

신앙은 어느 문화에 있어서나 가장 주요한 핵심이다. 그러나 자기 마을이나 자기 겨레만을 위한 신앙이라면 마을신앙, 혹은 민족신앙에 머물 뿐이다. 그러나 보편성을 띠면 마을을 넘어 이웃 마을로, 민족을 넘어 이웃 나라로 전파되게 마련이다.

그러면 우리나라에서 자생한 신앙은 과연 보편성이 있는 것인가? 아니면 보편성이 결여된 채로 우리 민족만을 위한 우리 민족에 의한 우리 민족만의 신앙으로 안주할 것인가?

우선 우리 민족의 태생을 알리는 가장 오래된 신앙인 단군신화를 검토해 보자. 단군신화는 신화의 원형이랄 수 있는 경험의 기반이 하늘에 뿌리를 두고 있다.3) 하늘 경험을 축으로 하여 비롯된 이념이 널리 알려진 대로 천인합일(天人合一)의 홍익인간(弘益人間)이다. 홍익인간을 통하여 이 세상을 이상적인 세계[理化世界]로 만들겠다는 것이다. 그야말로 인류구원의 메시지가 아니더냐?4) 그렇다면 단군신화는 태초부터 보편성을 띠고 있는 신앙인 것이다.

---

2) 오영환은 화이트헤드(Whitehead), 알프레드(Alfred North, 1861~1947)의 말을 빌어 "문명화는 신과 유한한 온갖 현실적 존재(actual entilies)와의 협동으로 만들어 가는, 세계의 자기 형성 작용의 궁극 형태다"라고 정의하였다(http://www.netumi.net).

3) 정진홍, 「한국의 종교와 한국인」, 『한국문화연구』 1, 이화여자대학교 한국문화연구원, 2001, 13쪽.

4) 김정의, 「한국문명의 시원과 원초 이념의 구현」, 『문명연지』 3-1, 한국문명학회, 2002, 16쪽.

이에 터해서 불교·유교·도교의 삼교를 융합하고 기독교까지 가미해서 만든 동학·천도교의 교리5)는 또 어떠한가? 동학·천도교는 시천주(侍天主), 인내천(人乃天), 사인여천(事人如天)을 내세웠다. 일찍이 이렇게 쉽고 마음을 끈 교리도 있었던가? 동학은 마치 이제껏 있었던 모든 종교를 종합하여 그 정수를 이룬 감이 든다.6)

기독교의 태생은 유대교에 있지만 유대교를 뛰어넘었다. 유대교를 뛰어넘은 것은, 예수(Jesus Christ, 서기전 4?~서기 29?) 이르되 "새 계명을 너희에게 주노니 서로 사랑하라"7)라고 한 극히 간명하지만 감동적인 교리를 설파한 데에 있다.

그럼 동학은 어떠한가? 동학의 태생은 전통사상과 삼교에 있었지만 전통 사상과 삼교를 뛰어넘은 것이다. 최제우(崔濟愚, 1824~1864) 이르되 "사람 섬기기를 한울님 섬기듯 하라"8)라고 했다. 이렇게 명쾌한 교리가 시공을 초월하여 이 세상 어디에 있었던가?

최시형(崔時亨, 1827~1898)은 최제우의 교설을 정성껏 실천궁행함으로써 한울님을 그대로 체현하며 살았다. 그의 정성된 삶은 한국인의 마음과 생활 속에 스며들었다. 그는 실천궁행을 통하여 정성은 우리 안에 살아계신 한울님이라는 것을 시현하였다.9) 그 정성에 감복되어 빠른 시간 안에 숱한 인파가 고난을 마다 않고 모여들었다. 그리하여 갑오동학민중혁명운동도 가능했던 것이다.10)

---

5) 이현희, 「동학사상의 태동」, 『동학혁명사론』, 대광서림, 1994, 9~22쪽 ; 신용하, 「동학사상의 역사적 배경」, 『한국사상』 22, 한국사상연구회, 1995, 8쪽.

6) 최제우는 전통적인 천인합일의 홍익인간 사상에 터하여 유교의 몸, 불교의 마음, 선교의 기(氣)를 조화롭게 융합하여 새로운 종교로 동학을 포덕하였다 (1860.4.5).

7) 「요한복음」 13장 34절.

8) 최동희, 「천도교 지도정신의 발전과정」, 『3·1운동50주년기념논집』, 동아일보사, 1969, 88~89쪽.

9) 오문환, 「동학의 '천주'관」, 『한국문화연구』 1, 이화여자대학교 한국문화연구원, 2001, 122쪽.

10) 김정의, 「갑오동학민중혁명운동의 위상」, 『동학연구』 9·10합집, 경주 : 동학

한국에서 자생된 단군신화나 동학·천도교는 분명 특수신앙은 아니다. 하늘 경험을 축으로 한 인류보편의 신앙이다.[11] 그러기에 한국인은 비록 어느 종교를 신봉하든 하늘을 두려워하였다. '하늘이 두렵지 않느냐?'는 일상적인 언어생활의 모습은 특정한 종교적 교의와 관계없는 태초부터의 관습인 것이다.[12] 또한 상상하기 어려운 좋은 일이 생기면 '신난다'고 하는데 이또한 특정 종교의 교의와 관계없는 관습이다.[13]

천도교는 아직 세계화되었다고는 볼 수 없다. 그러나 천도교의 교리 속에는 전술한 바와 같이 세계화될 수 있는 가장 중요한 요소들을 함축하고 있다. 시천주, 인내천, 사인여천, 정성과 같은 보편성이 있는 것이다. 더욱이 서양의 종교처럼 이분법칙이 아니라 사실상 종교의 벽을 허문 통합종교인 것이다. 그런 의미에서 천도교는 문명갈등 치유에 대안이 될 수 있는 종교로 여겨진다. 그래서 천도교는 한국을 뛰어넘어 세계화될 징후가 보이는 것이다. 그와 같은 고등종교를 한국인은 만들었다. 따라서 한국인에겐 자기가 소속된 종단의 교파를 떠나서 생래적으로 천도교를 세계에 전파할 숭고한 사명이 있다고 생각된다.

## 3. 효 사상의 씨알

가장 한국적인 전통사상은 무엇일까? 한국인이라면 그것은 효 사상이라고 주저 없이 답할 것이다. 한가위나 설날 귀성차량 행렬을 보면 쉽게 이해

---

학회, 2001, 56~70쪽 참조.

11) 김정의, 「동학의 문명관」, 『동학과 동학경전의 재인식』, 신서원, 2001, 154~162쪽 참조.

12) 징진홍, 앞의 논문, 13쪽 참조.

13) '신난다' 혹은 '신이 난다'는 말은 천인합일 상태, 즉, 애난다, 쥐난다, 싹난다, 불난다처럼 神난다[神生]는 말과 같은 차원의 의미다. 자기에게서 신이 나는 것이 얼마나 좋았으면 신난다는 말이 최상의 좋을 일이 생긴 것을 의미하는 말이 되었을까? 한 번 생각해 볼 만하다.

가 갈 것이다. 인류가 잃었던 효 사상을 씨알로 간직하고 또 전수하고 있는 극적인 장면인 것이다.

효 사상을 압축한 『심청전』은 바로 한국의 고전(古典)이다. 1972년 뮌헨 올림픽 전야제 때 윤이상(尹伊桑, 1917~1995)의 가극 심청전 초연이 있었다. 공연에서 서양인의 충격적 감동을 일으킨 장면이 바로 심봉사가 심청이 시주한 공양미 삼백 석과 맞교환되어 돌아올 때 "아이고 아버지!" 하고 심청이 쫓아나가 아버지를 끌어안았을 때였다. 그때 심봉사가 눈을 떴다. 그러니 그 눈을 뜨게 한 것은 부처님의 힘이 아니라 심청의 지극한 효심, 한국적인 그 착한 정성어린 마음이었다고 할 것이다. 그리고 심봉사가 눈을 뜨던 순간, 심봉사만 눈을 뜬 것이 아니라 잔치에 참석했던 다른 시각장애자까지 모두 함께 눈을 떴다. 이것은 한국인이 아니면 결코 접근할 수 없는 대단히 중요한 모티프다. 이 한국적인 모티프는 세계가 감동한 순간이기도 하였다.14)

한국인의 효 사상에는 한국인 특유의 관념적 뿌리가 있다. 같은 유교문화권인데 효 사상이 중국에서는 없어지고 일본에서도 없어졌는데 유독 한국인에게만은 살아남아서 생동하고 있다. 그것은 원초부터 한국인의 의식 깊숙한 곳에 신앙의 차원에서 자리잡아 온 관념문화이기 때문이다.15) 부모를 생각하고 조상을 생각하는 마음, 이 마음이 전통문화 속에 녹아 있는 한국인의 공통분모인 것이다. 앞으로 통일한국을 열어가는 데 있어서도 가장 합리적인 구심점 역할을 할 수 있는 소중한 보배는 효 사상일 것이다.16) 한국인에게 효 사상은 자신을 송두리째 버리기 전에는 버릴 수 없는 정신의 원형질과도 같은 것이다.17)

---

14) 홍일식, 「새로운 普遍主義와 孝思想」, 『문명연지』 3-1, 한국문명학회, 2002, 33 쪽.

15) 홍일식, 「21세기와 효사상」, 『한국인에게 무엇이 있는가』, 정신세계사, 1996, 166~167쪽.

16) 홍일식, 「남과 북의 공통분모」, 『한국인에게 무엇이 있는가』, 정신세계사, 1996, 272쪽.

17) 홍일식, 앞의 「21세기와 효사상」, 167쪽.

이처럼 한국은 인류가 잃어버린 효 사상을 씨알로 간직·전수하고 있다. 이 씨알이 부화하는 날 심청전에서 모든 시각장애자가 눈을 뜨는 것처럼 효 사상이 온 세상에 부활할 것이다. 이것이 한국적인 모티프다. 가장 한국적 인 것이 가장 세계적인 것이다.[18] 한국적인 효 사상은 세계적인 근본사상으 로 각광을 받고 세계인의 황폐화된 정서를 치유할 것이다. 지금의 상황을 치유하는 데 이보다 더 근본적인 처방이 있겠는가? 우리도 잊고 있었는데 석학의 눈에는 보였던지 토인비(Arnold J. Toynbee, 1889~1975)는,

> 한국의 가족제도는 인류를 위해 가장 훌륭한 제도라고 확신한다. 부디 그 좋은 한국의 가족제도를 영원히 보존하고, 서양에 꼭 가르쳐 주기 바란 다.[19]

라고 간곡히 말하며 장차 한국문화가 인류문명에 기여할 것이 있다면 그것 은 바로 부모를 공경하는 효 사상이라고 지적하였다. 이는 한국의 효 문화 의 문명화를 예견한 탁견이라고 판단된다.

한편 효 사상의 문명화 가능성에 대하여 홍일식(洪一植, 1936~ )은 다음 과 같이 분석하였다.

> 첫째, 효는 지극한 인본주의(人本主義)를 바탕으로 하고 있습니다. 우리 의 효 사상은 자기 생명의 창조자인 조상을 신으로 받드는 우리 원시종교 에 뿌리를 두고 있습니다. 사람이 곧 신일 수도 있다는 이 생각, 그것은 인 간 위에 어떠한 권위도 용납하지 않는 지극한 인본주의가 아닐 수 없습니 다. 국조(國祖) 단군의 이념이 홍익인간이요, 19세기 중엽 민족종교로 거듭 난 동학이 인내천을 표방한 것도 결코 우연이 아닙니다. 인간을 가장 존귀 한 존재로 여기는 이 정신은 미래사회의 새로운 중심 가치로 이미 떠오르 고 있습니다. 고도의 산업화 과정에서 극도의 인간소외·인간상실을 체험 한 오늘의 인류에게 가장 질실한 과제는 바로 인간회복이기 때문입니다.

18) 오일순, 「역사란 무엇인가」, 『한국문명사』, 혜안, 1999, 38쪽.
19) 임덕규, 「내가 만난 토인비」, 『조선일보』 16785호 1975년 10월 24일자.

둘째, 효는 이타주의(利他主義)를 그 본질로 합니다. 부모도 엄밀하게는 나와 별개의 개체입니다. 그런데도 나보다 나 아닌 부모를 위하고, 내가 먹고 싶은 것을 부모에게 먼저 드려서 부모가 잡숫는 것을 보고 기뻐하는 마음, 내가 누리고 싶은 기쁨을 부모에게 돌려서 부모가 누리는 것을 보고 비로소 기뻐하는 마음, 그것은 이미 높은 차원에 이른 이타주의입니다. 산업화 · 도시화 · 개인화로만 질주해 가는 현대문명은 인간의 가슴 속에 극도의 이기심만을 키워 놓았고, 이 이기심은 세상을 갈등과 투쟁의 전장으로 만들어 놓았습니다. 그러므로 이타주의 역시 인본주의와 함께 미래사회에서 절실히 필요로 하는 가치가 아닐 수 없습니다.[20]

인간성 회복의 중핵인 효 사상은 인류근원의 보편적인 사상이다. 그런데 한국은 부모자녀의 혈육관계가 천륜(天倫)의 효 사상으로 이미 보편화되어 있다. 그러므로 한국문화의 문명화 기수로 효 사상을 전파하는 것은 인류문명의 위기를 극복할 수 있는 한 줄기 묘약이라고 생각된다. 한국인은 이를 긍지로 알고 효 사상을 간직 · 전수 · 전파하는 일에 자부심을 가져야 할 것이다.

## 4. 조화로운 심성

정신문화와 물질문명의 조화, 인간과 자연의 조화, 인간과 신의 조화, 한국문화와 서양문화의 조화 등은 한국인만의 전유물은 아니다. 서양과 대비해서 동양에 무게중심이 있을 뿐이다. 이 중에서도 한국인의 조화로운 심성은 각별하다.

한국은 조화로운 심성을 철학적으로 종교적으로 가꾸며 발전시켜 왔다. 원효(元曉, 617~686)의 원융무애(圓融無碍), 최제우의 동귀일체(同歸一體), 박은식의 대동주의(大同主義), 박이문(朴異汶, 1930~ )의 생태중심주의(生態中心主義)가 그렇다고 생각된다. 그리하여 한국인에겐 조화로운 심

---

20) 홍일식, 앞의 「새로운 普遍主義와 孝思想」, 33~34쪽,

성이 마음에 녹아들었다. 근자에 급격히 서구화되면서 조화로운 심성이 파괴되기도 했지만 아직도 그 바탕마저 붕괴된 것은 아니다.

21세기 인류문명의 지평은 이미 열려져 있다. 이것은 어느 누구의 이론에 의해서가 아니라, 역사와 자연법칙에 의한 필연적인 현상이라 하겠다. 다름 아닌 아시아인들의 각성과 눈부신 발전이 바로 그것이다. 지난 100여 년간의 동서교통관계는 분명 아시아인들에게는, 불평등하고 불합리하고 비인도적인 것이었다. 그러나 그 역경을 이겨내고 오늘에 이른, 아시아인의 체질에는 스스로 새 문명에 적응하고 나아가서 창조적 주역으로 당당히 참여할 수 있는 역량과 자신이 생겼다. 그것은 무엇보다 동양의 정신문화와 서양의 물질문명의 조화, 인간과 자연의 조화, 인간과 신의 조화를 지혜롭게 모색하는 대역사(大役事)이기도 하다. 그러나 이것은 19세기말 서양의 충격 앞에 이름은 다르지만 근본은 같은 명제라 볼 수 있는 한국의 동도서기(東道西器), 중국의 중체서용(中體西用), 일본의 화혼양재(和魂洋才)의 관념론적 차원과는 스스로 다른 것이다.21)

그동안 서구적인 자연정복의 합리성은 생태계를 파괴함으로써 지구의 존립 기반마저 흔들게 되었다. 인간본위의 서구적인 합리성의 모순점이 드러난 것이다. 여기에 서구화된 동양이 이미 사멸된 것으로 알았던 동양 특유의 자연관을 표출함으로써 인류와 지구의 위기를 극복할 수 있는 지혜를 모색하기에 이르렀다. 이는 서구적인 과학문명을 한 차원 높여 한국적인 견지에서 하나의 세계문명을 조화롭게 창출할 수 있는 창조적 계기를 만났음을 의미한다.22)

동양의 전통사상에서 도덕성의 회복을, 서양현대문명에서 고도의 과학·기술을 그리고 지금까지의 공통적 체험을 바탕으로 혁신적 제도개혁을 조화롭게 도모하는 작업을 통해, 인류공영에 이바지할 새로운 보편주의의 수립이 오늘의 인류가 지향하는 역사저 대장정(人長征)이겠다.23)

---

21) 홍일식, 위의 논문, 30쪽.
22) 김정의, 「미래 문명론」, 『신문명 지향론』, 혜안, 2000, 225쪽.
23) 홍일식, 앞의 논문, 30쪽.

다만 서로가 자기의 방식을 고집하는 것이 아니라(Not for Self) 서로가 서로를 이해하며 서로가 상대방의 가치관을 존중하고 서로의 문명을 닮는 퓨전이 진정한 문화의 조화일 것이다. 그것이 참다운 동귀일체(同歸一體)고 진정한 세계화일 것이다.24)

이러한 대장정은 필시 한국인의 바탕으로부터의 조화로운 심성이 촉매제가 되어 성사시킬 것으로 전망할 수 있겠다.

## 5. 여백미의 미학

어느 민족이든 다양한 성품들의 인간으로 이루어져 있다. 그래서 하나의 민족은 다면성(多面性)이 있고 다의성(多義性)이 있게 마련이다. 이건 민족의 생활이나 예술에 고스란히 드러난다. 우리 겨레도 마찬가지다.

우선 한국인은 한 가지 면모로 이야기될 수 없다. 마찬가지로 한국의 미도 한 가지 면모로 이야기될 수 없다. 그럼에도 불구하고 지난날 일제가 우리 예술품 중 민예품을 집중 거론하면서 '비애(悲哀)의 미'로 한국인의 심성을 왜곡하여 관조한 바 있다.

> 오랫동안 참혹하고 처참했던 조선의 역사는 그 예술에다 남모르는 쓸쓸함과 슬픔을 아로새긴 것이다. 거기에는 언제나 비애의 아름다움이 있다. 눈물이 넘치는 쓸쓸함이 있다. 나는 그것을 바라보며 가슴이 메이는 감정을 누를 길이 없다. 이렇게도 비애에 찬 아름다움이 어디에 있을 것인가.25)

물론 그런 예술품도 있다. 그러나 한국 예술품은 다채롭고 다양한 것이다. 강건·웅대한 광개토대왕릉비도 있고 우아하고 세련된 백제금동용봉봉래산향로26)도 있다. 소박·엄격한 첨성대도 있고 정제미 넘치는 화사한 석

---

24) 김정의, 「현대문명의 통합징후」, 『문명연지』 2-1, 한국문명학회, 2001, 21쪽.
25) 柳宗悅 지음, 심우성 옮김, 「조선의 친구에게 보내는 글」, 『조선을 생각한다』 (학고재신서 7), 1996, 86~87쪽.

굴암도 있다. 뿐만 아니라 귀족적 아취가 넘치는 상감청자도 있고 생의 깊이가 엿보이는 「세한도(歲寒圖)」27)도 있다.

한국의 예술품은 이처럼 다면·다의적인 것이다. 어찌 눈물을 짓게하는 눈물로 충만된 선(線)의 예술품만 있단 말인가?28) 한국의 예술품이 선으로 이루어진 특징은 있지만 그렇다고 찌든 선만 있는 것은 아니다. 고려청자의 우아한 곡선도 있고 한옥 기와지붕의 날렵한 선도 있다. 한복 동정의 깨끗한 선도 있는 것이다.

한국인은 심성이 고운 사람을 제일로 친다. 고운 마음씨를 가진 사람을 높게 평가하는 것이다. 그래서 자기 집 며느리나 사윗감의 첫 번째 조건으로 심성이 고운 사람을 선호하는 것이다. 심성이 고운 사람은 어떠한 사람인가? 그것은 자연스런 아름다움을 간직한 사람을 일컫는다고 볼 수 있다. 자연스런 아름다움을 간직한 사람은 심성이 각박하지 않고 후덕함이 여유로운 사람이다. 황희(黃喜, 1363~1452) 정승이나 신사임당(申師任堂, 1512~1559)이 그러하고 김기전(金起田, 1894~1948)이 그러한 사람들이다.

한국인은 어이된 영문인지 배웠건 못 배웠건 산행(山行)중 간식할 때도 고시레 하는 습성이 있다. 근대화 바람이 불면서 이 같은 습성을 미신이라고 생각해서 애써 버려야 될 악습으로 알았었다. 그러나 이젠 이러한 관습들이 인간만 먹어야 되는 것이 아니라 산중 미물까지 생각하는 조상의 사려 깊은 행동의 전승임을 뒤늦게 깨달은 것이다. 같은 차원에서 감을 딸 때 모두 따지 않고 까치밥을 남겨두는 습성이 있다. 한국에 내방한 외국인들은 늦가을 이러한 정취를 보고 한국인들은 높은 곳에 있는 감은 못 따는가 보다고 오해했었다. 그러나 까치밥은 겨울새들을 위해 일부러 남겨둔 것이다. 펄벅(Pearl Comfort Buck, 1892~1973)은 이규태(李圭泰, 1933~ ) 기자의

26) 신광섭 발굴팀에 의하여 1993년 12월 12일 부여에서 발굴되었다(최성자, 「국보 중 국보 '금동용봉봉래산향로' 취재기」, 『한국의 멋·맛·소리』, 도서출판 혜안, 1995, 52쪽).
27) 秋史 金正喜(1786~1856)의 작품.
28) 柳宗悅 지음, 심우성 옮김, 「조선 사람을 생각한다」, 『조선을 생각한다』(학고재신서7), 1996, 18~19쪽.

이런 설명을 듣고,

> 바로 그것이야, 내가 한국에 와서 보고자 했던 것은 고적이나 왕릉이 아
> 니었어요. 이것 하나만으로도 한국에 잘 왔다고 생각해요.29)

라고 탄성을 질렀다고 한다. 한국인의 고운 심성이 펄벅의 가슴을 적신 것
이다. 그리고 펄벅은 이런 것들이 인연이 돼 1964년 한국에 펄벅재단을 설
립하게 되었다.30)

그렇다. 한국인은 자기의 눈앞 이익에만 매달리지는 않는다. 자연과 인간,
현재와 미래에 대한 배려가 일상 생활을 통하여 몸에 배어 있는 것이다. 예
술활동에서도 이는 고스란히 드러난다. 인공미가 아니라 자연미가 잘 드러
나도록 배려하는 것이다.31) 산자락의 무덤들32)은 말할 것도 없고 한국을 상
징하는 건축물은 한결같이 자연과 잘 어우러지고 있다. 창덕궁 후원이나 석
굴암, 부석사, 경복궁, 추사 고택, 외암리 마을 등이 그러하다. 그림 또한 마
찬가지다. 인물화든 산수화든 자연스러운 그림이 으뜸인 것이다. 자연스런
그림은 어떠한 그림이겠는가? 그것은 정선(鄭敾, 1676~1759)이나 장승업
(張承業, 1843~1897)33)의 그림처럼 여백미가 잘 드러난 그림들일 것이다.
한국의 명화들은 한결같다고 할 정도로 여백미가 돋보임을 발견하게 된다.
김유탁(金裕琸, 1925~  )34)도 그의 화문집인『그림과 시와 노래를 스케치하

---

29) 장일현, 「독자와의 대화 - 41년 전의 '펄벅여사와 이규태 고문'」,『조선일보』
　　2001년 12월 29일자.
30) 같은 글.
31) 김정의, 「한국문명의 신좌표」,『문명연지』2-2, 한국문명학회, 2001, 26쪽.
32) 한국의 가옥은 곡선이며 무덤까지도 반원으로 우아하다. 그러나 한국 무덤의
　　반원은 차츰 없어져 자연(흙)과 동화되고 있다. 이런 모든 아름다움에 나는 질
　　투까지 느낀다(「게오르규 체한 1주 고별회견」,『조선일보』16301, 1974년 3월
　　29일자).
33) 장승업의 생애를 그린 영화 '취화선'의 임권택 감독은 2002년도 칸 영화제에서
　　감독상의 영예를 안았다(『한겨레신문』2002년 5월 27일자).
34) 국제화우회 회장.

며』 서문에서 여백의 미학을 다음과 같이 드러냈다.

　그리움도 미움도 저 멀리 하고 어제와 오늘을 엮어서 내일에 붙인다. 화
폭은 채우지만 아주 채우진 않고 성근 별, 구름 조각 간혹 보이는 넉넉한
여백의 미학35)

　한국인의 여백미, 이는 한국인이 일궈온 최고조의 미학이다. 여백미가 있
는 사람은 풍류가 있고 해학적이고 공간의 여유를 즐긴다. 여백미가 있는
사람은 밝고 명랑하고 건강하다. 여백미가 있는 사람은 다면적이고 다의적
이고 대범성이 있다.36)
　한때 근대화 과정에서 여유로운 여백미를 잊고 각박하게 살아 왔지만 전
통 속의 예술품들을 보면서 우리가 되찾아야 할 미학이라고 생각된다. 여백
미를 되찾는 것은 곧 인간성을 되찾는 것이리라. 요컨대 여백미 있는 인간
이 바로 인류가 보편적으로 이루고 싶은 지고지선의 인간상이라고 생각된
다.


## 6. 합의주의의 생명력

　한국은 역사적으로 보아 국가 운영에서 합의제가 발달해 온 나라다. 고구
려의 제가평의회나 백제의 정사암, 그리고 신라의 화백회의가 그러하다. 특
히 신라의 화백회의는 두고두고 우리 역사에서 국가경영의 준거가 되었다.
그후 이웃과 영향력을 주고받으며 시대에 따라 합의제도는 좀더 세련되게
변용·발전되어 왔다. 후고구려의 광평성, 고려의 도병마사나 이를 이은 도
평의사사, 조선의 의정부나 이를 이은 비변사, 그리고 현재의 국회나 내각이

---

35) 김유탁, 『그림과 시와 노래를 스케치하며』, 포스트, 2000, 앞 날개.
36) 안휘준, 「한국미술의 특성」, 『한국사특강』, 서울대학교출판부, 1990, 479~489
　　쪽 참조.

모두 신라식 합의제도가 꾸준히 변용·발전된 역사적 산물이다. 그 바탕에
는 한결같이 신라식 화백회의의 합의제가 깔려 있다.[37] 가히 상상하기 힘든
끈질긴 생명력이다.

현재 한국의 국회나 내각은 법적으로 물론 서구식의 다수결 원칙이다. 그
러나 내막을 들여다보면 곧 신라식 합의제도가 핵심임을 알 수 있다. 의회
에는 국회운영을 담당하는 각 당의 원내 총무가 있다. 그들은 어떤 의안을
놓고 일정을 잡는다. 그 의안의 마지막 처리는 분명히 표결이다. 그런데 각
당이 합의한 상태에서 표결이 이루어지면 반대당도 국민도 승복하지만 표
결일정이 합의 안 된 상태에서 반대당이 불참했는데도 정족수가 됐다고 표
결이 이루어지면 그 표결이 법적으로는 하자가 없어도 물의가 일어난다.

한국사에서는 다수당이라 하더라도 일방적인 표결을 통해 의안을 통과시
킬 경우는 매우 혼란한 상태가 국가적으로 발생하였다. 소수당은 이때를 놓
칠세라 다수의 횡포, 다수의 폭거라며 다수당을 매도하였다. 그리고 그때마
다 국민적인 저항을 불러왔다. 사사오입개헌(1954)이나 보안법 파동(1958),
삼선개헌(1969) 등이 그 예다.

그러나 합의 하의 표결은 표결에서 어차피 자기들의 의사가 전적으로 관
철 안 되고 부분적으로만 관철되었는데도 이루어지는 표결이다. 그런데도
합의했다는 것은 의안이 다수당의 뜻만이 아니라 소수당의 의견도 반영시
켰으므로 동의한 것이다. 이게 바로 현대식 합의제도이다. 물론 이런 경우
정국은 원만하게 돌아간다.

이 합의제도는 국가경영에만 적용되는 것이 아니다. 법정에서도 합의관
례는 위력이 대단하다. 판사는 어떤 사안에 대하여 원고와 피고에게 합의를
권고하는 일이 비일비재하다. 그리고 양자 간에 원만하게 합의가 이루어지
면 판사는 대체로 당사자들의 합의대로 판결을 내린다. 이것은 물론 법률에
의존하는 것보다 해결에 오랜 시간이 걸린다. 그러나 합의적인 해결은 서로
원천적으로 앙금을 풀고 문제를 해결시킬 수 있다는 점에서 어느 방법보다

---

37) 여의도에 있는 국회의사당 벽면에는 화백회의 장면이 부조되어 있다. 시사하
는 바가 크다.

장점을 가지고 있다. 그래서 선조들은 근본적인 해결책인 합의제를 발전시켜 왔을 것이다.

합의제의 국가경영 방식은 가정, 마을, 회사 등 모든 곳에 영향을 깊숙이 미쳤다. 예컨대 혼인례에서도 법적으로는 일정한 연령만 되면 혼인 당사자의 결정으로 혼사가 가능하다. 그러나 혼인 당사자만의 합의로 혼사가 이루어진다는 것은 보기 드문 일이다. 양가가 모두 동의할 때에 비로소 축복받는 혼인례가 성사되는 것이다. 이것이 한국적인 관례다.

한국식 합의제도는 어찌 보면 불합리한 면도 있지만 모든 상황을 종합해 보면 대단히 합리적인 면모가 있다. 한국식 합의제도는 서구식 다수결 원칙의 결점을 보완한 좀더 차원 높은 정국운영 방식이라고 보아진다. 그러므로 한국식 합의제도는 널리 주변 국가에게 알릴 필요가 있다. 이 제도는 보편성이 확고하게 내재되어 있기 때문이다.


## 7. 평등의식의 저변화

일찍부터 홍익인간, 인내천, 사인여천에 감화된 한국인들은 유달리 평등의식이 강하다. 신라 하대, 12세기 고려 무인집권기 그리고 19세기와 20세기 말에 집중적으로 민중운동이 발생하였었다. 이 중 1198년 만적(萬積)이 노비해방운동에서 '왕후장상(王侯將相)이 어찌 씨가 있을 것인가?'[38]라고 표방한 것은 매우 단적인 평등의식의 발로라고 볼 수 있겠다.

사실 그렇다. 하늘이 처음 열리던 날 어디 김씨 · 이씨가 있었으며, 양반 · 상놈이 있었던가! 성씨는 절대 불변이며, 족보 또한 의심할 수 없는 진실이라고 확신하는 우리의 믿음이 가짜일 뿐이다.[39] 극적인 예로 박은식, 신채호, 김규식(金奎植, 1881~1950) 등이 진정으로 존경받는 이유는 그들

---

38)『고려사』최충헌전.
39) 정진영, 「족보에도 가짜가 있나요」,『조선시대 사람들은 어떻게 살았을까 1』, 청년사, 1996, 47~48쪽.

이 각각 세계평화사상, 민중혁명사상, 만인평등사상으로 무장되어 반상차별
과 빈부극복을 위하여 한 생애를 바쳤기 때문이다. 그들을 불러 참민족주의
자라고 지칭하는 데 인색하지 않는 이유가 바로 그들의 투철한 만인평등주
의에 있는 것이다.40) 이처럼 한국인은 사람 위에 사람 없고, 사람 아래 사람
없다는 평등의식이 저마다에게 깔려있다.

알고 보면 오늘날 보편화되어 있는 평등의식은 역사상 불합리한 모순들
을 극복하고 쟁취한 귀중한 보배다. 왕조는 통치의 필요상 성을 주었고[賜
姓], 민본주의를 채택하였고, 훈민정음을 제정하기도 하였다. 그러나 민중41)
은 이에 만족하지 않고 줄기차게 투쟁하여 백성시대를 열었고, 평민시대를
열었다. 그리고 19세기 이래 끈질긴 민중운동 끝에 드디어 6월 대항쟁
(1987)을 승리로 이끌어 대망의 민중민주시대를 열었다. 한국사상 초유의
민중 장거를 이룩한 것이다. 지금은 이 같은 민중의 폭발적인 에너지를 동
력화하여 시민시대를 열기 위한 시민운동에 박차를 가하고 있다.

그동안 한국은 교육기관도 계속적으로 평준화되었다. 초등학교에서 중학
교로, 중학교에서 고등학교로 그리고 지금은 대학도 눈에 띄게 평준화되고
있다.42) 속설에 40대가 되면 지식이 평준화된다는 말이 떠돌 정도로 한국인
은 평준화를 선호한다.

만약 가정의 경제력 정도를 묻는 앙케이트가 있다면 상·중·하 중 어디
에 표기하겠는가? 한국인은 대체적으로 자기는 중간이라고 생각한다. 놀랍
게도 많은 사람이 인정하는 부자도, 많은 사람이 어렵다고 생각하는 가난한

---

40) 배용일, 『박은식과 신채호 사상의 비교연구』(경인한국학연구총서4), 경인문화
   사, 2002, 147~235쪽 ; 진덕규, 「우사 김규식의 민족주의에 대하여」, 『우사 김
   규식 박사의 애국활동 재조명』(우사 김규식 박사 51주 추모 학술심포지움 논
   문집), 우사김규식박사기념사업회, 2001, 43~54쪽 참조.
41) 민중은 한국적인 용어로서, 외국어에는 이와 일치하는 용어가 없다. 따라서 외
   국어로 번역될 때도 민중이란 용어는 그냥 자기들의 철자로 '민중'이라고 옮겨
   쓴다. 민중은 이미 김치, 태권도, 불고기, 비빔밥, 올홧병처럼 세계화된 용어다.
42) 다만 하향평준화로 치닫는 바람에 새로운 문제꺼리로 등장하였다. 상향평준화
   는 요원한가?

사람도 막상 본인은 중간이라고 생각하는 것이 한국인이다.

그러나 문제는 그렇게 생각 안하는 사람도 상당수 있다는 데 있다. 이들이 평등화를 달성하고자 하는 의지는 매우 강렬하다. 공산주의 종주국인 소련이 붕괴된 지금도 한국에서는 여전히 사회주의운동이 그치지 않고 있는 현실이 이를 잘 입증한다.

이처럼 한국인은 현실적이면서도 이상향(理想鄕)을 그리는 심정이 마음에 담겨 있다. 그러기에 끊임없이 좀더 나은 이상향을 위하여 오늘의 모순점을 찾아내고 이를 극복하려고 시도하는 것이다. 이것이 역사의 생명력이고 동력으로 작용하여 한국사는 계속적으로 활력을 유지하여 왔다. 한국사는 이 점에서도 정체된 역사와는 거리가 멀다. 거리에 활보하는 시민이나 월드컵 경기에서 '붉은악마'의 응원 모습을 보면 한국인이 얼마나 활기찬가를 목격하게 될 것이다.

그리고 한국인은 아무리 세계적으로 훌륭하다는 지도자를 통치자로 선출해도 국정의 난맥상이 드러나면 곧 비판하고 나선다. 민중은 역사의 방향을 본능적으로 읽고 있는 것이다. 그 본능적 저변에 바로 평등의식이 깔려있다. 평등에 어긋난 소득 분배나 비정상적인 부정한 부의 분배를 용납하지 못하는 것이다. 최근 각종 권력형 부정사건에 민중이 분노하는 것은 이를 말해 주는 것이다. 민중은 오로지 민중을 염두에 두고 공정하게 조처할 때만이 승복하는 것이다.

요컨대 한국인에게 널리 깔려 있는 평등의식의 저변화는 세계적으로도 보편화될 수 있는 의식이라고 생각된다. 왜냐하면 좀더 많은 사람에게 평등하게 자유롭게 사람답게 살 수 있는 방향으로 전개되는 것이 역사의 길이기 때문이다.[43]

---

43) 김정의, 『신문명 지향론』(부편 : 김동길, 「역사의 길 자유의 길」), 혜안, 2000, 279~283쪽 참조.

## 8. 어린이 인권 존중

한국은 어린이 존중에 관한 한 별세계다. 세상 어느 나라에 아동을 존칭하여 부르는 나라가 있는가? 그러나 한국에선 모두들 아동을 존칭해서 부르고 있다. 아동을 지칭하는 '어린이'란 용어가 바로 그것이다.[44]

어른들도 어린이와 대화를 나눌 때는 '이랬어요', '저랬어요', '이렇게 해주세요', '저렇게 해주세요', 혹은 '어린이 여러분', '여기 봐 주세요' 하는 식으로 경어를 쓴다. 한국에선 이러한 현상을 어디에서나 볼 수 있는 자연스런 현상이다.

한국도 100여 년 전에는 어린이가 학대를 받았다. 그러나 최제우란 성인이 나타나서 시천주(侍天主) 신앙을 폈다. 여기에 착안한 최시형은 어린이를 하나의 인격체로 존중하고 소년애호사상을 확립했다. 즉,

> 어린아이도 한울님을 모셨으니 아이 치는 것이 곧 한울님을 치는 것이다.[45]

라고 설파하였다. 어린이를 때리는 것이 하느님을 때리는 것과 같다는 것이다. 그러니 동학·천도교인이라면 누가 어린이를 때릴 수 있겠는가? 세계소년운동사에서 이보다 어린이에 대한 존중심을 잘 표현한 비유는 찾아보기 어려울 것이다. 그 후 김기전, 방정환(方定煥, 1899~1931), 조철호(趙喆鎬, 1890~1941), 정성채(鄭聖采, 1899~?), 윤석중(尹石重, 1911~ ) 등 기라성 같은 소년운동가들이 나타나 소년운동을 전개하였다. 이것이 크게 주효했다. 그리하여 아동을 어린이라고 경대하는 풍조가 정착하였고 소년운동가들은 어린이를 인격적으로 존중하며 그들을 대상으로 경어를 쓰기 시작하였다.

---

44) 김정의, 「최제우 소년관의 숙성」, 『동학연구』 3, 경주 : 한국동학학회, 1998, 90쪽.

45) 「내수도문」 5항.

이 운동은 동학·천도교 계열에만 멈추지 않았다. 기독교 계열, 사회주의 계열에서도 합세하여 그야말로 전 국민적인 운동을 전개하였다. 1922년 세계 최초로 '어린이 인권선언'에 해당되는 「소년인권선언」을 발표하였고,[46] 같은 해에 어린이날을 제정하였다. 1975년에는 정부가 나서서 아예 5월 5일 어린이날을 법정 공휴일로 선포 하였다.[47]

사실 한국은 어린이의 인격을 인정하고 그들에게 미래를 담보한 연후 비로소 미래지향적인 진취적 분위기가 사회를 리드하기 시작하였다. 지금 한국은 방정환의 비전(Vision)대로 어린이의 천국이 되어 있다.[48] 한국인이 어린이를 대하는 태도는 매우 너그럽다. 한국인은 어린이의 기를 살려주고자 시도한다. 그러다보니 어린이는 어디에서나 황태자나 공주처럼 대우해준다. 젊은 부모일수록 그렇게 키우고 있는 것이다.

그리고 어린이에 대한 투자는 가계에서 예외인 것 같다. 어려움 속에서도 그들의 재능을 살려주고자 여러 학원에 등록시킨다. 뿐만 아니라 부부가 생으로 별거하면서까지 조기유학이나 어학연수를 보내고 있을 정도다.

어린이에 대한 이러한 국민적인 의식이 긴 안목에서 어린이로 하여금 총명하고 패기 있게 성장시킨 면도 있다. 실례로 어린이 운동이 클라이맥스 때 어린이들이 성장하여 조국광복의 주역이 되었고, 어린이 소질계발세대의 어린이들이 성장하여 지금 세계적으로 IT산업을 선도하는 주역이 되어 있는 것이다.

한국의 어린이운동은 세계적인 어린이운동에 커다란 모티프가 되었다. 국제연맹에서는 1924년 「세계 어린이헌장(아동권리제네바선언)」을 선포하였고, 국제연합에서도 1959년 「국제연합아동권리선언」[49]을 공포할 정도다. 그것은 한국의 어린이운동은 모든 인류의 공감대를 이룰 수 있는 보편성이

---

46) 김정의, 「사회운동의 측면에서 본 소파 방정환」, 『아동권리연구』 3-2, 한국아동권리학회, 1999, 126~127쪽.
47) 김정의, 『한국의 소년운동』, 혜안, 1999, 355쪽.
48) 최보식, 「한국의 소년운동」, 『조선일보』 22335호 1993년 5월 4일자 기사 참조.
49) http://kr.encycl.yahoo.com/final.html?id=22789

있기 때문이다.50)

## 9. 과학기술의 인문성

과학과 과학기술에는 도구적 가치가 있을 뿐만 아니라 인문적 가치도 내재되어 있다. 과학이 신화, 전통적 신념, 상식, 철학적 사념 그 어느 것보다도 자연현상을 가장 선명하게 설명하는 인식체계라는 것을 감안하고, 과학기술이 인간의 고도한 지적 능력의 발현이라는 것을 인정할 때, 과학과 과학기술에서 도구적 가치를 초월한 인문적 가치를 경험할 수 있다. 과학적 지식과 기술적 경험은 인간의 삶을 그만큼 인간답게 하는 요소가 되는 것이다.51)

이러한 관점에서 볼 때 매우 다행인 것은 한국 과학기술의 원천에는 인문성이 깊숙이 내재되어 있다는 사실이다. 환인은 그의 아들 환웅을 지상에 내려보낼 때 능히 '홍익인간'할 만한 곳이라고 생각했다. 단군성조 이래 한국사는 홍익인간으로 이화세계를 이루려면 어떻게 하여야 할 것인가를 국정운영의 초미의 관심사로 삼았다.

그래서 하늘의 뜻을 알고자 무엇보다 천문학을 발전시켰다. 첨성대, 수시력, 간의, 혼천의, 천문도, 측우기, 자외선우주망원경52) 등은 이에 대한 부산물이다. 그리고 하늘의 뜻을 기록하여 후세에 전승시키자니 글자가 필요했고, 그 글을 기록하자니 먹과 벼루와 붓, 그리고 종이가 필요했다. 나아가서 이 기록을 다량으로 박으려니 인쇄술이 필요했다. 그러니까 홍익인간이라는 인문성과 관련된 기술과학을 대대로 집중적으로 발전시킨 셈이었다.

---

50) 김정의, 「현대 어린이운동과 과제」, 『신인간』 621, 신인간사, 2002. 47~48쪽.
51) 박이문, 『더불어 사는 인간과 자연』, 미다스북스, 2001, 88~89쪽.
52) 고도 690km 상공의 지점에서 지구 주위를 회전하면서 외부 은하에서 오는 자외선을 관측하여 데이터를 지상에 보내주면, 이 자료를 분석하여 우주의 모습과 나이를 밝히는 데 활용한다. 이영욱 팀이 제작하였다(『조선일보』 2002년 3월 22일자).

천문학에 관한 기록은 『삼국사기(三國史記)』, 『고려사(高麗史)』 그리고 『조선왕조실록(『朝鮮王朝實錄)』에 실증적으로 기록되어 있다. 덕분에 오늘날에는 한국의 천문기록으로 한국과 한국 주변국은 물론 고대나 중세의 서양사 해석까지도 시도하게 되었다. 한국사를 갖고 그동안 수수께끼 같은 서양사를 과학적으로 풀 수 있는 키를 제공하게 된 것이다.[53]

문자는 어떠한가? 처음엔 한자(漢字)에 의존했지만 곧 국문자의 필요성을 알고 이두(吏讀) → 구결문(口訣文) → 훈민정음(訓民正音) → 한글로 점차 발전시켰다. 지금 한글의 우수성은 세계 언어학계에서 공인된 공공연한 사실이다. 한글은 세계에서 가장 과학적이고 아름답고 편리한 글인 것이다.

종이는 어떠한가? 오래 전부터 한국의 서화지(書畵紙)는 중국이나 일본에 수출될 정도로 질 좋고 귀한 물품이었다. 가히 세계 제일의 하이테크 명품이었다.

인쇄술은 또 어떠한가? 지난 20세기 말 1000년대를 마감하면서 미국의 『월 스트리트 저널(Wall Street Journal)』은 '밀레니엄(millenium)' 특집으로 지난 1000년간 인류발전에 기여한 100대 발명품을 뽑았는데 그 첫째로 금속활자를 꼽았다.[54] 서양인들은 구텐베르크(Johannes Gutenberg, 1397~1468)의 금속활자를 의식하고 선정했지만 한국은 그보다 200여 년이나 앞선 1234년에 금속활자를 발명한 것이다. 한국인은 금속활자 발명 한 가지만 갖고도 인류문명 발전에 결정적인 기여를 한 민족이 된 것이다.

결과적으로 한국은 세계에 유례가 없는 기록문화를 발전시켰다. 병인양요 때 프랑스인들을 크게 놀래킨 것은 왕실에서 관리하는 외규장각의 엄청난 규모의 귀중본들만이 아니었다. 생활이 어려운 집들까지도 서책을 간직하고 있었다는 사실이었다. 이를 뒷받침하는 당시 종군한 프랑스 해군장교 주베르의 『1866년 프랑스 강화도 원정기』에는,

---

53) 이태진, 「소빙기(1500~1750) 천변지이 연구와 『조선왕조실록』 - global history의 한 장 - 」, 『역사학보』 149, 1996, 203~236쪽 참조.

54) http://www.millenniumkangwon.co.kr/content/4/자료실_2.htm 참조.

이곳(강화도)에서 감탄하면서 볼 수밖에 없고 우리의 자존심을 상하게 하는 다른 한 가지는 아무리 가난한 집이라도 어디든지 책이 있다는 사실이다.55)

이뿐만이 아니었다. 웬만한 양반가들은 독자적으로 자기 가문의 문집을 만들거나 소유하고 있는 것이 다반사였다.

이처럼 한국 과학기술은 홍익인간에 터해서 경이적으로 발전되어 왔다. 이 전통은 오늘날에도 한국인 의식에 잠재되어 있다. 서구의 과학기술이 인문적인 면도 있지만 국익을 위한다는 미명 아래 세계파괴, 인간성 파괴를 일삼는 과학기술을 발전시키는 데 주저하지 않은 것과 매우 대조적이라고 볼 수 있겠다.

최근 제프리 존스(Jeffrey D. Jones, 1952~  )56)는 한국이 인터넷 세상의 허브가 될 것이라고 확신하였다. 그 이유인즉 인터넷 기술만이 아니라 한국인의 인정 때문이라며 삭막한 사이버 세상에서 인정을 불어넣을 수 있는 사람이 인터넷을 지배할 것이라고 전망하였다.57) 실제로 가장 인간적인 것이 게임이라고 한다면 한국을 리니지 게임의 왕국으로 만든 김택진(金澤辰, 1967~  )58)은 "인간에 대한 이해가 없으면 멋진 게임이 나올 수 없다"며 "나는 요즘도 시를 읽고 있다"고 언급했다.59)

이렇듯 홍익인간의 마음을 가슴에 간직하고 있는 한국인의 인정을 꿰뚫어 본 매우 적절한 지적이라고 판단된다. 작금 인문적인 한국문명은 홍익인간과 환경친화적인 정보문명을 축으로 인류공동체문명의 중심권으로 접근하고 있다.60) 그리고 한국 과학기술의 인문성은 온 누리에 신선한 바람으로 인간성 상실을 막는 청량음료가 되어줄 것이다.

55) 이태진, 『왕조의 유산』, 지식산업사, 1994, 109쪽.
56) 주한미상공회의소(AMCHAM) 회장.
57) 제프리 존스, 『나는 한국이 두렵다』, 중앙M&B, 2000, 249~253쪽.
58) 비즈니스 위크지 선정 '아시아 스타', 엔씨소프트 사장.
59) 『조선일보』 2002년 5월 8일자 기사.
60) 김정의, 「현대문명의 통합 징후」, 『현대문명의 성향』, 혜안, 2001, 311쪽.

## 10. 한글의 편리성

흔히 문명의 3요소로 도시, 문자, 종교를 꼽는다. 이집트 문명, 메소포타미아 문명, 인도 문명, 중국 문명은 모두 문명의 3요소를 구비하였다. 물론 모두 독자적인 문자를 창안하여 사용하였다.

한국은 시대에 따라 어느 때는 불교를 국교로 삼았고, 어느 때는 유교를 국교로 삼았다. 또 어느 때는 불교와 유교가 공존했다. 그러니까 때로는 인도문명권, 때로는 중국문명권, 또 때로는 인도와 중국의 복합된 문명권이 되기도 하였다. 그러나 한국은 오랜 동안 중국의 한자를 차용하여 사용했으므로 대국적으로 보면 중국문명권에 더 가깝다고 볼 수 있다.

물론 중국과 말이 달랐으므로 한자의 이해를 돕기 위하여 이두나 구결문을 창안하여 사용하기도 하였다. 종교도 한국적으로 변용하여 신앙하였다. 그러나 어디까지나 수입 문자요, 수입 종교지 독자적인 문자요, 독자적인 종교라고 할 수는 없었다.[61] 그러니 구차한 문화생활을 영위한 것이다.

천행으로 백성의 마음을 꿰뚫은 세종대왕(1397~1450)이 드디어 독창적인 28자의 훈민정음을 창안하여(1443) 3년간의 실험을 거쳐 온 누리에 반포하였다(1446). 이 점에 대하여 문일평은,

> 만일 한국사에서 한글의 창제, 그것을 뽑아버린다고 가장하자. 그럴 때는 한국말은 절름발이 말이 되고 한국역사는 눈먼 역사가 되고 한국문학은 얼빠진 문학이 되어, 따라서 한국학의 자립을 보기가 자못 곤란하였을 것이다. 오직 이 한국말의 생명을 담은 한글은 한국학의 독특성을 고조시킨 것이라 하겠다.[62]

라고 한글 창제의 위상을 제고하였다. 실로 한글 창제로 인하여 한국문명의 정화(精華)를 온전하게 이룰수 있는 길이 열리게 되었다. 그러나 한자 중독

---

61) 김정의, 「동학의 문명관」, 『동학학보』 2, 동학학회, 2001, 147쪽.
62) 김정의, 『신문명 지향론』(부편 : 문일평, 「사안으로 본 조선」), 혜안, 2000, 240
   ~241쪽.

의 식자층에 의하여 조선왕조 하에서 훈민정음은 언문(諺文)으로 폄하되었다. 구한말 국망(國亡)의 위기에 이르러서야 크게 각성하기 시작하였다. 자주적인 의식이 곳곳에서 솟아오른 것이다. 그래서 비록 때는 늦었지만 훈민정음도 한글로 거듭나게 되었다.

이토록 귀중한 한글을 일본 식민지의 혹독한 시련을 견디면서도 끊임없이 연마하여 한글은 더욱 빛을 발하게 되었다. 그러기에 주시경(周時經, 1876~1914), 이윤재(李允宰, 1888~1943), 김윤경(金允經, 1894~1969), 최현배(崔鉉培, 1894~1970) 선생을 못 잊는 것이다. 마침내 해방이 되었다. 한글도 함께 해방되어 한국의 국문자로 굳건한 자리를 차지하게 되었다.

한글은 배우기 쉽고 쓰기 쉬운 글자다. 한글은 아름답고 과학적인 글자다. 한글은 24자로 모든 소리를 편리하게 표기할 수 있는 소리글자다. 유사 이래 문자는 점차 소리글자로 옮겨 온 것이 대세이기도 하다.

오늘날 세계는 문명 패권을 놓고 동·서양의 대결 징후를 보이고 있다. 서양문명의 장자는 미국이고 동양문명의 패자는 중국이 자처하고 있다. 그런데 중국은 문자에서 간자(簡字)를 사용하고 있는데 간자의 발음기호로 로마자를 쓰고 있다. 중국이 서양과 대결하는 데 서양의 문자를 차용하고 있는 것이다. 이는 서양에게 이미 한 발을 굽힌 형세다. 중국은 남의 문자에 의존하여 미래문명을 이룩할 생각이란 말인가? 한국의 한글은 이미 600년 가까이 한자를 완벽히 훈독해 온 검증이 끝난 문자다. 중국은 자존심을 버리고 같은 동양문명권의 이웃나라인 한국의 한글을 공용화하기를 제안한다.

일본도 가나[假名] 대신 한글을 공용화하길 바란다. 한글을 공용화하면 일본문명이 비약적으로 발전할 것은 자명한 이치다. 한글의 진면목을 알아보고 공용화한다면 일본문명은 분명히 웅비할 것이다. 그것은 가나에 비견할 수 없을 정도로 한글은 보편성이 있기 때문이다. 누구보다도 일본은 이 사실을 잘 알고 있을 것이다.

세계는 바야흐로 정보화문명이 도래하였다. 정보화문명이 컴퓨터로 대변된다면 컴퓨터의 최적의 문자는 한글일 것이다.[63] 그러므로 한글은 마치 정

보화문명을 위하여 준비된 문자 같다. 한글의 진가는 유감없이 발휘되고 있
는 것이다. 한글은 마치 용이 물을 만난 감이 든다.

한국은 더없이 귀중한 한글에 대하여 배전의 관심을 갖고 국책으로 발전
책을 강구해야 될 것이다. 한글의 우수성은 세계 언어학계의 정설로 굳어진
지 이미 오래다. 남은 것은 한글을 움켜쥐고 자랑만 할 게 아니고 세종대왕
의 심정으로, 최현배의 심정으로 갈고 닦아 세계인에게 전파하는 일이다.

## 11. 무예의 뛰어남

한민족은 예로부터 동이족(東夷族)으로 분류되어 왔다. '夷'자로 보아 활
을 잘 쏘는 사람에서 연유한 족속임을 알 수 있다. 그렇다. 한국인은 주몽설
화나 신숭겸(申崇謙, ?~927), 이성계(李成桂, 1335~1408) 혹은 정조대왕
(正祖大王, 1752~1800)의 고사가 들려주듯이 활을 잘 쐈다. 화랑도의 필수
과목에도 활쏘기는 엄존했다. 고구려의 「수렵도」에도 당시의 상황이 선명
히 보인다.

유도탄이 없고 핵무기가 없던 시대에 말 타고 달리며 활을 쏘아 적들을
명중시키는 것은 그 어느 전투 수단보다 기동력이 있고 전세를 유리하게 만
드는 데 중요한 역할을 담당했다.

여기에다 육탄전에서도 한국인은 뛰어난 무술을 발휘하였다. 맨 손으로
적을 격퇴하는 격퇴술을 발전시킨 것이다. 태권도(跆拳道, Taekwondo)가
바로 그것이다.64) 오늘날 한국 하면 태권도가 연상되는 것은 다 연유가 있

---

63) 최근 컴퓨터 통신을 통하여 우수한 한글을 조잡하게 활용하는 예가 속출되고
있어 바른 한글 사용을 위한 사회적인 각성운동이 절실히 요망되고 있다.
64) 2000년 전 한국에서 독자직으로 창시된 고유의 전통 무술인 격투경기로, 이제
세계화되어 국제적으로 공인된 스포츠로서 2004년 올림픽 정식종목으로 채택
되었다. 태권도는 전신운동으로서 상대편으로부터 공격을 받았을 때 맨손과
맨발로 인체의 관절을 무기화하여 자신을 방어하고 공격하는 무도다. 또한 수
련을 통하여 심신단련을 꾀하고 강인한 체력과 굳은 의지로 정확한 판단력과

는 것이다. 강대국의 틈바구니에서 명맥을 유지하며 문화를 진작시킴에는 이처럼 활쏘기와 태권도를 호신과 보국의 수단으로 연마하고 발전시켰기에 가능했던 것이다.

그러기에 한국은 역사 이래 아무도 넘보지 못하는 국가를 영유해 왔던 것이다. 비록 때로 침략을 당했어도 언젠가 반드시 격퇴시키고야 말았다.

한국인의 특기인 활쏘기[弓道]와 태권도는 현대에 이르러 스포츠로서 새로운 각광을 받기 시작하였다. 태권도는 2004년 올림픽 대회부터는 올림픽 정식종목으로 채택되어 세계인이 겨루게 되었다. 그러나 한국은 양궁과 태권도에서만은 금메달을 따놓은 당상으로 여길 정도로 태권도의 종주국이요, 궁사들의 요람이다.

이 같은 전통을 이어받았음인가? 앞으로의 전쟁은 전자전임이 틀림없는데 바로 이 전자전에서도 한국인의 실력은 유감없이 발휘될 것으로 전망된다. 그것은 가상전이라고 볼 수 있는 사이버 게임에서 당당히 종주국을 이루었기 때문이다. 이를 증명이라도 하듯 미국의『뉴스 위크(News Week)』지에 이어 프랑스의 유력지『르 몽드(Le Monde)』지는

한국이 사이버 게임의 세계 수도로 자리잡았다.[65]

고 1면을 할애하여 대서특필하였다. 한국에선 온라인 게임의 번성으로 프로게이머와 게임단, 게임자키 같은 새로운 직업을 낳았다. 한국은 세계에서 유일하게 4개의 게임단이 있고, 24시간 게임프로그램만 내보내는 전문 방송사도 4개나 된다. 19개 대학에 게임 관련 학과가 등장했고, 프로게이머가 가수나 탤런트 못지않는 인기를 누리고 있다.

한국은 이미 2001년 12월 월드 사이버 게임즈(WCG)를 주최하였다. 지금

---

자신력을 길러 강자에게 강하고 약자에게 유하며, 예절바른 태도로 자신의 덕을 닦는 행동 철학이다. 태권도 정신은 수련으로 얻어지는 기술의 소산이다 (http://kr.encycl.yahoo.com/final.html?id=154480).

65) *Le Monde* 2002년 1월 21일자 기사.

제13장 한국문화의 문명화 265

한국에는 밤낮없이 열리는 2만 7천 개의 게임방이 있고, 초고속 인터넷 가입자는 2001년 말 현재 780만 명으로 전체 가구숫자 1,500만의 절반을 뛰어넘었다.[66] 이 정도로 한국인의 게임 자질과 그 열기는 매우 출중하여 타의 추종을 불허하고 있다. 한국은 가히 사이버 게임의 메카로 자리를 굳혔다.[67]

뿐만 아니라 한국은 익히 알려진 대로 카드놀이도 종주국이다.[68] 『삼국지(三國志)』의 기사로 보아 한국인은 마치 원초부터 놀이문화의 종주국이 될 수 있는 유전인자를 원형질로 간직해 온 민족 같다.[69]

지금 빠른 속도로 태권도가 전 세계에 오프라인으로 확산되고, 한국형 게임이 온라인의 가상공간을 뒤덮고 있다. 그만큼 폭발력이 있다는 것이고, 이는 그만큼 보편성이 있다는 증거일 것이다.

---

66) 『조선일보』 2002년 2월 15일자 기사.
67) 앞의 *Le Monde* 기사
68) 카드의 뿌리에 대해 추적한 세 명의 학자가 있다. 그 중 한 사람인 P. 아놀드는 그의 저서 『도박 백과』에서 최초로 카드놀이를 시작한 것은 한국이며, 화살 그림을 그린 갸름한 카드, 곧 투전(鬪箋)이 시작이라고 그 구조적 특징을 들어 고증했다. 동북아시아 여러 나라의 유희를 조사한 브루클린 박물관장 S. 클린의 보고서에도 한국의 전통 투전을 서양 카드의 뿌리로 추정했으며, B. 아네스도 이 세상 최초의 카드는 한국의 투전 아니면 중국의 화폐, 인도의 장기 가운데 하나일 것이라고 했다. 만약 이 세 학자들의 고증이나 추정이 맞다면, 한국의 투전이 700년 동안 지구 한 바퀴를 돌며 놀이를 퍼뜨리고 원점 회귀를 한 것이 되며, 화투의 그림을 주체화시킨다는 것은 돌면서 때 묻은 문화의 때를 벗기는 문화작업이랄 수 있다. 투전놀이 빙빕에도 '동동' '찐뭉어' '소몰이' '엿광메' 등 많은데, 이를 찾아 현대인의 생리에 맞게 개조하여 종주국의 위상을 다졌으면 한다(이규태, 「주체성 찾은 화투」, 『조선일보』 2002년 2월 25일자 이규태 코너).
69) 『三國志』魏志 東夷傳, "踏地低昻手足相應".

## 12. 맺음말

이상 한국문화의 문명화에 대하여 열 가지 항목을 선정하여 세계화, 미래화로서의 문명화가 가능할까를 놓고 보편성 여부를 짚어 보았다. 물론 어떤 것은 적절하고 또 어떤 것은 비약이 있을 것이다. 그리고 한국문화의 문명화로 예거할 것은 더 있다고 생각된다. 진취적인 기상, 한복의 실용성, 식생활의 담백성, 차(茶) 인심의 후함, 온돌문화, 놀이의 종주국, 한류(韓流)의 물결 같은 것들이 그러하다. 그러나 여기선 신앙의 보편성, 효 사상의 씨알, 조화로운 심성, 여백미의 미학, 합의주의의 생명력, 평등의식의 저변화, 어린이 인권 존중, 과학기술의 인문성, 한글의 편리성, 무예의 뛰어남만 간략하게 고찰하였다. 이것들은 이미 문명화되었거나 문명화 과정에 있는 것들이다. 아니면 문명화의 가능성이 있는 유산들이다.

이렇게 열 가지 한국문화의 정수를 고찰하면서 소득이라면 선인들에게 감사하는 마음이 절로 일었다는 사실이다. 한국이 외세에 시달리며 어려운 상황에서도 격조 높은 문화를 거듭 재창출할 수 있었던 동력이 바로 이러한 정성어린 정수들이 있었기에 가능했다고 생각된다.

문명화의 몫은 이제 오늘을 살고 있는 한국인의 차지가 되었다. 한국의 문화는 하늘경험의 천인합일로 홍익인간의 이념이 관통하는 세계의 심장이고 인류의 중심이다. 한국의 문화는 수심정기(守心正氣)를 통하여 원융무애하게 동귀일체를 이루려는 대동주의 사상을 갖고 있다. 따라서 한국문화의 문명화는 붕괴하는 세계문명을 근본적으로 치유하여 새롭게 인류평화의 조화로운 흔붉문명으로 거듭날 것으로 기대된다.

(『문명연지』 3-2, 한국문명학회, 2002)

# 제14장 한국 문명의 신 좌표

## 1. 머리말

한국은 현금 폭발적으로 발전하고 있다. 한국문명은 바야흐로 새로운 지평을 열어가고 있는 것이다. 한국인은 근대 산업화의 진입에 뒤진 쓰라린 경험을 거울삼아 미래의 지식정보기반 사회 구축은 필히 선점하겠다는 각오로 무장돼 있다. 그래서 미래를 의도적으로 개척해 나가겠다는 비전을 현실적으로 실현시키고 있는 중이다. 과거 완만했던 발전 속도는 점차 속도감을 더해 가더니 드디어, 현기증이 날 지경에 이르렀다. 그리고 이 변화의 속도는 앞으로는 더욱 빨라질 전망이다. 이에 한국문명의 새로운 좌표 설정이 불가피해지게 되었다고 생각된다. 따라서 잠시 숨을 고르고 현실을 직시해야 할 필요성을 느꼈다.

무엇보다도 한국은 '신명'과 '한'을 가진 나라다. 따라서 이 신명과 한을 어떻게 동력화할 것인가가 한국 미래문명의 관건이라고 볼 수 있겠다. 이를 풀기 위해서도 한국 문명의 현 위치를 똑바로 알아야 함은 물론이다. 분명한 것은 한국은 미국, 중국, 일본, 러시아 등 4강[1]의 중심에 있는 나라이며 역동성($\int$)이 독자적이고 주체적으로 용약하는 나라다. 한국은 개방적이며 진취적이면서도 예(禮)와 전통(傳統)을 중요시하는 중심축의 나라로서 인류가 선망하는 홍익인간의 문명대국이다.

이를 요체로 한국과 4강의 함수관계를 보면서 한국문명의 신좌표를 가늠

---

1) 미국, 중국, 일본, 러시아는 한국 주변의 4강이자 동시에 세계의 4강이다.

해 보고자 한다.


## 2. 미국 문명의 팍스아메리카나

미국은 함수로 볼 때 Ⅰ사분면에 있는 y =x의 그래프가 된다. Ⅰ사분면은
(+, +)의 사면이다. Ⅰ사분면에 있음은 거대한 개방국가로서 또 세계의 1
인자로서 미국을 전 세계에 드러내고 있다. 또 직선의 함수로 개척정신을
가지고 야심차고 패기있는 미래지향적인 팍스아메리카나(Pax-Americana)
의 초강대국이다. 미국은 행복(happy)을 제일의의 가치관으로 추구하는 나
라로 생활이 안정되어 있고, 인종의 다양함과 종교의 자유, 자기(I) 강조를
갖고 있다.

미국은 거대한 개방국가로 정치, 경제, 군사, 과학기술, 정보 면에서 모두
세계 최강이다. 제1차 세계대전 때부터 세계의 강자로 착실하게 부상한 미
국은 소련이 붕괴되고는 필적할 국가가 없어졌다. 중국의 부상과 도전을 제
외한다면, 이제 미국이 군사적으로 전면적인 대결을 각오할 상황은 없을 것
이라는 것이 홉스봄(Eric Habsbawm)의 진단이다.2) 사실상 세계의 패자로
등장하게 된 것이다. 실제로 2001년 9·11테러사건 후 미국의 대처를 보면
알 수 있다. 미국과 아프가니스탄의 대결은 미국의 일방적 승리였다. 드디
어 고대의 '팍스로마나(PaxRomana)'처럼 현대판 '팍스아메리카나'가 도래
한 것이다.

미국은 2002년을 전쟁의 해(A war year)로 선언3)하고 세계의 하늘과 바
다와 육지를 모두 지배하고 있다. 그들은 세계 도처에 병력을 주둔시키고
있다. 이 같은 무력을 통하여 모든 국제분쟁에서 해결사로 등장하였다. 특
히 자국의 심장부가 테러의 타켓이 된 후로는 테러와의 전쟁이란 명분을 내
걸고 문명세계의 안전판 구축에 전념하고 있다. 명실공히 국제질서의 헌병

---

2) 김정의, 『현대문명의 성향』, 혜안, 2001, 305쪽.
3) 『한국일보』 2001년 12월 28일자 기사.

역할을 자임하고 있는 것이다.

미국은 경제적으로도 세계를 지배하고 있다. 세계시장경제에서 미국 달러(US$)는 세계 공용화폐로 막강한 위력을 발휘하고 있다. 미국은 부(富)의 상징적인 나라로 자리잡은 것이다.

이러한 여건에 힘입어 미국은 세계무대에서 정치력을 십분 발휘하고 있다. 세계가 미국 대통령선거에 지대한 관심을 갖고 있는 것은 그가 사실상 세계 대통령의 위치에 오르는 지름길이기 때문이다.4) 미국 대통령은 세계 대통령이라는 지도력을 활용하여 미국식 민주주의를 수출하고 있는 것이다.

뿐만 아니라 미국은 인터넷을 통하여도 세계를 제패하였다. 세계의 두뇌들이 미국으로 속속 모여들고 있다. 미국은 실로 노벨 과학상 수상자의 무려 39%를 점하였다.5) 미국의 실리콘 밸리(Silicon Valley)는 세계 벤처의 심장으로 가동되고 있다. 그리하여 우주과학, 게놈 프로젝트 등 부가가치가 높은 산업은 한결같이 미국이 선도하고 있다.

또한 미국은 영어를 만국공용어로 만들었다. 오늘날 미국의 베스트셀러 작품은 동시에 세계의 베스트셀러가 되기 일수고, 미국에서 성공한 영화는 세계에서 흥행에 성공을 거두는 것이 다반사다. 미국식 록(Rock)은 세계를 강타하기도 한다. 또한 코카콜라는 세계인의 음료, 버거킹은 세계인의 식품, 블루진은 세계인의 블루진이 되었다. 이처럼 미국식 문명은 엄청난 영향력

---

4) 21세기의 첫 대통령을 뽑는 2000년 11월 7일 제43대 미국 대통령선거는 40년 만의 대접전이라는 표현대로 마지막 투표함의 뚜껑을 열 때까지 승패를 점치기 어려운 치열한 접전이었다. 부시(George W. Bush)가 271 : 267로 승리했으나 플로리다 주의 혼선으로 끝내 '부시 승리' 오보사건이 터졌다. 이에 민주당 고어(Al Gore) 후보의 제소로 플로리다 주에서는 수작업 재검표가 거듭되고 각종 재판이 이루어질 적마다 안개 상황이 연출되었다. 12월 12일에 이르러서야 수작업 검표는 위헌이라는 연방대법원의 판결이 내려져 공화당 후보 부시의 당선이 확정되었다(『동아일보』 2000년 12월 14일자 기사 등 참조).

5) 1901년에서부터 1994년까지 94년 동안 노벨 과학상 수상자 총수는 425명, 수상국 수는 26개 국에 이르고 있다. 그러나 이 중 165명(39%)이 미국인이다. 여기에서 149명은 세계 제2차 대전 이후 수상자들고 이 가운데 35명은 세계 각국에서 이민온 사람들이다(http://mulli.kps.or.kr/~pht/7-3/38.html).

을 발휘하고 있다.

어쨌든 미국은 이제 세계 제일의 문명국가로 성장하였다. 미국문명은 성년의 국가가 된 것이다. 이러한 미국의 찬란한 문명 건설에는 그들의 선조들이 이룩한 프론티어 정신과 청교도 정신이 밑바탕에 깔려 있다. 미국인은 정직이 최상의 도덕이고, 무기다. 한번 부정을 저지르면 재기가 사실상 어려운 나라로 정평이 나 있다.

요컨대 미국은 여러 면에서 능력을 발휘하였다. 여기엔 미국이 세계 제일이라는 No.1 정신도 미국으로 하여금 세계의 패자로 군림하는 데 크게 기여하였다. 미국은 현재 초강대국가다. 이변이 없는 한 이러한 상태는 당분간 계속될 것이다. 미국문명은 아직은 젊기 때문이다.

그래서 오만방자한 부정적인 면모도 수없이 발견되지만 미국이라는 나라는 파워가 있기 때문에 그것마저 패기로 미화되고 있다. 세계는 한동안 이를 묵과할 수밖에 없을 것이다. '팍스로마나'처럼 말이다. 지금은 '팍스아메리카나'인 것이다.6)

이 같은 초강대국가 미국은 지난 반세기 동안 한국과는 '우호국'이라 할 만큼 가깝게 지내고 있다. 그러나 한·미수교 100년을 이미 넘어선 지금 우리는 한·미관계를 단순한 군사동맹이 아니라, 조기 형태이긴 하지만 하나의 이익공동체에 그 기초를 두고 있다. 그러므로 한·미행정협정상의 미군 범죄 재판권조항이 내포한 불평등문제는 종속적 군사관계 중심이라는 한·미관계 기본성격의 결과였지만 보수적 집권엘리트의 변화가 없는 상태에서는 진보적 정치세력의 실질적 성장을 기대할 수밖에 없다.

여하튼 한국은 미국과 경제, 정치, 군사, 문화 모든 차원에서 어떤 형태로든 관계를 맺고 살아가야 한다는 사실이 분명하다. 여기서 야기될 한국의 미래상은 아직 알 수 없다. 그러나 우리에게 있어 미국과의 '건설적인 관계' 즉, 가능한 경제적 번영과 군사안보적 이익과 관련해 상호 호혜적인 관계를 일정한 형태로 유지해야 한다.

---

6) 김정의, 앞의 『현대문명의 성향』, 95~97쪽.

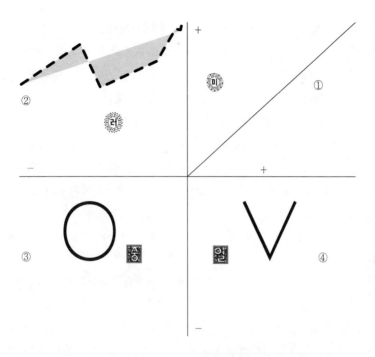

　　김영삼・김대중정권 하에서 클린턴(Bill Clinton) 행정부는 북・미관계의
진전을 보여 왔는데, 2001년 부시(George W. Bush) 행정부가 등장한 이후
는 정치・외교적으로 북한 핵문제를 다루는 방식에서 종전과는 대조적으로
햇빛정책보다는 상호주의의 접근을 시도하고 있다.[7] 미국은 북한과 포괄적
인 정치적 흥정을 수용하려는 자세다. 이러한 조짐 속에 한・미관계가 지나
치게 군사동맹 중심의 관계, 그것도 종속적인 성격의 군사관계 중심으로 흐
름으로써, 남・북관계 및 한반도 주변정세에 대한 한국의 외교 및 안보의
독자적 인식에 장애로 작용한 점들을 되돌아보아야 한다. 바로 이 같은 타
성이 지난 몇 년 간에 걸쳐 전개된 북한 핵문제에 대한 한국의 외교적 대응
이 파행과 퇴행성을 면치 못하고 결국 새로운 시대를 맞아 미국 내에서 등
장한 유연한 외교팀의 활동에 뒷북이나 치게 만드는 결과를 가져온 점은 없
는지 돌아보아야 한다.

---

7) 『동아일보』 2001년 3월 10일자 기사 참조.

또한 한국외교는 미국과의 군사동맹체제를 기축으로 한 대외관계에 지나치게 얽매여 미국의 대아시아전략의 한 소도구로 머물러 있음으로써, 한국이 그리고 더 나아가서는 통일한국이 아시아의 공동안보와 평화의 대안적 비전을 개발하고 그것을 뒷받침하는 창의적인 국제정치적 힘으로 자라나는 데 장애가 되는 면은 없는지 되돌아보아야 할 것이다.

아시아에서 '지역적 균형자'로서의 미국의 역할을 인정하되, 역시 권력정치적 성격을 본질로 내포할 미국의 대아시아 역할을 언제까지나 우리 외교의 거의 유일한 기둥으로 삼아야 할 것인지, 새로운 한국외교의 방향을 모색할 때다. 그리고 우리입장에서 자국의 이익을 도모하는 방향으로 한·미관계를 이끌어 나가야 하며, 남·북관계의 개선 없이는 한·미관계 또한 정상화될 수 없다는 것은 명백하다.[8]

현금 미국을 위시한 세계사는 지구촌의 세계화를 위해 변화무쌍한 시기인데 이렇게 중요한 시기에 한국은 같은 민족끼리 분쟁하는 속에서 세계화로 나아가야 할 처지이므로 다른 나라에 비해 많은 장애를 안고 이다.[9] 이러한 시점에서 남·북정상회담[10]을 이끌어낸 것은 보다 진일보한 통일환경을 조성한 것으로 평가된다.[11]


## 3. 중국 문명의 중화주의

중국은 $x^2 + y^2 = r^2$ 즉, 원의 그래프로 전통적으로 천하의 중심이라는 문화적 우월감의 중화의식(中華意識)에 사로잡혀 있는 나라로서 근·현대에

---

8) 김미경, 「한미관계를 어떻게 볼 것인가」, 『한국문명사』, 혜안, 1999, 457~458쪽.
9) 김정의, 「미래문명론」, 『문명연지』 1-1, 한국문명학회, 2000, 12쪽.
10) 2000년 6월 15일 평양에서 한국의 김대중 대통령과 북한의 김정일 국방위원장의 양 정상 간에 「6·15남북정상공동선언」이 채택되었다.
11) 김동수, 「평화공존을 위한 대북정책」, 『2001 통일문제 이해』, 통일부 통일교육원, 2001, 87쪽.

오면서 개방화 물결에 제대로 대응하지 못했다. 중국은 예로부터 율령격식 (律令格式)을 갖고 전제군주제를 강화시킨 문화전통을 갖고 있는 정치대국 이다. 또한 중국은 (-, -)의 정체를 잘 알 수 없으므로 내면의 중국의 모습 을 볼 수 없는 나라다. 하지만 전 세계가 두려워할 만큼의 저력을 보유한 나라다. 그들은 3개의 만리장성을 갖고 있는 나라다. 즉, 육안으로 보이는 성벽의 만리장성, 어려운 한자의 만리장성, 그리고 누구도 넘을 수 없는 중 화의식의 만리장성이 있는 것이다. 이렇게 장벽으로 둘려있는 중국은 지리 상으로나 문화적으로나 옛부터 한국과 깊은 관계가 있고 한·일 양국에 문 화를 전달한 모본의 문화대국이다.

이러한 중국인이 전 세계로 나가기 시작한 것은 한 세기도 더 된다. 그들 이 화교(華僑)다. 그들은 스스로 용(龍)의 자손이라 생각하고 스스로를 중 화(中華)라고 자칭하는 데 서슴지 않았다. 그들은 자신들이 이룩한 문명에 대하여 자부심이 대단히 강하였다. 몇 대를 외국에서 살아도 중화의식을 간 직하고 중국어를 구사하는 것에서 그들의 자부심의 일단을 읽을 수 있다.

화교의 출신지는 대부분 광동·복건·해남·광서성 등의 연안 도시에 사 는 한족(漢族)들이 주를 이루었다. 그들은 지금도 광동어를 쓰고 광동요리 를 즐긴다. 그들이 처음 이민 나갈 때는 고단한 현실이었지만 지금은 세계 에서 가장 부유한 네트워크를 구성하고 있다.[12] 오늘날 동남아시아 지역에 는 화교 조직이 6,000여 개나 있는 것으로 추산된다. 이들 중 일부 조직은 협동조합이나 투자지주회사로 전환해서 활동하기도 한다. 이들 조직은 PC 를 통하여 연결되어 있다. 강력한 힘을 발휘하는 네트워크가 그렇듯이, 화 교실업가는 네트워크에 중심부에 있다는 느낌을 가지고 있다. 개인주의적 성향으로 볼 때 화교에게 안성맞춤에 조직이라고 할 수 있겠다.[13]

신기한 것은 화교는 국제협력에 핵심적인 관계는 물론, 귀화국과 중국과

---

12) 인터넷 접속률의 증가율은 터키, 미국, 독일, 한국, 타이완, 호주, 일본, 프랑스 순으로 나타나 중국 타이완은 5위를 마크했다(김민영, 『이것이 디지털이다』, 청양, 2001. 235쪽).

13) 김정의, 앞의 『현대문명의 성향』, 54~55쪽.

의 관계를 원만하게 만들어내는 능력이 있다. 이런 점은 심지어 화교들에게
거부감을 보이는 나라조차 인정하고 있을 정도다. 그들은 훗날을 내다보고
세계적 네트워크를 착실하게 쌓아가고 있는 것이다. 그들 중화주의의 속셈
은 실로 원대한 것이다.14)

중국인의 활약상은 20세기의 대표적 문명사가인 토인비에게 강렬하게 포
착되었다. 그는 머지않아 세계국가가 도래할 것이라고 예견하였다. 세계국
가의 도래는 필연성이 있기 때문이라는 것이다. 세계문명은 세계국가의 테
두리 속에 형성되며 세계가 하나로 묶일 문명은 세계적인 제도나 조직이 이
루어진 다음, 그 속에서 나타난다는 것이 그의 전망이다. 토인비가 세계국
가가 곧 나타날 것이라고 예상하는 데는 세 가지 이유가 있다. 첫째 이유는
근대과학기술 그 중에서도 교통, 통신수단의 비약적인 발전이고, 둘째 이유
는 인류 멸망을 막기 위해 원자 에너지를 초국가적 규모로 관리해야 할 필
요성에서, 그리고 셋째 이유는 인류의 역사 속에 포함되고 있는 어떤 규칙
성 즉, 통합적 경향 때문이라는 것이다. 그는 세계국가 형성의 중심이 될 국
가로 처음엔 인도를 지목하다가 후에 중국을 지목하였다. 그것은 2000년 이
상 동양사회에서 동양세계의 세계국가 경영 경험을 갖고 있는 동아시아가
서구 제 국민과 충분히 대결할 수 있다는 자신감과 서구에 도전하려는 용기
를 보유하고 있다는 점 때문이라는 것이다. 따라서 중국은 EC15) 등과는 비
교도 안 되는 장래성을 가지게 될 것으로 전망하였다.16)

실제로 중국의 비약상은 토인비의 예측을 증명이나 하듯 급성장하였다.
키쇼 마부바니17)의 분석에 따르면 1인당 생산량을 두 배로 늘리는 데 영국
과 미국이 각각 58년과 47년 걸린 데 비해 일본은 35년, 인도네시아는 17년,
한국은 11년, 중국은 10년 걸렸다. 중국의 경제는 1980년대에서 2000년대

---

14) John Naisbitt 지음, 홍수원 옮김, 『메가트렌드 아시아』, 한국경제신문사,
    1997(1판 8쇄), 44~58쪽 참조.
15) 유럽공동체, EU(유럽연합)의 전신.
16) 이양기, 『문명론이란 무엇인가』, 영남대학교출판부, 1986, 176쪽.
17) 주 싱가포르 미국 대사.

초반까지 연평균 8%의 성장률을 보였으며 네 마리 용18)이 그 뒤를 바짝 추격하고 있다. 1993년 세계은행의 보고서에 따르면 중국 경제권은 미국, 일본, 독일과 함께 네 개의 성장 축이 되었다.19) 중국은 중화의식을 살려 다시금 용트림하기 시작한 것이다. 그 시금석으로 중국은 2008년 베이징 올림픽 개최를 최대한 활용하고자 전력을 기울이고 있다.

중국은 현재 한국과는 경제면에서, 북한과는 군사·이념면에서 가까운 사이를 유지하며 등거리 외교정책을 취하고 있다. 따라서 중국은 그들의 역량을 동원하여 한국과 북한에 영향력을 행사하려는 의도를 드러내고 있는 실정이다. 그것은 탈북주민 처리 문제에서 그대로 목격되고 있다.


## 4. 일본 문명의 화혼지향

일본은 $y = |x|$ 의 그래프로 보면 적격일 것이다. 다테마에[建前]와 혼네[本音]의 이중성을 강하게 드러내고 있다.20) 중국과 대조적으로 축소지향적이며 현실의 행복을 추구하는 경제대국이면서도 불전(佛殿), 신전(神殿)을 중시하는 모순도 가지고 있다. 치밀함과 책임의식을 갖고 있기도 하지만, 대륙문화를 받아들인 후 모본문화를 파괴하는 '약삭빠른' 속성을 가지고 있기도 하다. 일본은 한국과는 가깝고도 먼 나라다. 미국과는 경제적으로 비교적 가깝게 지내고 있으나 속마음까지 그런 것은 아니다.

그러나 일본은 화혼(和魂)을 지향하고 있다는 것을 주목해야 할 것이다. 일본은 고대에 야마토 국(大和國)을 건설하였다.21) 그후 일본인들 뇌리에

---

18) 한국, 홍콩, 대만, 싱가포를 지칭한 표현.
19) 김정의, 「현대문명의 통합징후」, 『문명연지』 2-1. 한국문명학회, 2001, 10쪽.
20) 서현섭, 「일본인의 명분과 본심」, 『일본은 있다』, 고려원, 1994, 272쪽,
21) 일본 국토가 통일된 5세기경부터 율령국가가 성립한 7세기까지를 야마토 국가라고 하고, 그 정부를 야마토 정권 혹은 야마토 조정이라 한다. 황실을 중심으로 하는 제 호족의 연합정권의 성격을 띤 것으로 추측된다(가와사키 쓰네유키·나리모토 다쓰야 지음, 김현숙·박경희 옮김, 『일본문화사』, 혜안, 1994, 23

는 이 야마토 국이 떠나질 않았다. 그렇기에 야마토 국의 건국정신인 화혼
은 일본인들의 생활정신으로까지 자리잡아 갔다. 드디어 일본인은 모든 가
치관 중에 화(和)의 가치를 으뜸으로 치기 시작하였다.22)

근대에 이르러 서양 열강이 밀려오는 이른바 서세동점의 위기 속에서 중
국인은 중체서용(中體西用)을 주장하였고, 한국인은 동도서기(東道西器)로
대처하였다. 이때 일본인이 내세운 것이 바로 화혼양재(和魂洋才)였다.23)
일본인들 입장에서 매우 적절한 표방이었다.

이처럼 일본인은 화혼을 일본정신의 상징 표현으로 삼았다. 이 점은 지금
도 마찬가지라고 생각된다. 일본인이 일상생활에서 화를 으뜸으로 치는 것
은 곳곳에서 발견된다. 우선 남에게 폐가 되는 행동을 극히 억제한다. 공공
장소에서 휴대폰 사용을 자제한다든지, 지하철에서 신문을 접어서 읽는다
든지, 다른 사람과 똑같지 않으면 안심할 수 없어하는 행동24)이 이를 잘 말
해준다고 볼 수 있다.

이 화의 중심에는 일본인이 신격화하는 것을 주저하지 않는 이른바 천황
이 자리잡고 있다. 일본사회는 천황을 정점으로, 천황을 중심으로 화가 종
횡으로 연결되어 있다. 그들은 국교(國敎)가 있다는 표현은 안하지만 신도
(神道)는 사실상 일본의 국교고, 그 제사장은 천황이다.25) 일본인이라면 이
를 부인하지 못할 것이다.

그래서 일본에선 가미가제[神風] 특공대가 가능했고 궁성요배도 가능했
고, 지금 논란이 되고 있는 신사참배나 기미가요 부활, 천황복권,26) 역사교
과서 왜곡도 가능한 것이다.27) 이러한 일본인만의 일본적 행태가 가능한 것

---

쪽).

22) 祐野隆三, 「言外表現にみられる日本文化の特性」, 『문명연지』 2-1, 한국문명
    학회, 2001, 250쪽.
23) 김정의, 앞의 『현대문명의 성향』, 69쪽.
24) 澤井理惠 지음, 김행원 옮김, 『엄마의 게이죠 나의 서울』, 신서원, 2000, 136쪽.
25) 김정의, 「일본문명과 우리나라」, 『신문명 지향론』, 혜안, 2000, 99쪽.
26) 박정훈, 「열린 황실 다시 닫고 신성화 작업」, 『조선일보』 2000년 7월 7일자.
27) 2001년 일본(扶桑社)에서 시판본으로 발행한 왜곡된 일본 역사교과서인 『새로

은 그 가운데 화혼이 자리잡고 있기 때문이다.

일본에서 몇 백 년, 혹은 천 수백 년간 가통이 전수되는 것을 어렵지 않게 목도할 수 있는 것도 실은 화혼의 전수 차원에서 가능한 현상이다.

일본문명은 매우 정치(精緻)하다. 그리고 이 정치한 문명을 개미사회의 위계질서처럼 자부심을 갖고 전수한 것이다. 여기에 일본문명에 힘이 실린다. 그리고 세계적으로도 유수한 문명을 창출하였고, 근대 서구과학도 일본화시킬 수 있었다. 그리하여 공간적으로 동아시아에 위치하면서도 탈아입구(脫亞入歐)에 성공하여 정치적으로 서방 7개국[28]에 포함될 수 있었던 원동력이 된 것이다. 즉, 일본인은 명예 백인이 된 것이다.

그런데 문제는 이 화가 일본 내에서, 가치관이 같은 일본인끼리만 통하는 국지적인 화로 활용되고, 가치관이 다른 이웃나라와의 관계에선 화를 멀리했다는 점이다. 화가 아니라 불화(不和)의 연속일 뿐이었다. 즉, 일본의 이익만 우선했지 이웃나라의 이익은 챙기지 않았다. 그보다도 이웃나라의 이익을 가로채고 무자비하게 짓밟았다. 그러고서야 어찌 선린외교를 운위하고 국제간에 화를 바로 세울 수 있으랴. 종내 불화로 막을 내린 것은 화혼이 바로 자기들끼리만의 화혼이었기 때문이다. 그래서 일본인들은 도처에서 옹졸하다는 말을 듣게 된 것이다. 일본이 대국적이지 못하고 왜인(倭人=小人)으로 전락하는 것은 자기들만의 화혼 신봉이 자초한 현상이다.

따라서 일본이 계속 화혼을 중심 삼되 국제간에도 화를 무엇보다도 중요한 가치관으로 승급시킨다면, 일본문명은 비슷한 처지에 있었던 독일처럼 명실공히 세계인이 흠모하는 문명건설이 가능하고 인류문명에 지대한 공헌을 하게 될 것으로 생각된다.[29]

그러나 일본은 자국민끼리도 반목하며 극도의 이기주의로 치닫고 있고,

운 역사교과서(新しい 歷史敎科書)』는 발매 2일 만에 베스트셀러 1위에 올랐다(『조선일보』 2001년 6월 8일자).

28) 보통 G7이라고 지칭한다. G7에는 미국, 캐나다, 영국, 프랑스, 독일, 이탈리아, 일본을 지칭하고 여기에 최근 러시아를 포함하여 G8라고 말하기도 한다.

29) 김정의, 앞의 『현대문명의 성향』, 69~70쪽.

어느새 지저분한 나라로까지 전락한 감이 든다.[30] 중국이 새로 부상하는 국가라면, 일본은 사양길에 들어선 것처럼도 보인다. 그래서 일본은 더 초조한가 보다. 그래도 일본문명은 한동안 우리 곁에 있을 것이다. 부자가 망해도 3년은 가니까 말이다.

여하튼 일본이란 나라는 역사적으로 우리와 뿌리를 같이한다. 그렇다고 해도 늘 평온한 친선관계만은 아니었고 때로는 격랑이 이는 적대관계였다. 국권피탈시대는 그 대표적 경우였다.

그러나 1965년 '한·일협정' 조인 이래 적대관계를 청산하고 친선관계를 지향하고 있는 중이다. 특히 2002년 월드컵 공동개최는 한·일관계 호전에 매우 긍정적인 계기가 될 수 있었다. 그런데 근래의 일본 측의 태도, 즉, 그들의 역사교육이나 신사참배, 경제협력 및 군비증강 등으로 보건대 그들은 쌍날칼을 섬뜩하게 드러내 보이고 있다. 일본은 친절하다. 동시에 교활하다. 그들은 늘 강자에게 약했고, 약자에게 횡포를 부렸다. 그들은 우리 문화에 압도되었을 때 친선관계였고 우리의 문화를 익혔을 때 도전적이었다. 이는 중국, 러시아, 미국에 대해서도 마찬가지였다. 의(義)에 충실한 것이 아니고 이(利)에 충실한 배은망덕을 수없이 되풀이했다.

일본의 재침을 막고 선린관계를 유지하는 데에는 우리가 강자가 되고 문화를 살찌울 수밖에 없다. 이것이 우리가 국권을 수호하는 지름길이다. 따라서 경제건설, 민주화실현, 군사정예화와 더욱이 조국의 통일은 우리 민족의 시급한 급선무다. 이런 상황에서의 올림픽 4위, 군비 4위, 내지는 경제력 11위는 일본의 오판을 그런 대로 막아줄 것이다. 일본과의 친선관계도 우리가 이만큼 성장했기에 가능한 것이다. 우리는 일본을 배워서라도 선진 학문 발전에 전념하고 첨단기술을 익히고 자본을 축적해야 할 것이다. 우리는 선천적으로 일본이 하는 것은 결단코 추월할 수 있다는 신념이 있고 그런 현상은 민주주의의 실현이나 IT산업에서처럼 분야에 따라 현실로 나타나곤

---

30) 최근 일본 여행을 통해 예전과 달리 인심이 흉흉하고 거리도 지저분하고 공직자들은 직무에 태만하다는 인상을 강하게 받았다. 도저히 일본답지 않아 눈으로 보면서도 믿어지지가 않았다.

한다.

이것은 수천 년 동안 쌓인 민족문화의 저력에서 가능한 것이고 이 저력은 무엇보다도 우리의 큰 자산이다. 우리의 민족문화에 대한 신뢰는 일본의 탈아론(脫亞論)이나 재침 야욕에 쐐기를 박는 역할을 할 것이다. 이것이 한국을 보전하고 아시아를 평온하게 하고 세계사에 기여하는 오늘의 역할이 될 것이다.[31]

그러나 정말 중요한 것은 이것이다. 일본은 외래문물의 자극과 탁월한 모방성을 항상 발전의 계기로 삼아 왔으며, 따라서 모방대상의 존재는 일본에게 대단히 중요하다는 것이다. 그리고 그 모방대상이 더 이상 모방이기를 그칠 때, 역사상 일본은 그 대상의 파괴에 나섰을 뿐만 아니라 그것은 바로 일본 자신의 파괴를 불렀다. 세계 곳곳에서 무역마찰을 일으키고 군국주의 마찰의 우려를 사고 있는 일본이나, 그러한 일본을 애써 무시하려 하거나 혹은 무조건 추종하려는 경향을 숨기지 않고 있는 한국이나 깊이 생각해 볼 문제가 아닐 수 없다.[32]

일본의 역사왜곡이나 경제신화나 군비증강을 보면서, 우리가 배우고 활용할 가치가 있는 것은 결국 민주시민으로서 우리의 주체관을 갖는 것이다. 그리고 한국문화를 살찌우고, 민족의 부를 축적하여 나라의 힘을 기르는 길만이 우리 민족이 살아남고, 한·일 양국이 선린관계로 함께 정진할 최후의 보루라고 생각된다.[33]

## 5. 러시아 문명의 대국주의

러시아는 부동항을 얻고자 노력해 온 나라로 곡선의 함수로서 극히 유동성을 가진 거대한 군사대국이다. 한편 개방적이면서 한편 폐쇄적인 북극외

---

31) 김정의, 「일본문명과 우리나라」,『신문명 지향론』, 혜안, 2000, 107~108쪽.
32) 김현숙, 「일본역사, 어떻게 볼 것인가」,『한국문명사』, 혜안, 1999, 447쪽.
33) 김정의, 앞의 「일본문명과 우리나라」, 107~108쪽.

곰이다. 한국과는 희비의 교환이 얽힌 나라로 좀처럼 그 속을 볼 수 없는 전쟁과 평화가 중첩된 나라다.

1980년대 후반부터 동유럽 사회주의 국가들에서 일기 시작한 동서화해의 신기운은 마침내 얄타체제를 붕괴시키고 탈냉전시대를 맞게 하였다. 극동지역에서도 경제·사회발전 계획이 활기를 띠기 시작하였다. 그리고 이로 인한 러시아의 대외정책 변화, 한국의 북방정책 추진, 북한의 부분적인 개방정책, 그리고 미·러와 중·러 관계의 진전 등은 국제기류를 바꾸어 놓았다. 더 이상 이데올로기의 동질성을 이유로 자국의 이익을 희생시킬 필요가 없다는 새로운 세계조류가 형성된 것이다.

그러나 각종 불안정한 요소로 말미암아 한·러 관계는 과거보다 더 복잡하고 유동적인 전환기를 맞이하고 있다. 소연방 붕괴 이후 변모되고 있는 러·중·일·미 4강구조가 그것을 말해준다. 즉, 군사력의 감축을 통해서라도 국내경제를 회생시키려는 러시아, 정치체제는 고수한 채 자본주의 시장원리를 도입해서라도 경제발전을 이룩하고 동시에 군사력 증강까지 꾀하는 중국, 축적된 경제력을 바탕으로 정치·군사대국으로 발돋움하려는 일본, 군사력에 근거한 정치적 영향력을 지속적으로 유지하면서 자국의 경제력을 강화하려는 미국 등 한반도 주변 4강의 전략적 구상은 동북아 국제질서를 새롭게 재편해 가고 있다. 그러므로 한국은 4대 강국의 중심부에 위치한 세력으로서 한국문명을 기층으로 4강의 문명을 통합·운영하는 새로운 태평양시대의 주역이 되고자 하는 의식을 키워야 할 것이다.[34]

한국은 지금도 러시아와는 지정학적으로 그리고 경제적으로 북방정책을 주도·확대해 나가야 할 입장에 서 있다. 또한 한국이 북방정책을 추진하기 위한 교두보의 확보와 대북한 접근수단으로서 러시아의 역할이 여전히 중요시되고 있다. 과거 러시아는 북한과 협력관계에 있었으나, 1990년 9월의 한·소 국교수립을 시작으로 남북한의 긴장완화와 통일의 가능성을 도와주는 관계로 개선되었다. 수교 이전에도 한국과 구소련은 이미 스포츠, 문화

---

34) 김정의, 『한국 문명사』, 혜안, 1999, 15쪽.

등 비정치적인 분야와 간접교역을 통해 제한적인 접촉을 가져왔지만 미수
교 국가인 양국관계는 일정 수준 이상으로 발전하기 힘든 한계성을 내포하
고 있었다. 그러나 한·소 수교를 계기로 양국관계가 정상화되었고 이어 각
종 협력협정이 체결됨으로써 정치·외교 분야뿐 아니라 경제·문화 분야에
있어서의 교류도 일종의 제도적인 틀 속에서 추진될 수 있게 되었다.

러시아는 그 영토의 ⅔가 북아시아 및 중앙아시아에 걸쳐 동서로 광대하
게 펼쳐 있다. 러시아의 국경선은 세계 최장으로 극동 해안선만도 19,000km
나 달하며 터키·이란·중국·북한 등과 접하고 있다. 그러므로 러시아는
지리적 위치에서 아시아 지역 및 한반도와의 정치·안보 차원의 문제에 관
심을 기울이고 있으며 경제발전도 추진하고 있다. 즉, 경제지원 획득 및 남
북한에 대한 영향력 유지, 대일압력 수단으로서의 대한관계의 개선을 추구
하는 방향에서 교류를 희망하고 있다.

한편 한국은 러시아에게 기계류와 전자제품을 비롯한 완성품을 제공하
고, 러시아로부터 철강·화학공업 원료제품 및 농수산품 등을 주로 수입하
려는 정책을 시행하고 있다. 러시아는 석유·석탄·천연가스 등의 거대한
에너지 자원이 막대하고, 철광석·망간 등의 광물자원의 함유량도 세계 수
위 또는 상위를 차지하고 있다. 그러나 러시아의 동부 지역들, 특히 시베리
아와 극동에 매장되어 있는 다양한 자원들을 개발하는 데는 많은 투자와 노
동력이 필요하고 수송과 생활조건의 개선이 이루어져야 하는 어려움이 있
다. 그러므로 한·러 간에는 교역·투자·자원개발 등을 다양한 분야에서
이루어야 한다는 과제가 놓여 있다.

더욱이 북한 핵문제 해결을 위한 협력 필요, 과학기술 협력의 필요성 증
대, 한국 내에서의 러시아 고용 여인 및 러시아에서의 한인사회 법적지위
문제의 대두 등으로 두 나라는 동반자적인 협력관계가 더욱 필요하다. 그런
데 여기에는 러시아와 북한의 문제가 걸림돌이 되고 있다. 북한 핵개발에
대한 국제사회의 압력, 러·북한간 정치·경제체제의 상이성 심화, 북한경
제의 취약성으로 인한 경제이익의 감소 등과 같은 것들이다. 그러므로 한·
러간의 교류는 다양하고 복잡한 양상을 띨 수밖에 없게 된다. 그러나 최근

푸틴(Vladimir Putin, 1953~ )의 북한 방문35)이나 김정일(金正日, 1942~ )
의 러시아 방문에서 보듯이 이데올로기 면에서는 동질성을 띠고 있음을 간
과해서는 안 될 것이다.36)

지금은 세계적인 개방화의 흐름에 맞추어 시대적인 상황을 능동적으로
대처하며, 창조적인 역량을 발휘해 나갈 때다. 다른 나라들과 세력균형을
유지하면서 서로 협력관계를 이루고, 응분의 역할과 책임을 분담해야 할 것
이다. 특히 한·러 관계는 경제적 교역 파트너로서뿐 아니라, 남북한과 주
변 4강 간의 교류 내지 관계 촉진에 주안점을 두고, 지속적인 외교활동을
펴나가야 한다. 당분간 두 나라는 경제를 우선으로 하는 외교적 활동이 지
속될 전망이 크다. 그러나 한국은 통일을 전제로 하는 정치적 안보 관계를
고려해 가면서, 북한이 경제개혁과 개방의 확대, 그리고 한국과의 관계개선
의 길을 터갈 수 있도록 대처하는 자세 또한 필요하다. 이를 위해 한·러
양국은 서로가 상호 보완적이며 동반자적인 실질협력관계를 이룰 수 있도
록 함께 노력하는 것이 바람직하다.37)

이제 러시아문명의 앞날은 푸틴에게 달렸다. 블라디미르 푸틴이 47세의
젊은 나이에 러시아 대통령으로 취임한 것이다(2000. 5. 7).38) 푸틴 대통령

---

35) 푸틴은 2000년 7월 19일부터 20일까지 이틀간 북한을 공식 방문하였다(『연합
    뉴스』 2000년 7월 19일자).
36) 이번 정상회담에서 양국은 모두 8개 항으로 이뤄진 공동선언을 발표했다. 특
    기할 사항은 미국의 미사일방어(MD)체제에 대한 반대를 담은 2항과 주한미군
    철수를 주장한 8항은 정치·안보적인 내용이고, 북한의 전력시설 재건 지원을
    담은 5항과 한반도와 시베리아를 잇는 철도수송로 연결사업을 적시한 6항은
    경제협력을 담은 내용이다. 6·15 남북공동선언을 지지한다는 7항과 함께 이
    번 선언은 한반도 및 동북아 정세와 관련된 정치·군사 분야와 경제분야를 두
    루 언급하고 있다(유길재, 「유길재 교수의 북한칼럼」, 『국민일보』 2001년 8월
    8일자).
37) 신양선·김창진, 「러시아는 우리에게 무엇인가」, 『한국문명사』, 혜안, 1999,
    462~463쪽.
38) 현 헌법상 임기 4년에 재임이 가능하다. 국민의 지지를 받는다는 전제 아래
    푸틴 대통령은 8년 동안 러시아의 최고지도자 자리를 지키게 된다.

은 1999년 말 대통령 대행으로 임명된 이래 기회 있을 때마다 자신의 정치
이념을 밝혀 왔다. 그때부터 부각된 '푸틴 철학'은 러시아 역사와 전통을 바
탕으로 중앙집권형 강국을 이룩한다는 국가주의, 세계를 향한 개방주의, 혁
명이 아니라 단계적 개혁을 추진한다는 점진주의, 경제효율성을 높이기 위
한 시장경제주의 등으로 집약된다.

푸틴 대통령의 이 같은 정치이념은 19세기 이후 러시아 근대사를 관통하
는 '슬라브주의'와 '서구주의'라는 양대 사상조류를 함께 반영한 것으로 보
인다. '슬라브주의'는 러시아가 서구 국가들과 달리 정통기독교·농민공동
체·강력한 국가통치 등의 전통을 갖고 있으며 이를 살려야만 러시아가 본
래의 모습을 유지할 수 있다는 주장이다. 반면 '서구주의'는 서구의 문명과
계몽주의, 인도주의를 도입해야 러시아가 번영할 수 있다는 것이다.[39]

푸틴 대통령은 "시장경제와 민주주의라는 원칙을 러시아의 현실과 조합
시킬 수 있어야만 미래의 가치를 창조할 수 있다"며 의욕을 보이고 있다.
하지만 현실은 만만치 않다. 국민들은 말을 앞세운 통치자들의 약속에 질릴
대로 질려 있다. 참신한 인상을 주는 새 대통령에 대해 강한 기대를 갖고
있는 한편, 정치불신과 무관심이 각계각층으로 확산되고 있다.[40]

따라서 푸틴 대통령은 국민들과 약속한 "세계가 존경하는 나라로 만들고
싶다"는 그의 의지를 계속 펼치는 것만이 러시아문명의 전도를 밝힐 것으로
전망된다.[41]

여하간 러시아는 한국에게 정치·외교·경제·군사안보적으로 매우 중
요한 국가다. 러시아는 지구 반대편 유럽 저 멀리에 있는 국가가 아니다. 현
재 북한과 접경하고 있고, 통일이 되면 통일한국의 접경국가로 된다. 더욱
이 극동지역 개발이라는 차원에서 모스크바 러시아가 아니라 극동러시아로
인식할 필요가 있다.[42]

---

39) http://www.russiainkorea.com/PNS_News/putin_election_07.htm
40) 『니혼게이자이신문』 2000년 5월 10일자.
41) 김정의, 앞의 『현대문명의 성향』, 139~140쪽.
42) 같은 글.

## 6. 한국 문명의 역동성

한국문명의 역동성으로 여기서 꼽고자 하는 것은 한국인에게 체질화되다시피한 '신명'과 '한'이다. 물론 한국문명에서 빼 놓을 수 없는 특징은 예(禮)와 전통(傳統)의 존중이지만 여기서는 논리 전개상 생략하고 '신명'과 '한'만 다루고자 한다.

이 중 먼저 '신명'을 생각해 보자. 한국인은 무료하게 있지를 못한다. 일이 없으면 견디질 못하고 따분해하는 성품이다. 하는 일이 누구에겐가 인정을 받고 스스로도 의미 있고 보람 있다고 생각되면 즉, 더 나은 사회를 만들기 위해 보탬이 되는 일이라면 좌고우면하지 않고 전력투구한다. 신나서 하는 일은 아무도 못 말린다. 반드시 목표를 달성해 내고야 만다. 그러나 그렇지 않은 경우는 '날 잡아 잡수쇼' 하고 나자빠진다.

예를 들어보자. 고대의 고구려인이나 신라인은 죽음을 두려워하지 않고 충성을 다하여 조국을 위하여 싸웠다. 그 당시는 조국을 위하여 싸우다 죽는 것이 무엇보다도 중요한 덕목이었다. 그에 힘입어 고구려는 영토를 확장시켜 동아시아를 제패하였고, 신라는 민족의 숙원인 통일조국을 이루는 데 성공하여 민족문화의 공고한 터전을 마련하였다.

이 같은 예는 가까운 데에서도 찾아볼 수 있다. 경제건설과 새마을운동으로 드디어 누대의 가난을 벗고 한강의 기적으로 솟아올랐다. 건설 현장에선 낮밤없이 구슬땀을 흘렸다. 이건 누가 시킨다고 될 일이 아니었다. 도저히 상상할 수 없는 너무나 빠른 속도로 건설이 진척되었기에 흔히 '한강의 기적'으로 회자되었다. 전국의 농로가 순식간에 넓혀지고 초가집도 순식간에 사라졌다. 그야말로 단군성조 이래 반만년의 숙원이 순식간에 이루어진 것이다. 실로 신선한 바람을 보는 듯 국민적으로 신명나게 일했다.[43] 이로써

---

43) 헨더슨(G. Henderson)은 한국의 정치를 회오리바람의 정치로 묘사하였다(Gregory Henderson, *Korea The Politics of the Vortex*, Cambridge : Harvard University Press, 1968, 479쪽). 이는 부정적인 표현으로서 적절치 못하다. 신선한 바람이 적합한 표현이라고 생각된다.

세계사 진운에 함께 참여할 수 있는 계기를 마련하는 데 성공하였다. 그 여파로 서울 올림픽 대회도 성공적으로 개최할 수 있었다.[44] 신명은 신명을 낳아 계기적으로 신바람 나는 일을 불러온 결과였다. 이는 지도자가 국민을 믿었고, 국민도 그러한 지도자를 따라 신명 바쳐 일한 대가인 것이다. 마치 토인비가 말하는 창조적 소수자(creative minority)가 새로운 문명을 창출하였고 다수의 민중은 이를 모방(mimesis)[45]하는 현상이 나타났었다. 그가 독특하게 전개한 '도전과 응전(challenge & response)'[46] 이론을 '시련과 극복'으로 응용하여 개가를 올린 사례였다.[47]

민주화 투쟁은 또 어떠했는가. 목숨을 걸고 한날 떼로 덤비는데 아무리 강력한 정부인들 막을 재간이 있겠는가? 1987년 드디어 험난한 과정을 뚫고 민중민주시대를 민중이 스스로 쟁취하였다(6월대항쟁).[48] 「조선혁명선언」을 통하여 민중의 의기를 고취하고 민중의 역량을 신뢰한 신채호(申采浩, 1880~1936)는 이제야 비로소 눈을 감았을 것이다.[49] 6월대항쟁이야말로 세계가 부러워하고 경탄할 한국적인 새로운 민중민주국가 건설의 장거였다. 그리고 이 정도의 경제건설이나 민주화 쟁취는 서구에서는 수백 년 걸려 해낸 일이었다. 그러나 한국은 광복 반세기 만에 성사시켰다. 스스로도 놀라운 현상이 펼쳐진 것이다.

지금은 세계적으로 지식정보화의 세찬 바람이 불고 있다. 이미 한국은 모든 초·중등학교 교실까지 인터넷 인프라(Internet Infrastructure)가 완료

---

44) 제24회 세계올림픽은 1988년 9월 17일부터 10월 2일까지 160개 국이 참가하여 서울에서 개최되었다(http://www.sosfo.or.kr/olympic/olympicframe01.htm).

45) 김정의, 앞의 『신문명 지향론』, 111쪽.

46) 같은 책.

47) 실제로 박정희 시대(1961~1979) 후반기에는 중등학교 교과목에 『시련과 극복』이란 과목도 있었다.

48) 토인비가 말하는 창조적 소수자가 지배적 소수자로 전락했을 때 나타난 본보기라고 할 수 있겠다.

49) 신채호, 「조선혁명선언」, 『개정판 단재신채호전집(하)』, 단재신채호선생기념사업회, 1987(개정4쇄), 35~46쪽 참조.

되어 있다. 영역국가로선 세계 최초의 개가다.50) 이렇게 될 수밖에 없는 배경에는 배움에 대한 열의가 남달랐음을 들을 수밖에 없다. 자원이 열악한 한국은 배움만이 살 길이란 믿음이 이미 구한말 이래 체질화되어 있었다.51) 그래서 한국은 세계적으로 교육열이 가장 높은 나라가 되었다. 그 덕에 급기야 문맹률이 가장 낮은 나라라는 명예를 안았다.

이제 한국은 수년 내로 분명히 컴맹률도 가장 낮은 나라로 성장할 것이다. 그건 불을 보듯 뻔하다. 치맛바람의 대명사인 아줌마 부대의 여러 행태를 보아 예측할 수 있는 것이다. 아줌마 부대는 일찍이 한국의 교육열을 선도한 바 있다. 지금도 사교육비에 천문학적인 투자를 아끼지 않고 있다. 이 아줌마 부대의 억척같은 전통은 누구도 말릴 수 없다. 아줌마 부대는 조기 유학바람을 일으키는가 하면 해외견문바람을 주도하기도 한다.

뿐만 아니라 컴퓨터학원도 아줌마 부대로 넘치고 있다. 이것이 한국적인 현주소다. 더러 부작용이 없는 것은 아니지만 거시적으로 보면 아줌마 부대의 긍정적인 개가다. 따라서 아줌마 부대의 선구자적인 깨우침은 필시 2세 교육에 그대로 전수될 것으로 보아 틀림없을 것이다. 이로 미루어 지식정보화의 선도국가가 될 것이 뚜렷이 가늠된다.

또한 젊은이들의 벤처 창업 열풍도 간과할 수 없는 현상이다. 휴대폰 소지율과 인터넷 접속시간은 어떠한가? 단연 세계 제일이다.52) 필시 정보 분야에서의 폭발성은 세계가 한국을 선망으로 받아들이는 시기를 단축시킬 것이다. 이는 산업화에는 뒤졌지만 정보화에는 앞서가자는 교육이 빚은 장거다. 이러한 현상들을 지켜본 제프리 존스는 경각심에서 온 엄살이겠지만 2025년쯤에는 미국이 한국의 정보문명에 강타당할 것이라고 내다보았다.53)

이러한 신명의 모든 것들은 민중이 역사의 주인공이라는 역사의식의 발

50) 『한겨레신문』 2001년 4월 21일자 기사 등 참조.
51) 1907년부터 1909년 4월까지의 짧은 기간 동안에 민중들이 자발적으로 세운 사립학교 수가 무려 3,000여 교에 달했다(손인수, 「근대교육의 보급」, 『한국사 22』, 국사편찬위원회, 1984, 166쪽).
52) 『연합뉴스』 2001년 6월 22일자.
53) 제프리 존스, 『나는 한국이 두렵다』, 중앙M&B, 2000, 249~253쪽.

로이기도 하다. 오종록(1955~ )은 '역사대중화'라는 용어를 선보였다. 역사대중화의 의미는 첫째, 과거에 실재한 또한 앞으로 실재할 역사를 대중의 것으로 만드는 일, 둘째, 역사연구와 서술의 성과를 대중에게 보급하는 일 두 가지이며, 특히 전자가 역사대중화의 궁극적인 목적이라고 주장하였다.[54]

그는 라디오, 텔레비전, 인터넷 등 전파매체를 통한 역사대중화 작업이 21세기에는 더욱 부상할 것이라는 점을 지적하였다.[55] 이는 민중이 역사의 주인공으로 전면에 부각됐음을 학술적으로 증언한 것에 다름 아니다. 신바람나는 신명의 개가로 보아도 좋을 것이다. 이제 민중시대의 도래는 부인하기 어려운 현실로 다가왔다. 그러나 필자는 민중시대가 하루 속히 시민시대로 거듭나길 갈구하는 입장이다.

어쨌든 경제가 건설되고 민주화도 성취되고 지식정보화도 착착 진행되는 등 제법 잘 사는 나라가 되었지만 정체성의 혼란을 겪고 있음을 간과할 수 없다. 뿌리를 잃은 채 남의 정통성에 맞추어 제 정통성인 줄 알고 살다가 깨어 보니 그게 아닌 것을 알게 된 것이다. 드디어 정통성이 결여된 공허한 문화에 자괴감이 일기 시작하였다. 뿌리를 잃으면 어김없이 파멸이 자초된다는 것은 정한 이치가 아니던가. 그래서 자기를 잃고 살던 삶을 돌아보게 되었다. 이에 만시지탄이나마 우리 문화에 맥을 이으려는 분위기가 점차 팽배하고 있어서 매우 다행한 일로 생각된다. 그동안 정체성이 부족한 문화에 대한 공허함에서 나타난 반작용일 것이다.

이러한 예는 예술분야에서 두드러진다. 사물놀이의 신명성, 판소리의 빼어남, 서예에서의 일필휘지, 그림에서의 대담성 있는 구도, 사기(砂器) 제작에서의 신명나는 물레질과 여백미를 우선하는 그야말로 '붓이여 네 멋대로 가라'는 식의 시원한 작품활동이 재현된 것이다. 예를 들자면 이루 다 매거할 수 없다. 이러한 작품활동은 어찌 보면 거칠어 보이지만 결과는 그것이

54) 오종록, 「21세기 역사 대중화의 방향」, 『20세기 역사학, 21세기 역사학』, 역사비평사, 2000, 293쪽.
55) 위의 논문, 311쪽.

아니다. 조상들처럼 신명나서 하는 작품 활동에서 신품(神品)이 탄생되는 것이다. 한 마디로 한국예술의 자유분방하고 화끈한 면이 재생된 것이다.56)

그렇지만 우리 민족사엔 신명나는 일만 있었던 것이 아니다. '한'이 깊게 자리잡고 있는 것이다. 마치 동전의 양면인 양 말이다. '한'은 고조선 이래 아리수를 거듭 넘으며 스스로 홍익인간을 펼 수 없는 지경이 되자 알게 모르게 깊어만 갔다.57) 이것이 대를 이으며 쌓여 왔다. 이로 인하여 아리랑은 민족의 상징 민요처럼 되어 버렸다. 특히 정선아리랑의 애끓는 곡조는 '한'의 극치를 이룬다. 이를 두고 어찌 '한'의 민족이라 아니할 수 있겠는가.

갑오동학민중혁명운동(1984)은 또 어땠나. 처절히 죽어가면서도 민중대열을 이루었다. 당시로 보면 갑오동학민중혁명운동은 분명 실패한 운동이었다. 박경리의 대하소설『토지』에서도 실패의 역사로 그려져 있다. 그러나 그것이 어찌 실패의 역사인가. 갑오동학민중혁명운동정신은 대를 이어, 끝내는 오늘날 볼 수 있는 민중민주주의시대를 이루는 근원 역할을 담당하였다. 우리 역사에서 이를 부인할 수 있는가?

갑오동학민중혁명운동이나 3·1민주혁명(1919), 4·19혁명(1960)처럼 실패한 역사를 통해서도 한 땀 한 땀 내딛은 길이 갖는 진정한 의미를 생각하면 역설적으로 내면의 성공의 역사로 흘러갔음을 찾을 수 있는 것이다.58) 성공한 내면의 역사는 끝내는 6월대항쟁(1987)으로 대단원의 성공한 혁명을 이루어 내고야 말았다. 드디어 민중이 스스로의 힘으로 홍익인간과 맥을 이을 수 있는 신명나는 씨올59)의 민중민주시대를 개막한 것이다.

이처럼 우리 민족은 이 '한'을 한으로만 여기지 않고 '한'을 신명으로 승화시키고야마는 뚝심을 발휘했다. 예를 더 든다면 외적의 굴레에서도 100년이

---

56) 최준식,『한국미, 그 자유분방함의 미학』, 효형출판, 2000, 93쪽.
57) '한'은 고조선의 영토상실, 한사군의 통치, 몽골의 지배, 일본의 압제를 받으며 골이 깊어졌다.
58) 임금희,「『토지』에 나타난 동학연구」,『문명연지』1-1, 한국문명학회, 2000, 139~219쪽 참조.
59) 함석헌이 주창한 용어로서, 민중을 지칭하는 순수 우리 말 표현(함석헌,「씨올에게 보내는 편지」,『씨올의 소리』95, 씨올의 소리사, 1980, 7쪽 참조).

걸리던 200년이 걸리던 그 응어리를 삭이며 반드시 벗어나서 신명을 되찾았다.60)

한자(漢子)의 중독 속에서도 한글문명권을 만드는 데 성공하였다. 한국문명은 자부심을 갖고 이웃문명과 조화를 이루면서도 그 독특한 개성을 잃지 않은 것이다. 화이부동(和而不同)하고 화엄(華嚴)을 달성한 것이다.61) 우리 주변국 중에서 이런 나라는 찾아볼 수 없다. 이런 나라를 누가 영원히 지배할 수 있겠는가? 이로 미루어 보건대 현재 남·북 분단에서 겪는 분단의 한도 반드시 극복하고 통일을 슬기롭게 극복하고 신명을 되찾을 것이다.62) 반드시 동귀일체(同歸一體)를 이룰 것이다.

이러한 습성은 일상의 무당굿, 가면극, 살풀이춤에서도 '한'을 끝내 신명으로 승화시키고야 만다.63) 그리고 관객들도 참여하여 신명을 공유하기에 이른다. 너도나도 더덩실 어깨춤을 추며 흥겨워하는 것이다. 그래서 처음엔 엄숙했지만 어느새 슬픔이 축제 분위기로 바뀌어 있는 것이다.64) 이 얼마나 슬기로운 일상의 삶인가. 선조들은 이렇게 '한'을 긍정적으로 승화시키며 깊이 있는 문명을 창출한 것이다. 이것이 한국문명의 원동력으로 작용해 왔고 또 작용해 갈 것이다.

이러한 한국인의 민족적 저력으로 볼 때 한국인은 한국적인 문화[홍익인

---

60) 한국사상 이민족의 지배는 세 차례 있었다. 즉, 고대의 한(漢)의 지배 400년간, 중세 때 몽골 지배 80년간, 그리고 근대의 일본 지배 40년간이 그것이다.

61) 이도흠, 「세계화는 미국의 세계 지배로 가고 있다」, 『신인간』 604, 2000, 27쪽 참조.

62) 분단 후 남·북한은 우여곡절의 변수가 많기는 했지만 큰 줄기로 보아 1972년 「7·4남북공동성명」, 1992년 「남북기본합의서」, 2000년 「6·15남북정상공동선언」 등을 통하여 평화적으로 통일로의 길을 다져가고 있는 중이다.

63) 이한열(李韓烈, 1966~1987) 열사의 민주국민장 영결식장(1987. 7. 9, 연세대학교 교정)에서의 이애주(李愛珠, 1947~ ) 교수의 살풀이춤은 한을 신명으로 승화시킨 감동적인 것이었다.

64) 최근 터키 방문 중 국제무대에 참석한 일이 있었다. 주최 측은 한국관객을 위해 처음엔 '아리랑'을 연주해 주었다. 그러나 분위기가 무르익자 뒤에는 '서울의 찬가'를 들려주는 것이었다. 한국문화의 속성을 그들도 익혔나 보다.

간]의 바탕 위에 지난날 중국적인 문화[유교·도교], 인도적인 문화[불교]를 각각 소화하고 한국문화를 그때마다 업그레이드시켜 한국적인 예(禮)와 전통(傳統)을 풍요하게 만든 것 같이[65] 이제 서구적인 문화[기독교]도 소화시키고 더욱 풍요하게 한국문화를 집대성하여 한국문명을 꽃피울 것이다. 그러기 위해선 흔붉문명=신문명 구축에 매진해야 할 것이다.

여기서 염두에 두어야 할 것은 흔붉문명=신문명을 구축할 때 제일의는 경제상황의 변화에 발맞춰 얼마나 민첩하게 변할 수 있느냐 하는 점이다. 누가 기업을 소유하느냐는 중요한 문제가 아니다. 얼마나 질 높은 지식정보를 생산하고 나아가 지식정보를 잘 활용하여 효율적인 조직구조를 통해 이익을 내느냐가 중요하다.[66]

병행하여 꿈에도 그리던 통일조국을 성취시키고 주변국들에게 '문명'의 차원에서 영향력을 증대시키며 세계문명을 선도하는 흔붉문명=신문명을 만들어 가야 할 것이다. 이것이 '신명'과 '한'이 삶 속에 녹아든 한국인의 간절한 소망이다.[67]

## 7. 맺음말

세계가 모두 하나 되는 21세기를 살게 될 한국인은 세계구조를 깊이 관찰하고 그 함수가 어떠한 방향으로 나가야 할지 냉철하게 생각해야 한다. 그를 위해서는 무엇보다 한국이라는 나라를 제대로 이해하는 것이 우선시되어야 할 것이다. 그리고 다른 국가와의 교류 없이 우리나라가 존속할 수는 없고, 이러한 관계를 한국에 유리하도록 주체적인 방향으로 대처하는 자세가 필요하다.

---

65) 김정의, 「동학·천도교의 문명 인식론」, 『하현강교수정년기념논총 – 한국사의 구조와 전개』, 혜안, 2000, 761쪽 참조.
66) 「앨빈 토플러-오명회장 대담」, 『동아일보』 2001년 6월 9일자.
67) 김정의, 앞의 『현대문명의 성향』, 2001, 29~34쪽.

결국은 어느 나라도 특히 미국이 그러하지만 각기 국익(國益)을 중시하는 외교관계를 갖고 있다. 따라서 어느 나라든 x(독립변수)도 될 수 있고 y(종속변수)도 될 수 있다. 지금은 미국이 x에 가깝게 있지만 경제를 건설하고, 민주화를 정착시키고, 지식정보문화를 구축하고, 통일조국의 길을 차분히 밟아가고 있는 한국이 머지않아 x가 되어 나머지 나라들의 모범이 될 수 있다고 생각된다.

즉, 한국은 과거 불행의 산물로 연계된 한반도의 비극을 이제 역으로 이용, 한국문명을 기층으로 4강의 문명을 멀티 퓨전으로 통합하는 새로운 태평양시대의 주역으로서의 흔붉문명＝신문명은 역동성($\iint$)이 독자적이고 주체적으로 더욱 용약할 것이다.

요컨대 새로운 한국문명으로서의 흔붉문명＝신문명은 개방적이고 진취적이면서도 예의와 신명을 중요시하는 문명이다. 이를 살려 한국문명의 신좌표는 홍익인간의 이상을 계승한 전통문명 위에 외래문명을 선별적으로 수용・통합하고 나아가 주변문명을 경영하는 방향으로 설정해야 될 것이다.

(『문명연지』 2-2, 한국문명학회, 2001)

# 참고문헌

강길원 외, 『전북학연구』, 혜안, 1997.

강만길, 『분단시대의 역사인식』, 창작과비평사, 1979.

강만길, 『고쳐 쓴 한국현대사』, 창작과비평사, 1994.

강만길, 『20세기 우리역사』, 창작과비평사, 1999.

강만길, 『21세기사의 서론을 어떻게 쓸 것인가』, 삼인, 1999.

강병식, 『일제시대 토지연구』, 민족문화사, 1994.

강세구, 『동사강목연구』, 민족문화사, 1994.

강세구, 『순암안정복의 학문과 사상연구』, 혜안, 1996.

강세구, 『성호학통연구』, 혜안, 1999.

경기도사편찬위원회, 『경기도 항일독립운동사』, 수원 : 경기도, 1995.

고려대민족문화연구소 편간, 『과학·기술사』(한국문화사대계 III), 1968.

고려대사학과교수실 편, 『역사란 무엇인가』, 고려대출판부, 1979.

고승제, 『다산을 찾아서』, 중앙일보사, 1995.

고은, 『한국의 지식인』, 명문당, 1976.

고춘섭, 『경신100년사』, 경신중고등학교, 1986.

곽삼근, 『여성과 교육』, 박영사, 1998.

구종서, 『이성과 함성』, 나남, 1988.

구종서, 『민족과 세계』, 나남, 1993.

구종서, 『격변하는 세계 도전하는 한국』, 나남, 1994.

국사편찬위원회, 『한국사론 6』, 민족문화사, 1979.

국사편찬위원회 편간, 『한국독립운동사 4』, 1970.

국제한국학회, 『한국문화와 한국인』, 사계절, 1998.

권삼윤, 『태어나는 문명』, 조선일보사, 1997.

권삼윤, 『문명은 디자인이다』, 김영사, 2001.

권영민, 『윤동주 연구』, 문학사상사, 1995.

김광언, 『한국의 농기구』, 문화재관리국, 1969.

김광현, 『정신100년사』, 정신100주년기념사업회, 1989.

김구, 『백범일지』, 백범김구선생기념사업회, 1947.

김구 지음, 도진순 주해, 『백범일지』, 돌베개, 1997.

김기웅, 『무기와 화약』, 세종대왕기념사업회, 1977.

김동길, 『역사의 발자취』, 지학사, 1985.

김두종, 『한국의학사』, 탐구당. 1966.

김두종, 『한국고인쇄기술사』, 탐구당, 1974.

김무진, 『갑옷』 1 · 2, 다운, 1996.

김무진 외, 『신편 한국사의 길잡이』, 혜안, 1995.

김문수, 『안창호 : 겨레의 스승』, 서영, 1987.

김상기, 『신편 고려시대사』, 서울대출판부, 1985.

김상일, 『한밝문명론』, 지식산업사, 1988.

김성식, 『일제하한국학생독립운동사』, 정음사, 1977.

김성칠, 『역사 앞에서』, 창작과비평사, 1993.

김송희, 『조선초기 당상관 겸직제 연구』, 한양대출판원, 1998.

김신연, 『조선시대의 규범서』, 민속원, 2000.

김영식 · 김근배 엮음, 『근현대 한국사회의 과학』, 창작과비평사, 1998.

김영작, 『한국 내셔널리즘 연구』, 청계연구소, 1989.

김용덕, 『한국사의 탐구』, 을유문화사, 1975.

김용섭, 『한국후기 농업사연구』, 을유문화사, 1977.

김용숙, 『한국 여속사』, 민음사, 1990.

김용옥, 『노자와 21세기』, 통나무, 1999.

김용운 · 김용국, 『한국수학사』, 과학과 인간사, 1978.

김용준 외, 『문명 그리고 화두』, 열린사회아카데미, 1998.

김우중, 『세계는 넓고 할 일은 많다』. 김영사, 1989.

김원룡, 『원시미술』, 동화출판사, 1980.

김원룡, 『한국고고학개설』, 일지사, 1986.

김유탁, 『빨간 잠자리에 붓끝을 빌려주고』, 삼화출판사, 1994.

김유탁, 『그림과 시와 노래를 스케치하며』, 포스트, 2000.

김을한, 『월남 이상재 일대기』, 정음사, 1976.

김응종, 『아날학파』, 민음사, 1991.

김재근,『한국선박사 연구』, 서울대출판부, 1984.

김재근,『우리배의 역사』, 서울대출판부. 1989.

김재승,『한국근대해군창설사』, 혜안, 2000.

김정배,『한국민족문화의 기원』, 고려대출판부, 1973.

김정배,『미국과 냉전의 기원』, 혜안, 2001.

김정의,『한국사의 이해』, 형설출판사, 1985.

김정의,『한국소년운동사』, 민족문화사, 1992.

김정의,『역사의 시공을 넘나들며』, 혜안, 1995.

김정의,『한국문명사의 이해』, 혜안, 1995.

김정의,『한국 문명사』, 혜안, 1999.

김정의,『한국의 소년운동』, 혜안, 1999.

김정의,『신문명 지향론』, 혜안, 2000.

김정의,『현대문명의 성향』, 혜안, 2001.

김진혁,『새로운 문명과 동학사상』, 명선미디어, 2000.

김창수,『한국민족운동사연구』, 범우사, 1995.

김창수,『역사와 민족』, 도서출판 삼문, 1996.

김창수 · 김승일,『해석손정도의 생애와 사상연구』, 넥서스, 1999.

김철준,『한국고대사회연구』, 지식산업사, 1975.

김철준,『한국문화사론』, 지식산업사, 1976.

김태식,『미완의 문명 7백년 가야사』, 푸른역사, 2002.

김한식,『실학의 정치사상』, 일지사, 1979.

김형국,『한국의 미래와 미래학』, 나남, 1996.

김형석,『현대인과 그 과제』, 삼중당, 1973.

김효근,『신지식인』, 매일경제신문사, 1999.

김희일,『세계와 한국의 미래』, 백산출판사, 1997.

노승윤,『박은식의 민족교육사상』, 양서원, 1999.

노태구,『동학혁명연구』, 백산서당, 1982.

노태구,『세계화를 위한 한국민족주의론』, 백산서당, 1995.

노태구,『동학과 신문명론』, 아름다운세상, 2000.

노태돈 외,『현대 한국사학과 사관』, 일조각, 1991.

노태돈 엮음『단군과 고조선사』, 사계절, 2000.

도광순,『도교와 과학』, 비봉출판사, 1990.

도진순,『한국민족주의와 남북관계』, 서울대출판부, 1997.

동아일보사 편간, 『3 · 1운동50주년기념논집』, 1969.
동학농민혁명기념사업회, 『동학농민혁명의 지역적 전개와 사회변동』, 새길, 1995.
동학학회, 『동학과 동학경전의 재인식』, 신서원, 2000.
동학혁명백주년기념사업회 편간, 『동학혁명 100년사』, 1994.
라종일, 『세계사를 보는 시각과 방법』, 창작과비평사, 1992.
망원한국사연구실, 『한국근대민중운동사』, 돌베개, 1989.
무악실학회 편간, 『실학사상연구』 10 · 11합집(홍이섭선생 25주기 기념호), 1999.
무악실학회 편간, 『윤종영교장정년기념 한국사교육논총』, 1999.
문일평, 『호암문집』, 조선일보사, 1939.
문일평, 『한국의 문화』, 을유문화사, 1969.
미래학회, 『미래를 묻는다』, 나남, 1988.
민석홍 외, 『인문과학의 새로운 방향』, 서울대출판부, 1984.
민영규, 『강화학 최후의 광경』, 우반, 1994.
민영규, 『사천강단』, 우반, 1994.
민현구 외, 『역사상의 분열과 재통일(상)』, 일조각, 1997.
박경안, 『고려후기 토지제도 연구』, 혜안, 1996.
박상환, 『조선시대 기로정책 연구』, 혜안, 2000.
박선주, 『체질인류학』, 민음사, 1994.
박성래, 『한국과학사』, 한국방송사업단, 1982.
박성수, 『역사학 개론』, 삼영사, 1977.
박성수, 『역사이해와 비판의식』, 종로서적, 1980.
박영석, 『한민족독립운동사연구』, 일조각, 1982.
박영석, 『만보산사건 연구』, 아세아문화사, 1985.
박영석, 『재만한인 독립운동사 연구』, 일조각, 1988.
박영석, 『일제하 독립운동사연구』, 일조각, 1991.
박용숙, 『지중해 문명과 단군조선』, 집문당, 1996.
박용옥, 『한국여성항일운동사연구』, 지식산업사, 1996.
박용운, 『고려시대사』, 일지사, 1985.
박이문, 『문명의 위기와 문화의 전환』, 민음사, 1996.
박이문, 『문명의 위기와 생태학적 세계관』, 당대, 1997.
박인호, 『한국사학사대요』, 이회문화사, 1996.
박정기, 『어느 할아버지의 평범한 문명 이야기』, 삶과꿈, 1995.
박정희, 『국가와 혁명과 나』, 지구촌, 1997.

박창건,『수은사상과 천도교』, 천도교중앙총부, 1970.

박환,『러시아한인민족운동사』, 탐구당, 1995.

박환,『재소한인민족운동사』, 국학자료원, 1998.

방기중,『한국근현대사상연구』, 역사비평사, 1992.

방운용,『소파선생의 약력』, 삼도사, 1965.

방정환,『소파 수필선』, 을유문화사, 1974.

배용일,『박은식과 신채호 사상의 비교연구』, 경인문화사, 2001.

배유한,『미래 사회학』, 나남, 1995.

백낙준,『한국개신교사』, 연세대출판부, 1973.

백종기,『한국근대사연구』, 박영사, 1981.

변태섭,『고려정치제도사 연구』, 일조각, 1971.

변태섭,『한국사의 성찰』, 삼영사, 1978.

변태섭,『한국사통론』, 삼영사, 1986.

부산대학교 한국민족문화연구소 편,『한국 고대사 속의 가야』, 혜안, 1995.

새문안교회역사편찬위원회 편간,『새문안교회100년사(1887~1987)』, 1995.

서강대동아연구소 편간,『칠리이광린교수퇴직기념 한국사논문집』, 1989.

서울신문사 편간,『이야기 한국과학사』, 1984.

서병국,『고구려인의 삶과 정신』, 혜안, 2000.

서태원,『조선후기 지방군제 연구』, 혜안, 1998.

성신여대사학과교수실 편,『한국사』, 성신여대출판부, 1987.

손보기,『한국의 고활자』, 한국도서관학연구회, 1971.

손보기,『세종대왕과 집현전』, 세종대왕기념사업회, 1984.

손보기,『한국구석기학연구의 길잡이』, 연세대출판부, 1988.

손보기 외,『장보고와 21세기』, 혜안, 1999.

손승철 편,『근세한일외교비사』, 춘천 : 강원대학교출판부, 1988.

손승철,『조선시대 한일관계사연구』, 지성의샘, 1994.

손승철,『근세조선의 한일관계연구』, 국학자료원, 1999.

송건호,『한국민족주의의 탐구』, 한길사, 1979.

신석호 외,『한국현대사 9』, 신구문화사, 1972.

신양선,『조선후기 서지사연구』, 혜안, 1996.

신용하,『한국근대사와 사회변동』, 문학과지성사, 1980.

신재홍,『항일독립운동연구』, 신서원, 1999.

신형식,『신라사』, 이화여대출판부, 1988.

신형식,『한국전통사회와 역사의식』, 삼지원, 1990.

신형식,『백제사』, 이화여대출판부, 1992.

신형식,『남북한 역사관의 비교』, 솔, 1994.

신형식,『한국의 고대사』, 삼영사, 1999.

아동권리학회 편간,『아동권리연구』3-2(소파방정환탄생100주년기념호), 1999.

아산사회복지사업재단 편간,『아동복지편람』(사회복지총람 3), 1997.

안경식,『소파 방정환의 아동교육운동과 사상』, 학지사, 1994.

안철수,『영혼이 있는 승부』, 김영사, 2001.

안휘준,『한국회화의 연구』, 문예출판사, 1979.

양병우,『역사의 방법』, 민음사, 1988.

역사교과서연구회·역사교육연구회,『역사교과서 속의 한국과 일본』, 혜안, 2000.

역사학회,『한국사의 반성』, 신구문화사, 1980.

연세대학교백년사편찬위원회,『연세대학교백년사』, 연세대출판부, 1985.

연세대학교출판위원회 편,『진리와 자유의 기수들』, 연세대출판부, 1982.

연세대학교 현대한국학연구소,『해외한국학 평론』창간호, 혜안, 2000.

연세춘추사,『민족사관정립의 논리』, 연세대학교출판부, 1979.

오영교,『조선후기 향촌지배정책 연구』, 혜안, 2001.

오지영,『동학사』, 영창서관, 1940.

외솔회 편간,『나라사랑』49(소파방정환특집호), 1983.

우실하,『오리엔탈리즘의 해체와 우리 문화 바로 읽기』, 소나무, 1997.

원유한 외,『조선후기 사회경제사연구 입문』, 민족문화사, 1991.

원유한 편,『홍이섭의 삶과 역사학』, 혜안, 1995.

유영렬,『개화기의 윤치호 연구』, 한길사, 1985.

유영렬,『한일관계의 미래지향적 인식』, 국학자료원, 2000.

유영익,『갑오경장 연구』, 일조각, 1990.

유준기,『한국근대유교개혁운동사』(증보판), 아세아문화사, 1999.

윤병석,『국외 한인사회와 민족운동』, 일조각, 1990.

윤내현,『한국고대사』, 삼광출판사, 1989.

윤명철,『역사는 진보하는가』, 온누리, 1992.

윤석중,『아동문학의 지도와 감상』, 동아출판사, 1962.

윤석중,『어린이와 한평생』, 범양사, 1985.

윤석효,『신편 가야사』, 혜안, 1997.

윤종영,『국사교과서 파동』, 혜안, 1999.

윤혜원, 『사학개론』, 수도출판사, 1973.

이가종, 『기초과학과 21세기 한국』, 한울, 1980.

이강칠, 『한국의 화포』, 군사박물관, 1977.

이강훈, 『이강훈 역사증언록』, 인물연구소, 1994.

이광래, 『미셸푸코-광기의 역사에서 성의 역사까지』, 민음사, 1989.

이광린, 『한국개화사연구』, 일조각, 1969.

이광린, 『한국개화당연구』, 일조각, 1973.

이광린, 『한국개화사상연구』, 일조각, 1979.

이광린, 『한국사강좌(근대편)』, 일조각, 1981.

이광린, 『개화기의 인물』, 연세대출판부, 1993.

이광린, 『한국근현대사논고』, 일조각, 1999.

이광주·이민호 엮음, 『현대의 역사이론』, 한길사, 1987.

이광호, 『한국기술교육사』, 서문당, 1974.

이기동, 『신라골품제사회와 화랑도』, 일조각, 1980.

이기백, 『민족과 역사』, 일조각, 1971.

이기백, 『한국사신론』, 일조각, 1976.

이기백 엮음, 『역사란 무엇인가』, 문학과지성사, 1976.

이기백, 『한국사학의 방향』, 일조각, 1978.

이돈화, 『천도교창건사』, 천도교중앙종리원, 1933.

이만열, 『한국근대 역사학의 이해』, 문학과지성사, 1981.

이민호, 『현대사회와 역사이론』, 문학과지성사, 1982.

이삼성, 『20세기의 문명과 야만』, 한길사, 1998.

이상금, 『반쪽의 고향』, 샘터, 1996.

이상신, 『역사학 개론』, 신서원, 1994.

이상태, 『한국고지도발달사』, 혜안, 1999.

이선근, 『화랑도 연구』, 동국문화사, 1954.

이선복, 『고고학 개론』, 이론과실천, 1988.

이성무, 『조선양반사회연구』, 일조각, 1995.

이성무, 『소선왕조사』 1·2, 동방미디어, 1998.

이성무, 『조선왕조실록 어떤 책인가』, 동방미디어, 1999.

이성무, 『조선시대 당쟁사』 1·2, 동방미디어, 2000.

이세영, 『조선후기 정치경제사』, 혜안, 2001.

이양기, 『문명론이란 무엇가』, 대구 : 영남대출판부, 1986.

이연복 외,『사료 한국사』, 신서원, 1998.

이연복,『대한민국임시정부30년사』, 국학자료원, 1999.

이옥,『고구려민족형성과 사회』, 교보문고, 1984.

이완재,『초기개화사상연구』, 민족문화사, 1989.

이완재,『한국사에 비춘 성남지역의 역사』, 민족문화사, 1993.

이완재,『한국근대 초기개화사상의 연구』, 한양대출판원, 1998.

이완재,『박규수 연구』, 집문당, 1999.

이용범,『중세서양과학의 조선전래』, 동국대출판부, 1988.

이용범,『한국과학사상사연구』, 동국대출판부, 1993.

이원명,『고려시대의 성리학수용 연구』, 국학자료원, 1997.

이원순,『한국천주교회사연구』, 한국교회사연구소, 1986.

이원순 외,『역사교육론』, 삼영사, 1988.

이원순,『조선서학사연구』, 일지사, 1989.

이융조,『한국선사문화의 연구』, 평민사, 1980.

이융조,『한국의 구석기문화(2)』, 탐구당, 1984.

이융조 외,『우리의 선사문화』, 지식산업사, 1994.

이융조·우종윤,『선사유적 발굴도록』, 청주 : 충북대학교박물관, 1998.

이융조,『청주지역 선사문화』, 청주 : 청주문화원, 2000.

이은성,『역법의 원리분석』, 정음사, 1986.

이은성,『한국의 책력』 상·하, 전파과학사, 1978.

이은우,『임시정부와 이시영』, 범우사, 1997.

이인영,『국사요론』, 민교사, 1958.

이인호,『지식인과 역사의식』, 문학과지성사, 1980.

이정우,『시뮬라크르의 시대』, 거름, 1999.

이종해,『천도교사』, 천도교중앙총부, 1962.

이중연,『신대한국 독립군의 백만용사야』, 혜안, 1998.

이중연,『책의 운명』, 혜안, 2001.

이태진,『조선시대 정치사의 재조명』, 범조사, 1985.

이태진,『한국사회사 연구』, 지식산업사, 1986.

이태진,『한국유교사회사론』, 지식산업사, 1989.

이태진,『왕조의 유산』, 지식산업사, 1994.

이태진 편,『일본의 대한제국 강점』, 까치, 1995.

이필영,『솟대』(빛깔있는책들 15), 대원사, 1996.

이현희, 『한국근대사와 민중의식』, 탐구당, 1981.

이현희, 『대한민국임시정부사』, 집문당, 1982.

이현희, 『동학혁명과 민중』, 대광서림, 1985.

이현희, 『한민족광복투쟁사』, 정음문화사, 1990.

이현희, 『한국 근·현대사의 쟁점』, 도서출판 삼영, 1992.

이현희, 『동학혁명사론』, 대광서림, 1994.

이현희 편, 『역사는 무엇을 가르쳐 주는가』, 벽호, 1994.

이현희, 『대한민국 어떻게 탄생했나』, 대왕사, 1997.

이현희, 『3·1혁명, 그 진실을 밝힌다』, 신인간사, 1999.

이홍두, 『조선시대 신분변동 연구』, 혜안, 1999.

이희덕, 『고려유교정치사상의 연구』, 일조각, 1984.

이희덕, 『한국고대 자연관과 왕도정치』, 혜안, 1999.

인류사회재건연구원, 『종합문명의 시대』, 경희대학교출판국, 1989.

임건상, 『임건상전집』, 혜안, 2001.

임지현·김원수 외 옮김, 『오늘날의 역사학』, 역사비평사, 1992.

임효재, 『한국고대문화의 흐름』, 집문당, 1992.

임희완, 『역사학의 이해』, 건국대출판부, 1994.

장기표, 『문명의 전환』, 미래앰앤비, 1997.

전국역사교사모임, 『살아있는 한국사 교과서』 1·2, 휴머니스트, 2002.

전상운, 『한국의 고대과학』, 탐구당, 1972.

전상운, 『한국과학기술사』, 정음사, 1976

전상운, 『과학사의 길목에서』, 성신여대출판부, 1984.

전상운, 『한국과학사의 새로운 이해』, 연세대출판부, 1998.

전택부, 『한국 기독교청년회 운동사』, 범우사, 1994.

전해종·길현모·차하순, 『역사의 이론과 서술』, 서강대인문과학연구소, 1975.

정영희, 『개화기 종교계의 교육운동 연구』, 혜안, 1999.

정옥자, 『조선후기 문화운동사』, 일조각, 1990.

정옥자, 『조선후기지성사』, 일지사, 1991.

정옥자, 『조선후기 역사의 이해』, 일지사, 1993.

정옥자, 『조선후기 조선중화사상연구』, 일지사, 1998.

정옥자 외, 『시대가 선비를 부른다』, 효형출판, 1998.

정옥자, 『역사에서 희망읽기』, 문이당, 1998.

정옥자, 『정조시대의 사상과 문화』, 돌베개, 1999.

정인섭,『색동회 어린이 운동사』, 학원사, 1975.

정혜정,『동학·천도교의 교육사상과 실천』, 혜안, 2001.

제프리 존스,『나는 한국이 두렵다』, 중앙M&B, 2000.

조광,『한국천주교 200년』, 햇빛출판사, 1989.

조동일,『문명권의 동질성과 이질성』, 지식산업사, 1999.

조선총독부 편간,『조선의 치안상황』, 1930.

조재곤,『한국근대사회와 보부상』, 혜안, 2001.

조지훈,『한국민족운동사』(한국문화사대계 1), 고려대민족문화연구소, 1964.

조지훈,『한국문화사 서설』, 탐구당, 1982.

조항래 편,『1900년대의 애국계몽운동연구』, 아세아문화사, 1993.

조항래 외,『강좌 한일관계사』, 현음사, 1994.

조항래 편,『일제의 대한침략정책사연구』, 현음사, 1996.

조항래,『한국사의 이해』, 아세아문화사, 2000.

조흥윤,『무와 민족문화』, 민족문화사, 1990.

주영하,『음식전쟁문화전쟁』, 사계절, 2000.

중앙교우회,『중앙60년사』, 민중서관, 1969.

차배근,『사회과학연구 방법』, 세영사, 1981.

차하순,『역사와 지성』, 탐구당, 1973.

차하순 엮음,『사관이란 무엇인가』, 청람문화사, 1983.

차하순,『현대의 역사사상』, 탐구당, 1994.

채연석,『조선초기 화기연구』, 일지사, 1981.

천관우,『한국사의 재발견』, 일조각, 1974.

천관우,『조선근세사연구』, 일조각, 1979.

천혜봉,『한국금속활자본』, 범우사, 1993.

최남인,『과학·기술로 보는 한국사 열세마당』, 일빛, 1994.

최봉영,『조선시대 유교문화』, 사계절, 1997.

최봉영,『한국문화의 성격』, 사계절, 1997.

최성자,『한국의 미 : 선 색 형』, 지식산업사, 1993.

최성자,『한국의 멋 맛 소리』, 혜안, 1995.

최완기,『조선후기 선운업사 연구』, 일조각, 1989.

최완기,『조선시대사의 이해』, 느티나무, 1992.

최재희,『역사철학』, 청림사, 1971.

최준식,『한국의 종교 문화로 읽는다』, 사계절, 1998.

최준식,『한국미, 그 자유분방함의 미학』, 효형출판, 2000.

최준식,『한국인에게 문화가 없다고?』, 사계절, 2000.

최현배,『우리말 존중의 근본 뜻』, 정음문화사, 1984.

최효식,『조선후기 군제사 연구』, 신서원, 1995.

추헌수,『정치외교투쟁』, 민족문화협회, 1980.

추헌수,『한민족의 독립운동과 임시정부의 위상』, 연세대출판부, 1995.

통일부통일교육원연구개발과 편간,『2001북한이해』, 2001.

통일부통일교육원연구개발과 편간,『2001통일문제이해』, 2001.

하현강,『한국의 역사』, 신구문화사, 1982.

하현강,『한국중세사연구』, 일조각, 1988.

하현강,『한국 중세사론』, 신구문화사, 1989.

하현강교수정년기념논총간행위원회,『한국사의 구조와 전개』, 혜안, 2000.

한국걸스카우트연맹 편간,『한국걸스카우트50년사』, 1997.

한국문화연구원,『새 천년의 한국문화, 다른 것이 아름답다』, 이화여대출판부,
    1999.

한국보이스카우트연맹 편간,『한국보이스카우트60년사』, 1984.

한국사연구회 편,『한국사학사의 연구』, 을유문화사, 1985.

한국사회사연구회,『현대 한국의 생산력과 과학기술』, 문학과지성사, 1990.

한국사특강편찬위원회 편,『한국사특강』, 서울대출판부, 1990.

한국역사연구회 엮음,『20세기 역사학, 21세기 역사학』, 역사비평사, 2000.

한국정신문화연구원 편간,『민족의 시련과 영광』, 1983.

한국청소년개발원,『청소년인권 보고서』, 인간과복지, 1997.

한국철학회,『문명의 전환과 한국문화』, 철학과현실사, 1997.

한영우,『조선전기 사회경제사 연구』, 을유문화사, 1983.

한영우,『한국의 문화전통』, 을유문화사, 1988.

한영우,『조선후기사학사연구』, 일지사, 1989.

한영우,『우리 역사와의 대화』, 을유문화사, 1993.

한영우,『미래를 위한 역사의식』, 지식산업사, 1997.

한영우,『정도전사상의 연구』(한국문화연구총서 15), 서울대출판부, 1999.

한우근,『한국통사』, 을유문화사, 1969.

한우근,『성호 이익연구』, 서울대출판부, 1980.

한홍수,『근대한국민족주의연구』, 연세대출판부. 1977.

한홍수,『한국정치동태론』, 오름, 1996.

허선도, 『한국화기발달사』, 육군사관학교군사박물관, 1969.

홍원기, 『고려전기군제연구』, 혜안, 2001.

홍이섭, 『조선과학사』, 도쿄 : 삼성당출판사, 1944,

홍이섭, 『정약용의 정치경제사상 연구』, 한국연구도서관, 1959.

홍이섭 · 조지훈, 『20세기의 한국』, 박영사, 1964.

홍이섭, 『한국사의 방법』, 탐구당, 1968.

홍이섭, 『한국정신사 서설』, 연세대출판부, 1975.

홍이섭, 『한국근대사』, 연세대출판부, 1975.

홍이섭, 『한국근대사의 성격』, 한국일보사, 1975.

홍이섭, 『홍이섭전집』(전 6권), 연세대출판부, 1994.

황선희, 『한국근대사상과 민족운동(1) 동학 · 천도교편』, 혜안, 1996.

황원구, 『동아시아의 인간상』, 혜안, 1995.

황상익, 『문명과 질병으로 보는 인간의 역사』, 한울림, 1998


Clark, Donald N. (Editor), *Yanghwajin Seoul Foreigners' Cemetery, Korea :
    An Informal History, 1890-1984*, First Printing (Trade Paperback),
    Yongsam RSOK Library Seoul Korea, 1984.

Clark, Donald N., *CULTURE AND CUSTOMS OF KOREA* 1st (Westport,
    CT), Greenwood 2000.

Choy, Bong-Youn, *KOREA A HISTORY* Reprint (Hb), Charles E Tuttle, 1982.

Duk-Whang Kim, *A History of Religions in Korea* [Signed By Author], Daeji
    Moonhwa-sa, 1988 .

GINA L BARNES, *CHINA KOREA AND JAPAN THE RISE OF
    CIVILIZATION IN EAST ASIA*, Thames & Hudson, U.S.A. 1993.

Haboush, JaHyun Kim and Deuchler, Martina (editors), *Culture and the State
    In Late Choson Korea* First (Hardcover), Harvard Univ. Asia Center
    1999.

Han, Woo-Keun, *The History of Korea* 2nd Edition (HB), Honolulu, 1971.

Henthorn, William E., *A History Of Korea*, New York, Free Press, 1971, 1st.
    Edition, H.B. Cloth covers.

Jung, Walter B., *Nation Building ; the Geopolitical History of Korea*
    (Tradepaper), University Press of America, U.S.A. 1998.

Kang, Wi J., *Christ & Caesar in Modern Korea : A History of Christianity &*

*Politics* (SUNY Series in Korean Studies) (Soft Cover), US : State University of New York Press Albany, NY, U.S.A. 1997

Kim, Chie-woon (editor), *Elite Media Amidst Mass Culture : A Critical Look at Mass Communication in Korea*, Nanam Publishing Seoul, Korea 1994.

Kwang-Rin, Lee et al., *Upper-class Culture in Yi-dynasty Korea* (HARD-BOUND), International Cultural Foundation, 1973.

Lee, Ki-baik ; Schultz, Edward J. (translator) ; Wagner, Edward W. (translator), *A New History of Korea* (Harvard-Yenching Institute Studies) (HD), Harvard University Press Cambridge, MA, U.S.A. 1985.

Lum, Peter, *The growth of Civilization in East Asia : China, Japan and Korea to the 14th Century* 1st (boards), US : S.G. Phillips, U.S.A. 1969.

McCune, Evelyn, *THE ARTS OF KOREA An Illustrated History* First Edition (Hardcover ; First Printing), Charles E. Tuttle Company, U.S.A. 1962.

Meredith, Roy, *The American Wars A Pictorial History from Quebec to Korea 1755 - 1953* 1st Edition (Cloth Bds), World Publishing Co. 1955.

Miller, Francis Trevelyan, *WAR IN KOREA AND THE COMPLETE HISTORY OF WORLD WAR II* [Armed Services Memorial edition] (np), npub, U.S.A. (c1954).

Rishell, Lyle, *With a Black Platoon in Combat : A Year in Korea* (Texas A&M University Military History Ser.) Hardcover First Edition (Hard Cover), Texas A & M University Press College Station, TX, U.S.A. 1993

Schwartz, Rudolph, *China, Japan, Korea : history, culture, people*, Cambridge Book Co. NY 1968.

Seoul International Publishing House, *Focus on Korea : Volume 2-Korean History* (HB), Seoul 1986.

Seoul International Publishing House, *Focus on Korea : Volume 3-Korean Arts and Culture*, Seoul 1986.

Shin, Doh C., *Mass Politics & Culture in Democratizing Korea* (Cambridge Asia-Pacific Studies) (Soft Cover), Cambridge University Press New

York, NY, U.S.A. 1999.

Shin Yong, Chun (general editor), *Folk Culture in Korea* (Hard Cover), International Cultural Foundation Korea 1974.

Takashi Hatada, *A History of Korea* trade paperback, ABC-Clio, U.S.A. 1969.

Wondeuk Min, *THE HISTORY OF MUSIC EDUCATION IN KOREA*, Seoul Korea, 1966.

Wood, Lt. Col Herbert Fairlie, *STRANGE BATTLE-GROUND - OFFICIAL HISTORY OF THE CANADIAN ARMY IN KOREA* (1st), Canadian Government, Canada, 1966.

Wright, Chris (editor), *Korea : Its History and Culture* (Trade PB), Korean Overseas Info Service, 1996.

# 찾아보기

【ㄱ】

가관(加冠) 139
가나[假名] 262
가렴주구 126
가면극 289
가미가제[神風] 276
가상공간 265
가상전 264
가족법 209, 210
가족제도 245
가축 사육 216
가화론(家和論) 200
간석기 216
간의 258
간자(簡字) 262
감문위(監門衛) 61
갑신정변 131
갑오개혁 132, 200
갑오농민전쟁 120
갑오동학농민혁명 120
갑오동학민중혁명군 132
갑오동학민중혁명운동 44, 119
강동(江東) 6주(州) 71
강보(姜保) 219
강세구 17
강연회 155
강영호 183

강우 186
강화도조약 199
강화부(江華府) 86
개경수복전(開京收復戰) 88
개방국가 268
개방주의 283
『개벽』 139, 146, 150
개벽사 149
개운소년회 190
개척정신 268
개천절 노랫말 28
개화당 131
개화사상 160
개화운동 199
개화파 132
거란 66
거푸집 216
건국신화 21
게놈 프로젝트 269
게임단 264
게임자키 264
게임프로그램 264
결가(結價) 123
경계 넘기 15
경군 64
경기 67
경보(慶補) 110
경복궁 250
경복궁 천문대 220

경부고속도로 225
경상도 67
경성소년연맹 191
경성소년지도자연합발기총회 189
경성소년총연맹 189
경영형부농 122
경운동 천도교당 154
경의(慶儀) 110
경제건설 284
경천사상(敬天思想) 127
경천흥(慶千興) 83
계미청동활자 220
고구려 계승의식 72
『고기』 24
고대문명 216
「고드름」 185
고등신앙 241
고등종교 14, 243
『고려도경(高麗圖經)』 69
『고려사(高麗史)』 259
고려청자 219
고부봉기(古阜蜂起) 119, 126
고아시아족 25
고정환 189
고조선 23
고한승 183, 189
골품제(骨品制) 121

공병우 한글 타자기  229
공사노비법(公私奴婢法)
    132
공생조합운동  150
공업입국  225
공역부대(工役部隊)  66
공요론(攻遼論)  99
공요운동  117
공요출정군  110
공주  215
공험진(公險鎭)  108
과거제폐지  202
과부재가 허용  132, 202
과학기술교육  224
과학기술논문 인용색인(SCI)
    226
과학기술진흥법  225
과학기술처  225
과학문명  218
과학문화재단  230
과학의 날  224, 225
과학적  231
과학화운동  225
『곽광전(霍光傳)』  115
곽충보(郭忠輔)  115
관선생(關先生)  82, 85
관인체계(官人體系)  64
관창  43
관측기록  219
광개토대왕릉비  248
광군(光軍)  61, 66
광군사(光軍司)  66
광동어  273
광동요리  273
광종  59
광주민중항쟁  209
광평성  251
교위(校尉)  62

교위방  62
교육계몽활동  203
교육기본법  30
교육이념  30
교조신원운동(敎祖伸寃運動)
    126, 128
교주도(交州道)  67
구결문(口訣文)  259
구령회복(舊領回復)  80
『구삼국사』  24
구석기문화  215
구성로(具成老)  110
구양근  120
9·11 테러사건  18
구족세가(舊族勢家)  116
구체제[앙시앙 레짐]  133
구텐베르크(Johannes
    Gutenberg)  220, 259
국가주의  283
국권피탈  203
국권피탈시대  278
「국민교육헌장」  30
『국사(國史)』  24
국사교과서  31
국산품애용운동  205
국선(國仙)  44
국양(鞠樑)  229
국제기능올림픽대회  225
국제아동구호기금(Save the
    Children Fund International)
    167
국제연맹  257
국제연합  257
「국제연합아동권리선언」
    257
국채보상운동  203
군국기무처  132
군기지정(軍機之政)  72

군반씨족(軍班氏族)  63
군반제(軍班制)  62
군부  59
군사도(軍事道)  67
군사동맹체제  272
군역(軍役)  63
군위안부 진상규명운동
    210
군인전(軍人田)  63, 64
궁성요배  276
궁예(弓裔)  58
권겸(權謙)  76, 80
권근(權近)  25
권력형 부정사건  255
권오순  174
권희(權僖)  86
귀산(貴山)  42
균전제(均田制)  63
극동러시아  283
근대과학기술  274
근대성  132
근대지향  239
근대화  239
근대화운동  130
근우회  206
근화학원  205
금교역(金郊驛)  86
금구취당세력  126
금구취회(金溝就會)  119,
    126
금속문화  217
금속활자  220, 259
금연운동  203
금오위(金吾衛)  61
금주·공창폐지 운동  205
기능교육  224
기독교문명  33
기미가요  276

「기예론」 222
기자(箕子) 25
기자조선(箕子朝鮮) 97
기철(奇轍) 80
기초과학 228
기층문화 35
기토라 고분 217
기해격주홍적(己亥擊走紅賊) 92
김경제(金景磾) 85
김광제(金光濟) 203
김구(金九) 29, 33, 162
김규식(金奎植) 253
김기전(金起瀍) 137, 139, 148, 186
김기전의 소년관 142
김대문(金大問) 43
김대중 271
김동길 16
김득배(金得培) 81, 83
김마리아 204
김명선 229
김사미 122
김상(金賞) 110
김석문 222
김선(金善) 154
김순권 228
김약변(金若采) 115
김여연(金麗淵) 99
김염백(金廉白) 36
김영삼 271
김옥빈 186
김완 112
김용(金鏞) 76, 85, 90
김봉관 224
김용섭 119
김원봉(金元鳳) 83
김유신 43

김유탁(金裕琸) 250
김윤경(金允經) 262
김의(金義) 100
김일선(金一善) 154
김재은(金在恩) 164
김정룡 229
김정일(金正日) 282
김정호 222
김천장(金天莊) 110
김태준 16
김택진(金澤辰) 260
김한진(金漢眞) 91
김행파(金行波) 56
김형국 16
김호길 227
김홍경 189
김홍집(金弘集) 130
김효경 189
김훈(金訓) 60
까치밥 249

【ㄴ】

나노기술(NT) 230
「나의 소원」 32
나일성 228
나철(羅喆) 36
나하추(納哈出) 101, 104
낙동강 217
낙랑군 217
「난랑비서(鸞郞碑序)」 41
남·북국시대 235
남극기지 225
남녀고용평등법 210
남녀평등권 208
「남북기본합의서」 233
낭장 62
낭장방 62

내군(內軍) 59
「내수도문(內修道文)」 161
네 마리 용 275
노국공주(魯國公主) 79
노대(弩隊) 70
노대환 16
노동부대 68
노동여성 208
노론 122
노벨 과학상 269
노병필 189
노비 125
노비문서 131
노비제도폐지 202
노예교육 224
노태구 16
『녹성』 170
놀이문화 265
농경 216
농민군 68
『농민독본』 32
농민민주주의 혁명 129
농민운동 150
농민전쟁 120
『농사직설』 221
농업기상학 220

【ㄷ】

다닐레프스키(Nikolai Danilevski) 12
다라니경 인쇄 두루마리 218
다면성(多面性) 248
다물정신(多勿精神) 117
다의성(多義性) 248
다테마에[建前] 275
단국대학교 31

단국중·고등학교 31
단군교단 36
『단군기』 24
『단군본기』 24
단군성조(檀君聖祖) 22
단군성조릉 39
단군신교(檀君神敎)운동 36
단군신앙운동 36
단군신화 21
단군왕검(檀君王儉) 22
단군임금(檀君壬儉) 22
단군조선(檀君朝鮮) 97
단일민족국가 35
대(隊) 62
대구 203
대동강 72
「대동여지도」 222
대동주의(大同主義) 246
「대인접물(待人接物)」 161
대장경 조판사업 219
대장군 61
대정(隊正) 62
대종교(大倧敎) 36
「대한독립여자선언서」 27
「대한민국건국강령」 39
대한민국애국부인회 205
대한민국헌법 208
대한부인회 208
대한애국부인회 205
대한여자국민당 207
덕흥군(德興君) 91
도기(道器)의 논리 223
도당(都堂) 55
도덕국가 97
도독부(都督府) 66
도령(都領) 70
도병마녹사(都兵馬錄事) 50
도병마사(都兵馬使) 49,

251
도인 129
도전과 응전(Challenge &
　　Response) 13, 285
도총중외제군사(都摠中外諸
　　軍事) 117
도평의사사(都評議使司)
　　94, 251
도호부(都護府) 66
독립군 133
독립변수 291
「독립선언문」 170
독립선언식 204
『독립신문』 170
독립역군 157
독립운동 150
독립전쟁 13
독립촉성애국부인회 207
독립협회 160, 164
『동경대전』 161
동관진 215
『동국여지승람(東國輿地勝
　　覽)』 22, 26
『동국역대총목』 36
「동국지도」 222
동귀일체(同歸一體) 246,
　　248, 289
동기 문화 217
동도서기(東道西器) 247
『동몽선습(童蒙先習)』 36
동북아 문명 97
『동사』 36
동·서문화의 퓨전(fusion)
　　240
동서북면병마사(東西北面兵
　　馬使) 50
『동아일보』 151
동양대학 180

동양문명 262
동양문명권 262
「동양평화론 서」 32
동요황금시대 185
동이족(東夷族) 24, 263
동주도(東州道) 67
동지원사(同知院事) 54
동학(東學) 14, 36, 120,
　　127
동학·천도교 164, 242
동학농민전쟁 120
동학농민혁명 120
동학농민혁명운동 120
동학당(東學黨) 43
동학란(東學亂) 119
동학사상 120, 201
동학운동 128
동학혁명 120
동화회 155, 186
둔전(屯田) 53
따리아회 185
「따오기」 185
떼(群/gang) 46
뗀석기 215

【ㄹ】

러시아문명 282
로마자 262
록(Rock) 269
르네상스 222
리니지 게임 260
리비아(LIBYA) 수로 건설
　　225

【ㅁ】

마군(馬軍) 61

마대(馬隊)  70
마해송  183
만국공용어  269
만리장성  273
만상(灣商)  122
만인평등사상  254
만적(萬積)  253
만주사변  207
망국사관  14, 240
멀티 퓨전  291
면천(免賤)  132
명예 백인  277
명진소년회  189
명태조(明太祖)  99
모거경(毛居敬)  83
모방(mimesis)  285
모스크바 러시아  283
목자득국(木子得國)  112
목판인쇄술  219
목활자  220
몽견초  178
무구정광대다라니경  219
무기 개발 및 억제 문제
  231
무단정치  203
무당굿  289
무사정신  34
무산소년운동  137
무산소년운동가  190
무쇠도끼  217
무신  62
무실역행(務實力行)  144
무장도시(武裝都市)  69
무장세력  95
문낭  13, 240
문명갈등  19, 243
문명대국  267
문명론  11, 12

문명민족  27
문명사관  240
문명세계  268
『문명연지(文明硏志)』  17
문명의 아이콘  19
문명의 충돌  18
문명 이데올로기  13
문명학  11
문명화  240
문무왕(文武王)  44
문일평(文一平)  13, 239
문자의 발명  216
문집  260
문치주의  62
문하시중(門下侍中)  50
문화정치  205
물레질  287
물산장려운동  205
미국식 문명  269
미국식 민주주의  269
미래지향  239
미래화  239
미륵불(彌勒佛)  82
미성년  139
민간연구소  226
민본주의  132, 254
민예품  248
민정(民政)  70
민족독립운동  159
민족실력양성운동  203
민족운동  27
민족의식  27
민족주의  127, 132
민족주의사관  239, 240
민족지향  239
민주국가  30
민주노조건설  209
민주화운동  209

민주화운동 청년연합
  여성부  209
민주화 투쟁  285
민중  254
민중구국운동  130
민중군  127, 128
민중민주국가  285
민중민주시대  254, 285
민중민주주의시대  288
민중봉기  122
민중시대  287
민중운동  39, 121, 125,
  135, 254
민중의식  120
민중전쟁  124
민중항쟁  125
민중혁명사상  254
민중혁명운동  120, 129
밀양소년동맹  193
밀직사(密直司)  53

【ㅂ】

바이오기술(BT)  226
박경리  288
박맹수  120
박성걸(朴成傑)  52
박성진  16
박수경  58
박영충(朴永忠)  110
박영효(朴泳孝)  199
박위(朴葳)  110
박은식(朴殷植)  129, 239
박의(朴義)  104
박의중(朴宜中)  107, 111
박이문(朴異汶)  16, 232
박준균  189
박준표  189

박지원 222
박질영(朴質榮) 56
『반도소년』 170
반도소년회 164, 189
반도체 225
반명정책 102
반명친원정책 102
반상제도(班常制度) 132
반성(潘誠) 85
반원(反元)정책 77
반원자주운동 94
반제교육 46
반주(班主) 60
반침략전쟁 126
발명학회 224
방(房) 62
방국진 78
방정환(方定煥) 147, 148,
    159, 178, 183, 186, 189
배극렴(裵克廉) 110
배달겨레 26, 43
배후(裵厚) 113
백두산 36
백련교(白蓮敎) 82
백만탑 다라니경 219
백봉(白峰) 36
백성시대 254
백영서 16
백정대(白丁隊) 70
백제금동용봉봉래산향로
    218, 248
백주(白州) 56
백호패(百戶牌) 80
버거킹 269
번상(番上) 63
번인(蕃人) 57
범여성가족법 개정촉진회
    209

베이든 포엘(Robert
    Baden-Powell) 46
베이징 올림픽 275
벤처사업 227
벤처 창업 열풍 286
변정도감(辨整都監) 79
변혁주체세력 124
『별건곤』 170
『별나라』 170
별장(別將) 62
병농일치(兵農一致) 제도
    63
병마사 50
병마판사(兵馬判事) 50
병인양요 259
보국안민(輔國安民) 127
보군(步軍) 61
보댕(Jean Bodin) 12
보성소학교 165
보성전문학교 170
보승(保勝) 61
보승군 67, 68
보안법 파동 252
보은취회(報恩聚會) 126
보이스카우트(Boy Scout)
    운동 41
보이스카우트 규율 45
보창군(保昌軍) 70
보편문명 12
보편사관 239
보호자대회 187
복색(服色) 59
복아조종지법(復我祖宗之法)
    80
복지지향 146
복합상소 128
『본기』 24
본성(本城) 71

본위진무(本衛鎭撫) 108
봉주(鳳州) 56
부곡(部曲) 122
부농(富農) 122
부동귀(不同歸) 147
부동항 279
부마(駙馬) 79
부병제(府兵制) 62, 63
부상층(富商層) 122
부석사 250
부시(George W. Bush) 271
부원세력(附元勢力) 79, 98
부족 216
부천서 성고문 규탄 209
북방정책 280
북진정책 49
북진책 66
북한 핵문제 271, 281
불교 33, 198
불교소년회 154, 189
불량상품불매운동 210
「불연기연」 161
붉은 악마 255
『붉은 저고리』 173
블랙홀 228
블루진 269
비밀결사운동 166
비변사 251
비빔밥 228
비애(悲哀)의 미 248
비정부기구(NGO)포럼 211
비파모양 청동검 216
뼈 연모 215

【ㅅ】

4강구조 280
사교육비 286

4국경쟁 235
사기(砂器) 287
사냥술 216
사다함 43
사립학교 204
사민(徙民) 56
사발통문(沙鉢通文)
    거사계획 126
사사오입개헌 228, 252
사상(私商) 122
사유(沙劉) 85
사이버 게임 264, 265
사이버 세상 260
사인여천(事人如天) 36
4·19혁명 134
사전(祀典) 26
사전개혁(私田改革) 116
사족지주층 123
사회변동 136
사회신분제 폐지 133
「사회적 약자 보호법」 212
사회제도 개혁 132
사회주의 255
사회주의 노선 189
사회혁명운동 136
산신 25
산업혁명 224
산업화 226
산원(散員) 62
살풀이춤 289
삼강오륜 140, 141
『삼강행실도(三綱行實圖)』
    198
『삼국사기(三國史記)』 259
『삼국유사(三國遺事)』 22
『삼국지(三國志)』 265
삼남지방 123
삼대환공부설 222

삼선(三善)·삼개군(三介軍)
    104
삼선개헌 252
3원수 살해사건 90
3·1민주혁명 44, 133
3·1재현운동 134
삼품군 68
삼풍백화점 붕괴 227
『삼한고기』 24
상감법(象嵌法) 219
상감청자 249
상령(常領) 61
상반(常班) 136
상서령(尙書令) 50
상수(上首) 44
상원 215
상장군 60, 61
상품경제 126
상품화폐경제 122
상하이(上海) 146
상해대한민국임시정부후원
    운동 205
상호주의 271
새마을부녀회 208
새마을운동 225, 284
『새벗』 170
새벗회 189
새싹회운동 159
색동회 171, 173, 183
『색동회록』 184
색동회 마크 185
생태중심주의(生態中心主義)
    232
생활문화 개선운동 211
샤머니즘 25
서경(西京) 56, 57
서경경영(西京經營) 49
서구문명 12

서구여성운동 207
서구주의 283
서구화 239
서눌(徐訥) 51
서대문 형무소 177
서민지주 122
서방 7개국 277
서사권(署事權) 94
서상돈(徐相敦) 203
서세동점(西勢東漸) 239
「서시」 33
서양문명 262
서울 올림픽 285
서재필(徐載弼) 202
서학 160
서해도(西海道) 67
서해안 시대 225
석굴암(石窟庵) 218, 250
석주명 228
선가(仙家) 35
선랑(仙郞) 44
선명청년회 소년부 189
선비정신 34
선전기(宣傳旗) 187
선죽교(善竹橋) 114
「설날」 185
설사(偰斯) 99
설장수(偰長壽) 114
성·경·신(誠敬信) 161
성경 201
성리학 26, 33
성봉덕 149
성 상품화 212
성수대교 227
성 역할 고정화 212
성재(省宰) 51
성폭력상담소 210
성폭력추방운동 210

성폭력 추방의 해 210
성폭력특별법 211
세계국가 274
세계 대통령 269
세계문명 12, 247, 266
세계시장경제 269
세계아동헌장 167
「세계어린이헌장」 257
세계 여성의 해 208
세계자본주의 시장체제
　125
세계지향 239
세계평화사상 254
세계화 239
세속5계 42
세종 221, 261
『세종실록』 221
『세종실록지리지(世宗實錄
　地理志)』 22
「세한도(歲寒圖)」 249
소(所) 122
『소년』 160, 173
소년강연회 148, 182
소년교육중시사상 164
소년단운동 137
소년동지회 163
소년문예운동 146
소년문제 141
소년문화운동 167, 169
소년보호문제 142
소년보호사상 144
소년수양문제 142
소년운동 137, 146
소년운동계몽가 144
소년운동의 방안 144
소년운동의 선언 144, 154
소년운동호 174
소년인격운동 164

소년인권선언 151, 257
소년인권선언국 169
소년인권선언문 168
소년인권존중운동 167
소년입지회(少年立志會)
　163, 165
『소년조선』 170
소년존중사상 160
소년지도자대회 188
소년척후대 145, 163
『소년한반도』 163
소년해방 142
소년해방론 151
소년해방운동 138
소년회운동 137
소리글자 262
소비자계몽운동 210
소비자보호단체협의회 210
소비자운동 210
소빈농층 123
소양강 다목적 댐 225
소작농 125
속현 67
손병희 170
손진태 183
송균언(宋均彦) 50
송몽룡 189
송상(松商) 122
송악(松岳) 58
송자(宋磁) 219
송죽회(松竹會) 204
「수렵도」 263
수복경성(收復京城) 92
『수시력첩법입성(授時曆捷
　法立成)』 219
수심경천(守心敬天) 129
수심정기(守心正氣) 266
수조지(收組地) 64

수표(水標) 220
숙위(宿衛) 53
숙종 36
순군부(徇軍部) 59
순성여학교 203
슈펭글러(Oswald Spengler)
　12
스카우팅 46
스크랜턴(Mary Scranton)
　201
스포츠 264
슬라브주의 283
승선방(承宣房) 54
시련과 극복 285
시민시대 254, 287
시민운동 39, 254
시베리아 24
시위군(侍衛軍) 60
시장경제주의 283
시조신의 육화(肉化) 25
시천교소년회 193
시청료납부 거부운동 209
식량증산 231
식민사관 224
식민정책 157
식민지사관 14, 240
신간회 206
신계(神界) 25
신기(神騎) 70
신단수(神檀樹) 23
신도(神道) 276
신돈(辛旽) 105
신명 267, 287
신문명 290
신문화운동 205
신민법 209
신바람 287
신사임당(申師任堂) 249

신사참배 276
신석기문화 216
신석기혁명 216
『신소년』 170
신숭겸(申崇謙) 263
신시(神市) 23
신앙공동체 199
『신여성』 170
신여자 205
『신여자』 170
신용하 129
신진사대부(新進士大夫) 105, 117
『신찬팔도지리지』 221
신채호(申采浩) 239
『신청년』 170
신품(神品) 288
신학문 165
신흥군벌(新興軍閥) 117
신흥 무장세력 74
실리콘 밸리(Silicon Valley) 269
실사구시(實事求是) 222
실지회복(失地回復) 77
실측지도 221
실학사상 198, 201
실학운동 222
실학정신(實學精神) 34
실학파 132
심덕부(沈德符) 110, 115
심상덕 186
심자(沈刺) 84
『심청전』 244
12군 절도사제 66
12주 목(州牧) 66
17세기 위기론 221
십팔자왕위설(十八子王位說) 112

싱가포르(SINGAPORE)
  쌍둥이 빌딩 225
씨랜드 화재사건 227
씨알의 민중민주시대 288
씨족 216

【ㅇ】

아동문학 동인단체 185
「아동의 권리에 관한
  제네바선언」 167
아동의 복지를 위한 5대
  원칙 167
아동잡지 170
아리랑 288
아사달 25
아산만 간척지 225
『아이들보이』 173
『아이생활』 170
IMF 구제금융 227
IT산업 257
아줌마 부대 286
아프가니스탄 268
안경(安慶) 110
안동혁 227
안변(安邊) 69, 86
안북(安北) 69
안소(安沼) 114, 115
안수(安水) 57
안우(安祐) 76, 83
안우경(安遇慶) 86
안주(安柱) 115
안중근 33
안창호 13, 144, 164
안흥법사(安弘法師) 24
안확 13
암만항 건설 225
압록강 72

애국가 28
애국계몽사상가 160
애국계몽운동 13
야마토 국(大和國) 275
야유회 186
약육강식 13
알타체제 280
양경체제(兩京體制) 56
양계(兩界) 65, 69
양계병마사 52
양광도(楊廣道) 67
양궁 264
양반중심사회 202
양백연(楊伯淵) 91
양생송사(養生送死) 141
양성원 203
양성평등사상 200
양호(養戶) 64
어린이 157, 179
『어린이』 146, 148
어린이날 137
「어린이날 노래」 188
어린이날운동 159
어린이대회 186
어린이문제 연구단체 183
어린이보호자대회 186
어린이사 187
어린이 소질계발세대 257
「어린이의 꿈」 179
어머니대회 187
어버이날 187
어버지대회 187
어태(語態) 141
어학연수 257
언론·출판운동 171
언문(諺文) 262
에너지 문제 231
여백미 287

여백의 미학 251
여성개화 203
여성개화운동 203
여성교육 202
여성노동자운동 210
여성단체연합 210
여성부 211
여성운동 197
여성운동사 203
여성의 전화 209
여성정치운동 210
여성지위향상운동 211
여성평우회 209
여성학 209
여성해방 206
여성해방이론 197, 209
『여자계』 205
여자상회 204
여자청년회 206
여진 57, 69
역령(役領) 61
역사교과서 왜곡 276
역사대중화 287
역사의식 286
연천 215
「열녀편도」 198
염제신(廉悌臣) 76
염흥방(廉興邦) 104, 106
영(領) 62
영국 167
영새군(寧塞軍) 70
영어 269
영역국가 286
영·유아보육법 210
0.4나노미터(nm) 229
영·정조 222
영학당(英學黨) 133
영흥(永興) 103

예비군 70
예수(Jesus Christ) 242
오(伍) 62
5계사상(五戒思想) 42
오긍선 229
오량주(吳良遇) 24
오리엔탈리즘(Orientalism) 18
오메가 천체 228
오문환 16
오심당 150
오월회 164, 189
오인택(吳仁澤) 91
오일철 170
5·18광주민중항쟁 134
오종록 287
오프라인 265
옥성득 16
옥포조선 225
온돌문화 266
온라인 265
온라인 게임 227
올림픽 264
YWCA(조선여자기독교청년회연합회) 205
왕규(王規) 59
왕득명(王得明) 109
왕보(王寶) 110
왕성(王晟) 78
왕식렴(王式廉) 56
왕안덕(王安德) 110, 116
왕총지(王寵之) 51
왕후장상(王侯將相) 253
왜인(倭人) 277
외국상품경제 126
외규장각 259
외래문명 33, 291
외래자본주의 125

외암리 마을 250
외자도입법 225
요동(遼東) 97
요동도사(遼東都司) 108
요동 수복 118
요동위 108
요동정벌 113
요호부민(饒戶富民) 123
용호군 60
우경(牛耕) 217
우군 70
우익 여권운동 208
우장춘 224
우제(禹碑) 91
우주과학 269
우주목(宇宙木) 25
운동만능시대 155
울산비료 225
웅기 215
웅녀(熊女) 23
원광법사(圓光法師) 42
원병오 228
원술 43
원시공동체사회 216
원시종교 245
원양어업 225
원유한(元裕漢) 34
원융무애(圓融無碍) 19, 246
원자 에너지 274
원철성 224
원효(元曉) 19, 246
월드 사이버 게임즈(WCG) 264
월드컵 경기 255
위성은하 228
위열제 139
위화도 111

위화도 회군  118
W·P '훈글'  229
유가(儒家)  35
유광렬(柳光烈)  166
유교사학  36
유교윤리  140
유금필  58
유길준(兪吉濬)  13, 202
유만수  114
유복통  82
유산혁명(流産革命)  130
유성준(劉星濬)  154
유수관제(留守官制)  57
유숙(柳淑)  81
유엔개발계획 보고서  213
유연(柳淵)  85
유적(流賊)  82
유준  229
유탁(柳濯)  76, 91
유형원  222
유홍렬  147, 181
6월대항쟁  134, 209, 285
6위(衛)  59
6·25동란  233
「6·15남북정상공동선언」
    233
6전체계  55
윤관  44
윤극영(尹克榮)  183
윤동주  33
윤봉길  33
윤사덕(尹師德)  110
윤석중  148, 183
유소종(尹紹宗)  115
윤이상(尹伊桑)  244
윤익선  170
윤일선  229
윤치호(尹致昊)  13, 202

윤호(尹虎)  110
율령격식(律令格式)  273
음악회  186
응양군  60
『응제시주(應製詩註)』  22
의료보험법  225
『의방유취』  221
의병  133
의병전쟁  203
의열단운동  134
의정부  251
의종(毅宗)  44
이광수  13, 142
이구(李玖)  106
2군 6위  58
이권(李權)  76
이귀수(李龜壽)  86
이규경  223
이규태(李圭泰)  249
이기열  228
이길상  227
이돈화  13, 142, 144
이동주  226
이동통신  227
이두(吏讀)  259
이두란(李豆蘭)  110
이두성  186
이림  116
이만영  229
이무(李茂)  110
이무방(李茂方)  100
이방실(李芳實)  76, 83
이방헌  229
208개조의 개혁안  132
이빈(李彬)  110
이상수  227
이상향(理想鄉)  255
이색(李穡)  116

이선근(李瑄根)  42
이성계(李成桂)  85, 115,
    263
이속(吏屬)  64
이수광  222
이순지  221
이승경(李承慶)  88
이승기  227
이승원(李承源)  110
이승휴  24
이암(李嵒)  83
이앙법  222
이양기  16
이여경(李餘慶)  85
이연종(李衍宗)  77
이영욱  228
이우승(李右丞)  78
이원계(李元桂)  110
이원규(李元珪)  164, 189
이원철  224, 228
이유근  189
이윤재(李允宰)  262
이을진(李乙珍)  110
이음(李蔭)  83
이익  222
이인우(李仁祐)  83
이인임(李仁任)  83, 98, 101
이인직  165
이자송(李子松)  108
이자춘(李子春)  103
이정호  147, 178, 189
이종덕(李種德)  106
이종린  186
이종휘  36
이중환  222
이진수  229
이창환  227
이천  221

이춘부(李春富) 83
이타주의(利他主義) 246
이태규 227
이태진(李泰鎭) 221
「2·8독립선언서」 27
이품군 68
이헌구 183
이화(李和) 110, 115
이화세계(理化世界) 31
이화학당 201
인간개조사상 144
인간계 25
인간상실 245
인간성 파괴 260
인간성 회복 19, 246
인간소외 245
인간존중 문명관 201
인간중심주의 232
인간평등사상 201
인간해방 146
인간회복 245
인구조절 231
인권존중 146
인내천(人乃天) 36
인당(印璫) 76, 78
인도문명권 261
인류공동체문명 260
인류공영 30
인류문명 247
인문성 260
인본주의(人本主義) 245
인성학교소년회 146
인식능력(cognitive abilities) 167
인원보(印原寶) 115
인터넷 260, 286
인터넷 인프라(Internet Infrastructure) 285

일리천(一利川) 49
일본문명 262
일본역사교과서 왜곡파동 120
일본제국주의 130
일식 219
일연(一然) 23
일품군(一品軍) 66, 67
임견미(林堅味) 104, 106
임밀(林密) 100
임술민중항쟁(壬戌民衆抗爭) 123
임윤지당(任允摯堂) 198
임진왜란 222

【ㅈ】

자동회(子童會) 163
자발성 167
자본주의 206
자비령(慈悲嶺) 85
자연계 25
자연법칙 247
자연정복 247
자오선 218
자외선우주망원경 258
자유수공업 222
자주정신 72
작살 216
장군 62
장군방 62
장기려 229
장기원 227
장무쇠 189
장방평(張方平) 106
장사성(張士誠) 75
「장서」 27
장승업(張承業) 250

장영실 221
장위부(掌衛部) 59
장유유서 139
「장유유서의 말폐」 150
장인정신 225
장자온(張子溫) 101
장적(帳籍) 64
재경일반소년운동단체대표 자연합회 192
재추회의 54
적자생존 13
전국주부교실중앙회 208
전라도 67, 126, 128
전봉준(全琫準) 126
전상운(全相運) 221
전시과(田柴科) 64
전자전 264
전쟁의 해(A war year) 268
전적운동(全的運動) 147
전조선어린이날중앙연합준 비회 192, 193
전조선어린이날중앙연합준 비회 반대동맹 193
전통문명 33, 291
전파매체 287
절도사(節度使) 66
점진주의 283
접(接) 128
접경국가 283
접주 128
정당문학(政堂文學) 50
정문기 228
정방(政房) 79, 80
정방복설(政房復設) 93
정방제조(政房提調) 91
정병기 183
정보기술(IT) 226
정보문명 260

정보화 226
정보화문명 262
정사암 251
정상기 222
정선(鄭歚) 250
정선아리랑 288
정성 242, 243
정성채(鄭聖采) 46, 163
정세운(鄭世雲) 76
정순철 183
정승가(鄭承可) 115
정신대문제 대책협의회
 210
정신여학교 202
정약용 222
정용(精勇) 61
정용군 67, 68
정인보(鄭寅普) 13, 239
정인섭 183
정조대왕(正祖大王) 263
정주기철공신(定誅奇轍功臣)
 81, 89
정지(鄭地) 110
정창렬 120
정체성(正體性) 40
정태현 228
정통기독교 283
정홍교(丁洪敎) 164, 189
정휘(鄭暉) 85
제9회 어린이날 192
제4차 유엔 세계여성회의
 211
제4회 어린이날 190
제3 즈믄해(Millennium) 문명
 19
제3회 어린이날 187
제15회 어린이날 194
제5차 국제연맹총회 167

제6회 어린이날 192
제2차 민중혁명운동 126
제2차 홍건적의 침입 88
제2회 어린이날 185, 186
제1차 세계대전 268
제1차 홍건적의 침입 88
제1회 어린이날 186
제1회 어린이날 행사 168
제7회 어린이날 192
제8회 어린이날 192
『제가역상집(諸家曆象集)』
 220
제가평의회 251
제석(帝釋) 신앙 23
『제왕운기(帝王韻紀)』 22
제주소년연맹 190
제프리 존스(Jeffrey D. Jones)
 260, 286
제헌절 노랫말 28
젭(Jebb) 167
조·용·조(租庸調) 63
조개잡이 216
조경달 120
조광 120
조규태 16
조기간 186
조기유학 257, 286
조림(趙琳) 108
조민수(曹敏修) 110, 114,
 115
조반(趙胖) 105
조선(朝鮮) 26, 117
『조선과학사』 224
조선기독여자절제회 205
조선내학교 31
조선물산장려회 205
조선소년군 145, 154, 163
조선소년연합협회 137

조선소년연합회 190
조선소년총동맹 191
조선소년총연맹 191
조선아동(朝鮮兒童) 141
조선여성동우회 206
조선여자교육회 205
조선여자흥학회 205
『조선왕조실록』 220
조선자랑가 174
조선 자랑호 174
조선청년총연맹 190
조선총독부 203, 204
「조선혁명선언」 285
조순탁 227
조인벽(趙仁璧) 115
조인옥(趙仁沃) 115
조장환 229
조재호 183
조정군(助征軍) 76
조준(趙浚) 63, 115, 116
조준기 183
조천주(趙天柱) 85
조철호(趙喆鎬) 44, 46,
 163, 186
조혼금지 202
조혼 풍조 139
조희고(趙希古) 110
종교운동 129, 130
종속변수 291
종자 개량 224
좌군 70
좌우군영(左右軍營) 59
좌우사(左右司) 55
좌우승선(左右承宣) 54
주기공신(誅奇功臣) 81
주도성(initiative) 167
주몽설화 263
주변문명 291

주부모니터활동 210
주부위원회 210
주사충(朱思忠) 84
주시경(周時經) 262
주영세(朱永世) 83
주원수 85
주원장(朱元璋) 75
주자학 198
주진군(州鎭軍) 65
주진민(州鎭民) 53
주평장(朱平章) 78
주현군(州縣軍) 65
죽지 43
준변경지역(準邊境地域) 53
준율 46
준율5계 169
중국문명권 261
중국어 273
중랑장(中郞將) 62
중방(重房) 62
중방회의 62
중서령(中書令) 50
중석기문화 216
중앙군(中央軍) 58, 59
중앙기독교 소년부 189
중·일전쟁 194
중체서용(中體西用) 247
중추원(中樞院) 50
중화의식(中華意識) 273
지구구형설 222
지구회전설 222
지문하성사(知門下省事) 50
지방군 66
지방의회선거 210
지식정보기반 사회 267
지식정보문화 291
지식정보화 286
지용기(池湧奇) 110

지전론 222
지정(至正) 78, 99
지주사(知奏事) 54
직업소년위안회 186
『직지심경』 220
진(鎭) 69
진보론 13
진보제도 46
진성(鎭城) 71
진수군(鎭守軍) 66
진장(鎭將) 70
진장섭 183
진주민중봉기(晉州民衆蜂起) 123
진주소년회 180
진주소년회운동 139
진평중(陳平仲) 114
진화론 13
진흥왕(眞興王) 44
집강소(執綱所) 130
집약재배농법 221

【ㅊ】

차상찬 178, 186
차하순 16
찬양회 203
참정권 207
참지정사(參知政事) 50
창덕궁 250
창왕 116
창조적 소수자(creative minority) 285
채빈(蔡斌) 100
채하중(蔡河中) 76, 228
척양척왜(斥洋斥倭) 161
척왜양창의(斥倭洋倡義) 126

천도교(天道敎) 14, 36, 134, 150, 171, 243
천도교기념관 191
「천도교소년운동사 연보」 147
천도교소년회 145
천도교소년회 담론부 182
천도교소년회운동 137, 180
천도교소년회 행동강령 168
천도교여자청년회 205
천도교청년당 150
천도교청년회 유소년부 145
『천도교회월보』 153
천도교회의실 187
천문관측 219
「천문도」 217
천민집단 122
천변지이(天變地異) 32
천부인권사상 202
천상(天象) 32
천손의식(天孫意識) 33
천손족(天孫族) 26
천우위(千牛衛) 61
천응규 178
천인(賤人) 132
천인합일(天人合一) 241
천황복권 276
철령위 108
철주(鐵州) 83
첨단기술 278
첨설직(添設職) 93
첨성대(瞻星臺) 218
청교도 정신 270
「청구도」 222
청년구락부 166, 170
청동기문명 97

청동기문화 216
청소년운동 41
청원 215
청천강 72
『청춘』 179
초고속 인터넷 265
초고속정보통신망 226
초군(抄軍) 70
촌장(村長) 68
촌정(村正) 68
최공철(崔公哲) 110
최규남 227
최남선(崔南善) 165, 173, 179
최단(崔鄲) 110
최루탄 추방운동 209
최만생(崔萬生) 100
최시형(崔時亨) 160, 164, 242
최신해 229
최영(崔瑩) 76, 91
최운해(崔雲海) 110
최원(崔源) 76
최원지(崔元址) 108
최유(崔濡) 104
최윤식 227
최이순 228
최재천 228
최제우(崔濟愚) 160, 200, 242
최제우 소년관 142
최길순 183
최질(崔質) 60
최청곡(崔靑谷) 191
최충 51
최지원(崔致遠) 41
최한기 223
최현배(崔鉉培) 262

최화숙 189
추밀원(樞密院) 53
추사 고택 250
추석날 어린이 행사 190
추역군(秋役軍) 68
추역부(秋役夫) 68
춘궁기 124
춘주도(春州道) 67
「충신편도」 198
충용위(忠勇衛) 80
측우기(測雨器) 220
치맛바람 286
친원정책 102
친원파 101
친위군 60
친위대 80
친일개화지배층 130
「7·4남북공동성명」 233
『칠정산내외편(七政算內外篇)』 220
칠지도(七支刀) 218

【ㅋ】

카드놀이 265
컴퓨터 262
컴퓨터학원 286
코카콜라 269
코페르니쿠스 195
콜럼버스 195
퀴리 부인(Marie Sklodowska Curie) 228
클린턴(Bill Clinton) 271
키쇼 마부바니 274

【ㅌ】

타이타닉호 231

탄소 나노튜브 229
탈북주민 275
탈아론(脫亞論) 279
탈아입구(脫亞入歐) 277
탈탈(脫脫) 75
탐관오리 140
태권도(跆拳道) 263
태백산 25
태봉(泰封) 58
태부화(泰不花) 77
태양 흑점 219
태평양시대 280, 291
태평양전쟁 194
『택리지』 222
토기 216
토론회 155
토산애용부인회 205
토인비(Arnold J. Toynbee) 12, 245, 274
『토지』 288
토템신앙 24
통신위성 226
통영소년연맹 193
통일운동 39
통일한국 234
통합종교 243
퉁구스족 25

【ㅍ】

파두반(破頭潘) 82, 85
팍스로마나(Pax Romana) 268
팍스아메리카나(Pax-America na) 268
판사제(判事制) 50
8도도통사(八道都統使) 110
팔만대장경 219

8·15광복 207
패강진(浿江鎭) 58
패물폐지회 203
펄벅 249
펄벅재단 250
페스탈로치 195
평등 발전 평화를 위한
　　행동 211
평등사상 124
평등의식 255
평등주의 127
평민시대 254
평산 58
평생교육 212
평양 39, 204
평양대도호부(平壤大都護府)
　　56
평장사(平章事) 50
폐정개혁안 12개조 132,
　　200
폐정개혁 요강 130
포(包) 128
포덕(布德) 33
「포유문(布諭文)」 161
포항제철(포스코) 225
푸틴(Vladimir Putin) 282,
　　283
품군 68
퓨전기술 230
퓨전음식 228
프랑스혁명 197
프로게이머 264
프론티어 정신 270

【ㅎ】

하느님 29
하늘경험 33

하마(哈廐) 76
학부모운동 210
『학생』 170
한 267, 288
한강의 기적 284
한국과학기술연구소(KIST)
　　225
한국과학기술진흥회 226
『한국과학사』 221
한국노동자협의회 210
한국문명 13, 290
한국문명의 정화(精華) 261
한국문명학회 16
한국민중운동사 124
한국보이스카우트운동 44
한국부인회 208
한국소년운동사 179
한국식 청동검 216
한국식 합의제도 253
한국아동권리학회 159
『한국아동문학소사』 173
한국애국부인회 207
한국여성노동자회 210
한국여성단체연합 209
한국여성단체연합회 210
한국여성단체협의회 208
한국여성민우회 210
한국예술 288
한국 현대소년운동 146
한국형 게임 265
한글 32, 202, 259
한글문명권 289
한류(韓流) 266
한림아(韓林兒) 82
한만춘 229
한문 202
한·미수교 100년 270
한·미행정협정 270

한민족공동체의식 234
흔붉문명 34, 266, 290,
　　291
한방신(韓方信) 86
한4군 235
한산동 82
한·소 국교수립 280
한아버님 28
흔얼주의[天人主義] 31
한영우(韓永愚) 35
한울님 23, 161
한·일협정 278
한자 261
한치윤 36
한필하 227
한휘(韓暉) 91
합금기술 216
합의제도 251, 252
합좌기관(合坐機關) 61
항일구국운동 205
항일독립사상 204
항일 민중구국의식 133
항일의병운동 133
항일투쟁 133
『해동역사』 36
해령(海領) 61
해외견문바람 286
해주(海州) 56, 162
햇빛정책 271
행영병마사(行營兵馬使) 54
향리 64
『향약집성방』 221
향임(鄕任) 122
허목(許穆) 36
헌팅턴(Samuel P.
　　Huntington) 15
혁구정신(革舊鼎新) 44
혁명운동 135

혁명주의  127

혁신정강 14개조  131

현기순  228

현대문명  246

현대적 실학(實學)  19

현묘지도(玄妙之道)  41

현신규  228

혈구진(穴口鎭)  58

형이하학  223

혜성  219

『혜성』  170

혜종(惠宗)  59

호족연합군  66

호족연합정권  59

호주제 폐지운동  211

혼네[本音]  275

혼인례  253

혼천의  258

홉스봄(Eric Habsbawm)  268

홍건적  74

홍경래(洪景來)  122, 123

홍대용  222

홍두적(紅頭賊)  82

홍륜(洪倫)  100

홍만종(洪萬宗)  36

홍무(洪武)  111

홍범(洪範) 8조  33, 234

홍병희  229

홍언박(洪彦博)  81

홍완기  229

홍이섭(洪以燮)  13, 224,
    239

홍익대학교  31

홍익여자중 · 고등학교  31

홍익인간(弘益人間)  21

홍익중 · 고등학교  31

홍익초등학교  31

홍익회  31

홍일식(洪一植)  17, 245

화교(華僑)  273

화랑  42

화랑도  34, 42, 169

화랑도운동(花郞道運動)  41

『화랑세기(花郞世紀)』  43

화백회의  251

화살촉  216

화엄(華嚴)  289

화이부동(和而不同)  289

화혼(和魂)  275

화혼양재(和魂洋才)  247

환경보존  231

환선길(桓宣吉)  59

환웅(桓雄)  23

환인  23

활빈당운동(活貧黨運動)
    133

활쏘기[弓道]  263, 264

활판 인쇄  220

황룡사 9층탑  218

황보림(皇甫琳)  110

황상(黃裳)  86

황애덕(黃愛德)  204

황주(黃州)  56

황지선(黃志善)  84

황희(黃喜)  249

『회보』  170

효 사상  243

효심  122

「효자편도」  198

후군도독부(後軍都督府)
    109

후천개벽문명  201

훈민정음(訓民正音)  14, 32,
    254, 259, 261

훈요10조  235

휴대폰  286

흑룡강  25

흡수 통일  237

흥덕(興德)  57

흥왕사난(興王寺亂)  89, 92

흥왕토적(興王討賊)  92

흥왕토적공신(興王討賊功臣)
    91

지은이 김정의는

1942년 7월 7일 경기도 포천에서 출생하여 성동고등학교, 연세대학교 사학과, 성신여대 대학원 사학과를 졸업하고(문학박사) 현재 한양여자대학 교수로 있다. 교육부 국사교육 심의회 위원, 대학입학학력고사 출제위원, 한국민족운등사연구회 총무이사, 무악실학 회·한국문명학회 회장를 역임하였으며, 한국민족운동사학회 평의원, 동학학회 상임이 사, 미래문명연구소 소장, 연사회 부회장, 한국문명학회 명예회장으로 있다.

저서로『한국소년운동사』,『한국의 소년운동』,『역사의 시공을 넘나들며』,『한국문명사』, 『신문명지향론』,『현대문명의 성향』등이 있다.

홈페이지 http://www.futurecivilization.com

# 한국문명의 생명력

김정의 지음

초판 1쇄 인쇄·2002년 6월 27일
초판 1쇄 발행·2002년 7월 7일

발행처·도서출판 혜안
발행인·오일주
등록번호·제22-471호
등록일자·1993년 7월 30일
121-836 서울 마포구 서교동 326-26
전화·02) 3141-3711, 3712
팩시밀리·02) 3141-3710

값 18,000원
ISBN 89-8494-159-X 93910